Bernd Jung · Daniel Anker

Genfersee

Rund um den Lac Léman

60 ausgewählte Wanderungen

ROTHER
BERGVERLAG

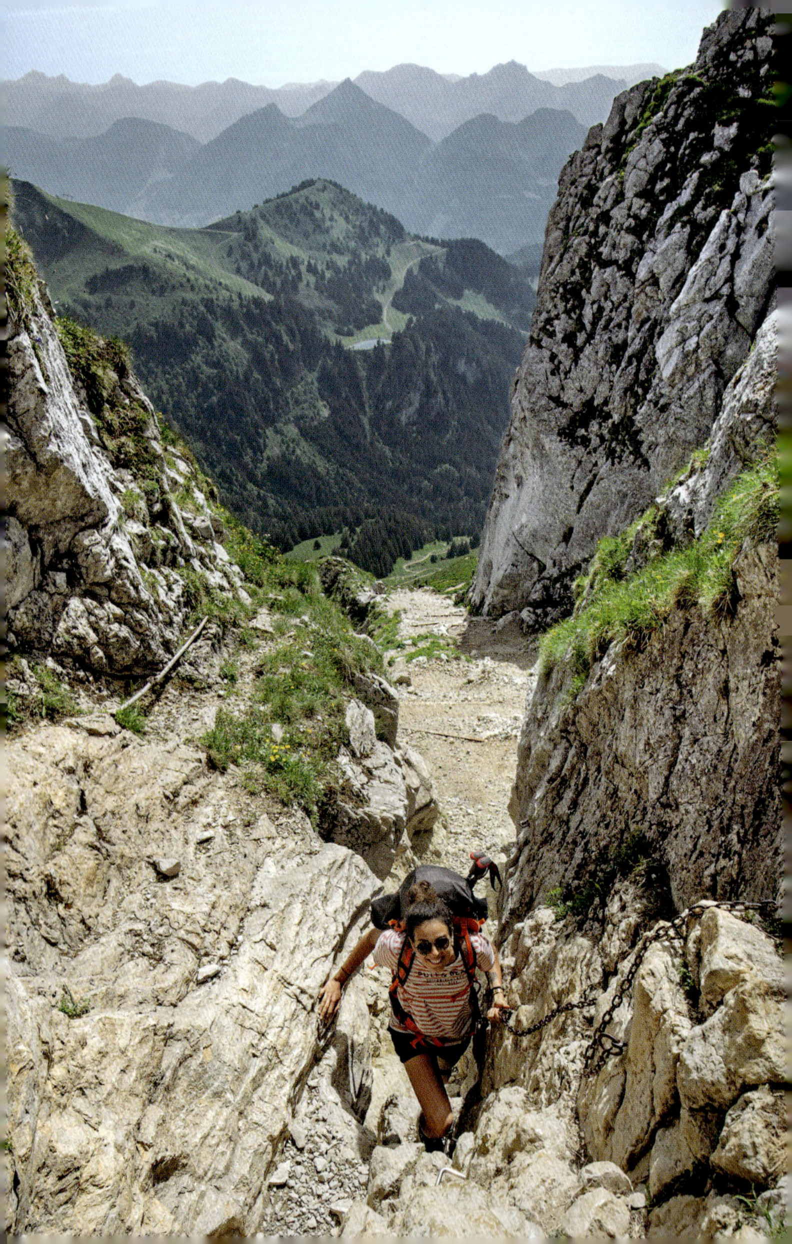

VORWORT

Am südlichen Zipfel des Lac Léman, umringt von den höchsten Gipfeln der Alpen und des Jura, liegt Genf, die kleinste Großstadt der Welt. Und die Geburtsstadt von Jean-Jacques Rousseau (1712–1778), dessen Aufruf »Retour à la nature« noch heute mächtig widerhallt. Leisten wir ihm Folge.
Mehr noch als Albrecht von Hallers Gedicht »Die Alpen« von 1732 hat nämlich Rousseaus Briefroman »Julie ou La nouvelle Héloïse« aus dem Jahre 1761 die Begeisterung für die Alpen und vor allem den Tourismus dorthin ausgelöst. In den »Bekenntnissen« notierte der Autor: »Ich möchte gern denen, die Geschmack und Gefühl haben, sagen: Geht nach Vevey, seht das Land, betrachtet die Gegenden, fahrt auf dem See und sagt, ob die Natur nicht dies schöne Land für eine Julie, eine Clara und einen St. Preux geschaffen hat; aber suchet sie nicht dort.« Genau das machten jedoch die Leute: Die Schauplätze des Romans, Vevey und Clarens an der schweizerischen Riviera sowie Meillerie drüben am französischen Ufer, sie wurden Wallfahrtsorte. Und blieben es. Wer rund um den Léman wandert, stolpert dauernd über Bücher. Es gibt keine andere Gegend in den Alpen, über die und in der so viel geschrieben wurde.
Einer der Reisenden mit Schreibwerkzeug (und Rousseau) im Gepäck war der Schriftsteller, Liederkomponist, Opernsänger und Erzieher Karl Spazier aus Leipzig. »Um sieben Uhr war ich schon in Meillerie, einem schmalen, unreinlichen Fischerorte«, hielt er in den 1790 erschienenen »Wanderungen durch die Schweiz« fest und störte sich an den kotigen Straßen und den grunzenden Schweinen. »Das thut wehe, denk' ich, obgleich die unschuldigen Säue nichts dafür können, daß man die Heloise gelesen hat.« Dann wanderte Spazier mit einem Führer (die Einheimischen wollen und sollen ja auch am Tourismus verdienen) zum Rousseau-Stein oberhalb des Dorfes. Dorthin also, wo der Romanheld St. Preux saß und mit feuchten Augen über den See zu seiner Geliebten blickte. Aber oh je, der wandernde Tourist aus Deutschland geriet vom sicheren Weg und in vermeintliche Todesgefahr, aus der er sich mit der Hilfe des Führers befreite. »Mit bebendem Knie stieg ich hinab, und dankte Gott aus vollem Herzen, wie wir wieder in Meillerie waren. Nun that es mir unaussprechlich wohl, daß ich die Schweine wieder grunzen hören konnte.« Erlebnisurlaub der besonderen Art anno dazumal.
Nun hoffen die Verfasser, dass Sie als Benutzer dieses Buches immer den sicheren Weg beim Wandern am und über dem größten See Westeuropas finden – und zugleich unvergessliche Begegnungen haben werden. Es würde uns freuen, wenn Sie in Ihr Tourenbuch etwas Ähnliches schrieben wie Voltaire, der große Gegenspieler von Rousseau, als er 1755 auf seinem Land beim Genfersee ankam: »Mon lac est le premier.«

Herbst 2022 — Bernd Jung & Daniel Anker

INHALTSVERZEICHNIS

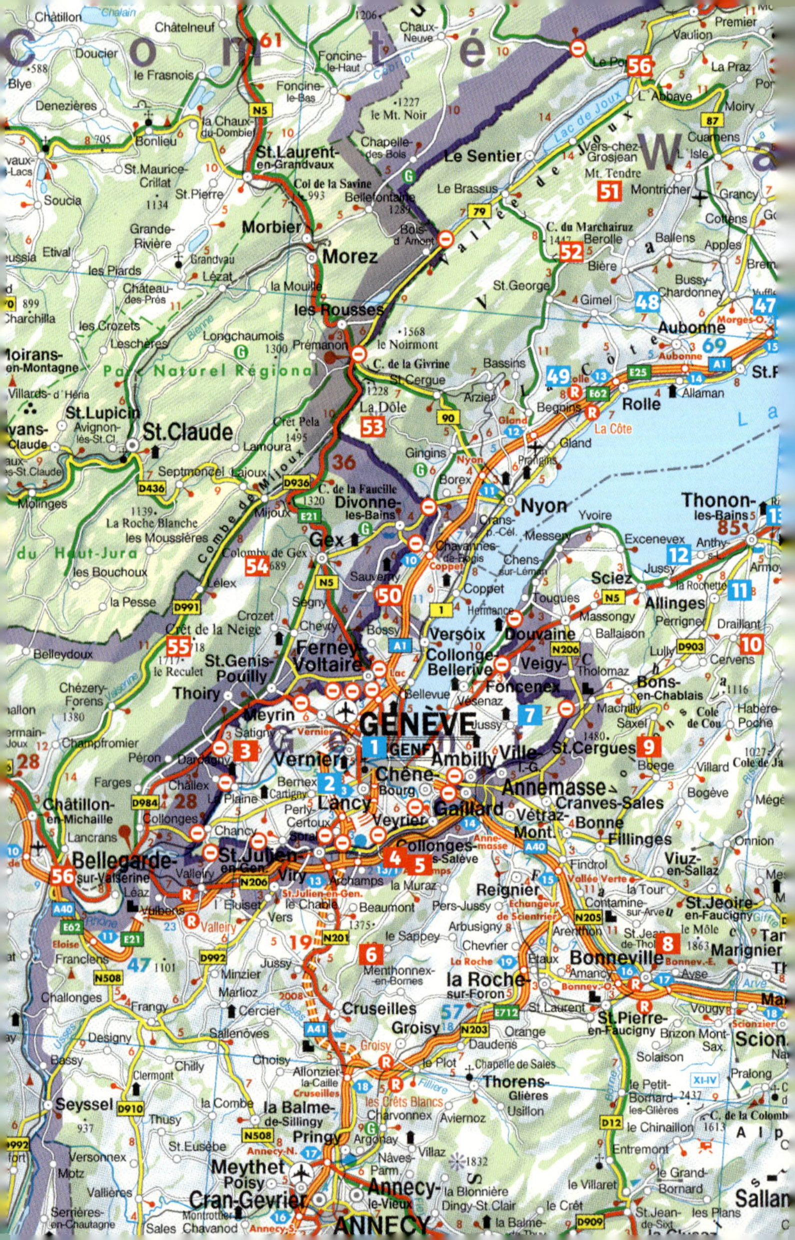
Comté
Châtillon
Châtelneuf
Doucier
le Frasnois
Foncine-le-Haut
Foncine-le-Bas
Chaux-Neuve
le Mt. Noir
Chapelle-des-Bois
Le Sentier
Lac de Joux
Vallée de Joux
L'Abbaye
Vaulion
Premier
La Praz
Moiry
Bonlieu
St.Laurent-en-Grandvaux
Col de la Savine
Bellefontaine
Le Brassus
Vers-chez-Grosjean
Mt. Tendre
Montricher
St.Maurice-Crillat
St.Pierre
Soucia
Grande-Rivière
Morbier
Morez
Bois-d'Amont
C. du Marchairuz
Berolle
Bière
Ballens
Apples
Etival
les Piards
Lézat
la Mouille
les Rousses
St.George
Gimel
Bussy-Chardonney
Château-des-Prés
les Crozets
Leschères
Longchaumois
Prémanon
le Noirmont
C. de la Givrine
St.Cergue
Bassins
Aubonne
Moirans-en-Montagne
Parc Naturel Régional du Haut-Jura
St.Lupicin
St.Claude
La Dôle
Arzier
Begnins
Rolle
Allaman
Crêt Pela
Lamoura
Gingins
Gland
La Côte
Prangins
Septmoncel
Lajoux
Borex
Nyon
Combe de Mijoux
Mijoux
C. de la Faucille
Divonne-les-Bains
Thonon-les-Bains
Yvoire
Excenevex
Anthy
La Roche Blanche
les Moussières
Gex
Crans-p.-Cél.
Chavannes-de-Bogis
Messery
Chens-sur-Léman
Sciez
Colomby de Gex
les Bouchoux
Lélex
Sauverny
Coppet
Tougues
Allinges
la Pesse
Ségny
Hermance
Massongy
Perrignier
Draillant
Crozet
Chevry
Bossy
Versoix
Douvaine
Ballaison
Crêt de la Neige
Le Reculet
Ferney-Voltaire
St.Genis-Pouilly
Collonge-Bellerive
Veigy-Foncenex
Lully
Cervens
Belleydoux
Thoiry
Bellevue
Vésenaz
Tholomaz
Bons-en-Chablais
Chézery-Forens
Meyrin
Satigny
GENÈVE
Jussy
Machilly
Saxel
Habère-Poche
Champfromier
Vernier
Ambilly
Ville-la-Grand
St.Cergues
Péron
Dardagny
Chêne-Bourg
Boëge
Villard
Farges
Challex
Bernex
Lancy
Gaillard
Annemasse
Cranves-Sales
Bogève
Châtillon-en-Michaille
La Plaine
Perly-Certoux
Veyrier
Vétraz-Monthoux
Bonne
Collonges
Chancy
Lancrans
Collonges-s-Salève
Fillinges
Onnion
Bellegarde-sur-Valserine
St.Julien-en-Gen.
Viry
Archamps
Findrol
Viuz-en-Sallaz
Vallery
Léaz
Vulbens
l'Eluiset
le Châble
Beaumont
la Muraz
Reignier
La Tour
Contamine-sur-Arve
St.Jeoire-en-Faucigny
Valleiry
Vers
Pers-Jussy
Arbusigny
Arenthon
St.Jean-de-Thol.
le Môle
Marignier
Eloise
Franclens
le Sappey
Chevrier
Jussy
Menthonnex-en-Bornes
la Roche-sur-Foron
Etaux
Amancy
Bonneville
Ayse
Minzier
Challonges
Marlioz
Cercier
Cruseilles
Frangy
St.Laurent
St.Pierre-en-Faucigny
Vougy
Brizon
Mont-Sax.
Scionzier
Designy
Sallenôves
Groisy
Orange
Dadens
Solaison
Bassy
Choisy
Chilly
Allonzier-la-Caille
le Plot
Chapelle de Sales
Thorens-Glières
Pralong
Clermont
Seyssel
Thusy
la Combe
la Balme-de-Sillingy
les Crêts Blancs
Charvonnex
Usillon
Aviernoz
le Petit-Bornard
les Glières
le Chinaillon
C. de la Colombière
St.Eusèbe
Pringy
Argonay
Nâves-Parm.
Villaz
Entremont
Versonnex
Motz
Meythet
Poisy
Annecy-le-Vieux
la Blonnière
Dingy-St.Clair
le Villaret
le Grand-Bornard
Vallières
Cran-Gevrier
Serrières-en-Chautagne
Sales
Chavanod
ANNECY
le Crêt
la Balme-de-Thuy
St.Jean-de-Sixt
les Plans
Sallanches

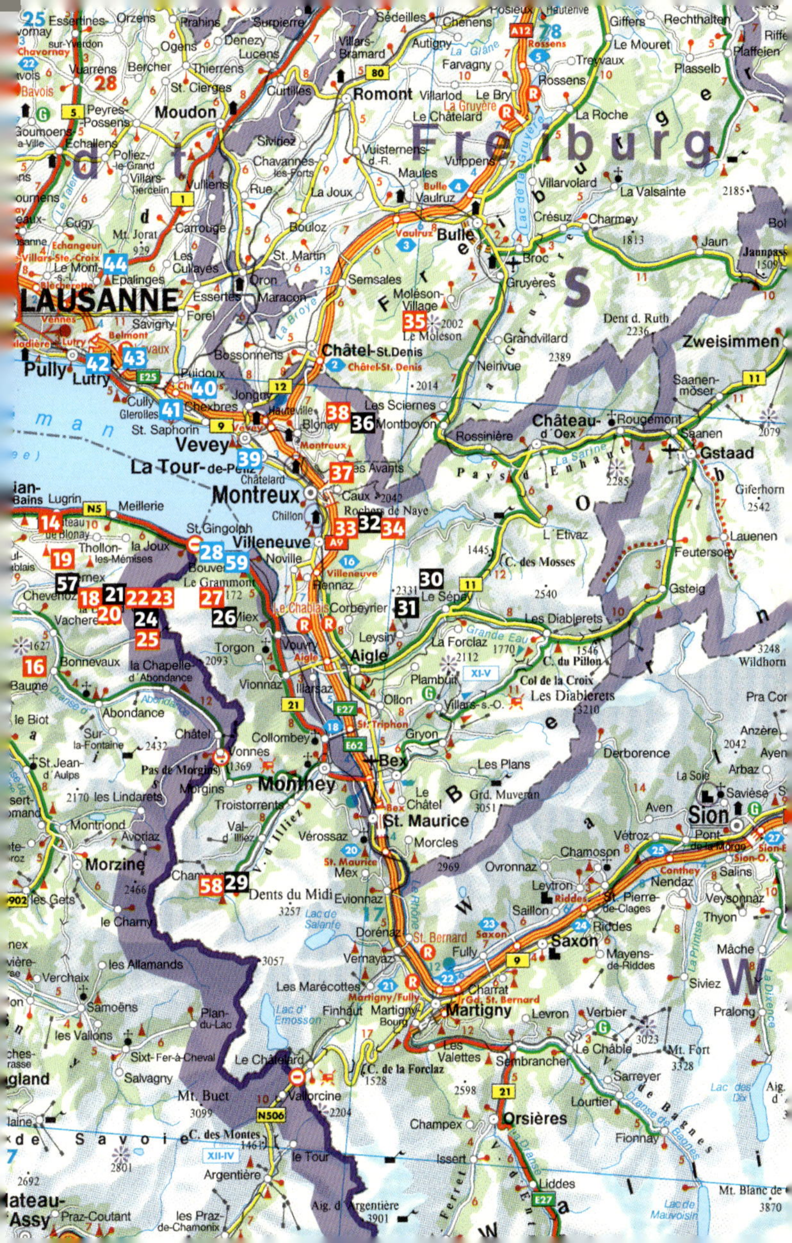
Freiburg
LAUSANNE
Pully
Lutry
Moudon
Romont
Bulle
Gruyères
Châtel-St.Denis
Vevey
La Tour-de-Peilz
Montreux
Villeneuve
Château-d'Oex
Rougemont
Saanen
Gstaad
Zweisimmen
Jaun
Charmey
Broc
Le Moléson
Les Diablerets
Aigle
Leysin
Villars-s.-O.
Bex
St. Maurice
Monthey
Morgins
Châtel
Abondance
Morzine
Les Gets
Samoëns
Dents du Midi
Martigny
Saxon
Riddes
Sion
Orsières
Champex
Le Châble
Verbier
Vallorcine
Argentière
Chamonix
Evian-les-Bains
St. Gingolph
Col de la Croix
C. du Pillon
C. des Mosses
C. de la Forclaz
C. des Montes
Pas de Morgins
Grd. Muveran
Rochers de Naye
Mt. Buet
Pays d'Enhaut
Savoie
Lac de Salanfe
Lac d'Emosson
Lac des Dix
Lac de Mauvoisin
Mt. Blanc de Cheilon

TOP-TOUREN

La Rade de Genève
Bummeln, bewundern, beobachten, baden: Runde um das Hafenbecken von Genf mit schönen Parks – 365 Tage im Jahr und immer wieder *(Tour 1, 2.00 h).*

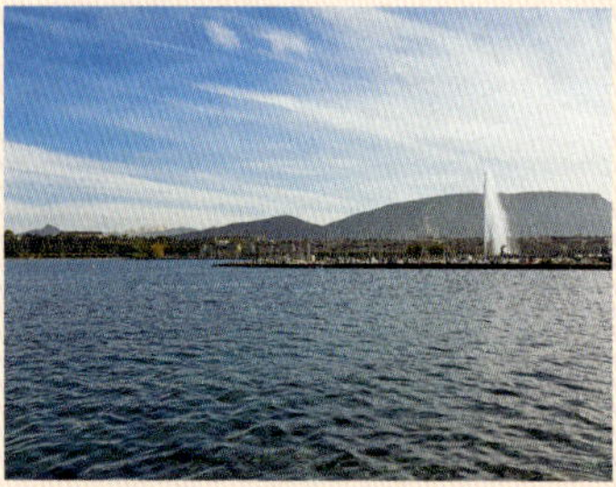

Grand Salève
Die ästhetische, literarische, wissenschaftliche und alpinistische Eroberung des Gebirges – sie ist mit Genfs Hausberg eng verknüpft *(Tour 5, 6.00 h).*

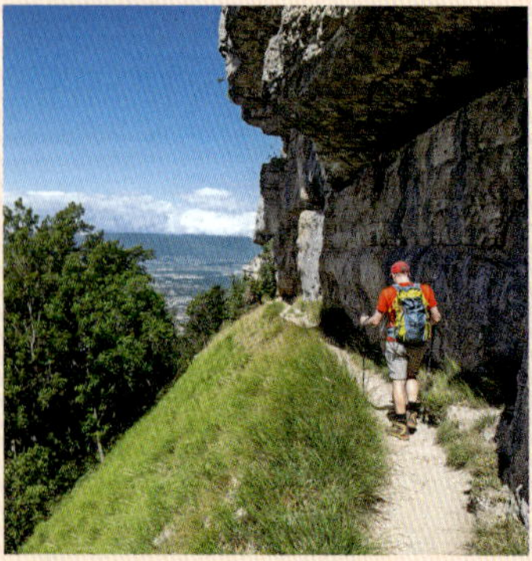

Uferweg Thonon-les-Bains – Excenevex
Mittelmeergefühle am und im größten See Westeuropas *(Tour 12, 4.00 h).*

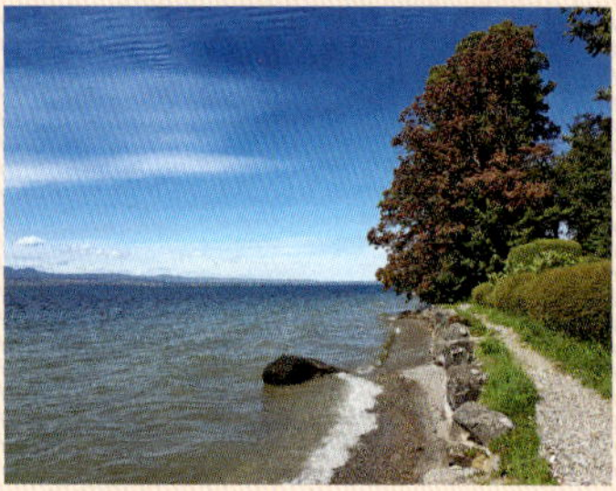

Dent d'Oche
Gipfeltreffen am Genfersee, am besten mit Sonnenuntergang vom Refuge de la Dent d'Oche. Deshalb zwei oder drei Tage einplanen, um z.B. auch Château d'Oche und Cornettes de Bise zu besuchen, den höchsten Léman-Berg *(Tour 21, 5.00 h).*

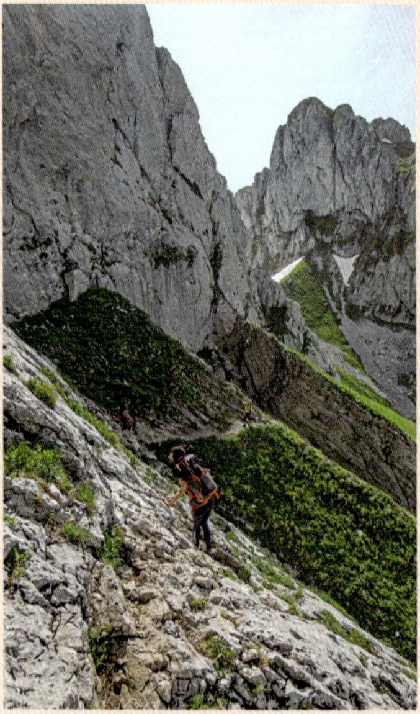

Alamont und Le Grammont
Schauen Sie das Titelbild an! Dann ist alles klar, oder? Am besten mit einer Übernachtung am wunderbaren Lac de Taney *(Tour 27, 6.30 h).*

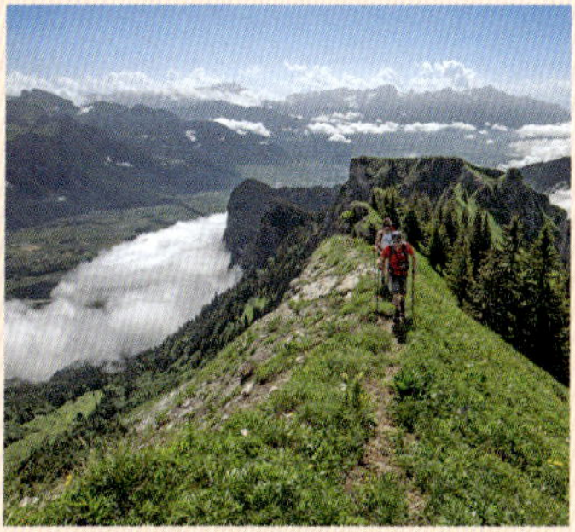

Rochers de Naye – Malatraix
Beim Abstieg über den Malatraix benötigt man sehr viel Kondition. Doch die Gratüberschreitung bis zu der schwindelerregenden Felskanzel des Malatraix hinterlässt unvergessliche Eindrücke *(Tour 34, 6.45 h).*

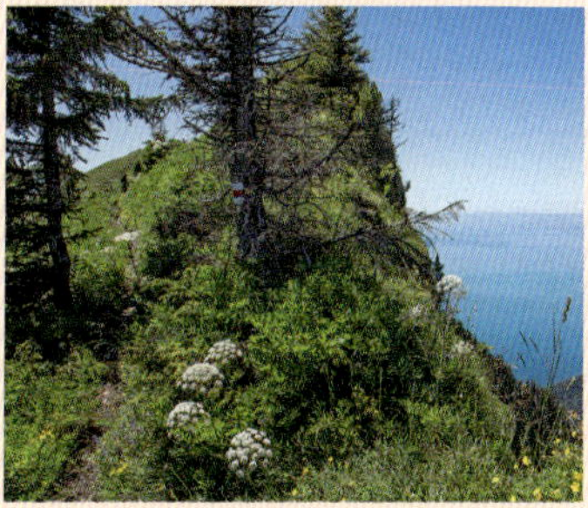

Gorge du Chauderon – Chemin des Narcisses
So kühl und grün kann Schluchtwandern oberhalb von Montreux sein. Und so weiß leuchten die Wiesen der Waadtländer Riviera, wenn im Mai die Narzissen blühen *(Tour 37, 3.15 h).*

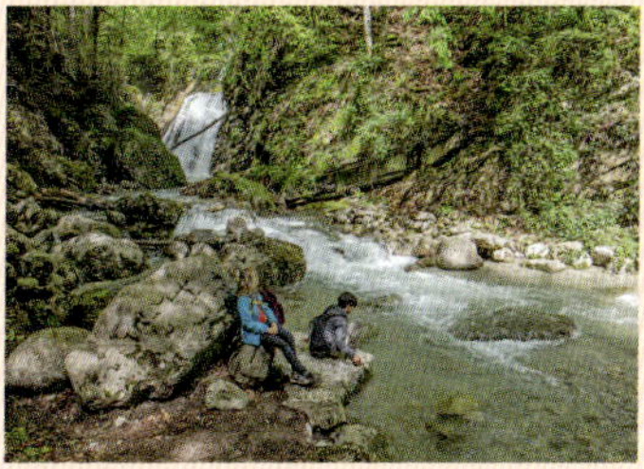

Lavaux
Léman ohne Lavaux? Das wäre wie Genf ohne Springbrunnen! Seit Juni 2007 gehören die Rebberge zwischen Lausanne und Vevey zum UNESCO-Weltkulturerbe *(Tour 41, 5.15 h).*

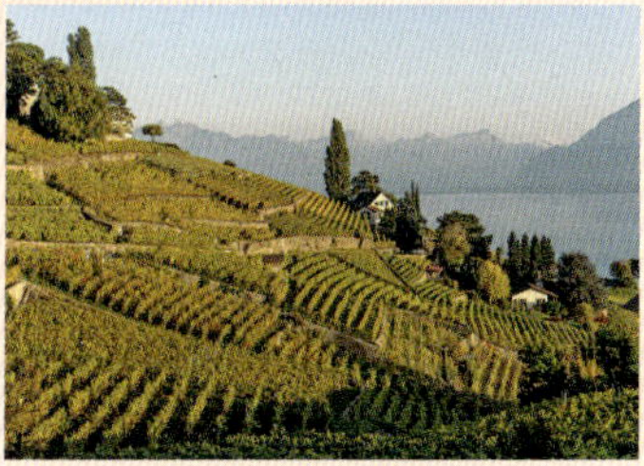

Crêts de la Neige – Le Reculet
Ganz einfach Top of Jura – keine 18 km vom Genfer Hafenbecken entfernt *(Tour 55, 5.15 h).*

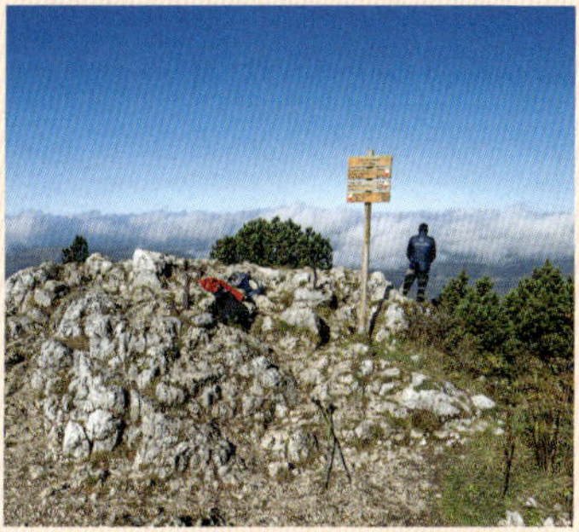

WICHTIGE HINWEISE FÜR UNTERWEGS

Anforderungen

Promenadenbummel bis Gipfeltour

Die Mehrzahl der hier vorgestellten 55 Wanderungen sowie 5 Mehrtageswanderungen am Genfersee verlaufen auf markierten Wegen und Pfaden von unterschiedlicher Länge und Höhendifferenz. Viele Wanderungen setzen Trittsicherheit, Schwindelfreiheit und Kondition voraus. Orientierungssinn kann zuweilen gar auf markierten Routen nötig sein – zum Beispiel, wenn einen auf dem Höhenzug des Jura der dicke Nebel erwischt. Um die jeweiligen Anforderungen auf den ersten Blick besser einschätzen zu können, werden die Wandervorschläge mit verschiedenen Farben bezeichnet. Zudem findet sich bei den »Anforderungen« jeder Tour auch die Schwierigkeitseinstufung nach der Wanderskala des Schweizer Alpenclub SAC, welche von T1 bis T6 klassifiziert wird (siehe Infokasten auf Seite 12); weitere Infos unter www.sac-cas.ch/de/ausbildung-und-wissen/tourenplanung/schwierigkeitsskalen). Einige wenige Touren beinhalten auch Klettersteige, die die entsprechende Ausrüstung und Erfahrung verlangen. Für Klettersteige gibt es verschiedene Schwierigkeitsskalen; im vorliegenden Wanderführer wird die Hüsler-Skala mit der Einstufung K1 bis K6 verwendet. Details dazu findet man z. B. auf der Internetseite des Schweizer Alpenvereins (www.sac-cas.ch → Suchbegriff »Klettersteigskala«).

Auch für Kinder geeignet: das Arboretum im Aubonne-Tal.

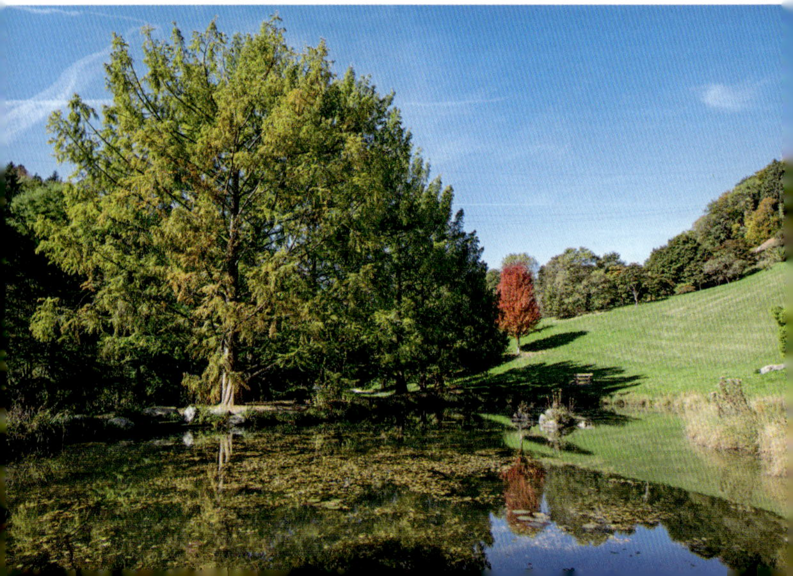

SCHWIERIGKEITSKATEGORIEN

■ = Leicht

Diese Wanderwege sind gut markiert, meistens ausreichend breit, kaum ausgesetzt und im Normalfall nur mäßig steil. Sie erfordern wenig bis keine Bergerfahrung und können oft auch bei Schlechtwetter verhältnismäßig gefahrlos begangen werden. 19 Wanderungen dieses Führers sind blau. Für diese Touren gilt: »Allez-y!«, auf Deutsch: »Nur zu, nur los!« Sie entsprechen T1 bis ein wenig T2 auf der sechsstufigen Schwierigkeitsskala des Schweizer Alpen-Clubs (siehe nächste Seite).

■ = Mittel

Diese Wanderwege sind ausreichend markiert, teilweise schmal und ausgesetzt; einzelne Stellen können gesichert sein. Eine Portion Trittsicherheit, eine Portion Schwindelfreiheit, eine Portion Kondition und wie immer eine passende Ausrüstung (zum Beispiel Wanderschuhe) sind nötig. 30 Touren in diesem Führer gehören zu dieser Kategorie und entsprechen T2 bis T3 auf der SAC-Wanderskala.

■ = Schwierig

Diese Wege und Steige – manchmal markiert (teilweise sogar als offizielle Wanderwege), manchmal aber auch weglose Routen – sind wirklich trittsicheren, schwindelfreien, konditionsstarken und orientierungserfahrenen Bergwanderinnen und Berggängern vorbehalten. Der Gebrauch der Hände zur Fortbewegung im steilen, felsigen Gelände kann manchmal nötig sein. Gletschertouren gibt es keine; allerdings muss man an der Haute Cime (Dents du Midi), dem höchsten Gipfel (3257 m) in diesem Führer, bis in den Sommer hinein mit Schneeresten rechnen. Elf Touren in diesem Führer wurden schwarz klassiert und entsprechen T4 bis T6 auf der SAC-Wanderskala.

Ausrüstung

Badesachen und Pass nicht vergessen

Auf mehr als der Hälfte der Touren kommt man an einem See vorbei, meistens am Léman, aber auch an einem Fluss wie dem urtümlichen Allondon oder an einem Bergsee wie dem verträumten Lac de Taney.

Anders gesagt: Wer am und über dem Genfersee wandert, sollte immer Badesachen dabeihaben. Häufig auch einen Personalausweis: Einige Touren führen über die französisch-schweizerische Grenze, bei anderen passiert man den Zoll bei der Anreise.

Sonst gilt für die Ausrüstung das Übliche: Für die Rade de Genève genügen Sandalen, für die Vue de Genève sind Wanderschuhe besser, und für den Roc d'Enfer sind Bergschuhe unumgänglich; die Verwendung von Teleskopstöcken empfiehlt sich für alle Wanderungen mit signifikanten Höhenmetern.

SAC-WANDERSKALA	
Grad	**Weg /Gelände**
T1 **Wandern**	■ Weg gut gebahnt ■ Gelände flach oder leicht geneigt ■ Keine Absturzgefahr
T2 **Bergwandern**	■ Weg mit durchgehender Trasse und ausgeglichenen Steigungen ■ Falls markiert: weiß-rot-weiß ■ Gelände teilweise steil, Absturzgefahr nicht ausgeschlossen
T3 +/- **Anspruchsvolles Bergwandern**	■ Meist noch eine Spur vorhanden, einzelne Stellen können mit Seilen oder Ketten gesichert sein, evtl. braucht man die Hände fürs Gleichgewicht ■ Falls markiert: weiß-rot-weiß ■ Zum Teil exponierte Stellen mit Absturzgefahr, Geröllflächen
T4 +/- **Alpinwandern**	■ Weg nicht überall sichtbar, Route teilweise weglos, an gewissen Stellen braucht es die Hände zum Vorwärtskommen ■ Falls markiert: weiß-blau-weiß ■ Gelände bereits recht exponiert, heikle Grashalden, Schrofen, einfache, apere Gletscher
T5 +/- **Anspruchsvolles Alpinwandern**	■ Oft weglos, einzelne einfache Kletterstellen bis II ■ Falls markiert: weiß-blau-weiß ■ Exponiertes, anspruchsvolles Gelände, Schrofen, wenig gefährliche Gletscher und Firnfelder
T6 /- **Schwieriges Alpinwandern**	■ Meist weglos, Kletterstellen bis II, meist nicht markiert ■ Häufig sehr exponiert, heikles Schrofengelände, Gletscher mit Ausrutschgefahr

Bahn, Bus, Boot

Öffentliche Verkehrsmittel

Bis auf wenige Touren sind alle Ausgangs- und Endpunkte der vorgestellten Wanderungen mit öffentlichen Verkehrsmitteln erreichbar.

■ Schweiz

Alle Ausgangs- und Endpunkte der Wanderungen rund um den Genfersee sind mit öffentlichen Verkehrsmitteln gut erreichbar. Das Netz von Bahnen, Bussen und Booten ist dicht geknüpft. Die Züge in die Schweiz lassen sich unter www.sbb.ch, www.bahn.de und www.oebb.at oder unter dem Punkt »Anreise« bei www.myswitzerland.com abfragen. Telefonische Auskunft erhält man beim Rail Service, Tel. +41 848 446 688. Hilfreich ist auch die Website www.tableaux-horaires.ch.

Informationen und Links zu den wichtigsten überregionalen Verkehrsmit-

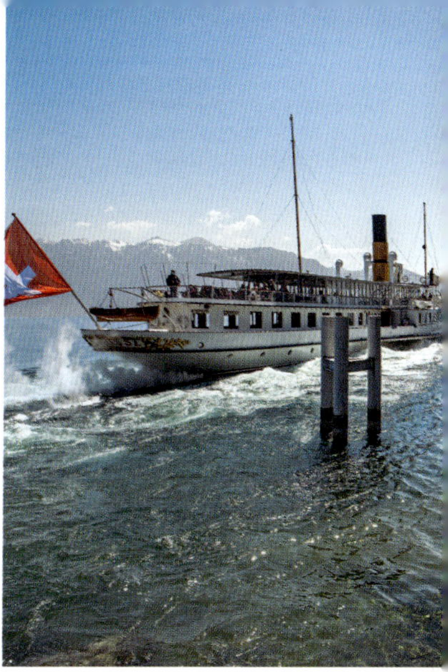

»Das« Verkehrsmittel auf dem Genfersee.

teln findet man auf der Homepage von Schweiz Tourismus, www.myswitzerland.com, unter dem Menüpunkt »Anreise«. Sehr gute Infos, auch zu lokalen Transportbetrieben inklusive Bergbahnen, bietet die Site www.alternatives-wandern.ch unter dem Menüpunkt »Verkehrsmittel«. Für die Touren rund um Genf ist der klare Übersichtsplan des Transports Publics Genevois unabkömmlich, erhältlich zum Beispiel im Bahnhof Cornavin oder zum Download unter www.tpg.ch, wo man auch einzelne Linienpläne, Tarife etc. abrufen kann. Die Feinverteilung in den Bergen übernimmt in den Bergen der Schweiz oft das AlpenTaxi. Alles Weitere unter www.alpentaxi.ch.

■ Frankreich

In Frankreich ist das ÖPNV-Netz spürbar dünner; man kann die Fahrpläne der Französischen Staatsbahn (SNCF) unter www.voyages-sncf.com heraussuchen. Eine nützliche departementale Website von Haute-Savoie zum öffentlichen Verkehr ist www.cg74.fr. Bei vielen Touren steht, wo man sich über den Fahrplan informieren kann. Fahrpläne sind oft auch im Office

SYMBOLE

Symbole im Tourenkopf

- Mit Bahn/Bus erreichbar
- Einkehrmöglichkeit unterwegs
- Für Kinder geeignet

Symbole im Höhenprofil

- Ort mit Einkehrmöglichkeit
- Einkehrmöglichkeit
- Unbewirtschaftete Hütte, Alm
- P Parkplatz
- Bushaltestelle
- Bahnhof
- Schiffsanleger
- † Gipfel
- Kirche, Kapelle
- Burg, Schloss, Ruine
- Aussichtsturm
- Aussichtsplatz
- Quelle, Flussmündung
- Auf-/Abfahrt mit Seilbahn
-)(Joch, Passübergang
-)(Brücke
- Höhle, Grotte

du Tourisme oder Syndicat d'Initiative (beides heißt Fremdenverkehrsamt) erhältlich. Im Hinterland von Genf gibt es zahlreiche Busverbindungen, deren Verkehr allerdings gerade an Sonn- und Feiertagen ausgedünnt sein kann. Verbindungen und Fahrpläne finden sich unter SAT-Bus (+33 450 710 088, www.sat-leman.com).

■ Auf dem See

Für beide Seeanrainer-Länder gleichsam nützlich ist der Fahrplan der Compagnie générale de navigation sur le Lac Léman, www.cgn.ch. Der Fahrplan gehört in den Rucksack; er ist auf den 16 Schiffen der CGN, darunter acht Schaufelradschiffen (die größte Belle-Epoque-Flotte Europas), gratis erhältlich. Für Wanderer die wichtigste Verbindung ist diejenige zwischen Lausanne-Ouchy und Evian. Da es mit den Busanschlüssen nicht immer klappt, nimmt man notfalls ein Taxi; sie warten gleich bei der Anlegestelle der Schiffe.

Cointrin und Cornavin

Im Flug zum Zug

Genf-Cointrin (www.gva.ch) ist einer der drei großen Flughäfen der Schweiz. Direkte Züge in den Genfer Hauptbahnhof Gare Cornavin und nach Genève Aéroport fahren von Basel, Zürich, Mailand, Lyon und Paris, um nur einige wichtige Städte zu nennen. Nachthotelzüge (City Night Line) gibt es ab Hamburg, Berlin und Dresden nach Basel sowie von Wien nach Zürich. Von Zürich nach Lausanne dauert die Zugreise rund 2 Stunden, dann steigt man aus und beginnt zu wandern.

Und noch ein Tipp: Besonders günstig reist man an und in der Schweiz herum mit Swiss Pass, Swiss Card oder Swiss Transfer Ticket. Infos dazu erhält man bei den Büros von Schweiz Tourismus (www.myswitzerland.com) oder bei Swiss Travel System (www.swisstravelsystem.ch).

GPS-TRACKS UND KOORDINATEN DER AUSGANGSPUNKTE

Zu diesem Wanderführer stehen auf www.rother.de GPS-Tracks und Koordinaten der Ausgangspunkte zum kostenlosen Download bereit.

4. Auflage, Passwort: **459104bsg**

Sämtliche GPS-Daten wurden vom Autor auf einer digitalen Karte erfasst. Verlag und Autor haben die Tracks und Wegpunkte nach bestem Wissen und Gewissen überprüft. Dennoch können wir Fehler oder Abweichungen nicht ausschließen, außerdem können sich die Gegebenheiten vor Ort zwischenzeitlich verändert haben. GPS-Daten sind zwar eine hervorragende Planungs- und Navigationshilfe, erfordern aber nach wie vor sorgfältige Vorbereitung, eigene Orientierungsfähigkeit sowie Sachverstand in der Beurteilung der jeweiligen (Gelände-)Situation. Man sollte sich für die Orientierung auch niemals ausschließlich auf GPS-Gerät und -Daten verlassen.

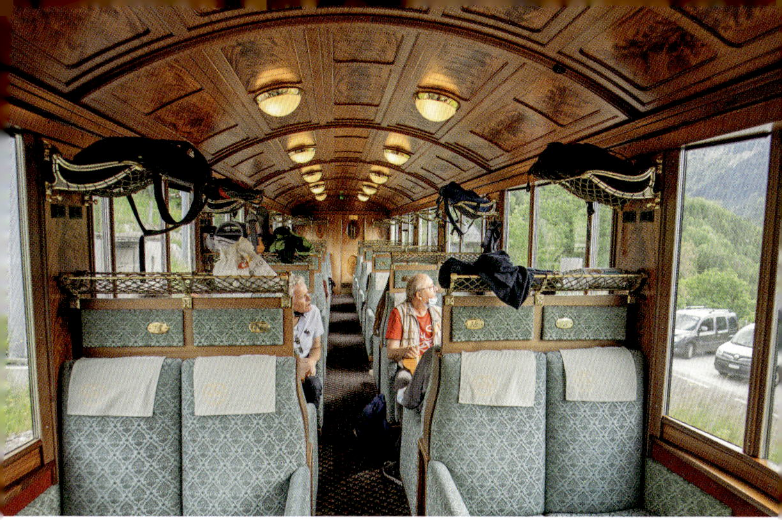

Bahnromantik pur bietet der GoldenPass Belle Epoque-Zug auf der Strecke Montreux–Zweisimmen.

Dauer

Auf 15 Minuten genau

Die Gesamtgehzeiten sind im Tourenkopf und im Höhendiagramm angegeben, dem man auch Zeiten für Teilstrecken zwischen wichtigen Anhaltspunkten entnehmen kann. Die Zeitangaben beziehen sich auf ein durchschnittliches Gehtempo von etwa 4 km pro Stunde im flachen bzw. etwa 350 Höhenmetern (Aufstieg) im geneigten Gelände. Vorausgesetzt werden normale Wanderbedingungen, Einkehr-, Bade- und andere Pausen sind nicht eingerechnet.

Einkehr

Fondue hüben und drüben

Auf der französischen Seite der Bise, Cornettes de Bise (2432 m), des höchsten Gipfels am Genfersee, isst man ein Fondue savoyarde. Auf der schweizerischen Seite ein Fondue valaisanne. Geschmolzener Käse ist in beiden Töpfen. Man kann den Käse aber auch in ein ausgehöhltes Bauernbrot geben, das Ganze in den Ofen schieben und mit Kartoffeln servieren – eine Spezialität der Gîte d'étape bei den Voirons. Und dazu trinkt man einen Chautagne rouge von Aix-les-Bains. Weit häufiger wird man allerdings einen Wein vom Genfersee genießen – seine sonnigen Ufer sind schließlich die wichtigste Weinstube der Schweiz neben dem Walliser Rhonetal. Lavaux und La Côte sind die beiden Waadtländer Weingebiete am See; dazu gesellen sich die Rebberge in der Genfer Landschaft – man würde es kaum

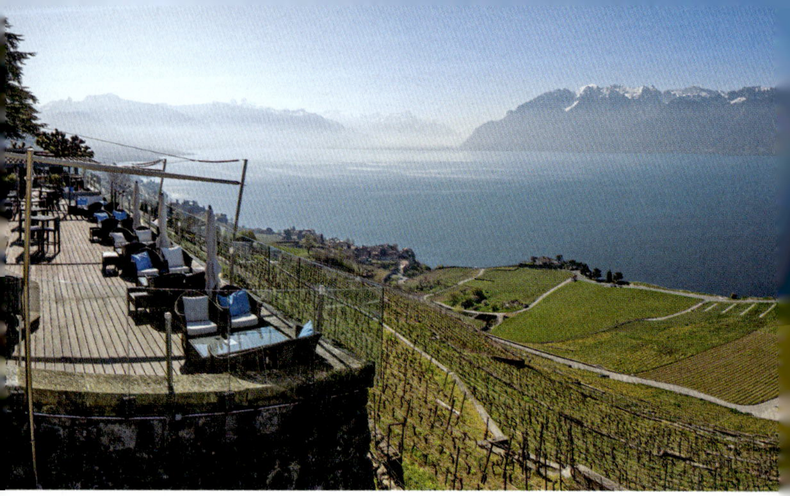

Schlemmen mit Aussicht auf den See und die Rebberge des Lavaux.

glauben, dass es in diesem kleinen Kanton mit der sich ausbreitenden Stadt noch so große Anbaugebiete für Chasselas und Pinot noir gibt (um die beiden wichtigsten Traubensorten zu nennen). Und was isst man am See? Fisch natürlich. Im Léman sind Hecht, Weißfelchen, Saibling, Eglifisch und viele andere heimisch; als Spezialitäten gelten Omble chevalier und Soupe de Poisson au Lac. Und noch etwas: Genf ist die Gourmet-Hauptstadt der Schweiz, und in Crissier bei Lausanne und in Vufflens-le-Château wird auch hervorragend gekocht. Bon appétit et à votre santé!

Höhenunterschied

Auch der Abstieg zählt

Der zu bewältigende Höhenunterschied ist in den Kurzinformationen vor der Tourenbeschreibung angegeben – inklusive Gegensteigungen und separat für Aufstieg und Abstieg, wenn diese wesentlich voneinander abweichen. Die Höhenangaben stammen, soweit verfügbar, von der Landeskarte der Schweiz, Maßstab 1:25.000 (wobei die Dezimeter weggelassen wurden), ansonsten von der französischen IGN-Karte, Maßstab 1:25.000. Das Streckenprofil und die Lage wichtiger Anhaltspunkte werden zudem aus dem Höhendiagramm für die jeweilige Tour ersichtlich.

Jahreszeit und Wetter

Toujours!

Ganz einfach: Am Genfersee (372 m) kann man immer wandern. Wenn im Winter die Bise, ein steifer Nordwind, in Genf zu stark und kalt bläst, so spaziert man an der windgeschützten Waadtländer Riviera. Und wenn es im

Herbst an der Lémanküste neblig sein sollte, fährt man auf die Rochers de Naye (2041 m). Die günstige Zeit für Berg- und Badetouren ist Juli bis September; schwimmen kann man im See schon gut im Juni, höhenwandern noch gut im Oktober. Kurz vor und während der Traubenlese im Herbst können einzelne Rebbergwege gesperrt sein.
Der Wetterbericht der MeteoSchweiz wird täglich fünfmal aktualisiert; er ist über Telefon Tel. 162 und über www.meteoschweiz.ch zu erreichen. Ebenfalls nützliche Wetterinfos: www.meteomedia.ch, www.meteoblue.ch, www.meteo-valais.ch, www.meteo-chamonix.ch. Am französischen Ufer hört man auch häufig das schweizerische Meteo; telefonische Wettervorhersagen nach Departements: Tel. +33 892 plus die Durchwahl -74 für Haute-Savoie.

Karten

CNS ist top und TOP ist's auch

Alle Touren werden ergänzt durch einen Kartenausschnitt im Maßstab 1:25.000, 1:50.000, 1:75.000 oder 1:100.000 mit darin rot eingezeichneter Route. Im Beschreibungskopf befinden sich zudem Kartenempfehlungen, deren Nummern sich auf die Landeskarte der Schweiz beziehen:
4 Ziffern = Maßstab 1:25.000;
3 Ziffern = Maßstab 1:50.000;
ist bei diesen noch ein »T« dabei, so ist das Blatt auch als offizielle Wanderkarte der »Schweizer Wanderwege« erhältlich. Im Internet hat man die Landeskarte der Schweiz auf http://map.geo.admin.ch (die offizielle Site von www.swisstopo.ch mit zahlreichen Zusatzfunktionen) sowie auf http://map.schweizmobil.ch (mit Wanderwegen, ÖPNV-Haltestellen etc.); der Ausschnitt der Karte (oder des Luftbildes) kann jeweils ausgedruckt

Am Genfersee kann man immer wandern, auch bei Regen.

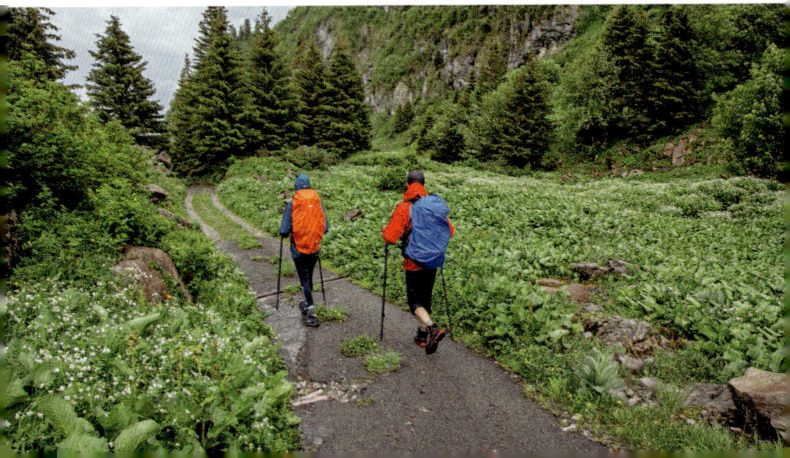

Der Umwelt zuliebe …

Auch beim Wandern hinterlassen wir einen ökologischen Fußabdruck, aber im Einklang mit der Natur unterwegs zu sein, ist gar nicht so schwer!

VORBEREITUNG UND ANFAHRT

- Sich vorab informieren, worauf in Bezug auf Natur und Umwelt in der jeweiligen Wanderregion besonders zu achten ist.
- Soweit möglich mit Bahn und Bus anreisen, Wander- und Rufbusse nutzen.
- Ist eine Anfahrt mit dem Auto nötig, Fahrgemeinschaften bilden.
- Bei weiten Anfahrten Mehrtagestouren planen oder von einem Quartier vor Ort aus mehrere Touren absolvieren.
- Flugreisen möglichst reduzieren und durch Beiträge zu Klimaschutzprojekten kompensieren.

KLEIDUNG UND AUSRÜSTUNG

- Beim Kauf von Outdoor-Kleidung auf umweltfreundliche und faire Herstellung achten und Kleidungsstücke möglichst viele Jahre nutzen.
- Ausrüstung kann man eventuell auch gebraucht kaufen oder ausleihen.
- Reparieren statt neu kaufen.

VERPFLEGUNG

- Beim Einkauf Bio-Ware, regionale und saisonale Erzeugnisse bevorzugen.
- Hütten und Gasthäuser auswählen, die regionale Produkte verwenden.
- Auf Einwegflaschen und Plastikverpackungen verzichten, stattdessen wiederverwendbare Trinkflaschen und Brotzeitboxen benutzen.

ÜBERNACHTUNG

- Bei lokalen Anbietern buchen, damit Menschen vor Ort profitieren.
- Auf Hütten und in anderen Unterkünften Strom und Wasser sparen.

UNTERWEGS

- Wege benutzen und Abkürzer vermeiden.
- Sperrungen von Wegen und Schutzgebieten respektieren.
- Keine Blumen pflücken und keine Pflanzen entnehmen.
- Waldbrandgefahr beachten.
- Müll wieder mit nach Hause nehmen und dort entsorgen.
- Toilettengänge in freier Natur möglichst vermeiden.
- Lärm vermeiden.
- Hunde an die Leine nehmen.

ROTHER
BERGVERLAG

werden. Die Karten können mobil genützt werden, ohne dass dafür eine Netzverbindung nötig ist. Mobile Nutzer laden und speichern die Kartenausschnitte vorab auf ihre Endgeräte. Im Gelände funktioniert die Lokalisation mit GPS-Technologie.
In Frankreich greift man zu den blauen IGN-Karten im Maßstab 1:25.000 und in der Form TOP 25. Auf ihr sind nicht nur die Wanderwege rot eingezeichnet, sondern zahlreiche andere touristische Informationen. Für den Raum Genf gibt es noch Blatt 3429 Genève, Annemasse, Le Léman; allerdings ohne Wanderwege. Die Seite www.geoportail.gouv.fr bietet Karten und Luftbilder von ganz Frankreich mit vielen Zusatzfunktionen; auch hier kann man Karten herunterladen und dann ohne Internetzugang nutzen.
Für die Stadtwanderungen in Genf, Lausanne, Vevey–Montreux besorgt man sich am besten einen Stadtplan. Die Karten können normalerweise unterwegs gekauft werden: an den Kiosken, in Buchhandlungen, in den Maisons de la Presse, manchmal auch in guten Bars.
Ebenfalls sehr nützlich und detailliert: die App von www.mapout.ch.

Literatur

Deutschsprachige Wanderführer

- Michael Waeber, Hans Steinbichler: Unterwallis – Vom Genfer See bis Sierre. Rother Wanderführer 2021: der Anschluss im Südosten.
- Bernd Jung, Daniel Anker: Gruyère-Diablerets – Freiburger und Waadtländer Alpen. Rother Wanderführer 2021: der Anschluss im Osten.
- Reinhard Scholl: Savoyen – Genf bis Grenoble, mit Chartreuse und Belledonne. Rother Wanderführer 2019: die Fortsetzung nach Süden.
- Ueli Hintermeister, Silvia Fantacci, Jürg Schrammel: Schweizer Jura, zwischen Zürich, Basel und Genfer See. Rother Wanderführer 2020: die Fortsetzung nach Norden.
- Thomas Rettstatt: Französischer Jura – Von den Vogesen bis zum Genfer See. Rother Wanderführer 2019: der Anschluss im Nordwesten.
- Renate Florl: Via Gebennensis – Jakobsweg von Genf nach Le Puy-en-Velay. Rother Wanderführer 2016: eine lange Fortsetzung weit in den Süden.
- Renate Florl: Jakobswege Schweiz – Von Konstanz, Rorschach und Rankweil bis Genf. Rother Wanderführer 2017: eine lange Fortsetzung weit vom Norden.
- Philipp Bachmann: Jurawandern. Rotpunkt 2021: sehr gut.
- Philipp Bachmann: Zu Fuss von Genf nach Nizza. Band 1: Savoyen und Dauphiné. Rotpunkt 2008: Auf geht's!

Natur- und Umweltschutz

Den größten Alpensee bewahren

Zumindest fünf umweltschonende Grundregeln sollte man beachten, wenn man am Genfersee unterwegs ist:
Keinen Schmutz und Unrat zurücklassen, weder Abgase noch Abfall.

Tiere und Pflanzen schonen und deren Rückzugsräume achten.
Respekt zeigen vor den Einheimischen und ihrem Eigentum.
Markierte Wege nicht verlassen. Zelten außerhalb ausgewiesener Plätze ist generell nicht erlaubt.
Alles Weitere siehe S. 18.

Privatbesitz

Betreten verboten

Propriété privée gibt's in Frankreich und der Schweiz, vor allem bei Anwesen mit Seesicht. Was auf der Karte wie ein Pfad, ein Weg oder gar ein Sträßchen aussieht und eigentlich begehbar wäre, ist es in Wirklichkeit nicht: privat, gesperrt. Schilder und Ähnliches weisen oft unmissverständlich auf das Betretungsverbot hin. Wer sich an die offiziellen Wanderwege hält, wird keine bösen Überraschungen oder ihr Revier verteidigende Hunde erleben. Allerdings können mehr Wege als die auf den touristischen Wanderkarten eingezeichneten benützt werden.

Rettung

Au secours!

Schweiz: Schweizerische Rettungsflugwacht REGA Tel. 1414, Polizeinotruf Tel. 117, Sanitätsnotruf Tel. 144.
Frankreich: Gendarmerie Tel. 17, Feuerwehr/Pompiers Tel. 18.

Sport

Vormittags Ski fahren, nachmittags baden

Kurze Infos, empfehlenswerte Adressen und Literatur

- Baden: Alles zu den vielen Stränden am Genfersee auf www.leman-plages.ch.
- Klettern: Claude et Yves Remy: Escalades Vaud, Chablais, Bas-Valais, Sanetsch, Edition Remy, Versl'Eglise 2010.
- Klettersteige: Eugen E. Hüsler, Daniel Anker: Die Klettersteige der Schweiz, AT Verlag 2020.
- Mountainbiken: Delphine Klopfenstein, Claude Marthaler: L'Arc lémanique à vélo, Werd Verlag 2011. Philippe Deroussen: VTT Chablais. Du Léman aux Portes du Soleil, Libris 2008.
- Schneeschuhwandern: Ewald Ackermann, Albrecht Wandfluh: Schneeschuh-Tourenführer – Vom Genfer- zum Thunersee, SAC-Verlag, Bern 2014. Didier Cassany: Courses en raquettes 2, Crêtes du Jura et Préalpes franco-suisses, Editions du CAS, Berne 2007.
- Skitouren: Ralph Schnegg, Daniel Anker: Skitouren Waadtländer und Freiburger Alpen. La Berra bis Dent de Morcles, SAC-Verlag, Bern 2008. François Labande, Georges Sanga: Ski de randonnée Haute Savoie – Mont Blanc, Éditions Olizane, Genève 2007.
- Skifahren/snowboarden: Oben blau, in der Mitte weiß, unten wieder blau

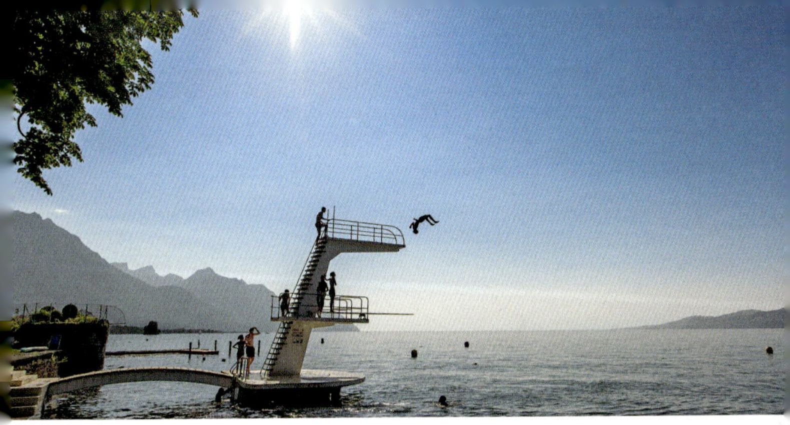

Badefreuden im Seebad Villeneuve.

– und das auf einer roten Piste. Hier sind die Léman-Pisten: Les Pléiades, Les Avants, Caux-Jaman-Rochers de Naye, Leysin, Thollon-les-Mémises, Bernex, Menthières-Grand Crêt d'Eau, Col de Crozet-Lélex, Col de la Faucille-Mijoux, St-Cergue, La Dôle.

- Langlauf: La Vattay beim Col de la Faucille und Salève.
- Segeln/rudern/surfen: Schulen existieren in allen größeren Küstenorten. In Bouveret kann man die verschiedensten Wassergeräte ausprobieren: Centre nautique lac & mer (Tel. +41 244 818 361, www.lacetmer.ch), Ecole de voile et moteur (Tel. +41 244 814 901, www.ecolevoilebouveret.ch).

Tagestouren und Trekking

Schöne Aussichten, n'est-ce pas?

55 der 60 vorgeschlagenen Wanderungen sind Tagestouren. Da allerdings häufiger Ausgangs- und Endpunkte so ausgewählt wurden, dass sie sich mit anderen Wanderungen verbinden lassen, kann man einige von ihnen zu mehrtägigen Wanderungen verknüpfen. Im Jura, im Chablais und an den Ufern des Léman werden am Ende des Buches Beispiele für mehrtägige Wanderungen als Kombination von einzelnen Touren vorgestellt. Darüber hinaus stellen wir die wunderbare Tour der Dents du Midi vor, welche mit der Haute Cime den höchsten Gipfel des Chablais einschließt und – auch wenn nicht in nächster Nähe zum Genfersee – prächtige Aussichten auf diesen erlaubt. Und schließlich noch »Le Balcon du Léman«, eine Trekkingtour in rund 14 Etappen einmal um den Genfersee.

Viele der Touren an den Randbereichen dieses Führers lassen sich zudem noch mit zahlreichen Touren aus den Rother-Wanderführern Unterwallis, Gruyère-Diablerets, Savoyen, Schweizer Jura und Französischer Jura verbinden (siehe auch »Literatur«), welche sich nahtlos an die Region des Genfersees anschließen.

TOURISTEN-INFORMATIONEN	
Schweiz-Tourismus	■ www.myswitzerland.com, Tel. 00800 100 200 29 (gratis), info@myswitzerland.com
Region	■ Genève Tourisme (GT & BC), Rue du Mont-Blanc 18, CH-1211 Genève 1, Tel. +41 229 097 000, www.geneve-tourisme.ch ■ Office de tourisme du Canton de Vaud, Avenue d'Ouchy 60, CH-1006 Lausanne, Tel. +41 216 132 626, www.genferseegebiet.ch ■ Wallis Tourismus, Rue Pré Fleurie 6, CH-1951 Sitten, Tel. +41 273 273 570, www.valaistourism.ch, www.matterhornregion.com
Wandervereine	■ GenèveRando (ex AGTP), Case postale 102, CH-1213 Onex, Tel. +41 227 933 556, www.geneverando.ch ■ Association vaudoise de tourisme pédestre, Place Grand-St-Jean 2, CH-1003 Lausanne, Tel. +41 213 231 084, www.avtp.ch ■ Walliser Wanderwege/ValRando, Rue Pré-Fleurie 6, CH-1951 Sitten/Sion, Tel. +41 273 273 580, www.valrando.ch ■ Fédération Française de la Randonnée Pédestre, 14 rue Riquet, F-75019 Paris, Tel. +33 144 899 399, www.ffrandonnee.fr
Wandersites	■ www.saleveautrement.ch/sentiers ■ www.rando-saleve.net/itiner ■ www.wandersite.ch ■ www.alternatives-wandern.ch ■ www.gipfelbuch.ch ■ www.hikr.org

Unterkunft

Seehotels, Gipfelhütten und Gîtes d'étape

Wenn möglich, werden die Unterkunftsmöglichkeiten mit Telefonnummern einzeln angegeben. Oft stehen auch Öffnungszeit, Anzahl der Plätze und andere wichtige Informationen dabei. In den meisten Unterkünften kann auch eingekehrt werden.

Nützlich sind die Hotelverzeichnisse der regionalen Fremdenverkehrsämter, die auf deren Websites zu finden sind (siehe Kasten oben).

Für die Etappenunterkünfte, Jugendherbergen und Hütten benützt man www.gites-refuges.com. Informationen über die schweizerischen Hütten findet man in »Hütten der Schweizer Alpen« von Remo Kundert/Marco Volken (SAC-Verlag) und auf www.sac-cas.ch. Hilfreich ist zudem das Verzeichnis von Bed & Breakfast Switzerland; www.bnb.ch. Und dann kann eine Unterkunft immer noch über http://tel.search.ch und www.pagesjaunes.fr gesucht werden, indem man »Hotel« und die Ortschaft eingibt.

Veranstaltungen

Von Jazzfestivals zu Weinmärkten

März: Internationaler Automobil-Salon in Genf.
April: Lavaux Jazz Festival in Cully, Tulpenfest in Morges (bis Mitte Mai).
Mai: Internationales Opern-Festival in Lausanne; Marché du vin in Chardonne; Weinmarkt in Vevey.
Juni: Jazzfestival im Jardin Anglais von Genf.
Juli: 4. Juli: Nationalfeiertag Frankreich; Leysin Rock Festival; Jazzfestival in Montreux; Rhonefest in Vevey; Altstadtfestival in Lausanne; Paléo Festival und Sommer Theater Festival in Nyon. Fête des Vignerons in Vevey (alle 25 Jahre, das letzte Mal 1999).
August: 1. August: Nationalfeiertag der Schweiz; Volksfest in St-Prex (nur in den ungeraden Jahren).
September: Comptoir Suisse in Lausanne.
Dezember: Escalade in Genf.

Wege

Rot-weiß dominiert auf beiden Seiten

■ Schweiz

Die Markierung der Wander- und Bergwanderwege in der Schweiz ist (einigermaßen) einheitlich und geschieht nach den von den »Schweizer Wanderwegen« aufgestellten Richtlinien. Die Markierung besteht aus

Tulpenfest im April in Morges.

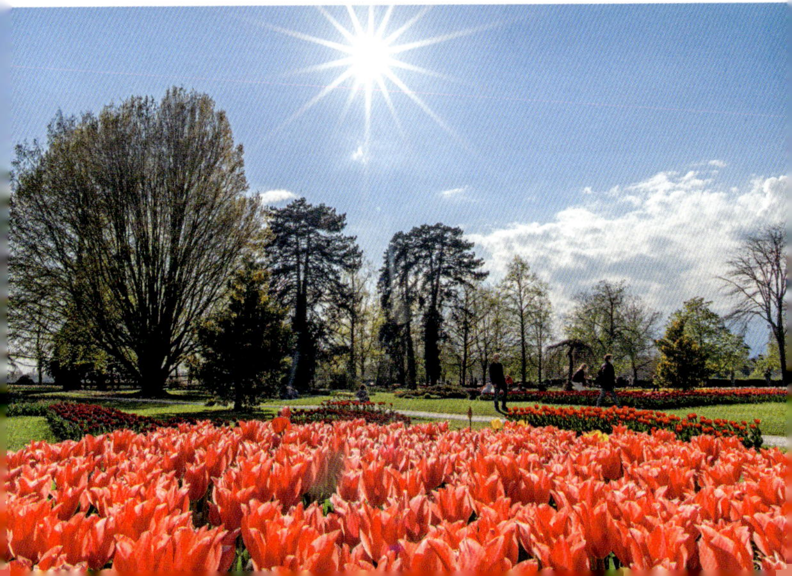

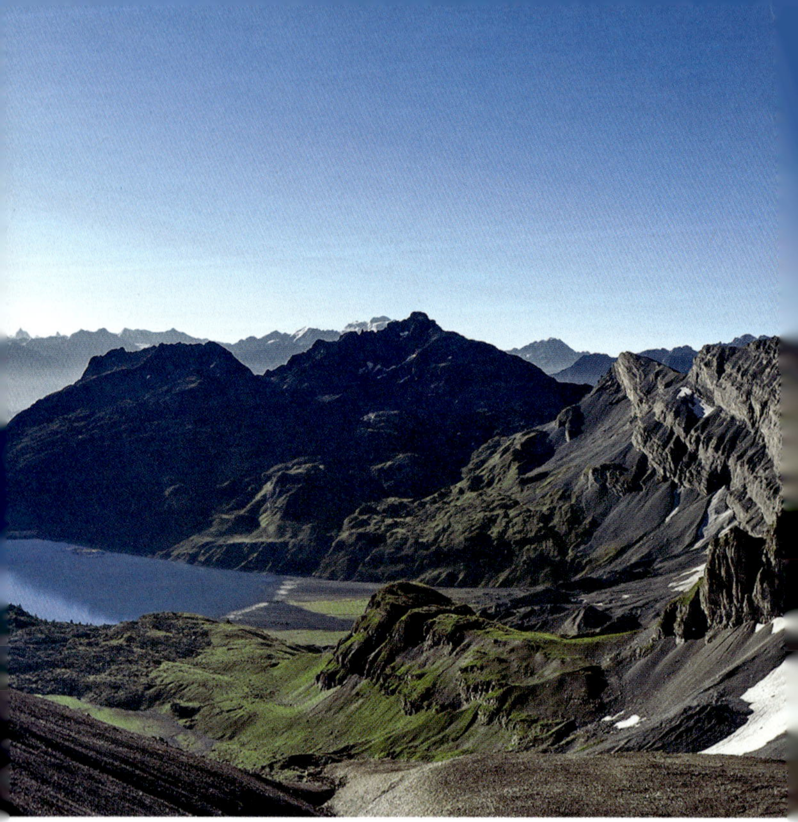

Col de Susanfe auf der 5-Tages-Tour der Dents du Midi (Tour 58).

Wegweisern mit oder ohne Zeitangaben, Richtungszeigern, Rhomben und Farbmarkierungen. Wanderrouten sind gelb, die anspruchsvolleren Bergwanderrouten weiß-rot-weiß markiert. Noch schwieriger sind die alpinen Routen, die weiß-blau-weiß markiert sind.

■ Frankreich

Am Lac Léman verlaufen, beginnen und enden auch verschiedene Sentiers de Grande Randonnée, wie der GR 5 ans Mittelmeer und natürlich der GR »Balcon du Léman« (s. Tour 60); diese rot-weiß markierten großen Wege überziehen das ganze Land. Die GR sind gut, aber nicht auffällig mit rot-weißen Strichen markiert; kreuzen sich die Striche, dann ist man nicht mehr auf dem GR. Die Wege in Ufernähe (Littoral du Léman) sowie die petits sentiers sind mit gelben Strichen versehen.

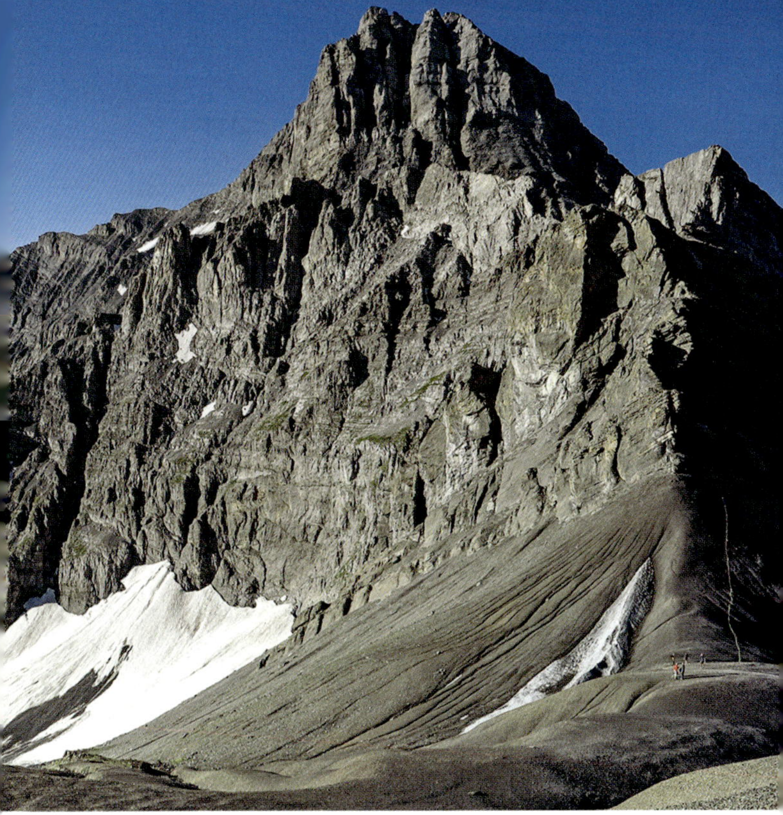

Und noch ein Hinweis: Schmale grüne Striche auf weißem Grund zeigen die Grenze eines Staatsforstes (forêt domaniale) an.

Zigzag

Sprechen Sie französisch?

Zigzag heißt Zickzack, zigzaguer bedeutet: hin und her taumeln. Das wünsche ich den Benutzern dieses Wanderführers natürlich nicht, weder auf dem parcours viticole von Lausanne-Ouchy zum Château de Chillon – obwohl das gerade dort möglich ist – noch in den Parkanlagen von Genf.
Wer im Französischen mehr versteht als »Retour à la nature«, hat es zwischen dem höchsten Gipfel des Jura und der Dent d'Oche hinter dem Casino von Evian eine Spur leichter.

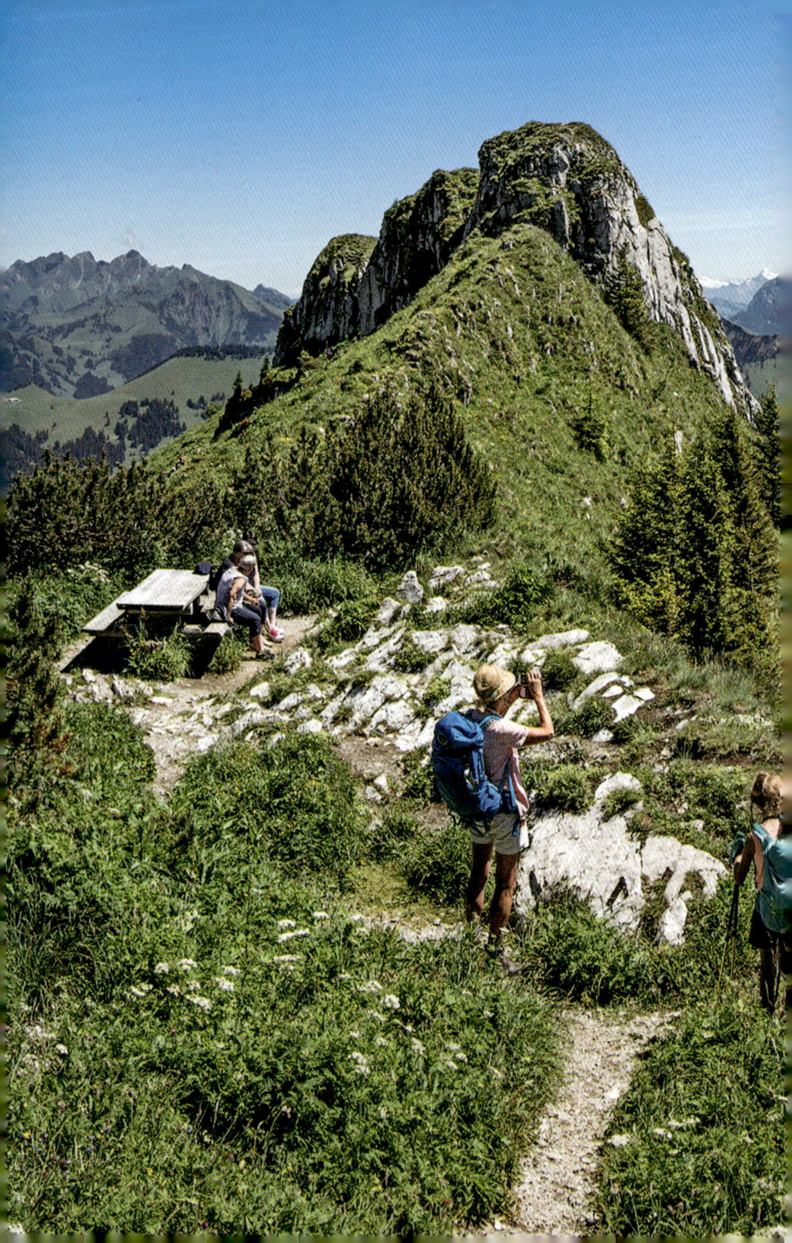

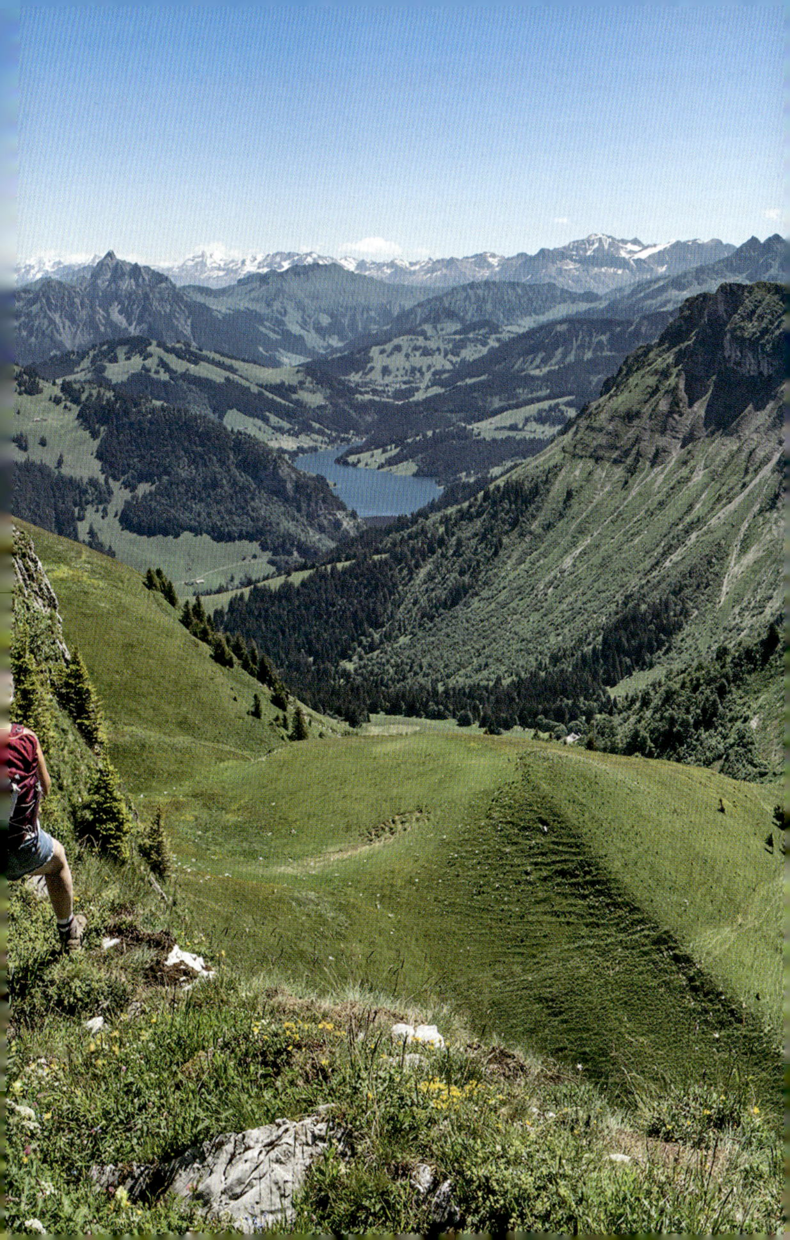

Région de Genève: Flüsse und Felsen

»Diese Stadt scheint durch ihre Lage Geschmack an der Naturgeschichte einzuflößen; denn die Natur zeigt sich da unter dem glänzendsten Gesichtspuncte, legt eine unbeschreibliche Menge verschiedener Producte dar, einen See voll eines himmelblauen Wassers; einen Strom, der aus demselben herausfließt; reizende Hügel, die jenen umgeben, und die erste Stufe zu einem Amphitheater von Bergen bilden, dessen höchster Umkreis aus den majestätischen Alpen besteht; den Montblanc, der über sie alle herrschet, bekleidet mit einem Gewande von ewigem Schnee und Eise, welches bis zu seinen Füßen herabfließt; einen erstaunlichen Contrast von erstarrender Kälte und lachendem Grün, jene auf den höhern Bergen, dieses auf den niedrigern und auf den Hügeln. Ein solcher Anblick reißt zur Bewunderung hin, und erweckt die Begierde, seine Schönheiten näher kennen zu lernen.«

Ein wichtiges Buch, ein wichtiger Autor. Horace Bénédict de Saussure (1740–1799), Bürger von Genf. Er setzte 1760 die Belohnung für die erste Besteigung des Montblanc aus. Nachdem Michel-Gabriel Paccard und Jacques Balmat den 4808 Meter hohen Gipfel am 8. August 1786 erstmals betreten hatten, bestieg de Saussure selbst im folgenden Jahr den höchsten Gipfel der Alpen. Dies gilt als eine Geburtsstunde des Alpinismus. De Saussure veröffentlichte ab 1779 ein vierbändiges Werk, das den wegweisenden Titel »Voyages dans les Alpes« trägt. »Reisen durch die Alpen« erschien ab 1781 auch auf Deutsch. Und das erste Kapitel im ersten Band ist ein »Versuch einer Naturgeschichte der Gegenden um Genf«, der mit der oben wiedergegebenen Beschreibung der Lage von Genf beginnt. Machen wir uns auf den Weg, ein paar Schönheiten näher kennenzulernen.

Beginnen wir mit der Île Rousseau. Also mit jener pappelbestückten Insel am Ausfluss des Genfersees, die mit einem Steg mit dem Pont des Bergues verbunden ist. »Auf dem kleinen Kettenwege, welcher die Rousseauinsel mit der Rhonebrücke verbindet, begegnen uns zwei junge Männer, die ihre Strohhüte noch einmal zurückschwenken nach der Broncestatue«, hält Emma von Niendorf im 1843 publizierten »Wanderleben am Fuße der Alpen« fest, das sie »den Reisenden am Genfersee gewidmet« hat. »Da sitzt Jean Jacques unter luftigem Blätterzelte, das Buch auf dem Knie, den Griffel in der Hand. Sprechend und edel der Ausdruck des gesenkten Kopfes. Wie viel Lieb und Leid, was für tiefe Gedanken glühen unter den buschigen Brauen. Das weichste Gefühl spielt um den Mund. Du Märtyrer der Menschheit! Deine Träume, deine Ideale sind die unsern, deine Wunden brennen in unserer Brust.« So tief empfunden beschreibt die deutsche Wandersfrau das Denkmal für den »Citoyen de Genève«, der 1712 in der Altstadt geboren wurde, hier aber mit seinen freiheitlichen, revolutionären Gedanken keineswegs glücklich wurde – und die Stadt nicht mit ihrem rebellischen Kind. Nur widerstrebend bewilligte sie die Statue, die – abgeschirmt durch Pap-

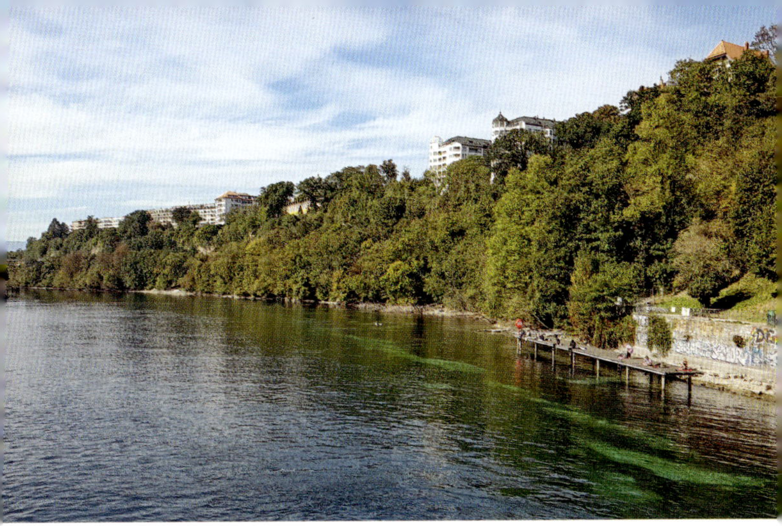

In der Rhone ist gut baden: beim Pont de Sous-Terre in Genf (Tour 2).

peln – seit 1834 einsam auf den Genfersee blickt. Genauer gesagt blickte, denn 1864 baute man bloß 25 Meter vor der Insel den Pont du Mont-Blanc, der nun den Übergang vom See in den Strom markiert.
Ein Jahr lang hielt sich Christian August Fischer, viel gereister Leipziger Schriftsteller und Professor der Kulturgeschichte, in Genf auf. »Zu jeder Tageszeit wird es Ihnen hier gefallen«, lässt er eine seiner Figuren im poetischen Bericht »Ueber Genf und den Genfer-See« (1796) erzählen, »aber Abends war es immer am schönsten. Auf dem entfernten Ende des Sees schwebte noch Licht und Glanz, indess die Dämmerung schon aus der nähern Hälfte emporstieg. Allmählich schwand auch der glänzende Strich in düstere Schatten, aber hoch in den Lüften glühte noch jenseits des Ufers die majestätische Alpenwelt.«
Wer in Genf zu Fuß unterwegs ist, kann schon ins Schwärmen kommen. Wer freilich gehfaul ist, muss keine großen Strecken zurücklegen, um ebenfalls zu schwärmen. Einfach nur vom Bahnhof hinab ins Bain des Pâquis am Quai du Mont-Blanc. Ein nostalgisches Bad mitten im Genfer Hafenbecken. Wer früh genug dran ist, sichert sich das Plätzchen am Geländer gegenüber dem Jet d'Eau. Der Wasserstrahl dieser Fontäne schießt bis zu 145 Meter in den blauen Léman-Himmel hoch, im Hintergrund der Salève, dessen Silhouette die südliche Skyline von Genève bestimmt. Und dann nehmen wir ein Buch hervor, von de Saussure, von Rousseau. Oder den 1998 erschienenen Genfer Krimi »Hand im Spiel« von Urs Richle: »Der Weg wird enger, schmaler, es ist ein Fußweg, der neben einem Fabrikgebäude die Rhone entlang führt«. Allons-y!

TOP

1 La Rade de Genève

↗ 30 m | ↘ 60 m | 7.5 km

2.00 h

Rund um das Genfer Hafenbecken: magische Orte Genfs und der Welt

»Der weite helle See, dessen Wasser so blau sind, daß man sich wirklich wieder jenseits der Berge glauben könnte, die breiten Quais an seinen Ufern (...), die freien mit Gartenanlagen geschmückten Weitungen und Plätze, die kleine Rousseau-Insel mit ihren schattenden Bäumen, dahinter das am linken Ufer des See's emporsteigende alte Genf (...); und zu dem Allen die mit Flecken, Landhäusern und Villen übersäeten Berge, die von allen Seiten auf den See und auf die Stadt hinunterschauen, während sich gegen Südosten die schneebedeckten Hochgebirge aufthürmen, als deren weithin strahlender Gipfel sich der Montblanc erhebt, das Alles bildet ein Ganzes, das einen sehr lieblichen und zugleich sehr großartigen Eindruck hervorbringt.« Fanny Lewald: Sommer und Winter am Genfersee. Ein Tagebuch, 1869.

Ausgangspunkt: Place des Nations (407 m) in Genf; Bus 5 oder 8 vom Hauptbahnhof Cornavin.
Endpunkt: Genève-Plage (374 m). Mit Bus 2 bis Eaux-Vives und mit Bus 8 oder 9 zurück zur Gare Cornavin. Bus 6 fährt fast dorthin.
Anforderungen: Spaziergang. T1.
Beste Jahreszeit: Immer. Besonders schön, wenn man vom Park La Perle du Lac den Montblanc sieht und wenig später im Bain des Pâquis in den See tauchen kann. Der Jet d'Eau ist von März bis Oktober in Betrieb.
Einkehr: Immer wieder möglich, auch in den Parks.
Unterkunft: Beau-Rivage (+41 22 716 6666), City Hostel Geneva (+41 22 901 1500), Auberge de Jeunesse (+41 22 732 6260), Cité universitaire (+41 22 839 2222).
Variante: Vom Pont des Bergues durch die Altstadt zur Cathédrale de St-Pierre, über die Promenade de la Treille zum Monument de la Réformation und auf die Promenade des Bastions.
Karten: 1301 Genève; IGN TOP25 Genève (3429 OT); Stadtplan.
Tipp: Der Besuchereingang für den Palais des Nations befindet sich beim Pregny Gate an der Av. de la Paix 14, gegenüber dem Hauptquartier des Roten Kreuzes; geführte Touren (www.unog.ch). Genf Tourimus veranstaltet geführte Stadtwanderungen.
Anschlusstour: 2.

Von der **Place des Nations** ❶ auf der Avenue de la Paix entlang dem Park des Palais des Nations. Nach der Eisenbahnbrücke links hinein in den **Jardin botanique** mit prächtigen Gewächshäusern. Durch eine Unterführung zum See. Auf der Uferpromenade am Conservatoire botanique vorbei zum Park La Perle du Lac, weiter südwärts direkt am See oder an der Villa Bartholoni (Musée d'Histoire des Sciences) vorbei. Durch den angrenzenden Parc Mon Repos mit

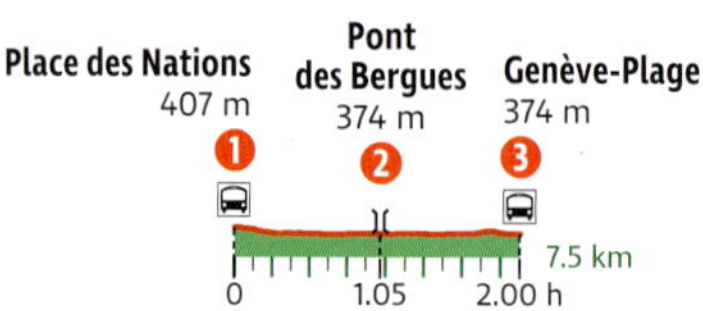

mit dem Institut Henri Dunant (Begründer des Roten Kreuzes) in der Villa Plantamour. Über den lärmigen Quai Wilson mit dem Palais Wilson, dem einstigen Sitz des Völkerbundes, zum Bain des Pâquis. Über die Brücke und entlang des öffentlichen Bades kann man einen Abstecher zum Leuchtturm Phare des Pâquis machen, von wo man nicht mehr weit vom Jet d'Eau entfernt ist. Weiter auf dem Quai du Mont-Blanc mit dem Denkmal für die österreichische Kaiserin Sissi vor dem Hôtel Beau-Rivage – sie wurde hier am 10. September 1898 von einem italienischen Anarchisten erstochen – zum Pont du Mont-Blanc.

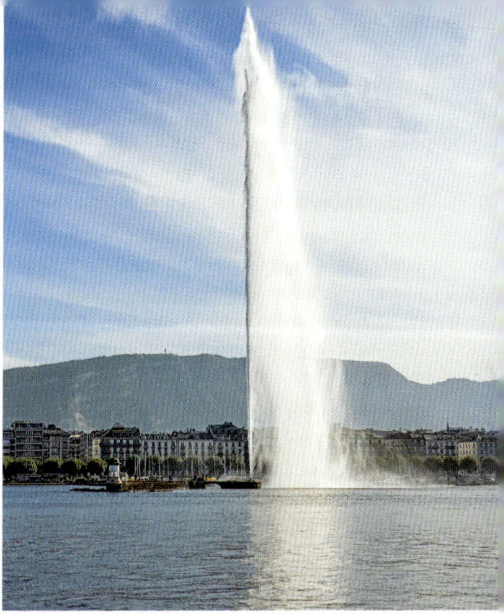

Der Jet d'Eau mit dem Mont Salève dahinter.

Wir gehen aber zuerst kurz rechts und gleich wieder links über den **Pont des Bergues** ❷ zur Île Rousseau mit dem Rousseau-Denkmal. Am linken Rhoneufer aufwärts und unter der Mont-Blanc-Brücke durch in den Jardin Anglais. Auf dem Quai Gustave Ador den See entlang – im Wasser draußen der Niton-Stein (dieser dient als Referenzpunkt der Höhenmessung in der Schweiz) und die bis zu 145 m hohe Wasserfontäne Jet d'Eau (zu Letzterem und zum Leuchtturm Phare des Eaux-Vives führt eine Mole, wobei man dort ziemlich nass werden kann). Von der Débarcadère Eaux-Vives landeinwärts durch die Parks la Grange und Eaux-Vives – mit prächtigem Baumbestand, Resten einer römischen Villa, einem dem Salève nachempfundenen Alpengarten sowie dem Bündner Chalet aus dem Village suisse der Landesausstellung von 1896. Zurück zum See und wieder auf dem Quai Gustave Ador nach **Genève-Plage** ❸. Je nach Saison hinein ins Schwimmbad – und in den Léman.

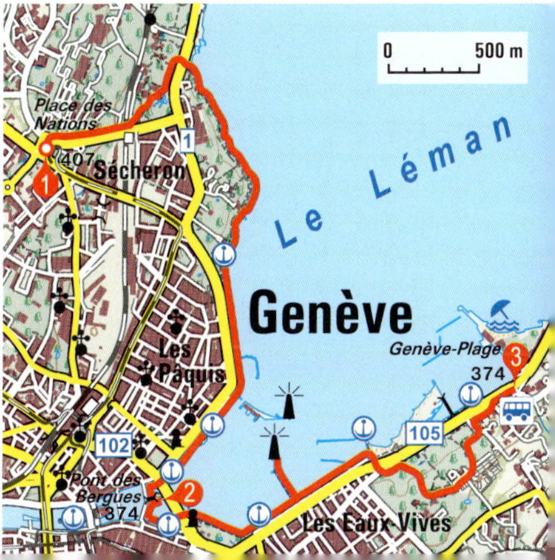

↗ 200 m | ↘ 220 m | 16.9 km

2 Rhoneweg von Genf nach Peney

4.15 h

Stromabwärts durch Wald (und Wiesen) und mit dem Boot zurück

»Vor den Toren der Stadt Genf vereinigt die Arve, ein reißender Bach, der von den Gletschern Savoyens herabkommt, seine kotigen Wellen mit den klaren Wassern der Rhone. Die beiden Flüsse laufen eine ganze Strecke, ohne ihr Wasser miteinander zu vermischen: so ist es für die, welche noch nicht daran gewöhnt sind, ein ganz eigenartiger Anblick, in dem gleichen Bett parallel zueinander eine schlammige Welle und azurblaue Wogen rinnen zu sehen.« Rodolphe Toepffer: Genfer Novellen – Die Furcht, 1841.

Ausgangspunkt: Genf, Hauptbahnhof Cornavin (383 m).
Endpunkt: Peney-Dessous (371 m). Bus nach Satigny Gare und Zug nach Genève Cornavin. Oder im Sommer mit dem Rhoneschiff zurück an den Quai des Moulins im Stadtzentrum; alles zur Schifffahrt auf See und Fluss bei www.mouettesgenevoises.ch, (+41 22 732 2944) sowie bei www.swissboat.com (+41 22 732 4747).
Anforderungen: Keine. T1.
Beste Jahreszeit: Immer; aber am besten, wenn das Rhoneschiff fährt.
Einkehr: In Genf, Aire-la-Ville, Peney.
Unterkunft: Domaine de Châteauvieux in Peney-Dessous; das Restaurant im Haus zählt zu den allerbesten der Schweiz (+41 22 753 1511).
Varianten: 1) 30 Min. verlängern: entlang der Nant d'Avril zum Bahnhof Satigny. 2) 1.15 Std. verkürzen: kurz nach Loëx über die Passerelle du Lignon und auf der rechten Uferseite auf markiertem Weg bis zur Fahrstraße Chemin du Poussy und auf dieser bis zum IKEA und dem Bahnhof Vernier.
Karten: 270 T Genève; 1300 Chancy, 1301 Genève; IGN TOP25 Genève (3429 OT).
Tipp: Unweit von Peney-Dessous befindet sich das CERN (Europäische Organisation für Kernforschung) in Meyrin: Ausstellung Microcosm, geöffnet Mo.–Sa. 8.30–17.30 Uhr (+41 22 767 76 76, https://home.cern); am CERN konzipierte Tim Berner-Lee um 1990 die Grundlagen des World Wide Web zur besseren Kommunikation zwischen den beteiligten Wissenschaftlern.
Anschlusstouren: 1, 3.

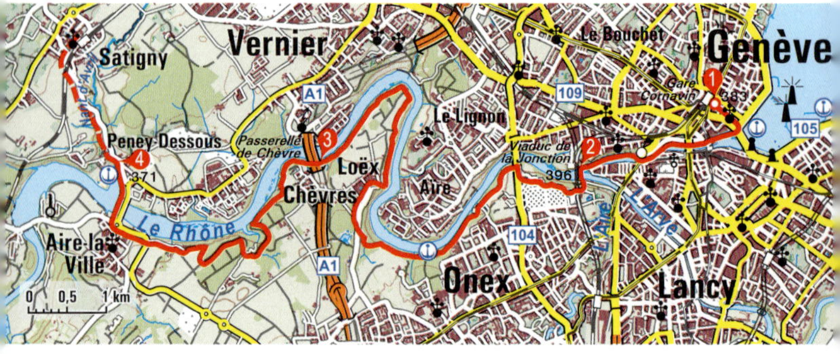

Zweistromland: Blick vom Pont de la Jonction auf die blaue Rhone und die braune Arve.

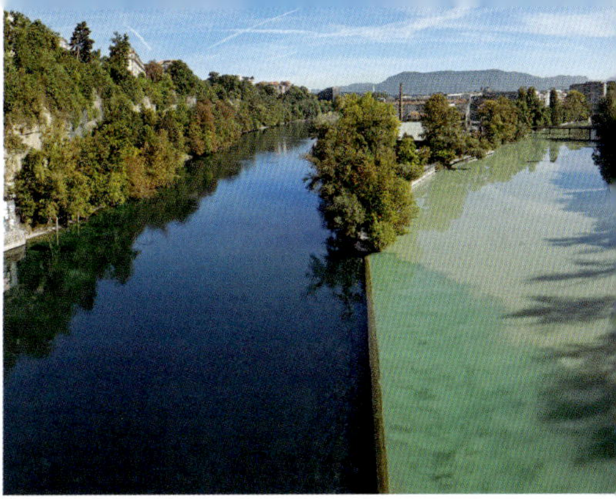

Vom **Gare de Genève-Cornavin** ❶ durch die Rue du Mont Blanc zum Pont du Mont Blanc und zum Abfluss des Genfersees in die Rhone. Stromabwärts auf dem rechten Ufer. Schon bald kommt man am Pont de l'Île vorbei. Nach dem Pont de Sous-Terre beginnt der Sentier des Falaises unterhalb von Nagelfluhwänden. Nicht unter dem **Viaduc de la Jonction** ❷ durchgehen, sondern im Gebäude vor dieser Eisenbahnbrücke auf Treppen und dann zu einer Parkanlage hochsteigen. Über die Brücke auf das linke Ufer und in ein paar Serpentinen hinauf zum Café de la Tour (netter Biergarten). Oben nach rechts und schon bald rechts auf den Waldweg im Schräghang wechseln. Vor dem stark befahrenen Pont Butin sinkt der Wanderweg zur Rhone hinab. Der gelb markierte Sentier du Rhône folgt immer dem Fluss – mit kleineren Gegensteigungen, oft bei der Einmündung von Seitenbächen. So muss man zum Beispiel vor Loëx auf der gleichnamigen Halbinsel ganz auf die Kante des Steilufers hochsteigen. Aber schon bald führt der Weg im Zickzack wieder zum Fluss hinab. Nach der **Passerelle de Chèvre** ❸ und der Autobahnbrücke können wir in den gegenüberliegenden Uferfelsen vielleicht einen Eisvogel erblicken. Die Rhone erweitert sich langsam zum Stausee von Verbois. Die Einmündung des Nant de Châtillon zwingt zu einem letzten Gegenanstieg und zum Ausweichen landeinwärts.
Nach Durchqueren des Bois de Châtillon rechts auf einen Feldweg einbiegen, der wieder gegen das Ufer zurückleitet.
Zuletzt auf Straßen zum Kreisel nördlich von Aire-la-Ville. Über den Pont de Peney nach **Peney-Dessous** ❹. Die Anlegestelle des Schiffs befindet sich in der Bucht des Nant d'Avril, die Bushaltestelle auf der Brücke über diesen Bach.

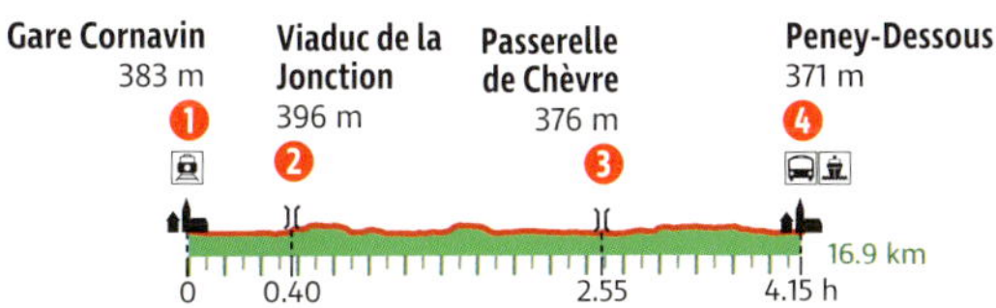

↗ 140 m | ↘ 200 m | 11.5 km

3.15 h

3 Durch das Val de l'Allondon

Wandern, degustieren und erholen in einer grünen Naturschutzlunge

Eine Wanderung geprägt durch die ausgedehnten Rebberge von Satigny und Choully und durch die Mäander des goldhaltigen Allondon und dessen Schwemmebenen mit idyllischen Plätzchen und vielfältiger Flora. Das Val de l'Allondon ist übrigens seit 1977 im Schweizer Bundesinventar der Landschaften und Naturdenkmäler von nationaler Bedeutung (BLN).

Ausgangspunkt: Bahnhof Satigny (413 m).
Endpunkt: Bahnhof La Plaine (355 m) an der gleichen Bahnlinie des Léman-Express.
Anforderungen: Stellenweise Trittsicherheit. Wege nicht immer markiert und im Unterholz teils schmal und rutschig. T2.
Beste Jahreszeit: Immer; im Sommer kann man im Allondon baden.
Einkehr: Satigny, Choully und La Plaine.
Unterkunft: nur in Peney-Dessous; vgl. Tour 2.
Karten: 270 T Genève; 1301 Chancy; IGN TOP25 Genève (3429 OT).
Tipp: Domaine des Balisiers, Route de Peney-Dessous 12 in Peney (+41 22 753 1958). Domaine de la Devinière, Route du Mandement 101 in Satign (+41 22 753 2287). Domaine de la Comtesse Eldegarde, Chemin du Bornalet 17 in Satigny (+41 22 753 0665).
Anschlusstour: 2.

Am Allondon.

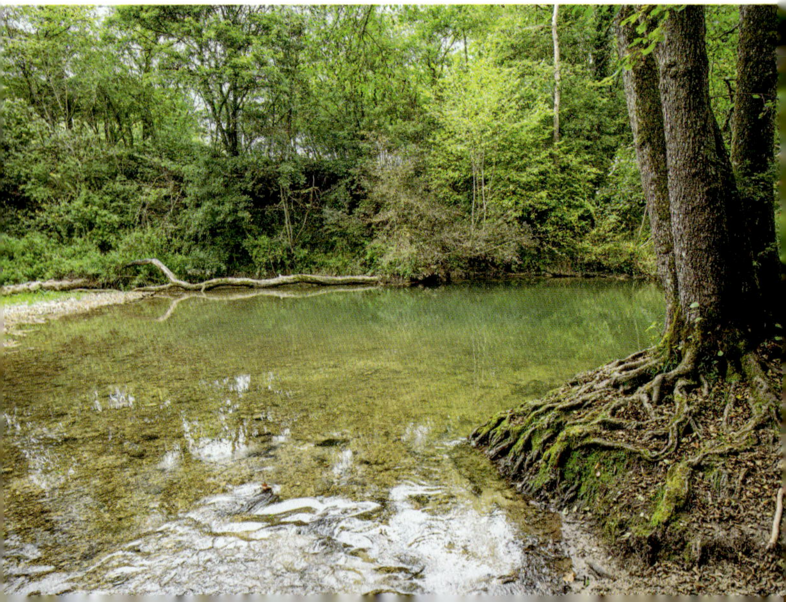

Vom Bahnhof **Satigny** ❶ folgen wir der gelb markierten Wanderroute an der Schule und dem Wohnquartier zur Hauptstraße. Geradeaus und nach Verlassen des Ortes rechts der Straße entlang der Weinreben nach Choully (499 m); das Dorf befindet sich auf dem höchsten Hügel der Genfer Landschaft. Ein Sträßchen zieht hinab zum **Moulin Fabry** ❷ unmittelbar an der Landesgrenze. Am linken Ufer des Allondon entlang kommen wir zu einem Zeltplatz, danach geht es am rechten Ufer weiter. Östlich der Kapelle von Malval wieder über eine Straßenbrücke auf das linke Ufer unterhalb Les Baillets und gleich rechts in einen Weg einbiegen. Südwärts durch Feld und Wald. Wo der Uferpfad wegen Hangerosion unterbrochen ist, steil hinauf zu einem Rebberg. An diesem entlang und von der Waldecke auf einem Treppenweg zu einem Wasserreservoir hinab. Rechts daran vorbei und auf dem Hauptpfad weiter flussabwärts; der Weg verbreitert sich und folgt einem Kanal. Rechter Hand zweigen Pfade ab, die ein Vorwärtskommen näher am Wasser ermöglichen.

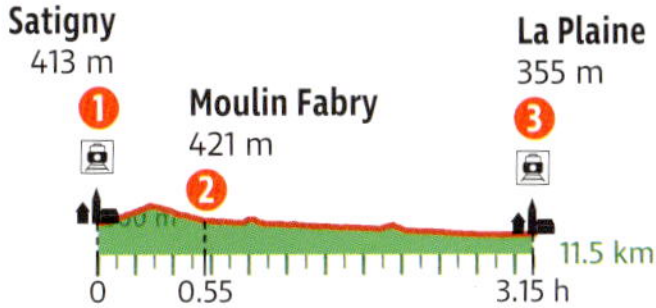

Vor der Straße wenden wir uns nach rechts zum Fluss und gehen unter der Brücke durch. Nun weiter auf dem Damm, dann auf Pfaden durch den Auenwald. Auf einem Steg unterhalb der Eisenbahnbrücke wechseln wir auf die rechte Uferseite und gelangen zur Mündung des Allondon in die Rhone. Nun gehen wir den Fluss entlang (rechter Hand befindet sich eine Parfümfabrik), dann bei einer Straßenbrücke hinauf zum Bahnhof von **La Plaine** ❸.

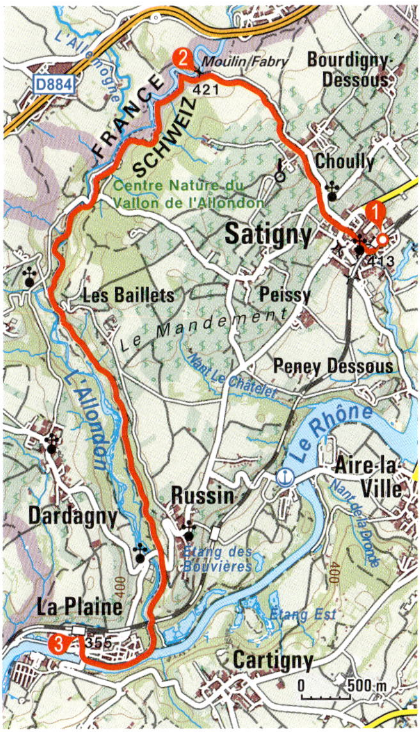

↗ 221 m | ↘ 885 m | 7.4 km

4 Petit Salève, 899 m

3.15 h

Der schnellste Weg auf den Genfer Hausberg – eine klassische Route

»Ich benützte die Zufriedenheit meines Freundes, um ihn daran zu erinnern, daß der bescheidene Salève auch für Saussure die erste Etappe seiner Alpenreisen gewesen war und welche Freude der große Vorläufer des Alpinismus darüber empfunden hatte, von der Höhe dieses Grates seinen See zu betrachten, der ihm ›gleich einem großen Fluß‹ erschien. Eine literarische Erinnerung anderer Art, nämlich Henry Stendhal, der seiner Uebellaunigkeit auf Kosten des Salève mit den Worten: ›dieser garstige Felsen‹ Luft machte, hätte Doug fast aus unserem Horst gestürzt.« Charles Gos: Die Nacht im Fels. Ein Bergsteigerroman, 1937.

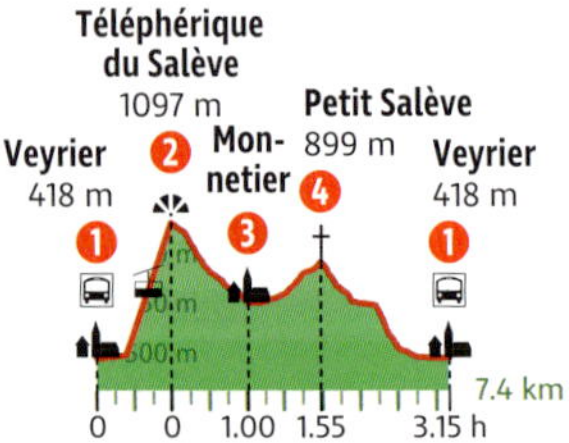

Ausgangs- und Endpunkt: Veyrier (418 m) bzw. Bergstation der Téléphérique du Salève (1097 m); vgl. Tour 4.
Anforderungen: Etwas Trittsicherheit erforderlich. Markierte Wege. T2.
Beste Jahreszeit: Immer, außer bei Schnee oder Eis (dann gefährliche Pfade).
Einkehr: Salève-Bergstation. Monnetier: Au Petit Salève (Mo. geschl.).
Unterkunft: Monnetier-Mornex: Hôtel des Voyageurs (+33 4 5036 5156).
Variante: Von der Bergstation auf gutem Weg zum Restaurant de l'Observatoire mit Panoramatafel (und ehemaliger Bahnstation) und noch weiter zum Fernsehturm (1246 m) mit Restaurant; ½ Std.
Karten: IGN TOP 25 Mont Salève (3430 OT); Carte touristique du Salève, 1:25.000 (Beilage zum Führer Randonnées au Salève). 270 T Genève.
Tipp: Die erste elektrische Zahnradbahn der Welt fuhr am Genfer Stadtrand: Ab 1892 kletterte sie ins Bergdorf Monnetier und von dort noch weiter auf die Anhöhe von Les Treize Arbres am Grand Salève. 1932 löste eine Luftseilbahn den Zug ab, die 1975 eingestellt wurde, weil die Leute dank vieler Straßen den Genfer Hausberg mit dem Auto erober(te)n. Seit 1984 schweben aber wieder moderne Kabinen auf die Kammlinie des Berges. Personalausweis.
Geführte, kostenlose Wanderung auf den Salève; Treffpunkt jeden Sonntag um 10 Uhr, www.rando-saleve.net.
Anschlusstouren: 5, 6.

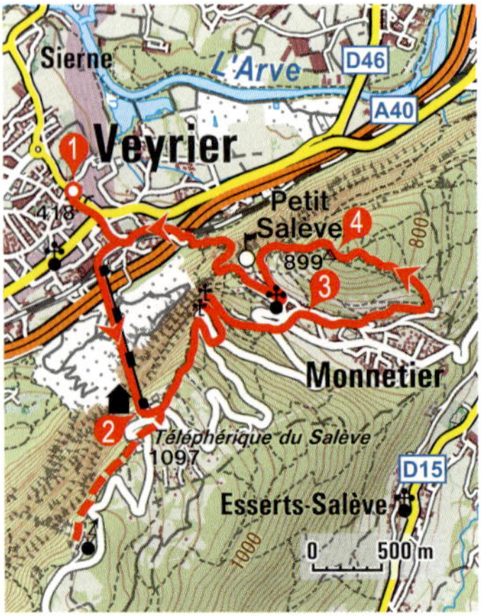

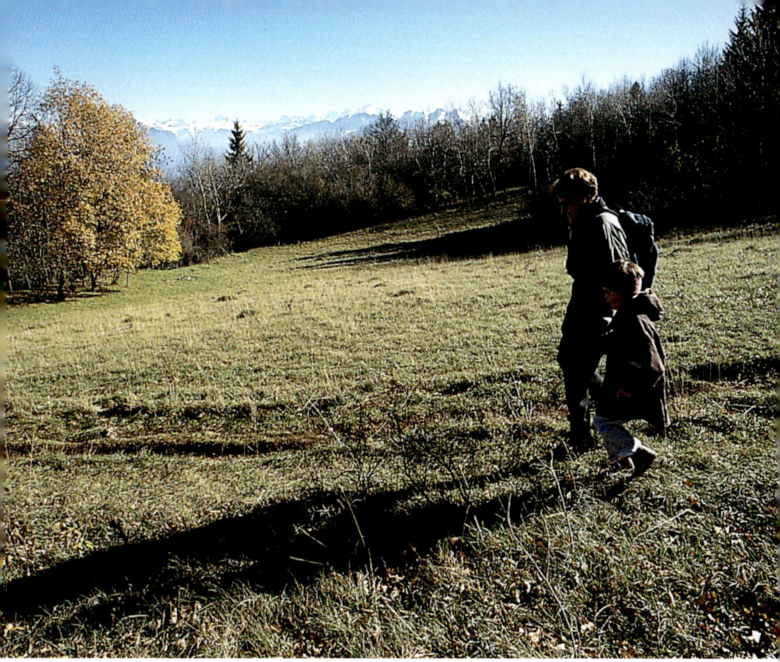

Herbstlich: Abstieg von der Salève-Bergstation nach Monnetier.

Von **Veyrier** ❶ zur Talstation der Salève-Luftseilbahn von Pas de l'Echelle und Fahrt zur **Téléphérique-Bergstation** ❷. Von dort auf dem Wanderweg durch Feld und Wald hinab nach **Monnetier** ❸, wobei man bei der Weggabelung nach der zweiten Querung der Autostraße rechts geht (wie der GR Tour du Léman). Im Dorf ostwärts und links in den Chemin du Prâtet einbiegen. Er führt schräg aufwärts zu einer Wegverzweigung; hier rechts und steil bergauf. Der blau markierte Pfad führt im Zickzack auf den Ostgrat des **Petit Salève** ❹ hinauf. An der Hangkante entlang zu einem sehr schönen Aussichtspunkt. Der allerhöchste Punkt des Petit Salève befindet sich im Waldesinnern bei einem Kreuz. Über den teilweise bewaldeteten Westrücken hinab zu einem Rastplatz mit Findlingen und prächtigem Blick auf Genf.

Nun wandern wir schräg hinab nach **Monnetier** ❸. So bald wie möglich nach rechts und auf einer Straße, dann auf einem Weg in den Pas de l'Échelle. Auf einem teils aus den Felsen gehauenen und gesicherten Weg steil in Serpentinen hinab, vorbei an einem Tunnel der alten Bahn. Am Hangfuß mündet der Weg in ein Sträßchen. Westwärts über Auto- und Eisenbahn sowie über die Grenze nach **Veyrier** ❶ zur Endstation der Busse.

TOP

↗ 830 m | ↘ 830 m | 12.0 km

5 Grand Salève, 1309 m, – durch die Große Schlucht

6.00 h

Sehr alte, steile Touristenwege auf einen flachen Panoramagipfel

»Aus der Distanz gesehen zeigt die Wand des Grand Salève mit ihren Felsbändern ein ganz besonderes Aussehen, das sich – wie das Profil des Berges allgemein – im Gedächtnis der Genfer einprägt. Ein Aussehen, das je nach Tages- und Jahreszeit wechselt, aber immer gleich grandios ist. Und zugleich voller Charakter, viel weniger monoton als der Jura gegenüber.« Le Salève. Description scientifique et pittoresque, 1899.
Eine bessere Beschreibung des von Genf aus betrachteten Salève könnte es kaum geben. Vor Ort erwartet uns der atemberaubende Aufstieg durch die Orjobet-Grotte, der genickbrechende Blick zum Himmel durch das riesige Trou de la Tine und der schwindelerregende Höhenweg La Corraterie.

Ausgangs- und Endpunkt: Parkplatz Le Coin (665 m) in Collonges-sous-Salève. Bei Anreise mit ÖV startet man bei der Bushaltestelle Collonges-sous-Salève, Marie, und erreicht den Ausgangspunkt über den Chemin de Corbaz und die Route du Coin (170 m mehr im Auf- und Abstieg sowie 1 Std.).
Anforderungen: Für Leute, die trittsicher auf ausgesetztem Grund wandern. Mehrheitlich markierte Wege. T3.
Beste Jahreszeit: Immer, außer Schnee oder Eis machen die Pfade gefährlich.
Einkehr: Café des Crêts.
Unterkunft: In Collonges: De France (+33 4 5095 3233); Zeltplatz.
Varianten: 1) Ohne Gipfel: man lässt den Abstecher auf das Gipfelplateau des Grand Salève aus und begibt sich direkt auf den Höhenweg La Corraterie (ca. 1.15 Std. weniger). 2) Ohne Grande Gorge: Man geht vom Ende des Höhenweges La Corraterie (Sur le Charrot, 1280 m) zum Gipfelplateau (Beschilderung »Panorama sur les Alpes«), über Grand Salève und Café des Crêts zurück zur Wegkreuzung Trou de la Tine, und auf gleichem Weg durch die Grottes d'Orjobet zurück nach Le Coin (ca. 1 Std. weniger).
Karten: Vgl. Tour 4.
Anschlusstouren: 4, 6.

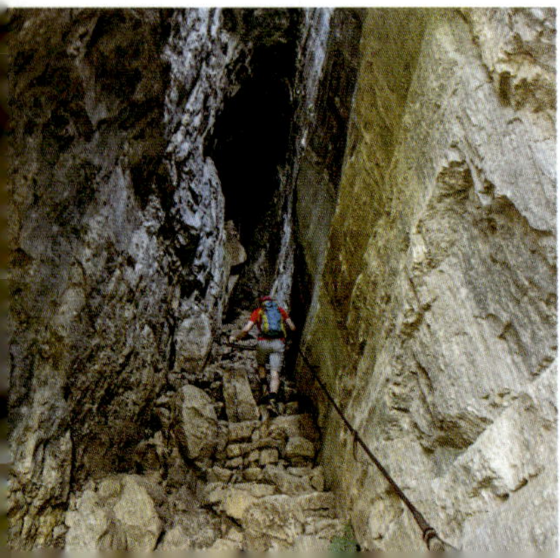

Von **Le Coin** ❶ der Beschilderung Richtung Grotte d'Orjobet folgen. Nach einem steilen Aufstieg durch den Wald trifft man unvermittelt auf eine Felsstufe, welche über Treppenstufen durch die gewaltige Höhle **Grotte d'Orjobet** ❷ überwunden wird. Nach einem weiteren kurzen Anstieg im Wald kommt man bald zum Trou de

Links: In der Grotte d'Orjobet.
Rechts: Auf dem Sentier de la Corraterie.

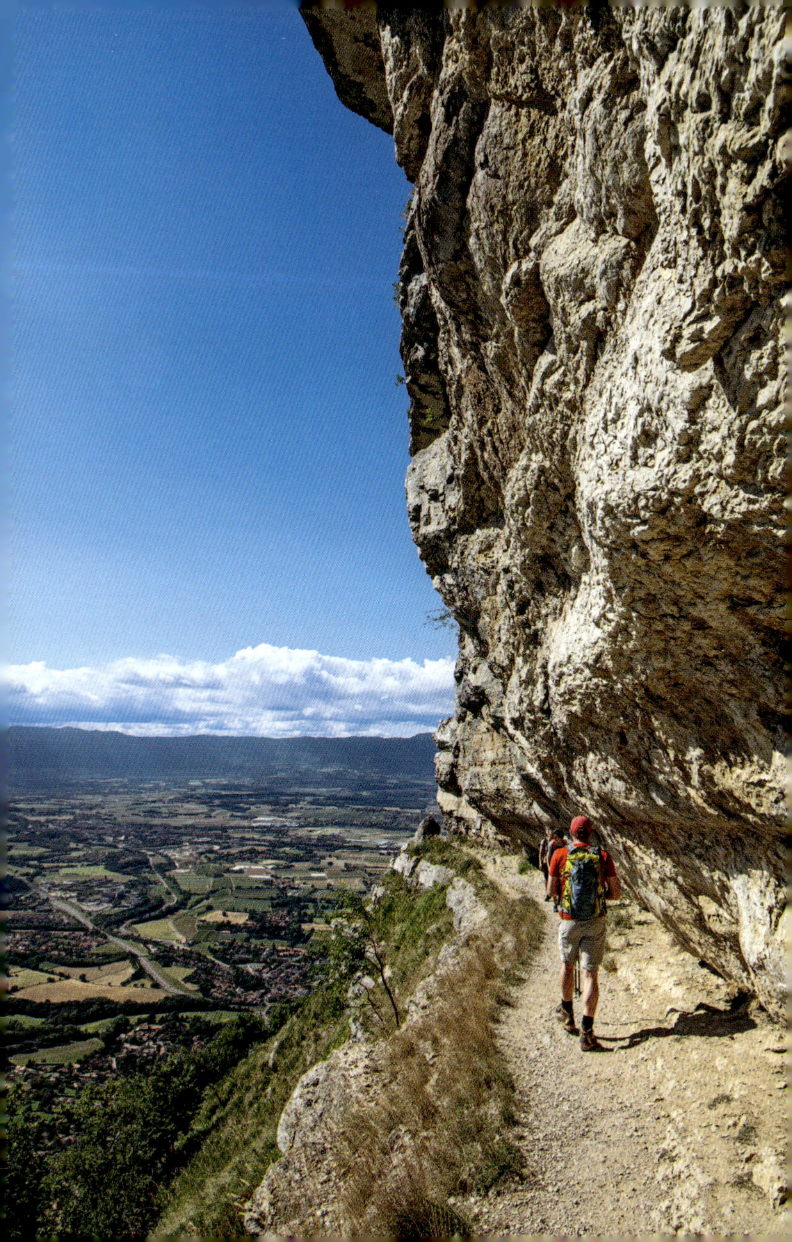

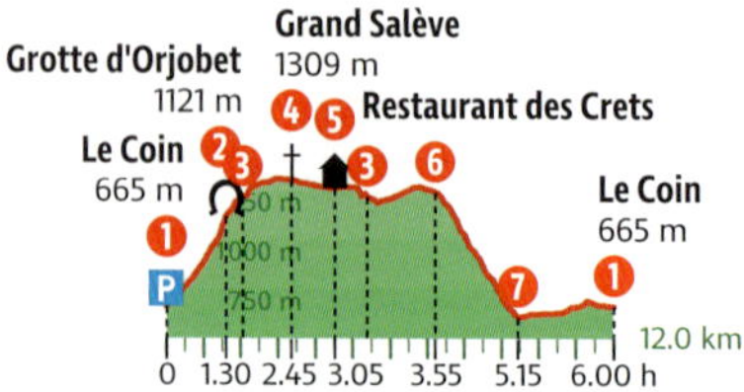

la Tine – hier sollte man nicht versäumen, den kurzen Abstecher nach rechts über einen steilen Stichpfad zu dem Loch in der Steilwand zu machen. Wieder auf dem Wanderweg zurück, stößt man bereits zwei Minuten später auf die beschilderte Wegkreuzung **Trou de la Tine** ❸. Nicht beschildert ist hier allerdings der nach rechts oben abzweigende Pfad, welcher uns zum oberen Rand des Trou de la Tine führt – der Weg überquert gar die Felsbrücke des Loches, unter welcher wir zuvor noch im Trou de la Tine gestanden sind. Anschließend halten wir uns links und steigen am Waldrand entlang auf einem Pfad auf. Nach den letzten Bäumen queren wir weglos in östlicher Richtung die Wiese und stoßen so nach 150 m auf den Wanderweg. Auf diesem gehen wir nach links, bei der nächsten Wegkreuzung Alpage des Crêts rechts und in 5 Min. erreichen wir die Gipfelkuppe des **Grand Salève** ❹.

Für rund 350 m der (unmittelbar unterhalb der Kuppe liegenden) Fahrstraße nach Süden folgen und zuletzt rechts auf einem kleinen Sträßchen zum **Restaurant des Crêts** ❺ – ein hübscher Ort für eine Einkehr. Von der Südseite des Hauses steigen wir den Pfad hinauf zu der aussichtsreichen Graskuppe und gehen weiter auf einem deutlichen Pfad in nordwestlicher Richtung. Dieser Weg führt uns wieder zurück zu der Felsbrücke über den Trou de la Tine. Auf dem bekannten Weg hinab zur gleichnamigen **Wegkreuzung** ❸.

Nun nach rechts und dem rot-weiß markierten Sentier de la Corraterie folgen, welcher unterhalb von Felsen über teils ausgesetzte Bänder (Drahtseile) quert, mit bestechenden Tiefblicken auf die Campagne genevoise. Nach den Felsbändern wird ein kleiner Wald durchquert, die Wegkreuzung Sur le Charrot passiert und schließlich die Wegkreuzung **Sur la Grande Gorge** ❻ erreicht. Nun nach links und durch die steile Grande Gorge hinunter bis zur Wegkreuzung **Sous Grande Gorge** ❼. Hier halten wir uns erneut links und kehren in rund 40 Min. zurück nach **Le Coin** ❶.

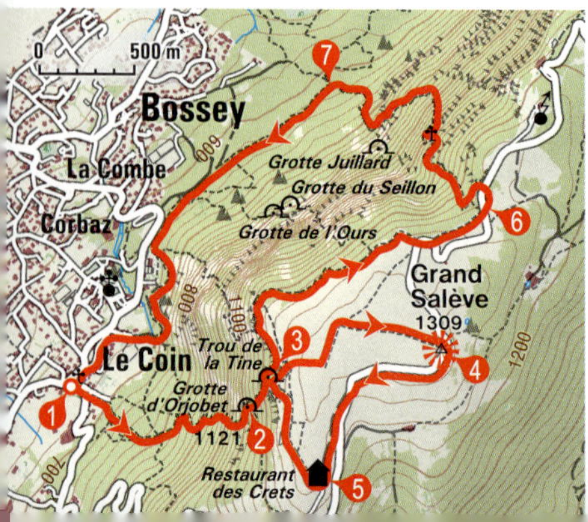

Das Loch in der Steilwand beim Trou de la Tine.

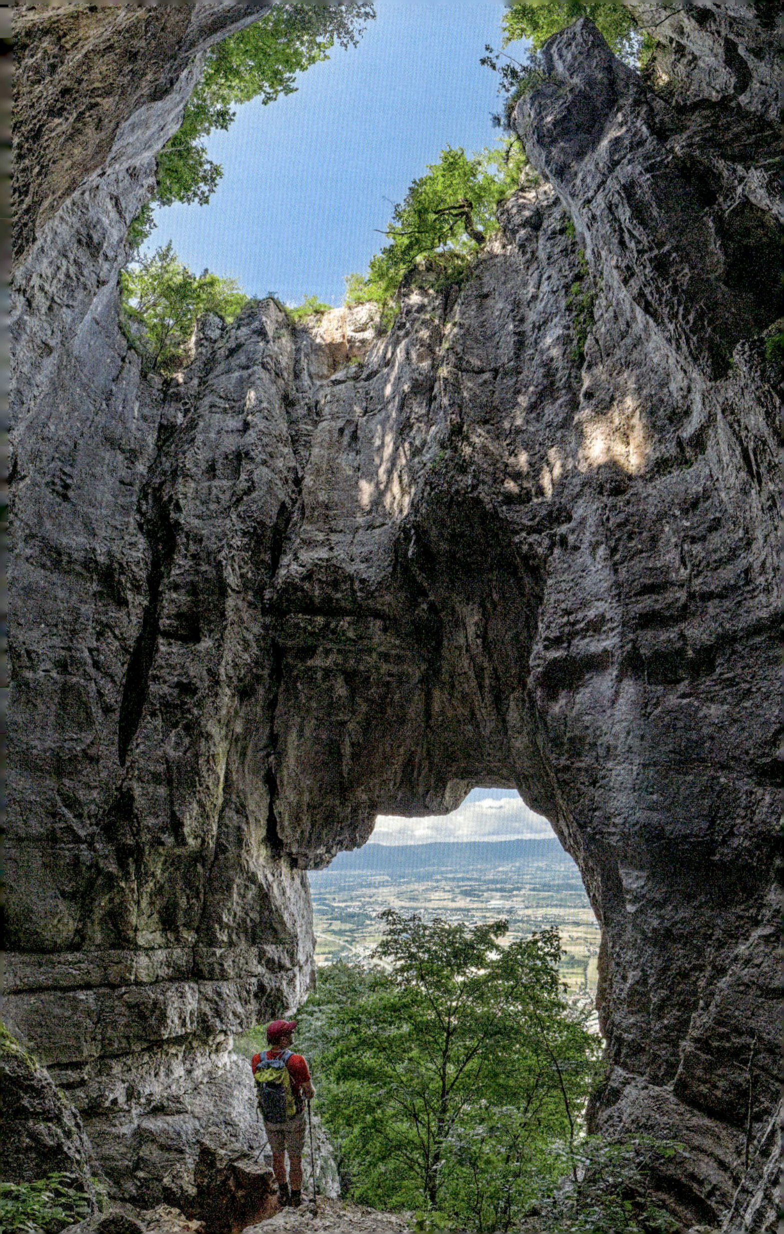

↗ 500 m | ↘ 805 m | 19.6 km

6 Über den Mont Salève, 1379 m

6.00 h

Picknickplätze, Wildnis und Gipfelglück: Weitwandern über einen Stadtberg

»Blickt man von Jussy, so erscheint der Petit Salève als ein sehr großer Jungwal, der sich an einen noch größeren Wal, den Grand Salève, presst. Beide schlafen regungslos in diesem weiten Meer, wo die Wolken wogen. (...) Blickt man von Confignon, so ist dieser Salève ein niedergestreckter, großer Dinosaurier; das Genick ist gebrochen, im Tal von Monnetier; an drei Stellen, vom Pas de l'Échelle bis zur Croisette, ist seine monströse Flanke schrecklich zerkratzt; und die riesige Haut, leblos und weich, liegt ausgestreckt am unteren Ende des Himmels.« René-Louis Piachaud: Le Salève, 1924.

Ausgangspunkt: Veyrier Talstation (419 m) bzw. Bergstation der Téléphérique du Salève (1097 m); vom Genfer Hauptbahnhof mit dem Stadtbus 8 nach Veyrier-Douane, in 10 Min. zur Talstation der Luftseilbahn, Betrieb Nov.–März (+33 4 5039 8686).
Endpunkt: Cruseilles (774 m); Buslinie Annecy – Gare Routière de Genève. Busbahnhof Genf (+41 22 732 0230, www.coach-station.com).
Anforderungen: Meist auf markierten Wegen, kurze Abschnitte weglos; etwas Orientierungssinn ist gefragt. T2 bis T3.
Beste Jahreszeit: Immer, außer bei Schnee oder Eis.
Einkehr: Monnetier, Seilbahn-Bergstation, l'Observatoire bei der Antenne, Café des Crêts, La Croisette, Grotte du Diable.
Unterkunft: In Etrembières: La Maison Blanche (+33 4 5092 0101). In Monnetier; vgl. Tour 5. Auf der Croisette: Dusonchet (+33 4 5094 5204). In Cruseilles: Château des Avenières, +33 4 5044 0223).
Variante: Von Veyrier über den Pas de l'Échelle auf den Petit Salève oder nach Monnetier (vgl. Tour 5).
Tipp: Dominique Ernst: Le Salève de A à Z. Dictionnaire d'une montagne modeste et géniale. Éditions Slatkine, Genève 2021.
Karten: Vgl. Tour 4.
Anschlusstouren: 4, 5.

Einkehr im Café des Crêts.

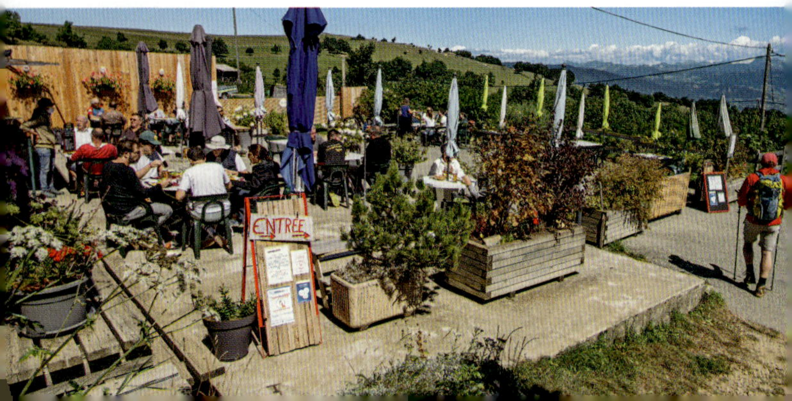

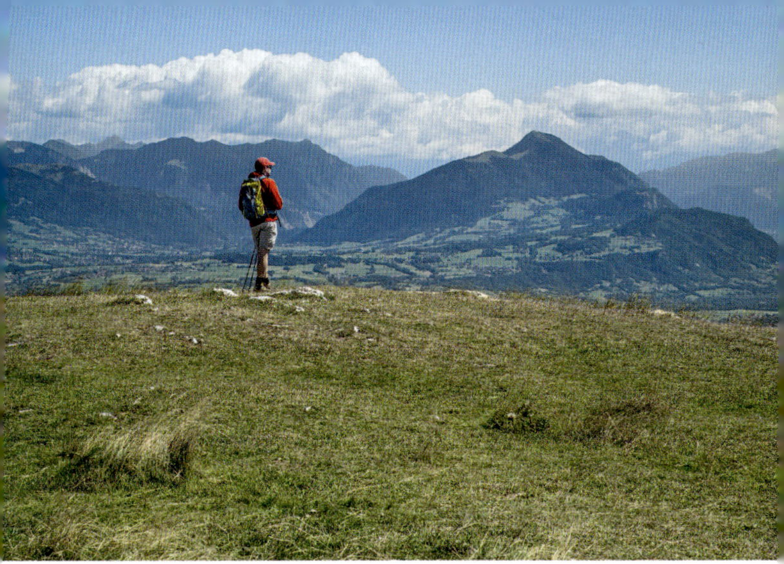

Auf der Gipfelweide des Grand Salève.

Von **Veyrier** **1** zur **Talstation** und mit der Seilbahn zur **Bergstation** **2**; von dort auf dem rot-weiß markierten GR »Balcon du Léman« über Les Treize Arbres, am TV-Turm vorbei, auf die Gipfelweide des **Grand Salève** **3** und zuletzt weglos über Gras zum Gipfel (1309 m). Westwärts zum Weg zurück und südwärts das Café des Crêts passierend, kurz darauf die Straße überquerend, nach **La Croisette** **4**, touristischer Angelpunkt des Salève-Rückens mit Einkehrmöglichkeit.
Südwestwärts auf einem Schottersträßchen (und dem GR) zum Bauernhof La Pommier. Wenig später teilen sich die Wege; hier den linken nehmen. Er führt als schöner Grasweg – stets mit bestem Ausblick zum Montblanc-Massiv garniert – bis östlich unterhalb der Pointe de la Piollière (1349 m);

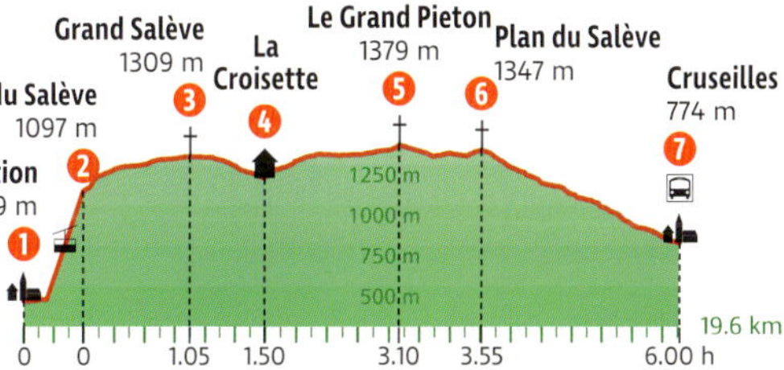

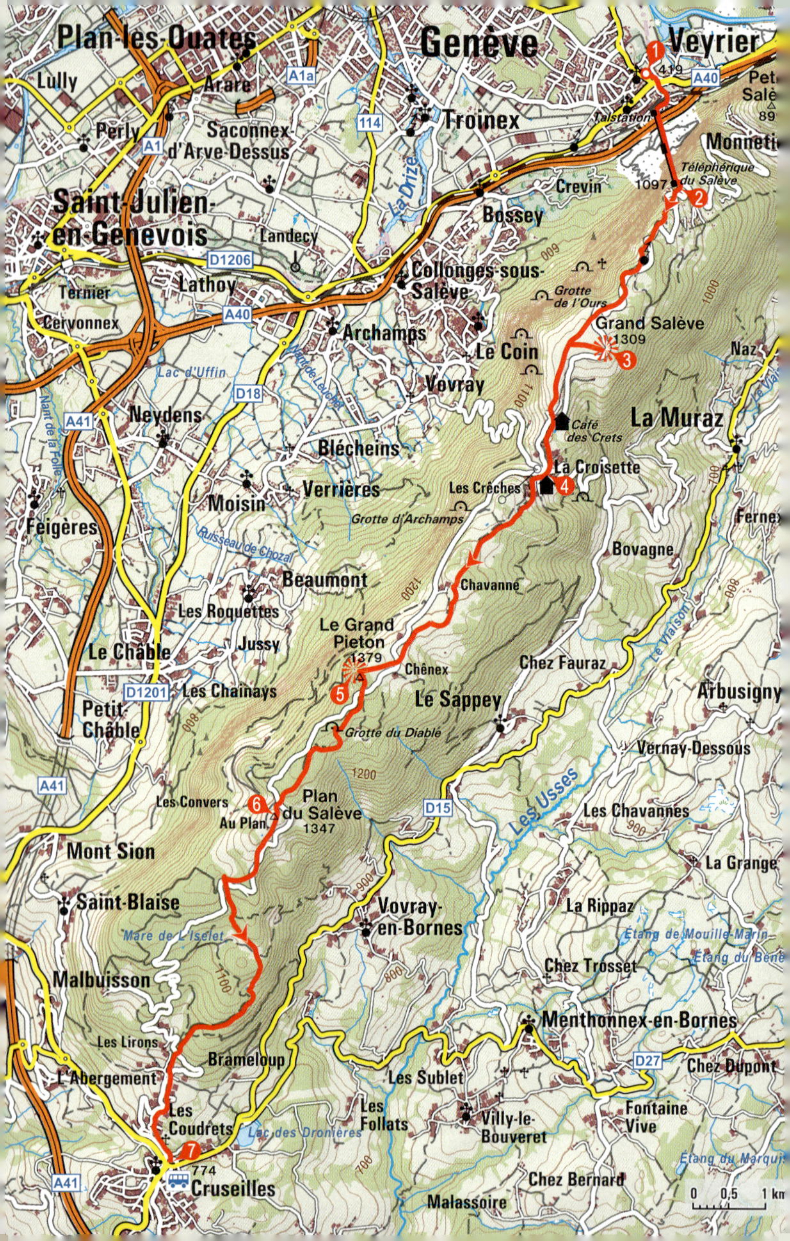
Plan-les-Ouates
Genève
Veyrier
Lully
Arare
A1a
419
A40
Perly
Saconnex d'Arve-Dessus
114
Troinex
Talstation
A1
Téléphérique du Salève
1097
Crevin
Saint-Julien-en-Genevois
Landecy
Bossey
La Drize
D1206
Collonges-sous-Salève
Ternier
Lathoy
Grotte de l'Ours
A40
Cervonnex
Archamps
Grand Salève
1309
Le Coin
Naz
Lac d'Uffin
Vovray
Neydens
D18
Café des Crets
La Muraz
A41
Blécheins
La Croisette
Les Crêches
Verrières
Moisin
Feigères
Grotte d'Archamps
Ruisseau de Chozal
Bovagne
Fernex
Beaumont
Chavanne
Les Roquettes
Le Grand Pieton
1379
Jussy
Le Châble
Chênex
Chez Fauraz
Le Sappey
Arbusigny
D1201
Les Chaînays
Petit-Châble
Grotte du Diable
Vernay-Dessous
A41
Les Convers
Plan du Salève
1347
Au Plan
D15
Les Usses
Les Chavannes
Mont Sion
La Grange
Saint-Blaise
Vovray-en-Bornes
La Rippaz
Mare de L'Iselet
Étang de Mouille-Marin
Étang du Bené
Malbuisson
Chez Trosset
Menthonnex-en-Bornes
Les Lirons
Brameloup
D27
Chez Dupont
L'Abergement
Les Sublet
Les Coudrets
Les Follats
Villy-le-Bouveret
Fontaine Vive
Lac des Dronières
774
Cruseilles
Chez Bernard
Étang du Marquis
A41
Malassoire
0 0,5 1 km

Tour Bastian auf dem Grand Piton.

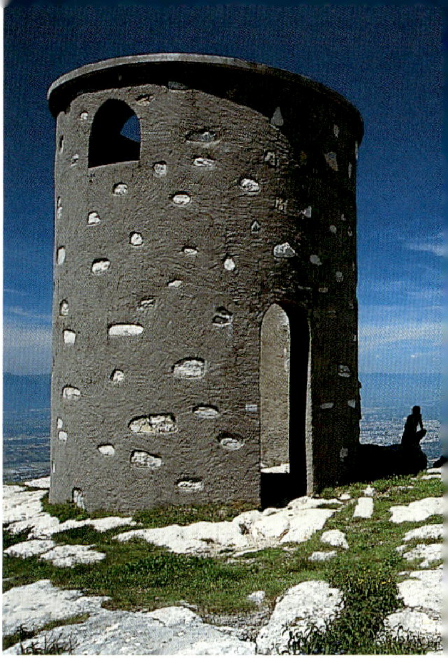

ein Abstecher lohnt sich auch für Nicht-Gipfelsammler. Wieder hinab auf den Wanderweg, der zur Ferme Chavanne kommt. Kurz darauf links, dann rechts und über eine Anhöhe zur Route des Crêtes. Der GR entfernt sich nochmals von ihr und kommt zur Ferme Chênex; hinauf auf die Autostraße. Diese überqueren und auf einem Graspfad, zuletzt durch ein schmales Waldstück mit Felsstufe, auf den **Grand Piton** 5: zuerst rechts zur Tour Bastian, einem runden Turm, dann links zum eigentlichen höchsten Punkt des ganzen Salève. Südwärts hinunter zu einem Parkplatz. Die Straße queren und auf einem breiten Weg durch den Wald; bei den Verzweigungen jeweils rechts halten. Man gelangt so oberhalb der Grotte du Diable zum gleichnamigen Restaurant. Nun folgt man am besten 500 m der Route des Crêtes. Diese nach links verlassen und auf einer Erschließungsstraße zu einer Antenne. Ein Waldweg erreicht den Col des Convers (ca. 1300 m). Kurz ein Schottersträßchen benützen und links auf Pfadspuren durch Gras auf den **Plan du Salève** 6. Weglos südwärts hinab zum Chalet du Plan und weiter bis zur Fahrstraße Route des Crêtes. Südwestwärts bis der Weg kurz darauf links wieder auf die Fahrstraße trifft (1196 m). Ein paar Schritte der Route des Crêtes talwärts folgen und links einen Pfad einschlagen. Er ist teilweise überwachsen, sinkt durch eine schwach ausgeprägte Mulde und mündet in einen Holzschlagweg. Auf ihm weiter hinab, bei der Verzweigung links. Man kommt auf die Zubringerstraße zum Hof l'Iselet. Am Eingang zum Grundstück steht der Wegweiser »Combe Isabelle«. Man quert noch eine Weide und folgt dem guten Waldweg, der allerdings nicht durch die Isabelle-Mulde absteigt, sondern über Praz Penaz; ab dort ist er ziemlich steinig. Kurz bevor der Weg die Route des Crêtes erreicht, verzweigt er sich; wir halten uns links. Über die Straße in einen Waldweg, der in ein Teersträßchen mündet, das nach l'Abergement (877 m) führt. Schnurstracks hinunter nach Cruseilles: auf der Route des Crêtes und auf Abkürzungen, an Einfamilienhäusern vorbei. Zuletzt durch die rechts abzweigende Rue du Pontet zum großen Kreisel von **Cruseilles** 7; die Bushaltestelle befindet sich auf der Hauptstraße dorfeinwärts.

↗ 90 m | ↘ 90 m | 14.8 km

7 Der große Wald von Jussy

3.30 h

Wald- und Feldspaziergang im Ostzipfel der Campagne genevoise

Unspektakulär und doch reizvoll: eine Rundwanderung durch den größten Wald des Kantons Genf, wo sich die Genfer in heißen Sommern erholen. Dabei passieren wir schöne Landhäuser sowie ein Schloss aus dem 17. Jahrhundert in Jussy. Und in Gy wartet eine hübsche Auberge mit süffigem Wein von den dortigen Reben.

Ausgangs- und Endpunkt: Jussy (477 m). Bus C der Genfer Transportbetriebe (TPG) von Malagnou über Moillesulaz. Vom Bahnhof Cornavin mit Bus 5 bis Thônex, P+R Sous Moulin (TPG, +41 (0)900 022 021, www.tpg.ch).
Anforderungen: Etwas Orientierungssinn, da die Strecke nur teilweise markiert ist. Wenig Asphalt. T1.
Beste Jahreszeit: Herbst bis Frühling.
Einkehr: Jussy-Église und Gy (Auberge de Gy, Mi. geschlossen).
Varianten: 1) Tour mit dem Rad machen. Gleich nördlich des Genfer Hauptbahnhofs Cornavin kann man sich bei Genève Roule ein Rad ausleihen (+41 22 740 1343, www.geneveroule.ch).
2) In Gy abbrechen und den Bus nehmen; 1 Std. kürzer. 3) Gy auslassen: dem Bach Chambet folgen bis zur Landstraße, und links dieser entlang Les Creuses passierend zurück nach Jussy; 1 Std. kürzer.
Tipp: Weindegustation im Château du Crest (www. domaineducrest.ch, +41 22 759 1123).
Karten: 270 T Genève; 1281 Coppet, 1301 Genève; IGN TOP25 Genève (3429 OT).

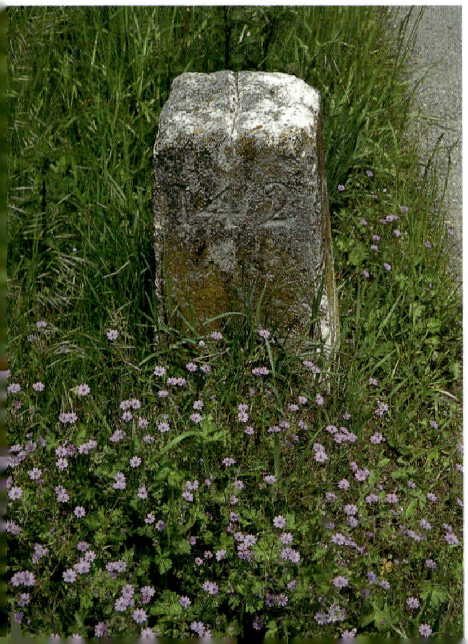

Von **Jussy** ❶ südostwärts auf dem Chemin des Grands Bois zum großen Wald. Wo das Sträßchen diesen erreicht, gehen Fußgänger am Waldrand geradeaus und dann in den Wald hinein. Über einen Bach und nach 400 m links in einer Diagonale zum Landhaus La Forêt. Um dieses herum und in gleicher Richtung weiter zu einer Kreuzung; dort halb links halten. Auf breitem Weg, zuletzt über Felder, nach Monniaz; Endstation von Bus C. Vor der Grenze links in den Chemin des Arales. Er führt durch Felder zu einem Schlagbaum. Ein paar Schritte auf der Grenze Richtung **Les Arales** ❷ und

Grenzstein in der Nähe von Genfs »Gipfel«: Links la Suisse, rechts la France.

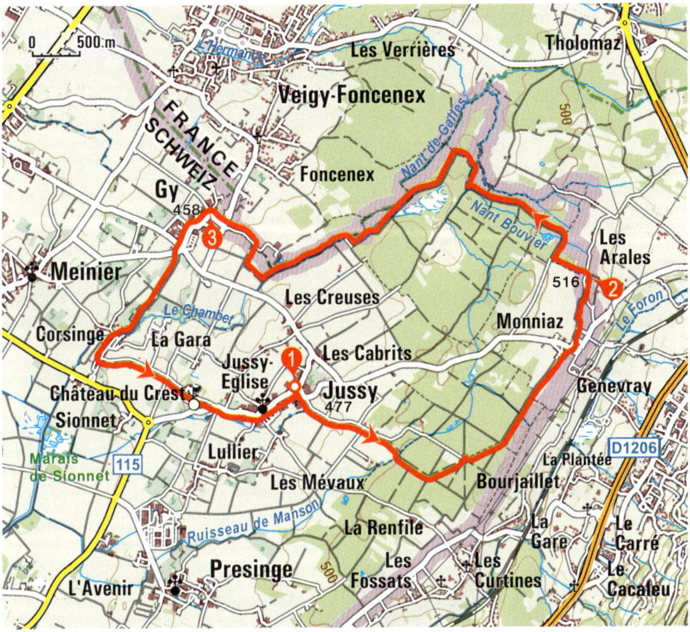

bei Grenzstein 141, vor einer Hausruine (nördlich befindet sich mit 516 m der höchste Punkt des Kantons Genf) links in einen überwachsenen Feldweg biegen. Er führt, teils durch Unterholz, auf einen breiten Waldweg zu. Nach rechts zur Grenze und wieder links.

Wir erreichen ein Sträßchen, folgen diesem kurz und biegen rechts ab. Nach 250 m wieder links, kurz darauf nochmals links und nun lange in südwestlicher Richtung durch den Bois Brûlés. Nach Verlassen des Waldes halten wir uns rechts zum Bach Le Chambet. Ihm (und der Grenze) entlang. Vor Erreichen der Landstraße rechter Hand auf einer Brücke über den Bach der gelb markierten Wanderroute folgend und auf Feldwegen und Sträßchen nach **Gy** ❸. Im Ort links und zum Kreisverkehr; geradeaus und sofort links auf das Teersträßchen, welches durch Reben zum nächsten Ort Corsinge führt. Links und entlang der Fahrstraße – am hübschen Château du Crest vorbei – zurück nach **Jussy** ❶.

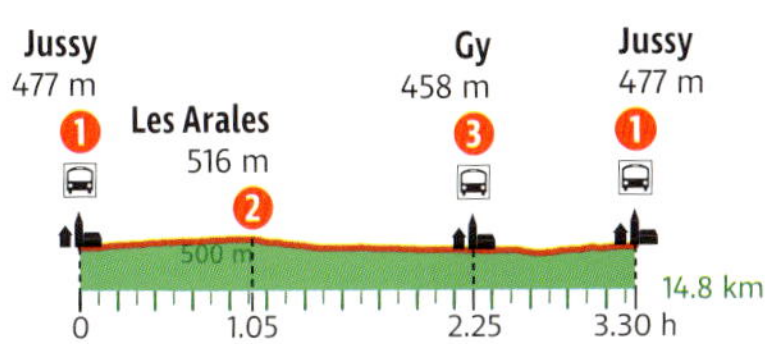

Chablais: Seeberge und Bergseen

Mon Dieu! Wollen wir gehen? Wollen wir Hunderte von Höhenmetern auf einen Gipfel hinaufkeuchen, um gleich wieder hinunter zu bremsen? Wollen wir schwitzen hoch über dem größten See Westeuropas, um den sich so viele hübsche Badeplätze reihen? Und wollen wir wirklich über schmale Pfade balancieren, wo jeder falsche Schritt der letzte sein könnte?
Es wäre doch ungefährlicher und bequemer, durchs Zentrum von Evian zu promenieren, in einem der Restaurants ein Evian zu kosten oder auch ein Kronenbourg. Oder an der Uferpromenade entlangschlendern und den Schiffen nachschauen, wie sie Kurs auf die Schweiz nehmen und später wieder Touristen und Grenzgänger nach Frankreich bringen? Und kommt gerade kein Schiff, drehen wir uns herum und erspähen einen gekrümmten Eckzahn, die Dent d'Oche. Natürlich könnten wir in Evian eine der zahlreichen Oche-Postkarten kaufen und ein paar freche Worte von der gefährlichen Besteigung hinkritzeln. Doch der Zahn hat sich festgehakt in uns. Nicht nur der Gipfel, sondern auch die Hütte, die wie ein Adlerhorst gut 100 Meter unterhalb des höchsten Punktes auf schmalem Grat sitzt. Man soll eine Nacht im Refuge verbringen, empfiehlt der Führerautor Georges Hyvernat. Und verspricht als Gewinn einer Übernachtung hoch über dem Abgrund (notorische Schlafwandler seilen sich besser an die Bettstätte) den schönsten Sonnenuntergang in Europa nach demjenigen am Bosporus. Und am Morgen könne man, allerdings vom Gipfel aus, das Aufgehen der Sonne hinter dem Matterhorn entdecken.
Alors, on y va? Kein Zweifel, den Gedanken haben noch andere Wanderer gehabt. Wer am Genfersee die Wanderschuhe schnürt, muss den Eckzahn über Evian erklimmen. Allerdings trifft man immer wieder Leute in Turnschuhen am stolzesten Gipfel über dem savoyischen Léman-Ufer. Das ist chic auf den Quais weiter unten, aber auf dem ausgesetzten, erdigen und gerölligen, hier grasigen und dort felsigen Normalweg der Dent d'Oche nicht gerade angemessen. Und wer dann noch den Zahn überschreiten und vom Gipfel über den stellenweise sehr abschüssigen Ostgratpfad hinunterturnen will, tut gut daran, schon beim Schlummertrunk daran zu denken. Evian statt Enzian empfiehlt sich sehr, um anderntags einen klaren Kopf und starke Beine zu haben.
Que c'est beau! Ja, schön ist die Aussicht von allen Gipfeln. Faszinierende Tiefblicke wechseln ab mit Schwindel erregenden 360°-Panoramen. Drunten der Lac Léman, drüben der Montblanc. Der Strich des Jura, die Zackenlinie der Dents du Midi, die Silhouetten von Weiss- und Matterhorn, die grauen Flächen der gestaffelten Bergketten im Westen. Und wir mittendrin in der Bergwelt der Préalpes franco-suisse: selten süß, eher herb. Wer dem mit einem roten Gämskopf markierten Sentier de Saix Roquin auf die Cornettes de Bise (2432 m) folgt, wird ob der Schwierigkeit offizieller Wanderwege im Chablais staunen. Ja, die Cornettes: Grenzgipfel zwischen dem

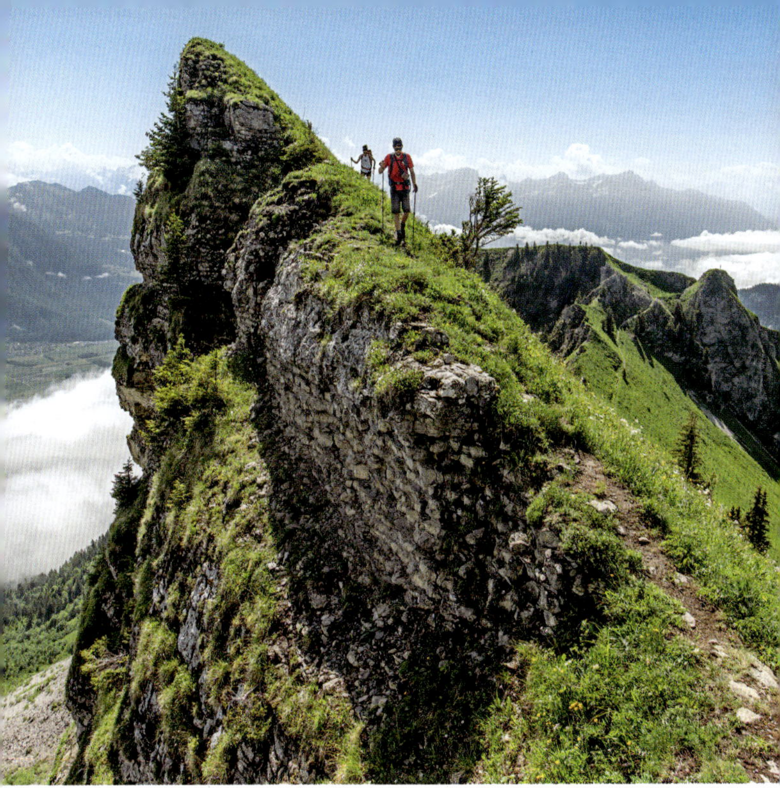

Auf dem Südostgrat hinauf zum ultimativen Aussichtsbalkon über dem Genfersee: Le Grammont.

Departement Haute Savoie und dem Kanton Wallis, Höhepunkt unserer Gipfelparade. Stundenlang könnte man dort oben verweilen. Würden nicht noch andere adrette Gipfel locken, wie beispielsweise die Grande Jumelle, der höhere, doch leichter zugängliche Zahn der Zwillinge über dem tiefgründigen Lac de Taney. Oder Le Grammont: der steilste Gipfel über dem Genfersee, bei einem Höhenunterschied von 1800 m bloß 3,25 km Luftlinie vom Ufer entfernt.

Mon Dieu! Wir sind gegangen und haben zwei neue, miteinander verzahnte Zipfel Frankreichs und der Schweiz entdeckt. Und nun sitzen wir im Heck des Schiffs, das über den Léman fährt. Der Fahrtwind weht in den Haaren, und hinter uns bauen sich die Nordabhänge zwischen dem Grammont und der Dent d'Oche großartig auf, wie ein Bild von Ferdinand Hodler.

↗ 700 m | ↘ 700 m | 7.8 km

8 Le Môle, 1863 m

3.45 h

Auf den Hausberg von Bonneville

»Der Berg Môle erscheint von Genf und Umgebung aus gesehen als Vulkankegel. Die Form, hervorgerufen durch die Pyramiden-ähnliche Nordwestflanke, unterscheidet ihn von allen weiter entfernten Gipfeln, die man von dieser Stadt aus zwischen dem Petit Salève und den Voirons erblickt.« Jacques-Louis Manget: Genève. Itinéraire nouveau et complet de cette ville et de ses environs, 1840.

Kurzum: Der Môle ist sicher einer der lohnendsten Aussichtsgipfel nahe Genf!

Ausgangs- und Endpunkt: Parkplatz Chez Béroud in Bovère (1160 m).
Anforderungen: Etwas Trittsicherheit beim Abstieg über den Südostgrat. T3.
Beste Jahreszeit: Mai bis November.
Einkehr: Auberge du Môle (+33 4 5031 5569), www.aubergedumole.fr. La Buvette de l'AmiMôle auf Le Petit Môle, täglich offen von Juni bis Oktober (+33 6 0760 6067).
Unterkunft: Hotel Les Sapins in St-Jeoire (+33 4 5035 8038). Verschiedene Hotels in Bonneville.
Varianten: 1) Überschreitung von Nord nach Süd: ausgehend von der Bushaltestelle in St-Jeoire (570 m) auf ausgeschilderter Wanderroute über Montrenaz und L'Écutieux (1400 m) nach Plan Meulet; weiter wie beschrieben über den Môle nach Chez Béroud; dann in Serpentinen im Wald durch die Felsen von Le Pertus hinab nach Les Gallinons (704 m) und über L'Épargny zum Bahnhof Bonneville (449 m); 1290 m auf, 1420 m ab, 7 Std.
2) In etwa gleich lang aber ein wenig leichter (T2) ist der direkte Abstieg auf dem Wanderweg durch die Südflanke nach Petit Môle.
Karten: IGN TOP 25 Bonneville (3429 ET).

Auf dem höchsten Punkt des Le Môle mit dem Montblanc (oberhalb des Wanderers).

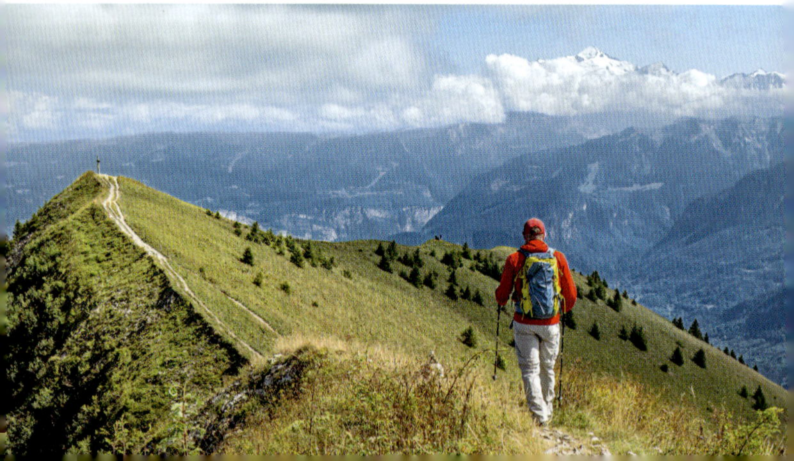

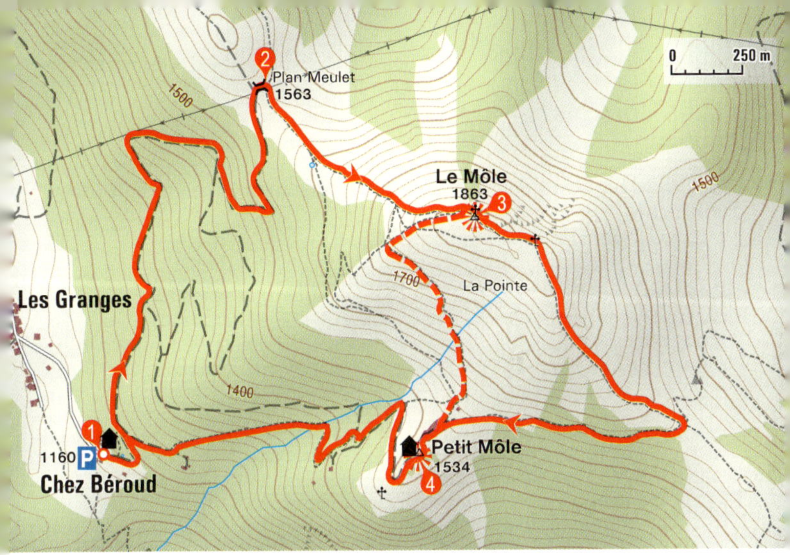

Vom Parkplatz **Chez Béroud** ❶ beim Restaurant Auberge du Môle dem Alpsträßchen folgen bis zur Wegkreuzung La Bossenaz (1260 m). Der Beschilderung in Richtung Le Môle par Plan Meulet nach, welche teilweise steil weiter über eine Alpstraße in den Sattel **Plan Meulet** ❷ führt. Nun konsequent über den Nordwestgrat (zuletzt auf einer schwachen Pfadspur) bis auf den höchsten Punkt des **Le Môle** ❸. Über einen aussichtsreichen Grat geht es zum fast gleich hohen Ostgipfel mit Gipfelkreuz. Den Montblanc vor Augen steigt man über den Südostgrat ab bis zu einer Wegkreuzung auf 1587 m. Rechts halten wird der Südhang des Môle bis **Le Petit Môle** ❹ bei der Buvette de l'Ami Môle gequert. Dem Zufahrtsweg drei Haarnadelkurven lang folgen und kurz nach der dritten Kehre nach links im Wald absteigen. Kurz vor einem Ferienhaus zweigt ein schmaler Weg nach rechts ab und bald den Madeleine-Bach quert. Kurz vor **Chez Béroud** ❶ trifft der Weg wieder auf die Normalroute bzw. die Alpstraße, auf welcher unser Aufstieg begonnen hatte.

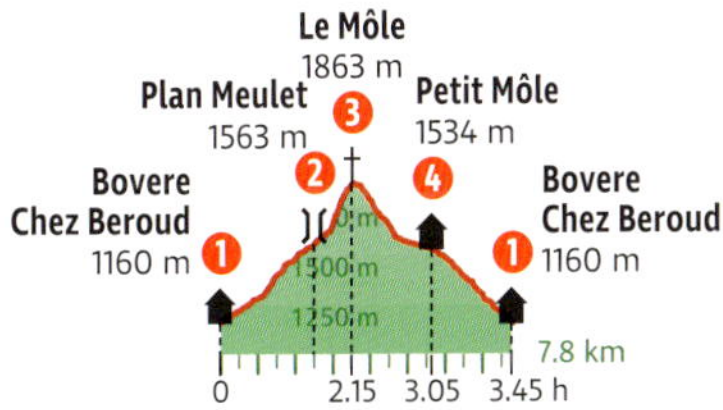

↗ 1060 m | ↘ 1035 m | 17.1 km

9 Les Voirons, 1480 m

6.45 h

Viel Wald und trotzdem viel Panorama an einem Berg vor den Toren von Genf

»Der Weg, dem wir folgen, geht über den Bergrücken, inmitten eines so frischen und schönen Waldes, dass man sich wie in einem riesigen englischen Park vorkommt. (…) Le Pralaire ist laut Saussure ›der schönste Platz, nicht nur der Voirons, sondern von allen unseren Bergen.‹ Diesem sehr bewanderten Landsmann kann man vertrauen, denn er ist genug in den Bergen unterwegs gewesen, um ein Urteil abgeben zu können.« François Thioly: Promenades et excursions aux environs de Genève, 1861.

Ausgangspunkt: Bonne-sur-Menoge (500 m) in der unteren Vallée d'Arve. Bus vom Genfer Gare Routière (Linie Annemasse – Samoëns – Sixt), nur werktags. Auskunft: Gare Routière de Genève (+41 22 732 0230; www.gare-routiere.ch), Gare Routière d'Annemasse (+33 4 5038 4208).
Endpunkt: Bahnhof Machilly (526 m).
Anforderungen: Lang und leicht; die Wege sind manchmal schmal. Meistens markiert (GR Tour du Léman). T2.
Beste Jahreszeit: April bis November.
Einkehr/Unterkunft: Hotels in Bonne-sur-Menoge: Climotel (+33 4 5039 2019). Col de Saxel: Logis de la marmotte, Famille Loste, Mont Béné (+33 4 5031 6519).
Varianten: 1) Rundtour vom Parkplatz (1358 m) beim Monastère de Bethléem: Hinauf auf den Kamm, zur Pointe de Brantaz, nordwärts über das Signal des Voirons zur Kirche Notre Dame des Voirons und beim Monastère de la Transfiguration vorbei zurück zum Parkplatz; 1.30 Std., 200 Hm, T1. 2) Dem GR Tour du Léman nordostwärts folgen zum Col de Saxel (943 m), auf der Landstraße nordwärts und dann rechts zur Le logis de la Marmotte (Übernachtung, keine Busanbindung); dann könnte man am nächsten Tag weiter in Richtung Col de Cou und Mont Forchat wandern.
Karten: 270 Genève, 271 Chablais; IGN TOP 25 Bonneville (3429 ET).
Anschlusstour: 9 (mit Varianten von 10 und 11).

Von der Post in **Bonne-sur-Menoge** ❶ auf der Straße Richtung Juffly ost-, dann nordostwärts hinauf zu Schulgebäuden. Kurz darauf verlässt der GR »Balcon du Léman« die Straße und steigt auf Sträßchen und Feldwegen quer durch das mehr oder minder überbaute Land gegen die Voirons hinauf. Nach einem Abschnitt im Wald geht es am Weiler Lachat vorbei zu einer Wanderwegverzweigung (ca. 970 m). Obwohl der GR offiziell nach links zieht, nimmt man den Waldweg rechts in den **Pas de Lachat** ❷ auf dem Voirons-Kamm. Der (auch als GR weiß-rot markierte) Kammweg führt hinauf zum Oratoire de Pralère (1303 m), auch Notre-Dame de Pralère genannt; die Betsäule mit der Jungfrau Maria wurde 1811 errichtet. Die Sicht auf den Montblanc ist zum Beten schön.
Nordwärts hinab in einen weitläufigen Grassattel Col du Pralère (1292 m); hier nach links (Wegweiser »Signal des Voirons«) und über Gras, dann durch

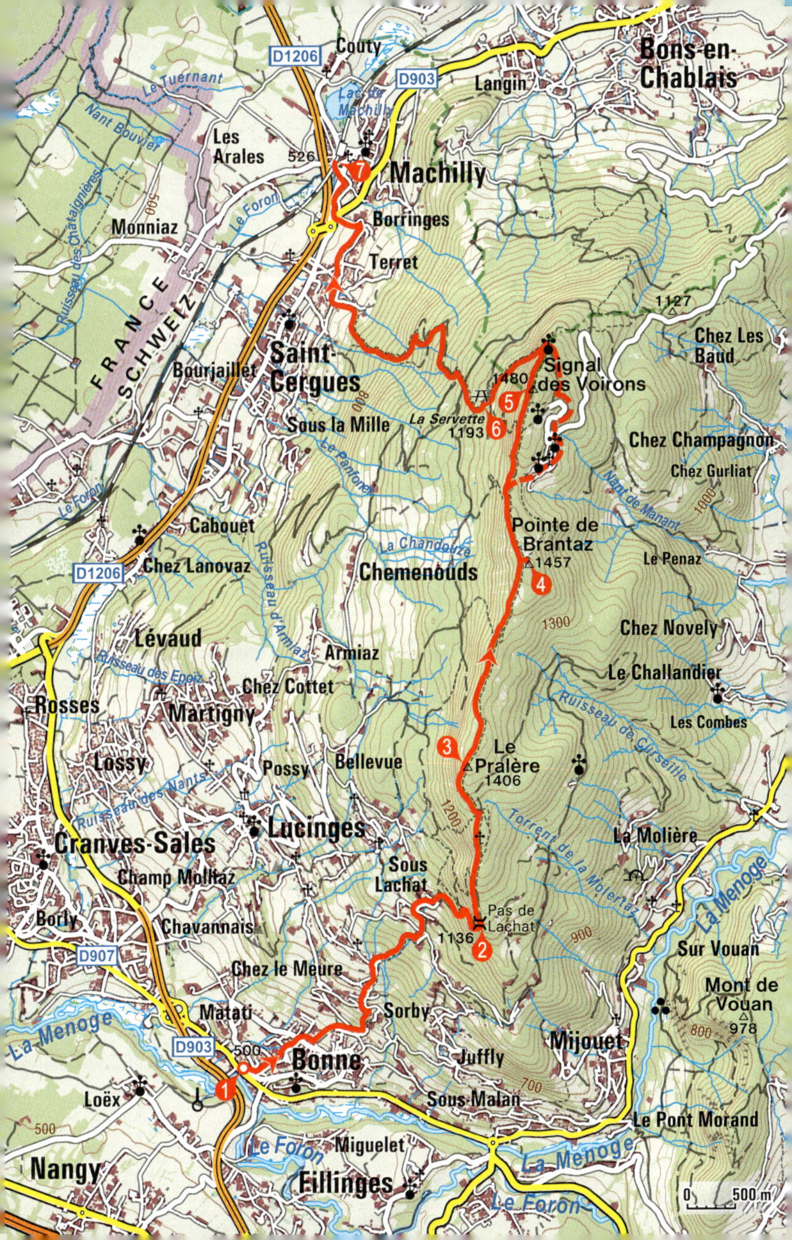

D1206
Couty
Bons-en-Chablais
D903
Langin
Le Tuernant
Lac de Machilly
Nant Bouvier
Les Arales
526
7
Machilly
Monniaz
Le Foron
Borringes
Terret
FRANCE
SCHWEIZ
Saint-Cergues
Bourjaillet
1127
Chez Les Baud
Signal des Voirons
1480
5
La Servette
1193
6
Sous la Mille
Le Panfonet
Chez Champagnon
Chez Gurliat
Nant de Manant
Le Foron
Cabouet
La Chandouze
Pointe de Brantaz
1457
4
Le Penaz
D1206
Chez Lanovaz
Chemenouds
Ruisseau d'Armiaz
1300
Chez Novely
Lévaud
Armiaz
Le Challandier
Ruisseau des Epoiz
Chez Cottet
Rosses
Martigny
Ruisseau de Cursenfle
Les Combes
Lossy
3
Le Pralère
1406
Possy
Bellevue
Ruisseau des Nants
Lucinges
Torrent de la Molertaz
Cranves-Sales
La Molière
Sous Lachat
Champ Molliaz
La Menoge
Borly
Pas de Lachat
1136
2
Chavannais
900
D907
Sur Vouan
Chez le Meure
Mont de Vouan
978
La Menoge
Matati
Sorby
800
Mijouet
D903
500
Bonne
Juffly
1
Loëx
Sous-Malan
700
Le Pont Morand
500
Le Foron
Miguelet
La Menoge
Nangy
Eillinges
Le Foron
0
500 m

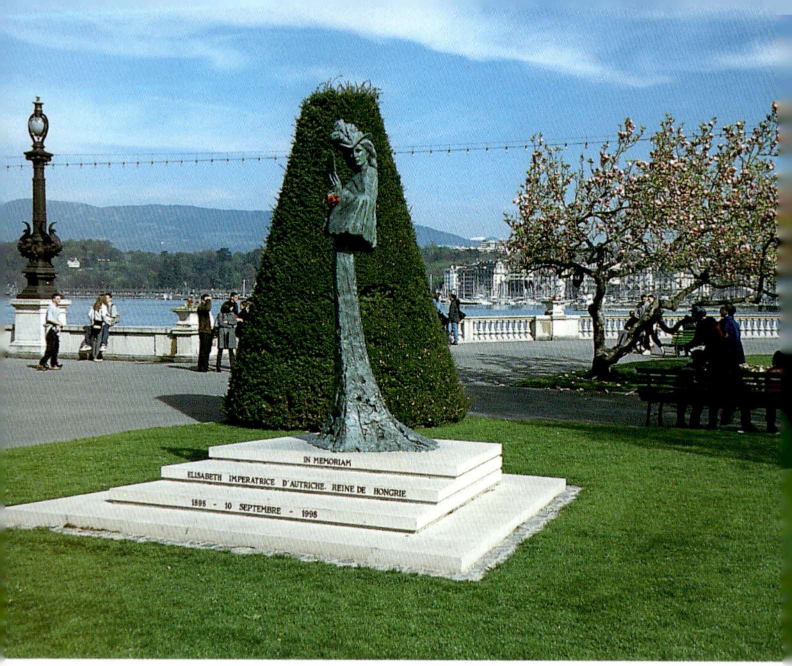

Kaiserlich: Sissi-Denkmal auf der Genfer Uferpromenade, mit dem Voirons-Rücken.

Wald hinauf auf die Kuppe **Le Pralère** ❸. Nordwärts hinab auf einen breiten Weg. Er führt, meistens im Wald, über die Voirons; ihr Mittelgipfel, die **Pointe de Brantaz** ❹, wird auf einem kurzen, steilen Pfad erreicht. Wieder hinab und auf dem Gratweg, am Felsen des Saut de la Pucelle und an einem Aussichtsbalkon vorbei, zum **Signal des Voirons** ❺, von wo die Rundschau wegen der Bäume ziemlich eingeschränkt ist; die Gipfelrast sollte man also früher machen.

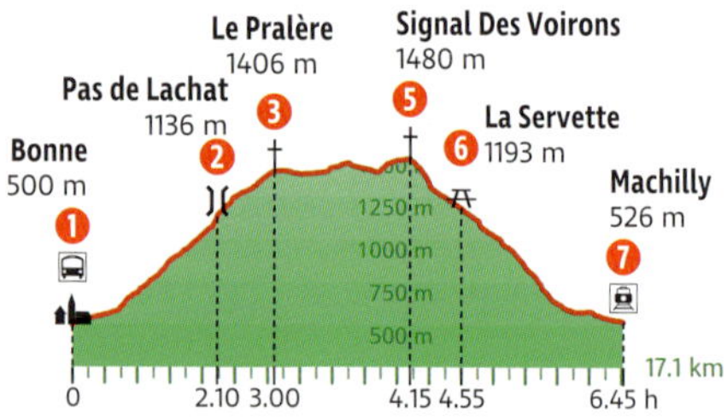

Steil im Wald hinab zur Notre-Dame des Voirons. Hier verlässt man den GR Tour du Léman und steigt rund 50 m nach der Wallfahrtskirche links hinab und erreicht so bald den Picknickplatz **La Servette** 6 bei der Hütte Maison Forestière.

Weiter auf der Wanderroute Sentier du Sauget abwärts bis zur Wegkreuzung Bois Du Creux de Beule (1000 m). Hier links und weiter hinab über die Route des Lanches bis zur Rue du Martelet. Dieser nach rechts durch das Wohngebiet Terret folgen. Über die Hauptstraße hinweg und in Kürze zum **Bahnhof Machilly** 7.

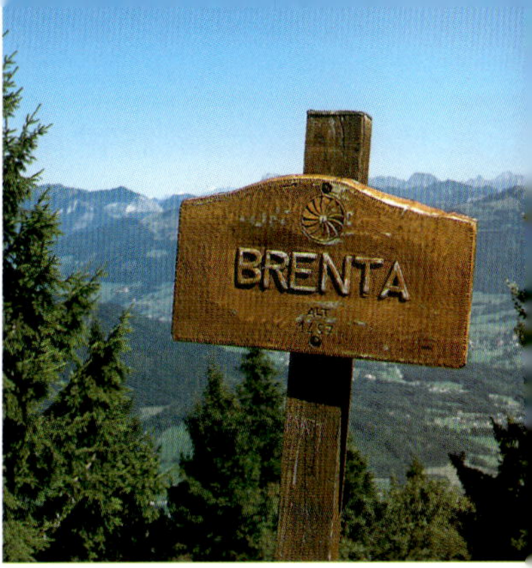

Namentlich: Pointe de Brantaz oder Brenta – verschiedene Schreibweisen auf der Karte und vor Ort.

Königlich: Biker auf dem Voirons-Grat, mit dem höchsten Berg der Alpen im Hintergrund.

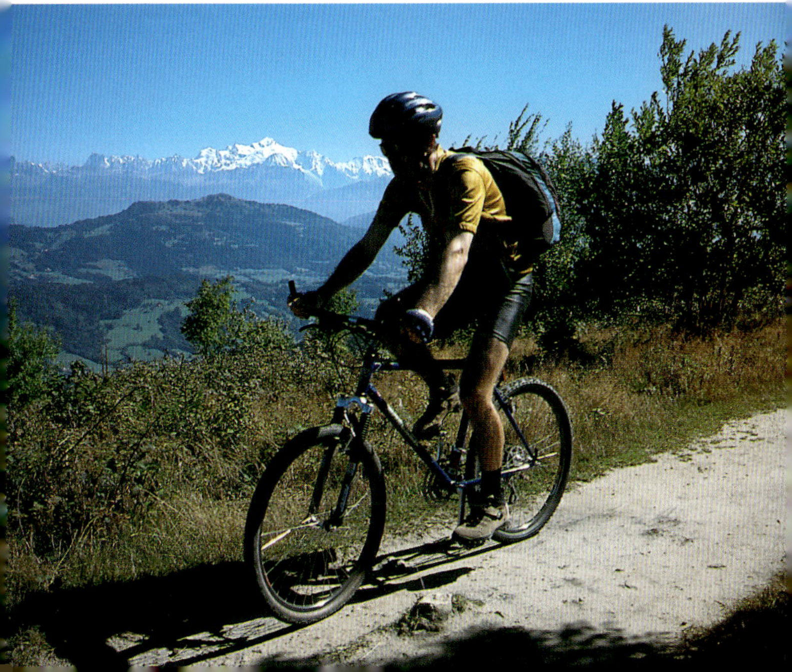

↗ 340 m | ↘ 340 m | 6.6 km

10 Mont Forchat, 1539 m

2.30 h

Gipfelglück mit Heidelbeeren

»Der Mont Forchat hat seinen Namen von zwei Bergspitzen, die ungefähr gleich hoch wie die Voirons sind; man nennt sie die Gabeln, oder die Gabeln von Habère. Die östliche Spitze ist die höhere; von Genf aus kann man die beiden Spitzen nicht auseinanderhalten, wohl aber von Rolle bis Lausanne.« Charles Schaub, Moïse Briquet: Guide pratique de l'ascensionniste sur les montagnes qui entourent le Lac de Genève, 1879.

Ausgangs- und Endpunkt: Parkplatz Très le Mont (1364 m). Keine öffentlichen Verkehrsmittel.
Anforderungen: Kurze und wenig schwierige Rundwanderung. T2.
Beste Jahreszeit: April bis November.
Einkehr: Am Ausgangspunkt: Restaurant Au Petit Savoyard (+33 4 5073 8308).
Unterkunft: Auberge du Col du Feu (+33 4 5073 8109).
Varianten: 1) Ein Stück auf dem GR Tour du Léman: von Habère-Poche (950 m, Bushaltestelle, Übernachtungsmöglichkeiten) über Doucy auf den Mont Forchat, über Très le Mont zum Col du Feu (1121 m), über die Kapelle Notre-Dame d'Hermone und den bewaldeten Grat des Mont d'Hermone (1413 m) nach Reyvroz (777 m, Bushaltestelle); 5.30 Std., 900 m, 1080 m. 2) Noch ein wenig mehr auf dem GR Tour du Léman: ähnlich wie Variante 1, nur vom Col de Saxel/Le logis de la Marmotte (siehe Variante Tour 9) an Tête du Char und Sommet de Targaillan vorbei zum Col du Cou (1117 m), nordwärts über die von einer Statue gekrönte Aiguille (1225 m) und über den Col des Moises zum Mont Forchat und weiter zum Col du Feu; 6.30 Std., 1050 m, 870 m.
Karten: 271 Chablais; IGN TOP 25 Thonon-Évian (3428 ET).
Anschlusstour: 9 (mit den Varianten von 9 und 10).

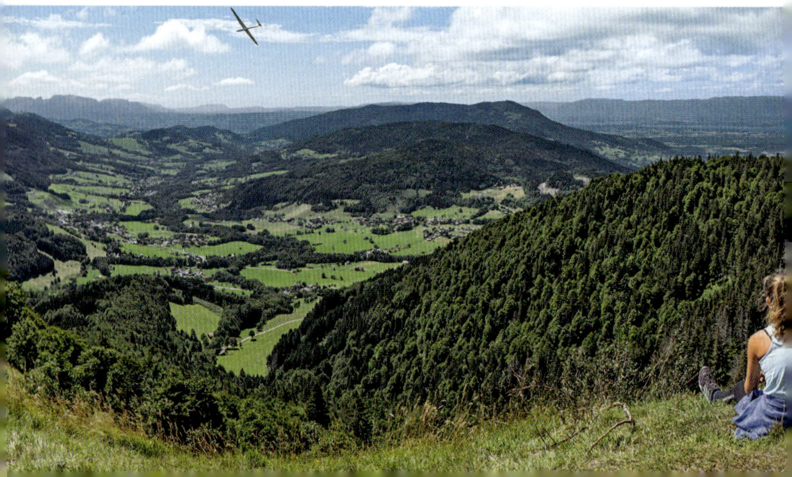

Vom **Parkplatz Très le Mont** 1 dem Weidesträßchen südwestwärts in Richtung Col de l'Encrenaz folgen. Nach rund zehn Minuten (ca. 700 m) nimmt man den zweiten nach rechts abzweigenden Wanderweg (nicht ausgeschildert). Zuerst noch über Weidegelände, dann durch den Wald südwestwärts bis zu einer beschilderten Wegkreuzung (1260 m). Hier links und durch einen schönen Wald aufsteigen bis auf die Kuppe **Les Bévieux** 2. Der Weg sinkt nach Osten ab in den Col de l'Encrenaz (1429 m), wobei sich der Mont Forchat zum ersten Mal zeigt. Ein zuletzt steiler Pfad leitet vom Pass direkt zur Gipfelweide des **Mont Forchat** 3 mit der Statue des Bischofs und Schriftstellers Saint-François de Sales und einem unglaublich vielfältigen Panorama vom Genfersee bis zum Montblanc-Massiv. Auf dem breiten, bequemen Weg nordwärts im Wald – im Hochsommer können die unzähligen Heidelbeersträucher den Abstieg ziemlich hinauszögern – und zuletzt über eine Wiese zurück nach **Très le Mont** 1.

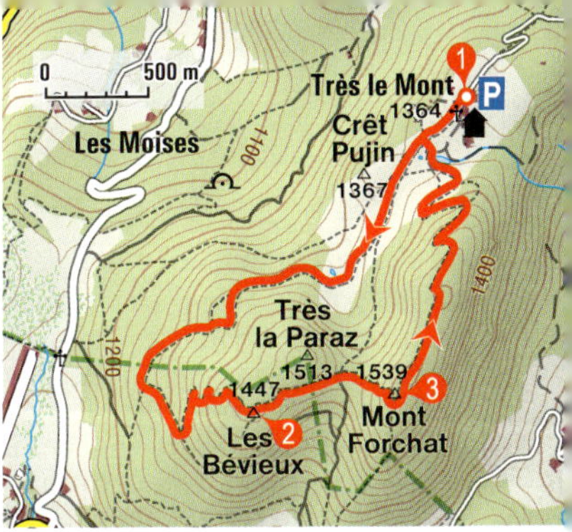

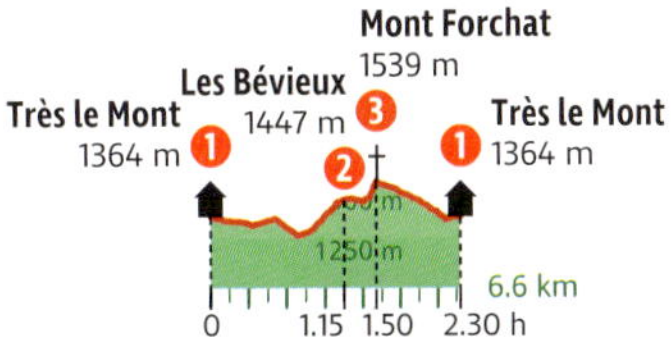

Gipfelglück auf dem Mont Forchat.

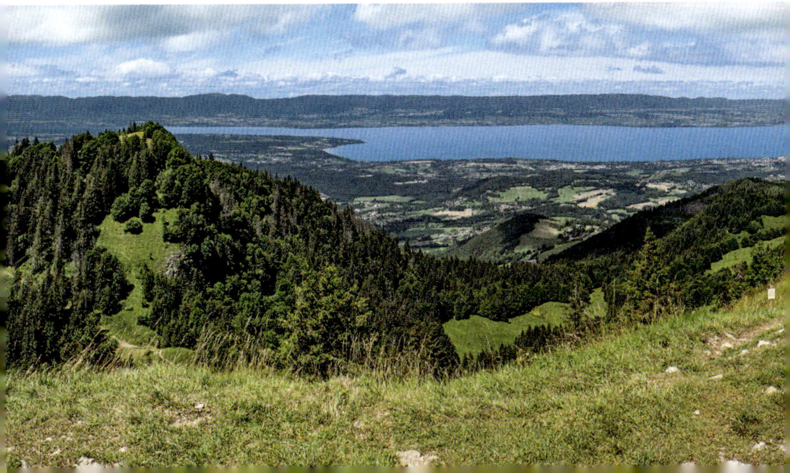

↗ 170 m | ↘ 170 m | 2.7 km

11 Les Châteaux d'Allinges

1.00 h

Kulturspaziergang auf einen Schlosshügel im Hinterland von Thonon

Die Schlösser Châteaux d'Allinges haben eine lange Vergangenheit, welche bis in das 10. Jahrhundert zurückreicht. Leider eine häufig nicht gerade friedliche Vergangenheit, was sich an den Mauern der Ruinen von Château neuf und Château vieux zeigt, die noch heute Narben von Kriegen tragen. Ob dabei das wunderbare Panorama auf den Genfersee, welches man von der Anhöhe oberhalb der Ortschaft Allinges genießt, eine Rolle gespielt hat, mag man bezweifeln. Übrigens beherbergt die Apsis der Kapelle von Château Neuf ein bemerkenswertes Fresko aus dem 11. Jahrhundert. Das neue Schloss selbst ist seit 1836 ein Kloster der Missionare von Saint-François de Sales, dessen Statue sich auch auf dem Mont Forchat befindet.

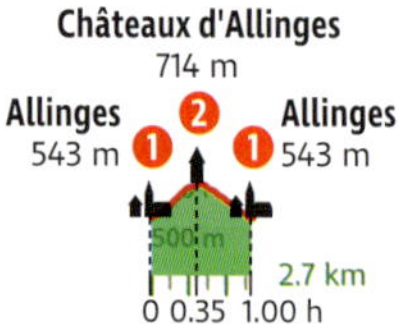

Château d'Allinges vieux.

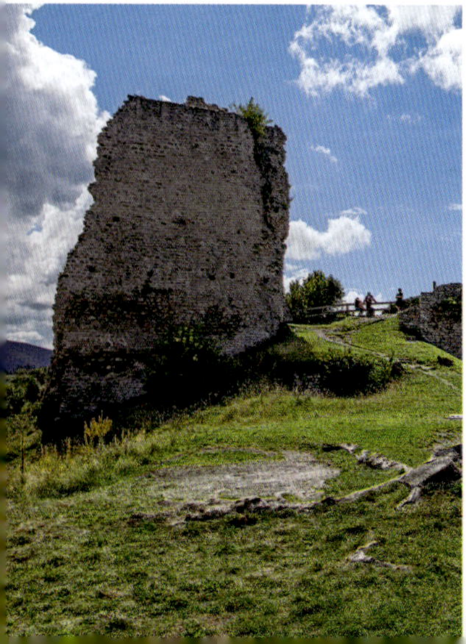

Ausgangs- und Endpunkt: Allinges (543 m), südlich von Thonon-les-Bains; Bus M von der Place des Arts in Zentrum von Thonon. Verkehrsbetriebe (BUT) von Thonon; www.leman-but.fr.
Anforderungen: Leicht; im Aufstieg unmarkierte Pfade. T1.
Beste Jahreszeit: Immer.
Einkehr: In Allinges.
Variante: Von Thonon auf dem Littoral du Léman entlang. Vom Bahnhof westwärts und auf dem GR 5 über die Bahngleise und durch eine Unterführung auf die Place de Crête. Stadtaus- und aufwärts durch die Chemins des Marmottes und de Vionnaz in den Bois de Lonnaz, wo der GR 5 links wegzieht. Durch den Wald, eine Straße queren und Schräganstieg wieder durch Wald. Schöner Weg am Waldrand entlang – eine neue Wegführung des Littoral du Léman – durch den Chemin de Leyriat und durch die Rue du Manoir auf die Straße nach Allinges. Wir folgen ihr bis kurz vor den Dorfeingang; links hinein bei Industriegebäuden zu einer Wegkreuzung und nach rechts zum Kletterfelsen. In wenigen Schritten hinauf zum Wiesenweg. 1.45 Std. von Thonon-les-Bains.
Karten: IGN TOP 25 Thonon-Évian (3428 ET).

Von der Bushaltestelle bei der Kirche im Dorf von **Allinges** ❶ gehen wir ein paar Schritte ostwärts und biegen rechts in ein Fahrverbotssträßchen ein, das sich gegen ein Haus halb im Wald hinaufzieht. Vor diesem Haus links auf einen Wiesenweg, der oberhalb der Senke verläuft, in der sich der Kletterfelsen von Allinges befindet. Wir folgen dem Weg nur kurz; wo er nach links hält, gehen wir auf einem Weg in den Wald hinein. Bei der folgenden Kreuzung nach links. Der Weg steigt in ein paar Serpentinen durch den Wald hinauf und kommt zu einer Wiese. Diese queren wir, wobei wir uns leicht rechts halten. Wir stoßen – wieder im Wald – auf eine Wegkreuzung. Dort nehmen wir rechten Weg; er führt hinauf zum **Château vieux**.

Nun betreten wir die Burganlagen und gehen hinauf zum Aussichtsturm neben der 25 m hohen Ruine des Bergfrieds. Wieder hinab, durch den Aussichtsturm und hinauf zum **Château d'Allinges neuf** ❷; eine Panoramatafel in den Gartenanlagen mit schönem Blick auf den See. Auf dem Zufahrtsweg durch den äußeren Mauerring und hinab auf eine Straße. Rechter Hand in den Weg (Wegweiser), der auf der Westseite des Schlosshügels nach Allinges ❶ hinuntersinkt.

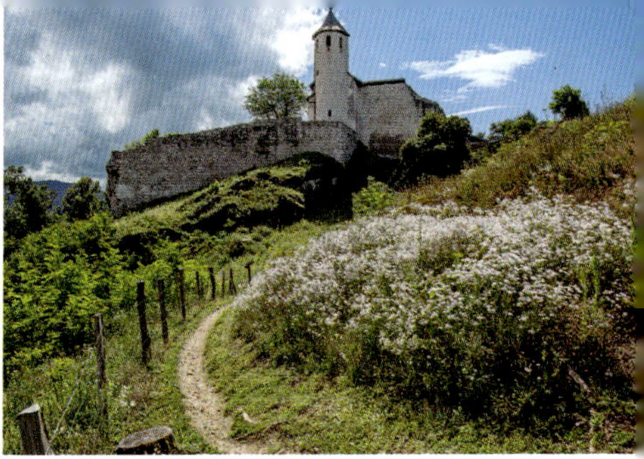

Château d'Allinges neuf.

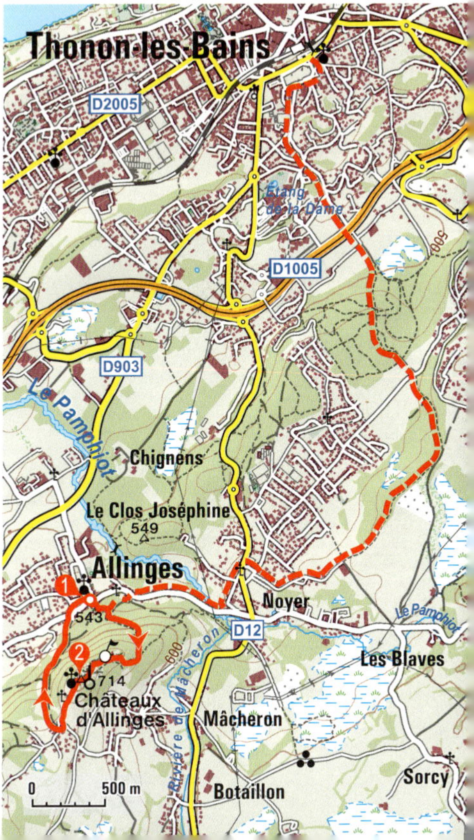

TOP

12

↗ 80 m | ↘ 60 m | 14.2 km

Uferweg von Thonon-les-Bains nach Excenevex

4.00 h

Der Léman hautnah, nicht nur an seinem breitesten Sandstrand

»Man kann sich nichts so Malerisches wie die Strecke von Yvoire nach Thonon vorstellen, wenn man dem Golf von Coudrée entlang geht. (...) Sieht man diese Landschaft bei einem Sonnenuntergang im Herbst, so findet man kaum ihresgleichen; vergleichen kann man den Golf mit denjenigen von Neapel oder Salerno. Man versteht, dass Chateaubriand sagen konnte: ›Dieses Land ist einzigartig‹.« Guillaume Fatio: Autour du Lac Léman, 1902. Neben den Strand- und Kiesstränden besticht die Uferwanderung heute auch durch das Schlendern entlang netten Häusern und Einkehrmöglichkeiten am See.

Ausgangspunkt: Port de Rives (373 m) in Thonon-Les-Bains; erreichbar per Schiff (Fährterminal), per Bus (Haltestelle Port de Rives) oder per Bahn (vom Bahnhof Thonon in 15 Min. zu Fuß durch das nette Städtchen).
Endpunkt: Excenevex (392 m); nach Yvoire mit dem Schiff (selten Verbindungen und nur Juli/August) oder mit Bus Thonon – Annemasse, Haltestelle Chef Lieu (Infos unter +33 4 5071 0088, www.sat-leman.com). Mehr Schiffsverbindungen ab Yvoire und Nernier (vgl. Variante).
Anforderungen: Keine, aber lang. T1.
Beste Jahreszeit: Immer; am schönsten an einem sonnigen Septembertag,

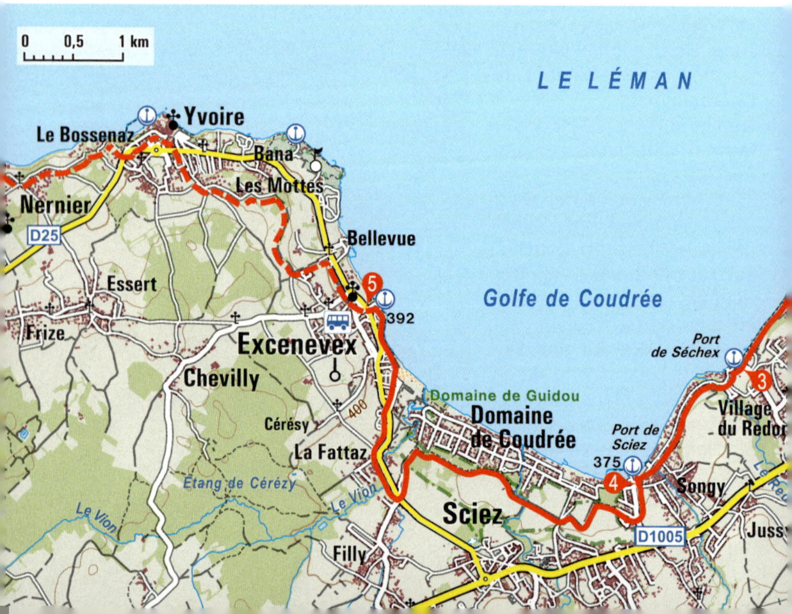

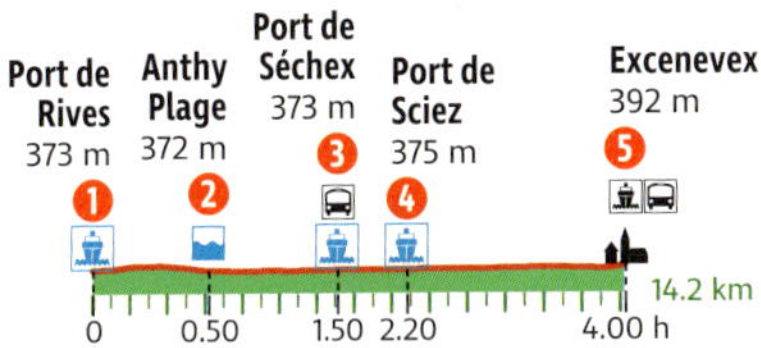

wenn die Luft nicht zu heiß, das Wasser aber schön warm ist.
Einkehr: Viele Möglichkeiten, sonntags ab 13 Uhr häufig voll belegt.
Unterkunft: In Thonon: Les Marroniers, in Nähe des Bahnhofs am GR 5 (+33 4 5071 2618). Port de Séchex: Cygnes (+33 4 5072 6892). Sciez-sur-Léman: Château de Coudrée, (+33 4 5072 6233). Excenevex: z. B. das Hôtel de la Plage (+33 4 5072 8112).
Varianten: 1) Nur den schönsten Abschnitt machen: Von Thonon mit dem Bus C nach Corzent und vom Port de Séchex mit dem Schiff (nur Juli u. August) zurück nach Thonon; 1.45 Std.
2) Zu Fuß weiter auf dem Littoral du Léman nach Yvoire oder Nernier: Von der Kirche in Excenevex auf der D 25 bis hinter den Campingplatz Chant d'Oiseau, links leicht ansteigen zur Wegkreuzung, rechts durch Feld und Wald, bei Einmündung in die Straße links und hinab nach Yvoire; 1 Std. Man kann von Yvoire auf dem Littoral du Léman nach Nernier weitergehen; 0.30 Std.
Karten: 271 Chablais; IGN TOP 25 Thonon-Évian (3428 ET).
Tipp: Badesachen mitnehmen. In Thonon Écomusée de la Pêche im Hafen. In Nernier Musée du Lac. In Yvoire der Garten der fünf Sinne und das Vivarium.

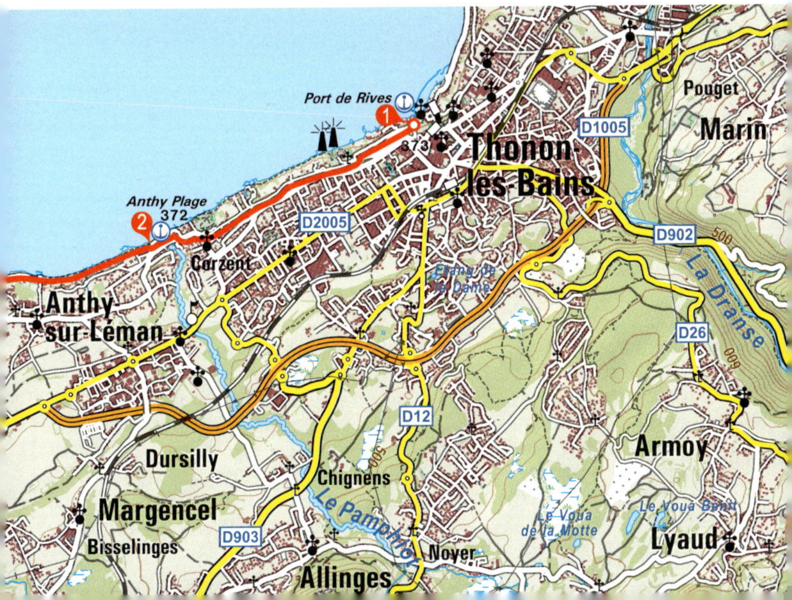

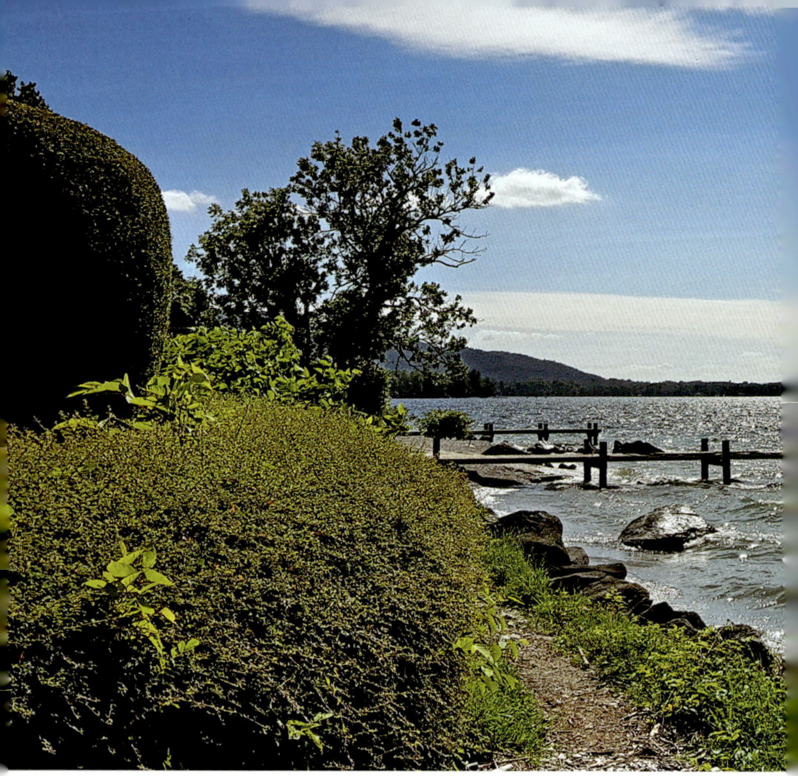

Der schönste Abschnitt des Uferwegs nach Anthy Plage.

Vom **Port de Rives** ❶ mit seiner Schiffsanlegestelle und den putzigen Fischerhäuschen steigen wir kurz hinauf zur Avenue Général Leclerc. Wenig später biegen wir in den Chemin des Clerges ein. Am Parc Public de Montjoux vorbei (geöffnet von 10 bis 17 Uhr im Winter, bis 20 Uhr im Sommer). Nach 2,5 km Marsch auf wenig befahrener Straße gehen wir in **Corzent** hinab zur Plage, überqueren das Flüsschen Le Pamphiot und treffen bald auf das Château Chantrel mit eigenem Hafen. Manchmal werden die Piétons gebeten, statt der privaten Wiese den Strandabschnitt unterhalb davon zu benützen. Rund 15 Min. später erreichen wir den **Anthy Plage** ❷.
Am Ende der Strandanlage wird das Ufer eine Spur wilder, manchmal gar mit unverbauten Abschnitten – zweifellos der schönste Abschnitt des Uferweges. Im **Port de Séchex** ❸ hört der Sentier littoral leider auf. Auf der Straße hinter den Uferhäusern – der Abstecher vor der Brücke zur Plage du Redon lohnt sich – Richtung Hafen von Sciex; sobald als möglich an den

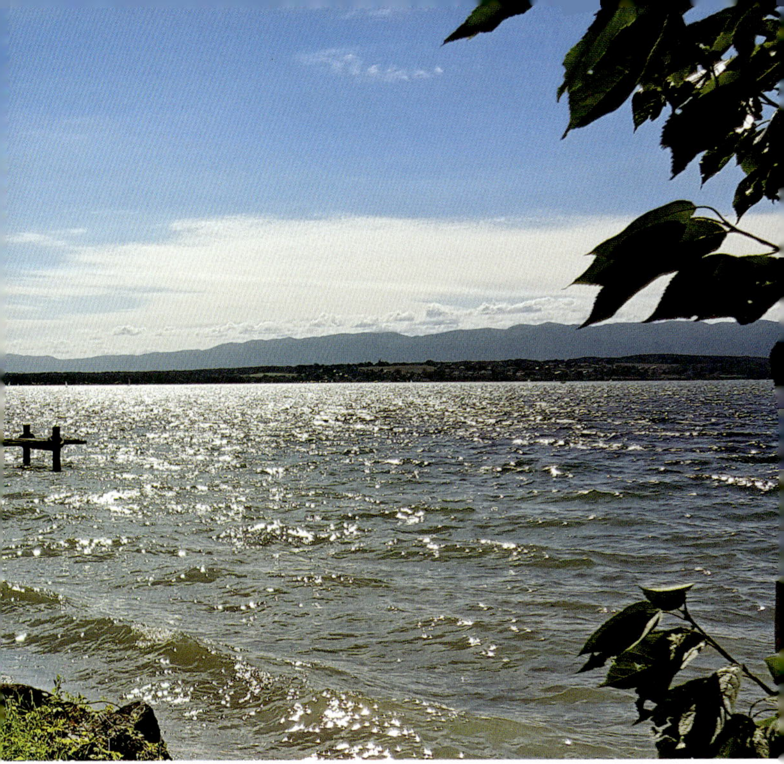

See hinab und zum **Port de Sciez** ❹. Der gelb-rot markierten Wanderroute folgend geht es vom Hafen ein kurzes Stück auf der Straße nach Süden, dann nach rechts durch eine Häusersiedlung und anschließend auf einem Feldweg bis zur Wegkreuzung Coudrée (378 m). Geradeaus Richtung Excenevex, zum Teil über Felder, zum Teil durch Wald. Bei der Allée du Champ Malland links. Die Straße setzt sich als Feldweg fort und erreicht als Chemin de Verney die Autostraße D25. Hier nach rechts und über das Flüsschen Le Vion, dessen Überquerung den Umweg landeinwärts erfordert. Am Zeltplatz entlang hinab zum riesigen Strand von **Excenevex** ❺. Abschließend geht es am See entlang zur Schiffsanlegestelle oder zur Bushaltestelle an der Hauptstraße.

Zwischen Port de Sciez und Allée du Champ Malland kann man alternativ zur markierten Wanderroute auch durch die Feriensiedlung Domaine de Coudrée gehen und passiert somit auch das Traumschloss Hotel du Château de Coudrée.

↗ 20 m | ↘ 20 m | 5.6 km

13 Rund um die Domaine de Ripaille

1.45 h

Kleine abwechslungsreiche Runde mit See, Schloss und Arboretum

Nahe dem Dranse-Delta befindet sich der Port Ripaille, eine Ferienhausanlage, wo jedes Haus einen Wasserzugang hat – zu der aber leider nur die Bewohner einen Zugang haben. Einen Zugang hat man aber zum Château de Ripaille, einem Schloss aus dem 15. Jh., sowie auch zum Forêt de Ripaille, einem fast 100 Jahre alten Arboretum mit zahlreichen exotischen Bäumen. Mit einem Badestopp an einem der kleinen (teils verborgenen) Kiesstrände, einem Abstecher in den Forêt de Ripaille oder einem Besuch des Château de Ripaille wird aus der kurzen Rundwanderung schnell ein Ganztagesausflug.

Ausgangs- und Endpunkt: St-Disdille, Bus-Endstation Port Ripaille (383 m); Bus von der Place des Arts im Zentrum von Thonon. Verkehrsbetriebe (BUT) www.leman-but.fr.
Anforderungen: Keine, T1.
Beste Jahreszeit: Praktisch immer.
Einkehr: Le St Disdille am Ausgangspunkt und L'Etable du Savoyard kurz vor dem Ende.
Unterkunft: Verschiedene in Thonon.

Karten: 271 Chablais; IGN TOP 25 Thonon-Évian (3428 ET).
Tipp: Badesachen mitnehmen. Château de Ripaille mit Weinkeller, Anfang April bis Ende Oktober täglich geöffnet von 10-18 Uhr (außer montags, +33 4 5026 6444). Forêt de Ripaille mit verschiedenen farblich markierten Rundwegen von jeweils ca. 1 Stunde durch den Park, ganzjährig geöffnet, 10–19 Uhr im Sommer, 10–16.30 Uhr im Winter.

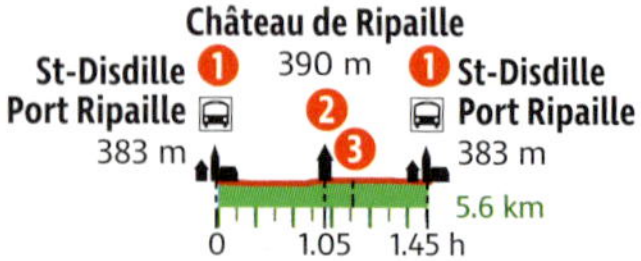

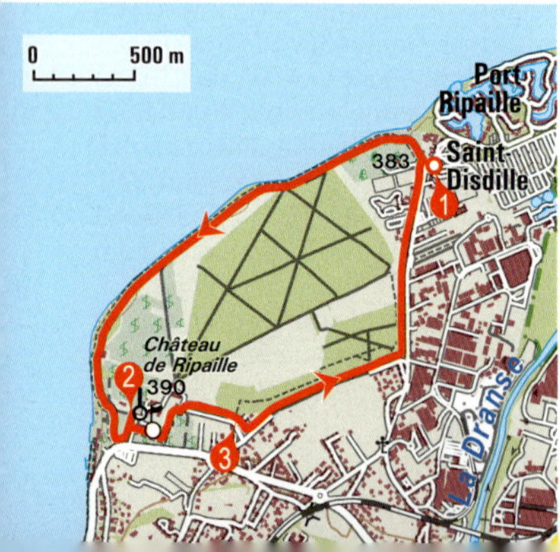

Von der Bus-Endstation Port Ripaille in **St-Disdille ❶** zum Léman. Auf dem schmalen Pfad zwischen der Mauer der Domaine de Ripaille und dem Seeufer entlang und durch einen schönen Pinienhain zum großen Strandbad von Thonon-les-Bains. Bei der Straße links und gleich links zum Eingang des **Château de Ripaille ❷**. Außen (südseitig) entlang des Schlosses auf dem Sentier géoroute bis zum Eingang des **Forêt de Ripaille ❸**. Nun auf dem Chemin de la Forêt an der Südseite der Mauer der Domaine de Ripaille bis zur Avenue de St-Disdille – sie führt in 900 m zurück nach **St-Disdille ❶**.

Altehrwürdig: das Château de Ripaille.

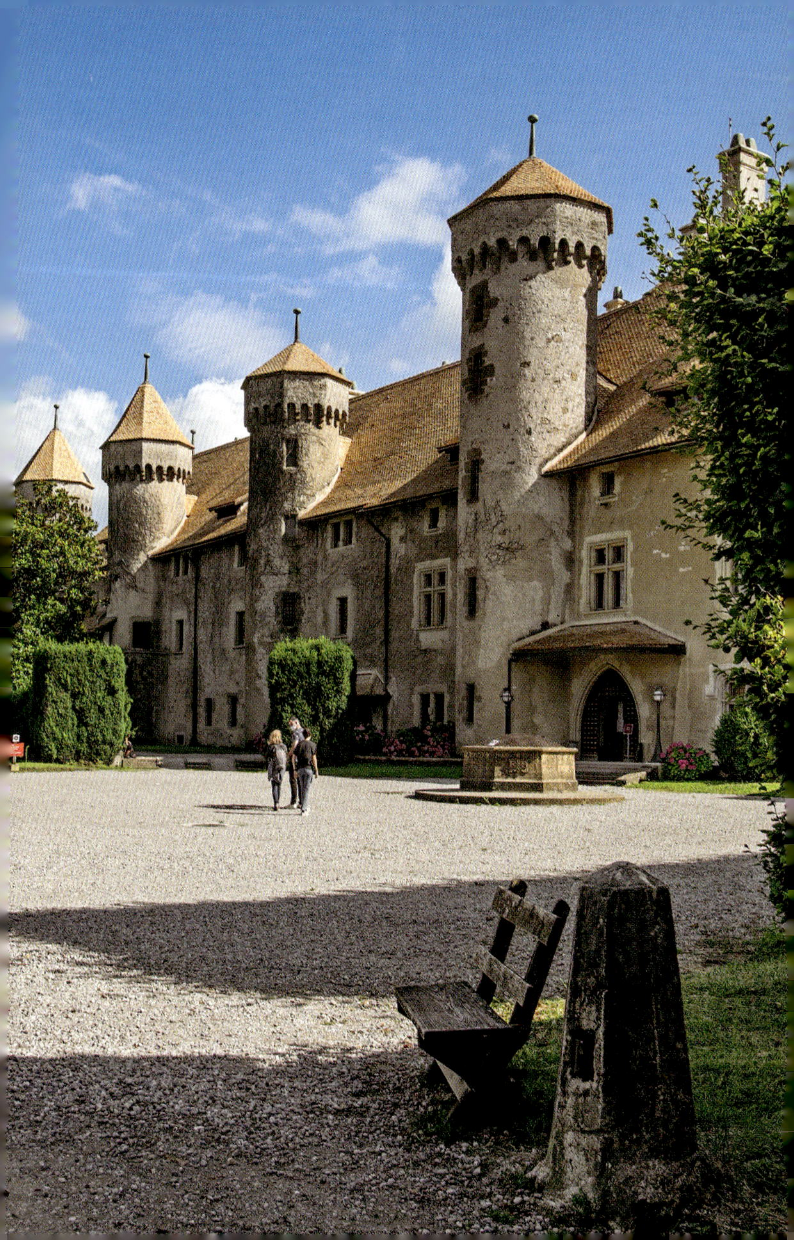

↗ 580 m | ↘ 580 m | 13.9 km

14 Littoral du Léman von Evian nach Meillerie

4.30 h

Von der Cachat-Quelle durch Feld und Wald zum Rousseau-Stein

»Mit Müh und Not gelang es uns endlich, bis nach Meillerie zurückzurudern. (…) Weil nach der Mahlzeit die Wellen noch immer hoch gingen und das Boot ausgebessert werden mußte, schlug ich einen Spaziergang vor. Julie wandte ein, der Wind sei zu heftig und die Sonne zu heiß, und erinnerte mich an meine eigne Müdigkeit. Ich hatte jedoch meine Absichten und zerstreute alle Bedenken. ›Ich bin‹, sagte ich, ›seit meiner Kindheit an harte Leibesübungen gewöhnt; sie schaden meiner Gesundheit durchaus nicht, sondern stärken sie vielmehr (…). Was Sonne und Wind betrifft, so haben Sie ja Ihren Strohhut; wir werden bald im Schutz des Waldes sein; wir müssen nur zwischen etlichen Felsen hinaufsteigen (…)‹.« Jean-Jacques Rousseau: Julie oder Die neue Héloïse. Briefe zweier Liebenden aus einer kleinen Stadt am Fuße der Alpen, 1761; vierter Teil, 17. Brief.

Ausgangspunkt: Evian (374 m). Am schnellsten, häufigsten und schönsten erreichbar mit dem Kursschiff von Lausanne-Ouchy. Zudem gibt es eine Bahnverbindung von Genève-Eaux-Vives über Annemasse sowie Busverbindungen von Genf, Annemasse und Thonon; Businfos: www.thononlesbains.com unter »sorties/service/transports«.
Endpunkt: Meillerie (374 m); Bus Thonon – Evian – St-Gingolph, Autocars Frossard, (+33 4 5081 7474), www. frossard.eu; oder Taxi nach Evian bestellen, z.B. unter (+33 4 5075 2391).
Anforderungen: Auf dem Littoral du Léman braucht es manchmal ein geübtes Auge, um die Markierungen zu entdecken. Auf dem Waldpfad oberhalb von Meillerie ist Trittsicherheit auf jeden Fall erforderlich. T2.
Beste Jahreszeit: Frühling bis Herbst; auch im Winter, wenn die Wasserläufe nicht gefroren sind.
Einkehr und Unterkunft: Verschiedene Hotels in Evian: beispielsweise Les Cygnes (+33 4 5075 0101), Alizé (+33 4 5075 4949). Neuvecelle: Gîte du Bois Ramé in Chez Butty, 45 Plätze, immer offen (+33 4 5075 4377). Meillerie: Hotel Terrasses, (+33 4 5076 0406).
Variante: Das Funiculaire von Evian erspart 100 Aufstiegsmeter. Von der Verzweigung La Grande Côte (ca. 570 m) nordöstlich von Les Combes auf dem Littoral du Léman über Le Maravant (ca. 950 m) nach Meillerie: leichter, länger, langweiliger.
Karten: 261 Lausanne, 1263 Evian-les-Bains; IGN TOP 25 Morzine (3528 ET).
Tipp: La Pierre Jean-Jacques Rousseau etwas oberhalb von Meillerie, eine im 19. Jahrhundert viel besuchte Stätte.

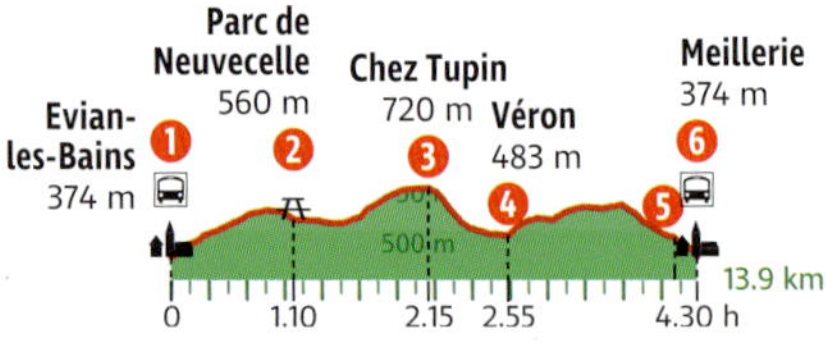

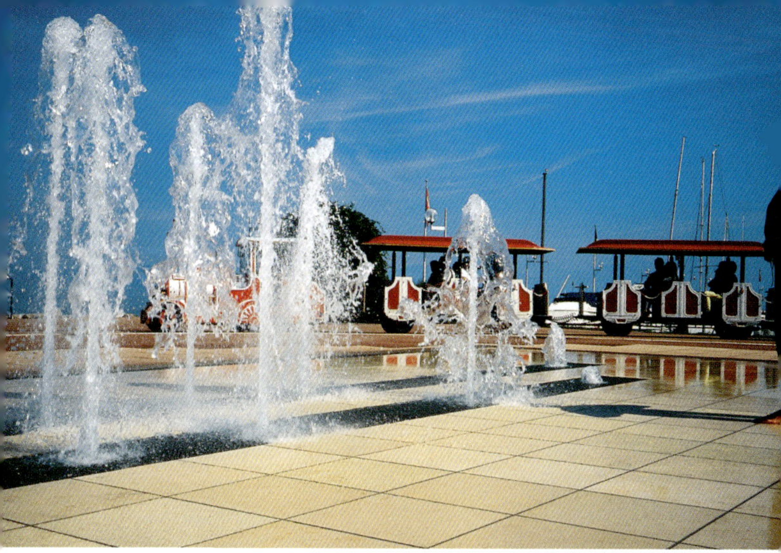

Wasserspiel: Evian ist bekannt für sein Wasser – hier an der Uferpromenade.

Von der Schiffsanlegestelle in **Evian** ❶ kurz westwärts, dann hinauf zur Hauptgasse der Altstadt und weiter in der Falllinie des mächtigen Hôtel Royal. Über die Gleise und auf einem Sträßchen ansteigen, zuerst steil, dann flacher. Nach dem Hôtel La Verniaz kommt man zur stark befahrenen D 21. Diese überqueren und nun dem markierten Littoral du Léman folgen. Entlang von Wiesen erreicht der Wanderweg den Bois du Pelloux mit seinem munteren Bach. Auf ca. 620 m beginnt der Weg zu sinken, quert eine Straße und kommt zum **Parc de Neuvecelle** ❷ mit Fitness-Parcours.
Anstieg im Bois Carroud bis ca. 600 m, dann 50 m Abstieg auf die D 24. Wir folgen ihr 500 m, steigen auf einem Waldweg schräg an, queren nochmals die Straße und gelangen auf einem Sträßchen zu einer Ferienkolonie bei **Chez Tupin** ❸. Durch sie hindurch, über einen Bach und gleich links in den Bois de la Dame. Ein gerölliger Weg führt im Zickzack zu einem Wasserreservoir hinunter und zieht gemütlich nach **Véron** ❹. Mitten im Dorf zweigt der Littoral du Léman rechts ab, steigt zum Wald hinauf und führt in den Weiler **Les Combes** (561 m) hinüber. Auf der Zufahrtsstraße bis in die erste Haarnadelkurve hinab. Anders als der Léman-Weg nach rechts und durch einen Hohlweg im Grande-Côte-Wald ansteigen, bis wir wieder in den Littoral du Léman (ca. 570 m) treffen. Auf ihm hinab bis etwa 500 m, wo er eine Linkskurve beschreibt. Rechts in einen breiten, von Bäumen gesäumten Weg einbiegen. Er steigt, schon bald im Wald, stetig an. Kurz bevor er in einem steilen Bachbett endet, zweigt links ein Pfad ab (ca. 590 m). Dieser quert nach anfänglichem Anstieg den abschüssigen Buchenwald.

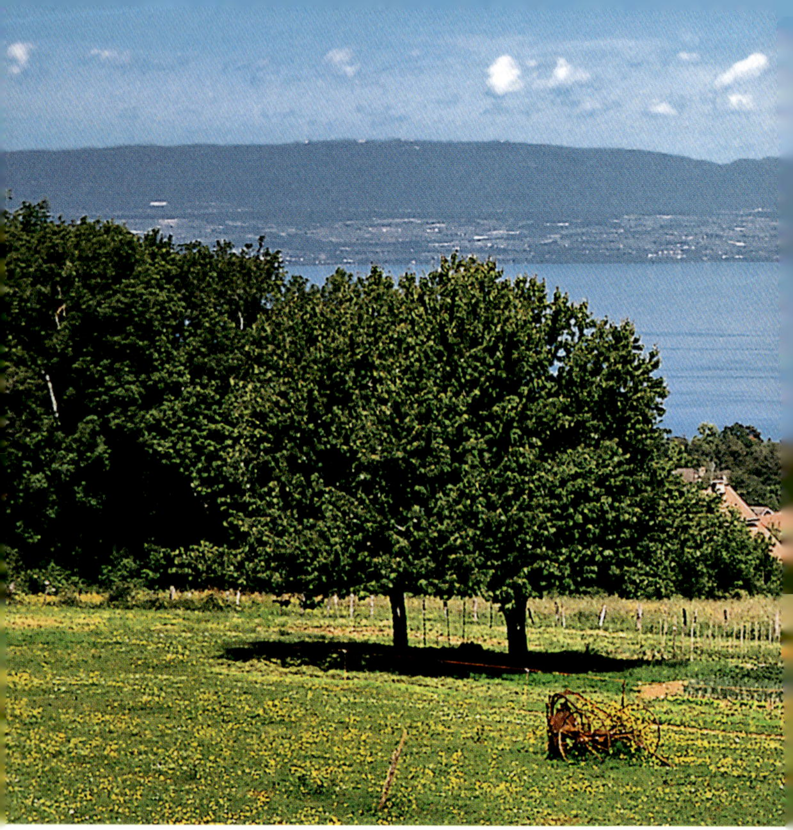

Blick von Evian-les-Bains über den Léman zum schweizerischen Ufer.

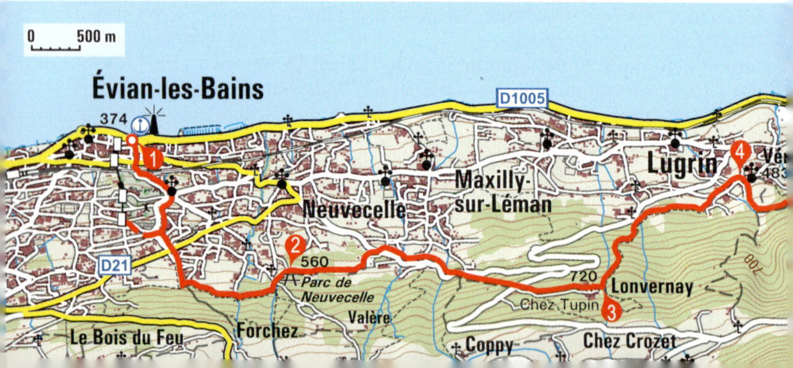

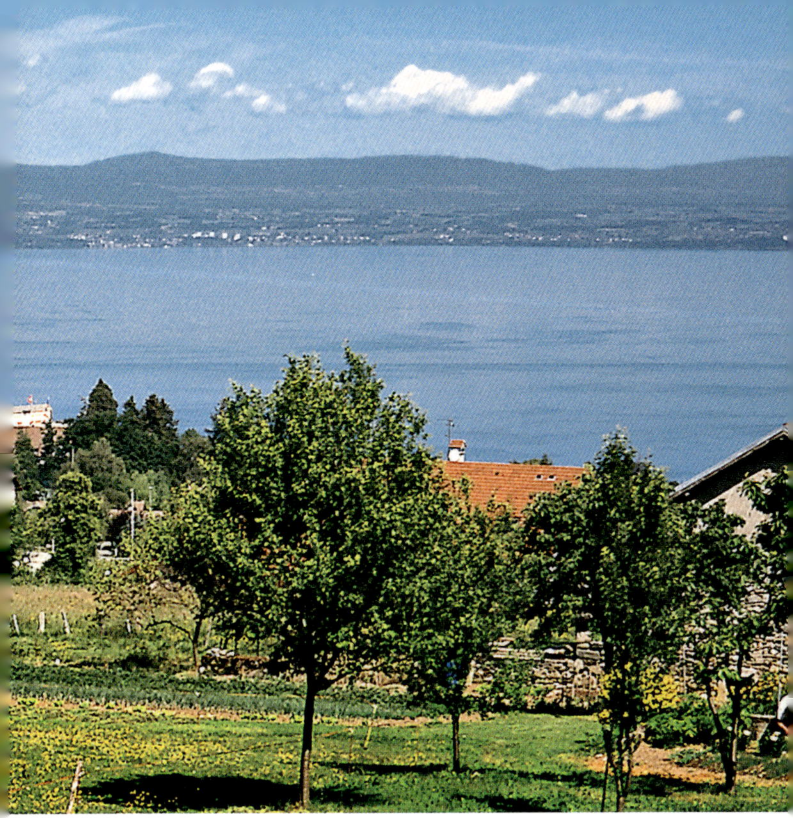

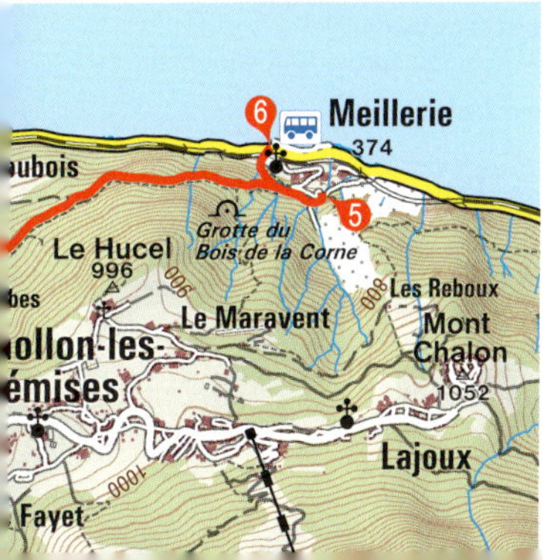

Bei der Querung einer steilen Rinne ist er sehr schmal; kurz darauf erreicht er den Grillplatz einer Waldhütte. Ein breiter Weg führt weiter ostwärts und mündet in den Littoral du Léman. Steil hinab auf eine Straße; auf ihr hinauf, bis sie in eine Steinbruchstraße mündet. Nun kurz hinab zum **Rousse-au-Stein** **5**, der sich oberhalb einer Haarnadelkurve befindet. Zuerst auf dem gleichen Weg zurück, dann hinunter in das kleine Fischerdorf **Meillerie** **6**.

↗ 460 m | ↘ 460 m | 5.0 km

15 Mont Billiat, 1894 m

3.00 h

Atemberaubende Überschreitung eines bizarr gezackten Gipfels aus Gras und Kalk

»Auf der gegenüberliegenden, der Savoyer Seite, erheben sich noch gewaltigere Berge, sie sind ein furchtbares Chaos von zerrissenen, zersprungenen Felsen und durch tiefe Täler zerteilt, in denen jetzt weißer Schnee liegt, während jene selben Felsvorsprünge, deren mit Tannenwäldern bestandene Seiten blau schimmern, wie ein unermesslicher, erstarrter, zerhauener Leichnam aussehen.« Wassili Shukowski: Brief an den Thronfolger Zarewitsch Alexander Nikolajewitsch, 1833.

Ausgangs- und Endpunkt: Parkplatz bei den Chalets de la Buchille (1435 m); die Zufahrtstrasse zweigt bei Le Borgel kurz vor Bellevaux ab.
Anforderungen: Der Normalweg von Norden verlangt Trittsicherheit und einigermaßen Schwindelfreiheit; für die Traversierung ist beides absolut zwingend. Kurze, jedoch sehr ausgesetzte Stellen auf einem scharfen Grat. Nur bei trockener Witterung und Schneefreiheit. T4+.
Beste Jahreszeit: Juli bis Oktober.
Unterkunft: In Le Borgel: Hôtel Les Moineaux (+33 4 5073 7111).
Varianten: 1) Bei Anreise mit ÖPNV: Start bei Pont de Gys (664 m) im Tal der Dranse de Morzine; SAT-Bus (vgl. Tour 12) vom Bahnhof Thonon-les-Bains; Aufstieg über La Baume (734 m) und Les Chalets (1350 m) zum Col de la Buchille (2); Abstieg von Chalets de Pertuis (4) auf einem Alpsträßchen über Mévonne (1402 m) nach Jotty (692 m) im gleichen Tal und an der gleichen Bus-Linie; 1240 m auf, 1210 m ab, 6.30 Std.
2) Eine Runde über die beiden höchsten Gipfel der Bergkette: von den Chalets de la Buchille zuerst noch auf die Pointe d'Ireuse (1890 m) steigt; zurück in den Col d'Ireuse (1773 m), kurzer Anstieg auf eine Kuppe und über sie (nicht ganz leicht zu findender Pfad) zu einer kettenversicherten Steilrinne, die in den Pas de l'Échelle (1728 m) sinkt. Nochmals kurz ansteigen, schräg in der Flanke (eine heikle Steilstufe ohne Sicherung) und zuletzt über den Grat in den Col de la Buchille, dann weiter auf den Mont Billiat; insgesamt 920 Höhenmeter, 5 Std.
Karten: 271 Chablais; IGN TOP 25 Thonon-Évian (3428 ET).
Tipp: Die spektakulären Gorges du Pont du Diable unterhalb von Le Jotty können auf einem mautpflichtigen Steig besichtigt werden.
Anschlusstour: 16 (mit Varianten).

Rückblick vom Mont Billiat zum überschrittenen Grat.

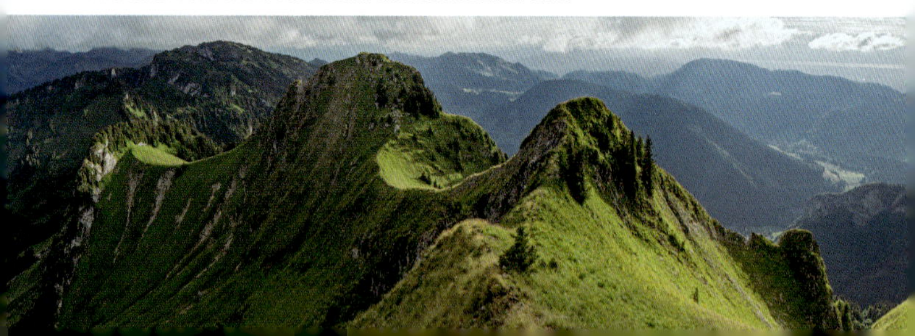

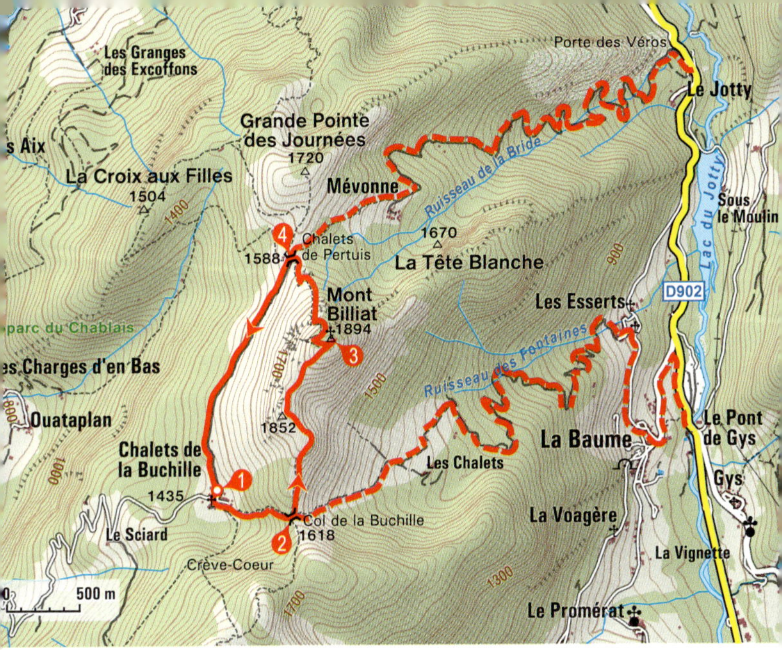

Von den **Chalets de la Buchille** ❶ auf beschilderter Wanderroute in den **Col de la Buchille** ❷. Hier beginnt der Südgrat des Mont Billiat. Ein Pfad führt links der Gratschneide durch hohes Gras und lichten Wald auf eine Anhöhe (1768 m) und links der Gratschneide steil hinab in einen Sattel (ca. 1730 m). Der Pfad führt über eine Grasflanke, oben mit viel Fels durchsetzt, dann erreichen wir eine grasbewachsene Schulter. Über den Grasgrat steigen wir weiter hinauf und umgehen dessen Kuppe rechts auf schwachen Pfadspuren. Es folgt die Schlüsselstelle, die kurze, aber sehr exponierte Querung der felsigen Scharte (heikel). Wir folgen dem scharfen Grasgrat hinauf bis auf den Gipfel des von Süden gesehenen massiven Felsturms (1854 m).

Nun wandern wir ein gutes Stück hinunter in die nächste Scharte und entlang des Grasgrates steil hinauf auf den Vorgipfel. Anschließend geht es wenige Meter hinab in einen Sattel, dann ein ganz kurzes Stück flach auf einem sehr ausgesetzten Felsgrat. Nun wandern wir ohne weitere Schwierigkeiten über den grasigen

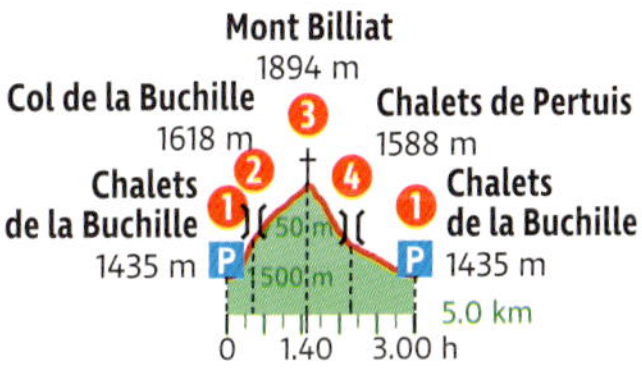

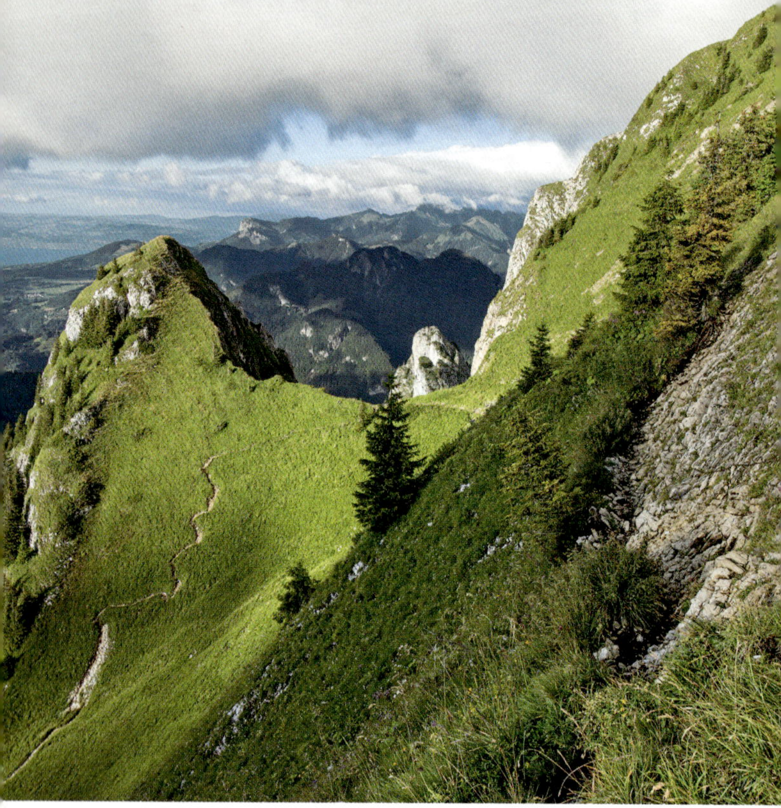

Hier verlässt man die Grasrippe im Abstieg vom Mont Billiat.

Grat auf den Gipfel des **Mont Billiat** ❸; zu Beginn des letzten flachen Gratabschnittes stößt von links der Normalweg hinzu.
Auf der Aufstiegsroute gehen wir bis zu der Stelle, wo der Normalweg rechts wegzieht. Er geht über eine Grasrippe hinab, quert noch vor der markanten Grasschulter rechts hinein in die Nordmulde (Fixseile in einer brüchigen Steilstufe), erreicht eine Scharte und um Felsen herum den Nordgrat. Leicht hinab in den Pass **Chalets de Pertuis** ❹.
Das Alpsträßchen führt uns sanft abwärts und zurück zu den **Chalets de la Buchille** ❶.

↗ 640 m | ↘ 640 m | 6.1 km

3.30 h

Mont Ouzon, 1881 m

16

Auf den Dinosaurierrücken, hoch über der Teufelsbrückenschlucht

Fast wie die Platten eines Stegosaurus ragen die Felsen aus dem lang gestreckten Bergrücken des Mont Ouzon heraus. So kann die markante Gestalt dieses Berges leicht von den umliegenden Gipfeln identifiziert werden. Den Blickfang während der Besteigung bildet der Montblanc im Süden, hat man den Gipfel erreicht, gesellt sich noch der Genfersee im Norden hinzu. Nicht umsonst ist die Besteigung daher – trotz des etwas schwierigeren Schlussabschnittes – sehr beliebt. Ist man ein wenig kletteraffin und will die Aussicht für sich alleine haben, kraxelt man einfach auf das kleine Grasplateau des fast genauso hohen Nebengipfels.

Ausgangs- und Endpunkt: Parkplatz beim Col du Corbier (1237 m); keine Busverbindung.
Anforderungen: Trittsicherheit nötig. Weg ganz oben etwas ausgesetzt und teilweise kettengesichert; mehrheitlich markiert. T3+.
Beste Jahreszeit: Juni bis Oktober.
Einkehr: Restaurant La Covagne am Col du Corbier.
Unterkunft: In Gys: Gîte La Patte Nordic (+33 6 4636 0476).
Varianten: 1) Bei Anreise mit ÖPNV: Start in La Solitude (831 m) unterhalb Bonnevaux im Tal der Dranse d'Abondance. SAT-Bus (vgl. Tour 12) vom Bahnhof Thonon-les-Bains; Aufstieg über Bonnevaux (911 m), auf einem markierten Wanderweg über den Sattel Panorama Courbelanche (1560 m) zum Chalet D'Ouzon Derrière (1490 m) und auf einer Alpstraße zum Col de Planchamp (2); Abstieg vom Col du Corbier (1) über L'Arblay zum Pas de l'Ours (1070 m), rechts und nach der Querung des Ruisseau de la Tire links und hinab zum Pont de Gys (664 m) im Tal der Dranse de Morzine; SAT-Bus von Morzine zum Bahnhof Tho-

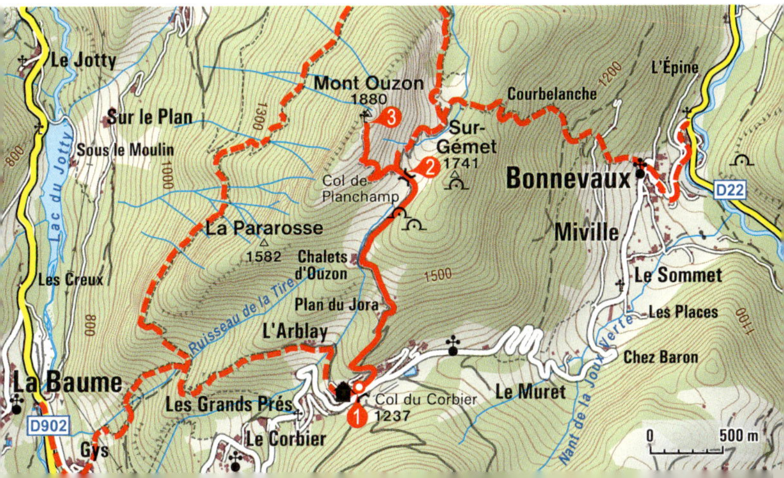

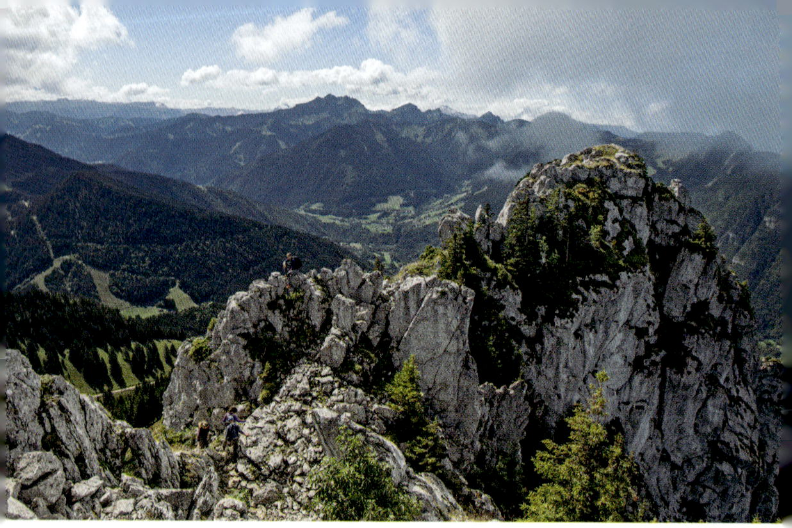

Felsig: der Gipfelbereich des Mont Ouzon.

non; 1110 m auf, 1270 m ab, 6.30 Std.
2) Tour du Mont Ouzon: Col du Corbier – L'Arblay – Pas de l'Ours – Col de Nicodex (1437 m) – Col de Plan Champ – Mont Ouzon – Col du Corbier; 1110 m Auf- und Abstieg, 6.15 Std. (5 Std. ohne Mont Ouzon).
Karten: 271 Chablais; IGN TOP 25 Morzine (3528 ET).
Tipp: Gorges du Pont du Diable; vgl. Tour 15. Das Wort Ouzon stammt von ours ab. Den letzten savoyischen Bären erschoss man 1821 im Raume St-Julien-en-Genevois; das Tier ist im Musée d'Histoire Naturelle in Genf zu sehen.
Anschlusstour: 15 (mit Varianten).

Unmittelbar von der Passhöhe **Col du Corbier** ① über die Metalltreppe nach oben und der Fahrstraße nach rechts folgen. Bei der zweiten Spitzkehre zieht ein unmarkierter Pfad hinter dem großen Metallmast in den Wald. Dieser trifft weiter oben wieder auf die Alpstraße, welchem wir – die Chalets d'Ouzon (1500 m) passierend – folgen bis zur Passhöhe **Col de Planchamp** ②. Es beginnt der Anstieg in Richtung Mont Ouzon, dessen Gipfelkreuz wir vom Pass bereits sichten. Der Weg führt zuerst an einer Hütte vorbei, dann über den grasigen, unten leicht bewaldeten Südosthang in Serpentinen hoch. Zuletzt ist eine felsige, mit Ketten versehene Rinne zu ersteigen, welche auf den Gipfelgrat führt und über ein paar Blöcke zum höchsten Punkt des **Mont Ouzon** ③. Auf gleichem Weg wieder zurück zum **Col du Corbier** ①.

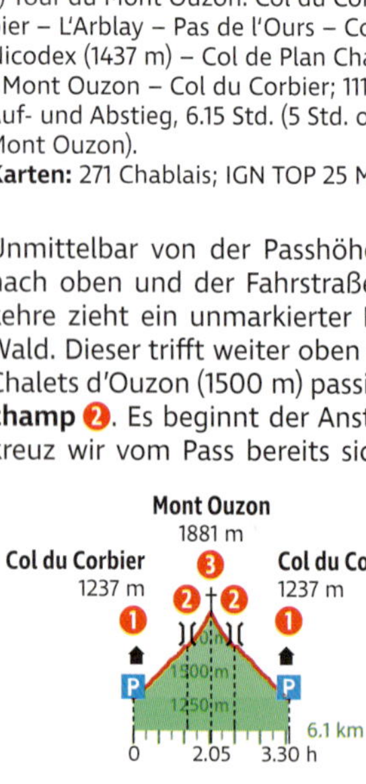

↗ 1200 m | ↘ 1200 m | 12.6 km

6.30 h

Le Roc d'Enfer, 2243 m

17

»Höllische« Gratüberschreitung für erfahrene Alpinwanderer

Isoliert und abseits steht der Roc d'Enfer – der Fels der Hölle – in der südwestlichen Ecke der Chablais-Alpen und überragt im Umkreis von gut 13 Kilometern alle anderen Berggipfel deutlich. Dementsprechend erlesen ist das Panorama, welches über den Genfersee nach Lausanne im Norden bis hin zum Montblanc-Gebiet im Südosten reicht. Mit einer Portion Bergerfahrung kann man den Roc d'Enfer auf dessen Graten überschreiten und daraus eine kurzweilige Rundtour, ausgehend vom Weiler La Chèvrerie beim Lac de Vallon, machen. Der reizvolle Bergsee hat noch eine junge Geschichte: Nach einem Bergrutsch im Jahre 1943 wurde der Fluss Le Brevon aufgestaut und der Lac de Vallon war geboren.

Ausgangs- und Endpunkt: La Chèvrerie (1111 m); keine Busverbindung; Parkplatz am Ende der Straße, mit dem Auto 30 km von Thonon-les-Bains und 50 km von Genf.
Anforderungen: Anspruchsvolle Überschreitung, welche absolute Trittsicherheit und Schwindelfreiheit erfordert. Bei Nässe oder Vereisung schnell heikel. T4+.
Beste Jahreszeit: Juli bis Oktober.
Einkehr: Unterwegs keine. In Chèvrerie: La Tête Au Moine.
Unterkunft: In Chèvrerie: Le Chalet Les Rhodos (+33 4 5073 7102).
Varianten: 1) Rund eine Stunde kürzer (und 200 Hm weniger) wird die Überschreitung, wenn man ausgehend vom südlich des Roc d'Enfer gelegenen Col de l'Encrenaz (1432 m, Einkehr- und Übernachtungsmöglichkeiten) über L'Aup und Col Ratti (1905 m) zum Col de la Golette aufsteigt; vom Col de Foron dann hinab nach le Foron und entlang der Straße zurück zum Col de l'Encrenaz. 2) Eine halbe Stunde spart die Benützung der Télésiege du Torchon (10–16 Uhr Mi.–So., Trottinet-Miete möglich); von Le Torchon wandert man dann über den Col de Follys nach Grand Souvroz. 3) Ein gemütlicher Familienspaziergang: Umrundung des Lac de Vallon (1.30 Std., T1).
Karten: 271 Chablais; IGN TOP 25 Bonneville (3429 ET).

Der malerische Lac de Vallon, darüber versteckt sich in Wolken gehüllt der Roc d'Enfer.

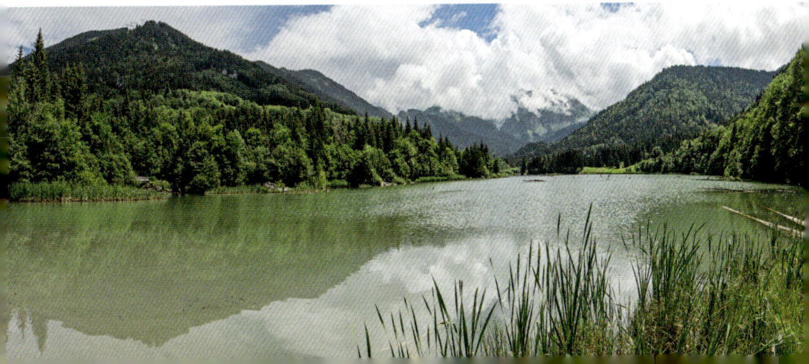

Von **La Chèvrerie** ❶ gehen wir auf einem Sträßchen entlang der Le Brevon bis zur Wegkreuzung Les Favières (1260 m) und noch gut 300 m weiter geradeaus bis zur namenlosen, aber ausgeschilderten **Wegkreuzung** ❷. Hier zweigen wir links ab und steigen hinauf zur Alp Grand Souvroz (1530 m). Wir folgen der Beschilderung Richtung Col Graydon, anfangs ist der Wiesenpfad noch gut zu erkennen, etwas später – die Wanderroute macht dann vor dem Pass einen Rechtsbogen – sollte man die Pfadspuren aufmerksam verfolgen. Zuletzt geht es kurz durch den Wald, dann steigen wir hinauf zum **Col de Graydon** ❸. Nun direkt südwärts in Richtung des offensichtlichen Korridors, der zum **Col de la Golette** ❹ führt, welcher über einen teilweise schon ausgesetzten und steilen Pfad erreicht wird. Hier erwartet uns ein Warnschild, welches auf die Schwierigkeit der bevorstehenden Route hinweist. Davon lassen wir uns zwar nicht einschüchtern, dennoch ist auf dem Grat eine hohe Aufmerksamkeit angesagt, Fehltritte wären sehr gefährlich. Direkt am Pass verlassen wir den Wanderweg und folgen einer durchwegs guten Pfadspur, manchmal direkt auf der Gratschneide, gelegentlich aber steigen wir auch in der Nordflanke auf bis zum nördlichen Vorgipfel (2212 m) mit Gipfelkreuz. Direkt über die Gratschneide ist bald der höchste Punkt des **Roc d'Enfer** ❺ erreicht. Wir folgen weiter dem guten, aber teilweise sehr ausgesetzten Pfad. Nun geht es auf dem Grat oder manchmal etwas unterhalb des Grates weiter. Ein Fixseil hilft beim exponierten Abstieg in eine Scharte, bevor es zuletzt einfach auf den westlichen Vorgipfel **Pointe de Haute Béné** ❻ (2215 m)

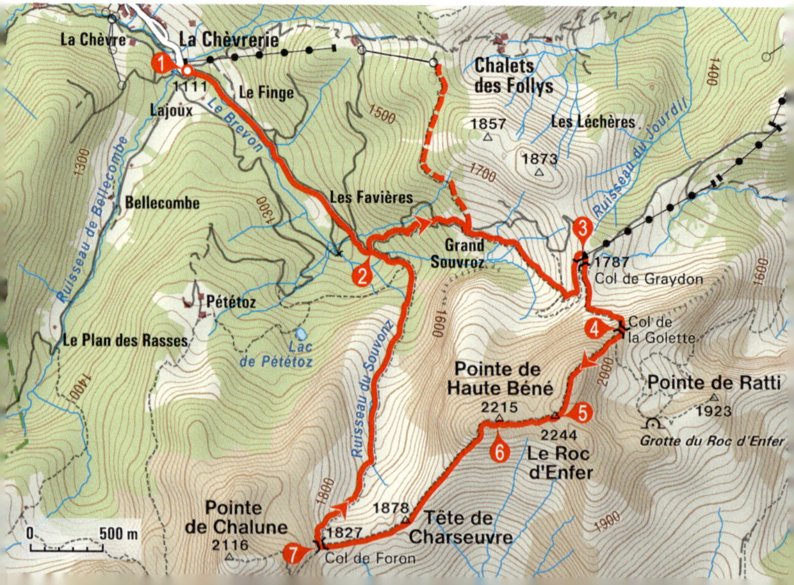

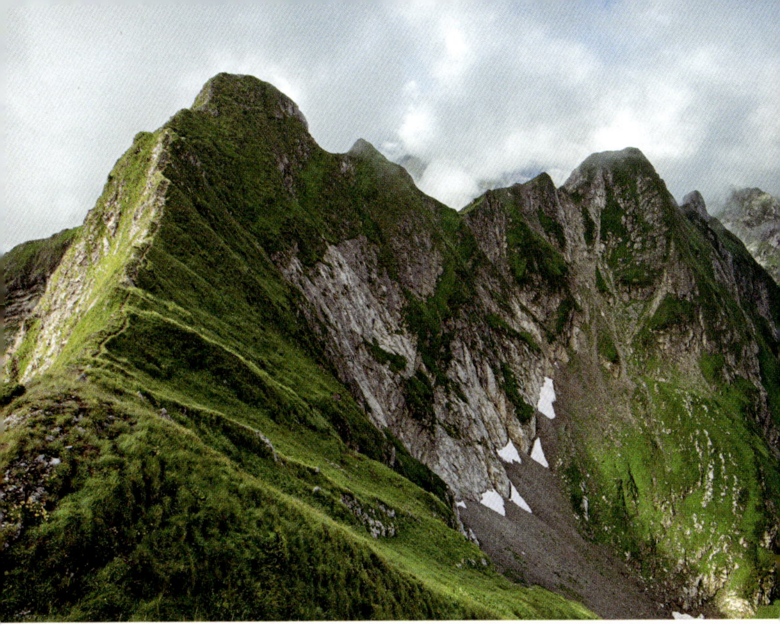

Die Aussicht vom nördlichen Vorgipfel auf die bevorstehende Überschreitung des Roc d'Enfer.

geht. Kurz darauf wird der Grat verlassen und wir steigen in die Südflanke ein, wobei eine Felspassage mit einer Kette ausgestattet ist. Im nach wie vor anspruchsvollen Abstieg ist immer noch Konzentration gefragt – erst wenn man wieder auf dem breiten Südwestgrat ist, geht es auf einem angenehmen Weg bis zum **Col de Foron** 7.

Vom Pass steigen wir nordwärts auf einem guten Wanderweg durch das herrliche Tal von Souvroz ab, wo sich bei der **Wegkreuzung** 2 der Kreis schließt; auf gleichem Weg geht es zurück nach **La Chèvrerie** 1.

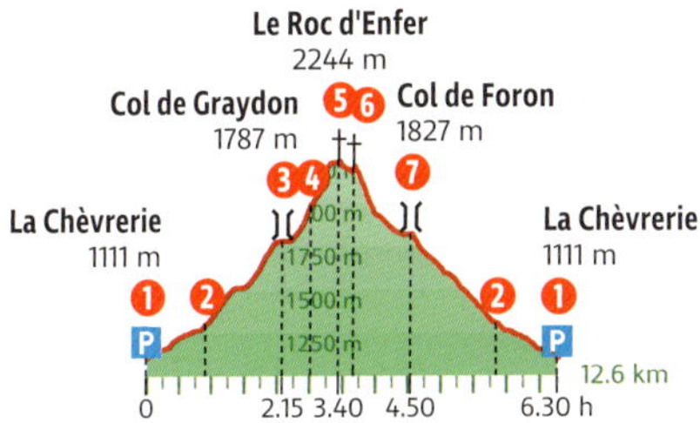

↗ 690 m | ↘ 690 m | 10.1 km

18 Mont Baron, 1566 m

4.15 h

Ein wahrer Baron in Sachen Seesicht

Viele der Wanderer, welche nach Bernex anreisen, streben Touren um Dent d'Oche und Château d'Oche an. Möchte man alternativ auf etwas ruhigeren und auch vom Anspruch her auf etwas leichteren Wegen unterwegs sein, dem sei die Runde über den Mont Baron empfohlen. Die Aussicht auf den Genfersee ist fürstlich und steht den höheren Gipfeln im Osten kaum in etwas nach. Die Gratpassage über den Mont Baron folgt übrigens einem kurzen Abschnitt des GR Tour du Leman.

Ausgangs- und Endpunkt: Trossy-Bernex (984 m); mit dem SAT-Bus (vgl. Tour 12) vom Bahnhof Thonon-les-Bains; bzw. Parkplatz (990 m) unterhalb der Talstation des Sessellifts nach Pré Richard.
Anforderungen: Überschaubare Bergwanderung hinsichtlich Länge sowie Schwierigkeiten, Trittsicherheit. Teilweise unmarkierte Wege. T2.
Beste Jahreszeit: Mai bis Oktober.
Einkehr: Bernex-Trossy, Pré Richard, La Fétuière.
Unterkunft: In Malpasset: Eco-bivouac Evian Bernex (+33 6 31 52 46 27). Verschiedene in Bernex, z.B. Centre de Vacances Haute Savoie Le Refuge (+33 4 50 73 60 53).
Variante: Geht man die Runde in der anderen Richtung, wartet die Einkehrmöglichkeit Fétuière im Abstieg. Alternativ gibt es auch etwas oberhalb davon bei Pré Richard zwei Restaurants (kaum 5 Min. extra).
Karten: 271 Chablais; IGN TOP 25 Morzine (3528 ET).
Anschlusstouren: 20, 21.

Von **Bernex-Trossy** ❶ auf der Hauptstraße gut 100 m nach Osten, in einen Weg nach rechts einbiegen und entlang des Baches Ugine und diesen mit der nächsten Brücke überqueren bei Le Peret (1010 m). Kurz der Straße folgen und dann auf dem Wanderweg rechts der Straße folgen. Bei Malpasset (1110 m) endet der Wanderweg und man folgt der Fahrstraße bis zum **La Fétuière** ❷. Nach Kurve und Restaurant steigen wir links einen unmarkierten Pfad im Wald hinauf, welcher etwas oberhalb von Pré Richard auf ein Sträßchen trifft. Auf diesem, uns links haltend, entlang einer wenig attraktiven Skipiste hoch hinauf zur Wegkreuzung **La Crouaz** ❸ am Ende eines Liftes. Nun auf einem schönen Wanderweg rechts der Beschilderung nach durch Wald und über Feld bis in den Col de Boeufs (1432 m). Wir halten uns rechts und wandern über einen Graspfad nordwestwärts bis auf die Gipfelweide des **Mont Baron** ❹. Wir steigen nach Südwesten auf einem Pfad über Felsstufen ab und kommen so

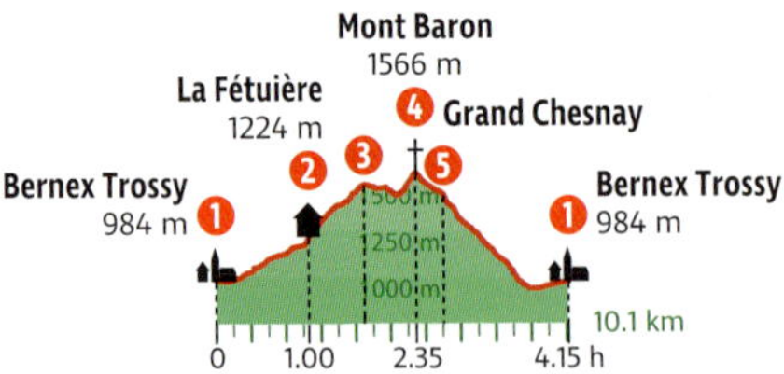

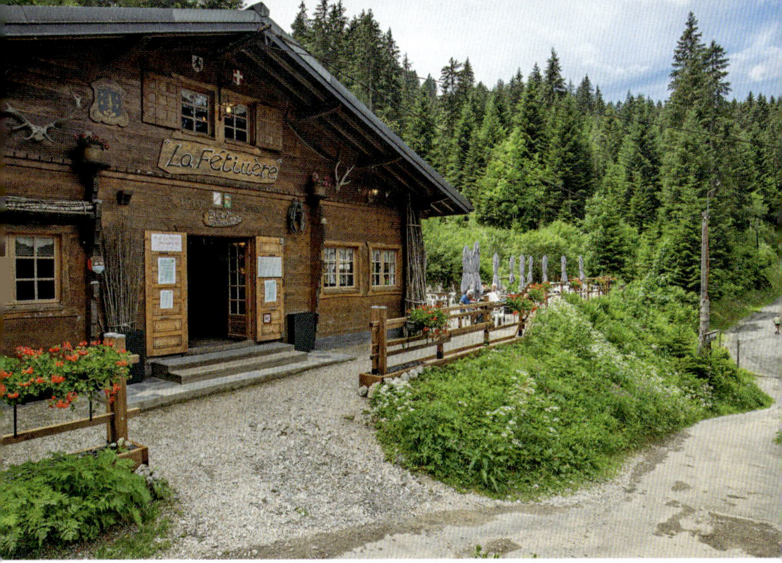

Einkehrmöglichkeit im La Fétuière.

in den Sattel zwischen Mont Baron und einem namenlosen Gipfelstock (1578 m). Über eine Wiese hinab zu einer Hügelkuppe mit Kreuz und der Wegkreuzung **Grand Chesnay** 5. Ein Pfad steigt nach Norden ab in den Bois de l'Envers und verlässt den Wald erst wieder kurz vor Bernex. Bei der Fahrstraße rechts, beim Kreisverkehr links, der Straße folgen bis zur Hauptstraße und rechts zurück zur Bushaltestelle **Bernex-Trossy** 1.

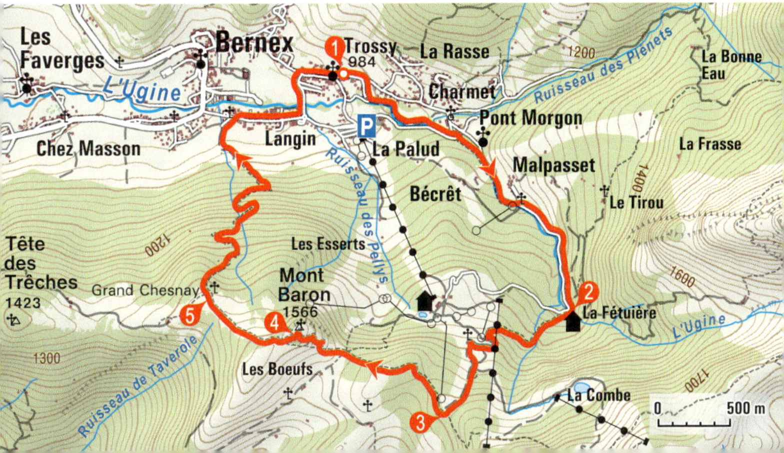

↗ 810 m | ↘ 810 m | 10.9 km

19 Montagne des Mémises, 1686 m, – Pic Boré, 1974 m

5.00 h

Aussichtsbalkon im Hinterland von Evian, mit Skiliften und Eisenleiter

Der Montagne des Mémises als erster höherer Berg im Hinterland von Evian und Thonon ist im Winter als kleines Skigebiet beliebt, im Sommer als Wanderdestination. Unabhängig von der Jahreszeit besticht der Bergrücken mit seiner großartigen Aussicht auf den Genfersee und kann bequem mit der Gondelbahn von der Ortschaft Thollon-les-Mémises erreicht werden. Mit der Überschreitung des nahen Pic Boré gesellen sich zum Panorama noch die hohen Gipfel des Chablais um Grammont, Jumelles, Cornettes de Bise und Zahn & Schloss d'Oche hinzu.

Ausgangs- und Endpunkt: Bergstation der Gondelbahn Thollon-les-Mémises (1593 m); Betrieb Juli und August täglich 9.30–17.30 Uhr, Juni u. Sept. Mi., Sa., So., im Mai an Ferientagen (+33 4 5070 9287); mit dem SAT-Bus (vgl. Tour 12) vom Bahnhof Thonon-les-Bains nach Thollon-les-Mémises.
Anforderungen: Trittsicherheit im Anstieg zum Piz Boré und Schwindelfreiheit für die Leiter Échelle des Chasseurs. T3.
Beste Jahreszeit: Immer bei Betrieb der Gondelbahn.
Einkehr: Bergstation Mémises.
Unterkunft: Viele in Thollon-les-Mémises, z.B. Un R de Mémises (+33 6 6646 2866), Logis Hôtel Bon Séjour (+33 4 5 70 9265).
Varianten: 1) Start und Ende in Bernex-Trossy (vgl. Tour 18) mit ausgeschildertem Aufstieg über La Rasse; 6 Std., 1190 Hm. 2) Start und Ende in Creusaz (1130 m, hübsches Restaurant, nur mit Auto erreichbar); 5.45 Std., 1060 Hm. 3) Den Pic Boré auslassen, indem man bei der Wegkreuzung auf 1962 m rechts in Richtung Chalet Sur Les Prés geht; 3.30 Std., 660 Hm.
Karten: 261 T Lausanne, 1263 Evian-les-Bains; IGN TOP 25 Morzine (3528 ET).
Anschlusstour: 21, 22 (vom Col de Neuva aus).

Wunderbare Kontraste: auf dem Pic des Mémises Oriental.

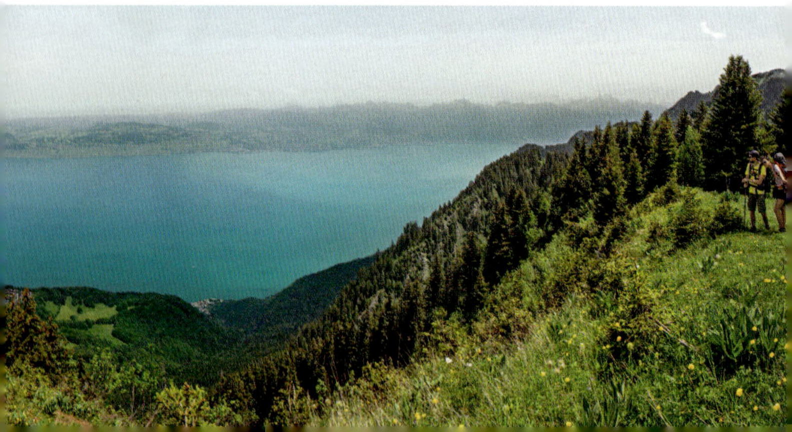

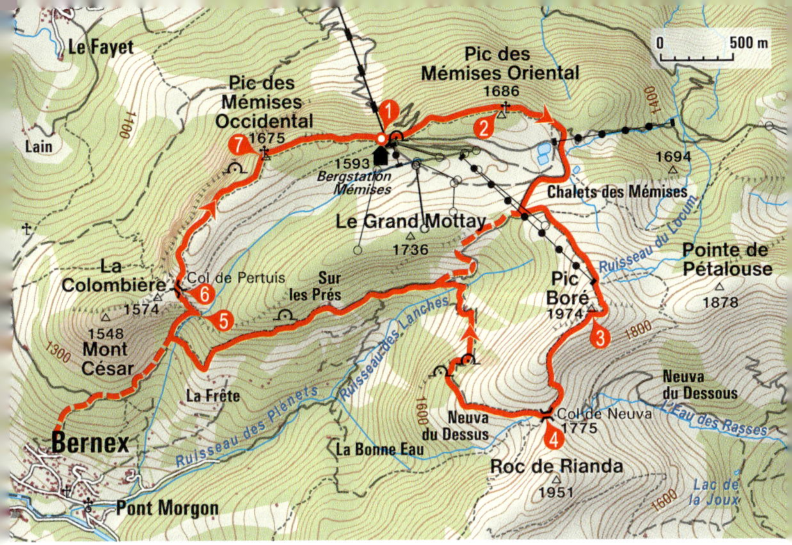

Von der **Bergstation Mémises** ❶ entlang des Grates ostwärts hinauf zum eisernen Gipfelkreuz des **Pic des Mémises Oriental** ❷. Auf Pfadspuren entlang eines Zauns und über eine Wiese, an der Bergstation eines Sesselliftes vorbei, gegen die Chalets des Mémises (1636 m). Rechts auf der Alpstraße steil hinauf bis zur nächsten Wegkreuzung (1692 m) und der linken Straße nach weiter aufsteigen entlang eines Skiliftes bis zu dessen oberem Ende. Nun auf einem Graspfad südwärts und zur auffälligen Rinne hoch, welche mithilfe eines Fixseils erklommen werden kann. Auf dem Grasgrat angekommen wartet ein überwältigendes Panorama zu den hohen Bergen des Chablais. In wenigen Schritten hinauf auf die grasige Kuppe des **Pic Boré** ❸. Nun lässt man die skitouristischen Anlagen des Hochtals der Mémises endgültig hinter sich und steigt auf einem Graspfad über den Südwestgrat ab zum Vorgipfel (1939 m) und auf dem Pfad weiter absteigen zum **Col de Neuva** ❹. Westwärts zur Alphütte Neuva Dessus und in einem Rechtsbogen nordwärts hinab zum Bach Ruisseau des Lanches. Nun auf

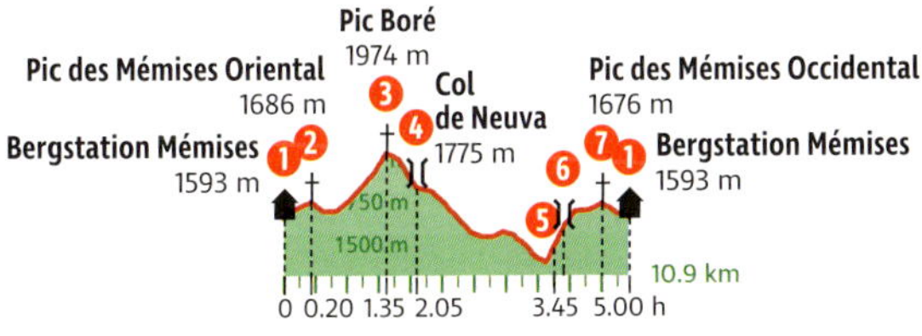

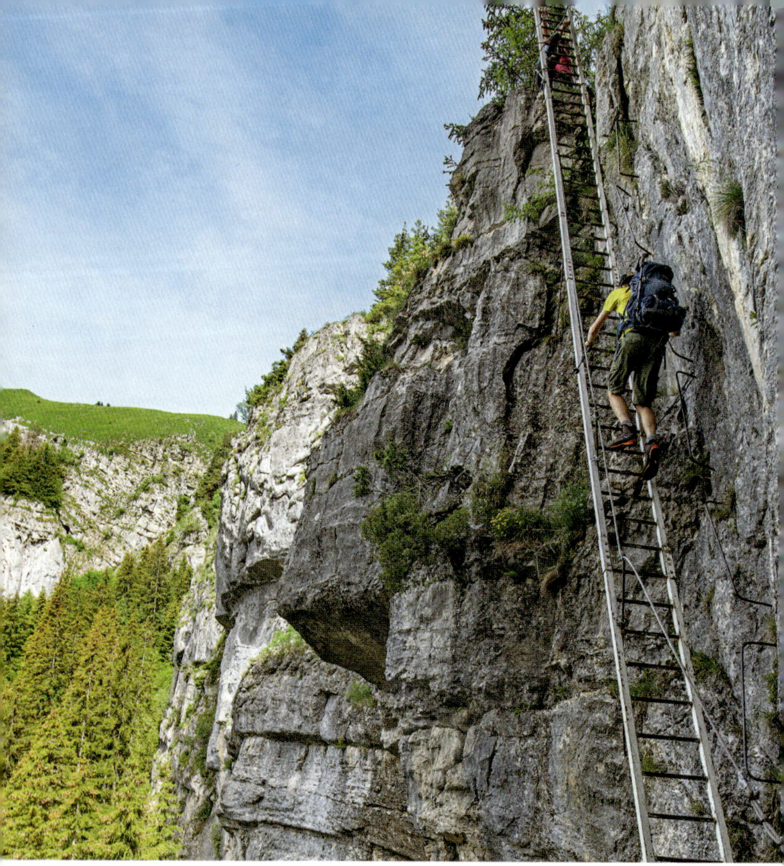

Nur für Schwindelfreie: die 20 Meter hohe Échelle des Chasseurs.

dem Höhenweg in der Südflanke des Grand Mottay über das Chalet Sur Les Prés (1518 m) bis zum Aufstiegsweg von Trossy zur Échelle des Chasseurs. Der Weg steigt – steil, schmal und teilweise schrofig werdend – nordostwärts gegen eine Felswand hinauf. Über große Felsblöcke zu einer etwa 20 Meter hohen Leiter, der **Échelle des Chasseurs** 5. Anschließend führt der Weg über Grashänge und kleinere Felsstufen in den **Col de Pertuis** 6, wo die Gratwanderung über die Montagne des Mémises beginnt. Hinauf zum südlichsten Gipfel (1631 m) und mit kleineren Ab- und größeren Aufstiegen zum **Pic de Mémises Occidental** 7; Metallmast. Über den Mémises-Kamm hinunter zur Bergstation Mémises 1.

↗ 1080 m | ↘ 1080 m | 12.9 km

6.00 h

Les Portes d'Oche – Pointes de Pelluaz, 1916 m

20

Ein Grat, zwei Gipfel und drei Bergseen

»Auf der einen Seite, im Süden, spiegelten sich stufenförmig aufsteigende Kalksteinfelsen in dem stillen Wasser; auf der anderen Seite, im Norden, stieg steil in ungebrochener Wandflucht der Gipfel der Dent d'Oche aus dem Tal. Es war in der Tat ein entzückender Platz; (...) diese Alm, wo nur ein paar Kuhhirten lebten, müßte in der Tat jeden Maler begeistern – vorausgesetzt, daß sein Geruchssinn schwach entwickelt ist.« Leslie Stephen: Der Spielplatz Europas, 1942 (1871).

Ausgangs- und Endpunkt: La Fétuière (1224 m); erreichbar mit dem Auto von Bernex-Trossy oder Anreise mit ÖPNV; vgl. Tour 18; entweder von dort zu Fuß (1.30 Std. zusätzlich) oder mit dem Sessellift nach Pré Richard (vgl. Tour 18) oder mit dem Taxi d'Oche (+33 6 7702 1486) von Bernex nach Fétuière.
Anforderungen: Lange Tour. Zumeist gut markierter Bergwanderweg, der stellenweise Trittsicherheit verlangt. Bei der Querung der Pointes de Pelluaz ein paar ausgesetzte Stellen. T3-.
Beste Jahreszeit: Juni bis Oktober.
Einkehr und Unterkunft: vgl. Tour 18.
Varianten: 1) Eine deutlich kürzere Runde ergibt sich, wenn man die Schleife über Les Portes d'Oche und Lac Darbon auslässt und von den Lac de la Case direkt zum Col de la Case d'Oche aufsteigt; 3.45 Std., 810 Hm. 2) Reist man mit ÖPNV an und startet bzw. endet die Runde in Trossy, empfiehlt es sich, die kleine Runde in Variante 1 zu begehen; 5.15 Std., 1050 Hm.
Karten: 271 Chablais; IGN TOP 25 Morzine (3528 ET).
Anschlusstouren: 18, 21, 22.

Der schöne Gratweg zur Pointe de Pelluaz, darüber Dent d'Oche und Château d'Oche.

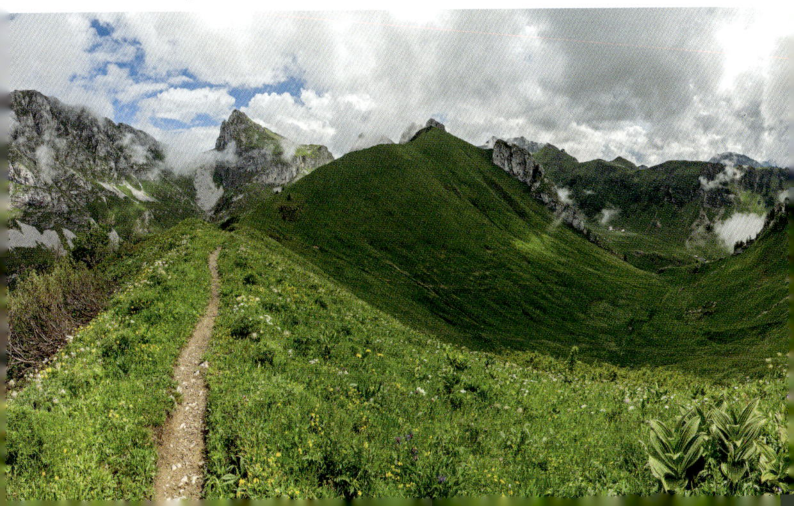

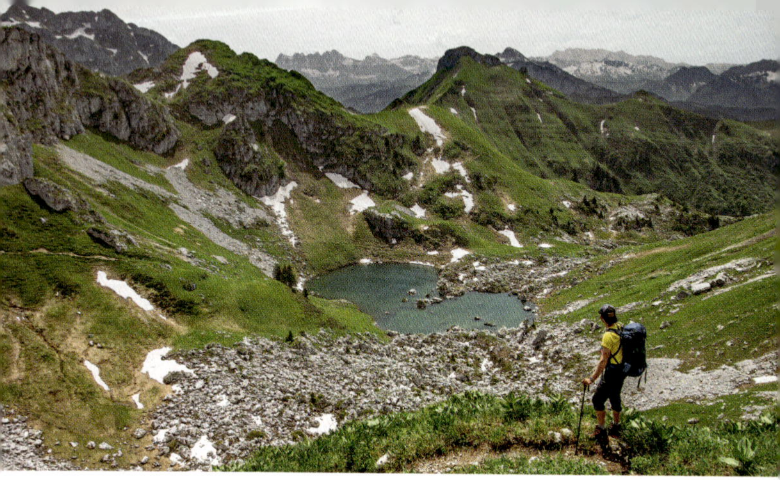

Lac de Darbon.

Vom Parkplatz **La Fétuière** ❶ auf dem markierten Bergweg bis zu den Chalets d'Oche (1628 m) und weiter zu den **Lac de la Case** ❷. Zwischen den beiden kleinen Seen hindurch und weiter ostwärts ansteigend unterhalb eines Felsbandes in die engen **Portes d'Oche** ❸. Links und den Geröllkessel von Darbon queren bis zur Wegkreuzung beim Col de Pavis (1944 m). Nun rechts und zum hübschen **Lac de Darbon** ❹ absteigen. In angenehmer Steigung geht es nun durch ein kleines Tal bergab bis zur beschilderten Wegkreuzung kurz vor den Alphütten **Chalets de Darbon** ❺. Hier rechts und wir nehmen den nächsten Anstieg in Angriff, welcher zu Beginn durch eine prächtige Flora in einen grünen Bergkessel führt. Wir halten uns leicht rechts und folgen dem stetig ansteigenden Wanderweg bis in den **Col de la Case d'Oche** ❻, wo sich eine tolle Sicht auf die Südwand der Dent d'Oche präsentiert. Nun beginnt ein herrlicher Gratabschnitt, welcher schon bald auf den höchsten Punkt der **Pointe de Pelluaz** ❼ mit Gipfelkreuz führt. Weiter nahe des Grates zum Westgipfel (1908 m). In wenigen Minuten steil hinab zum oberen Ende eines Sessellifts. Ein kurzes Stück

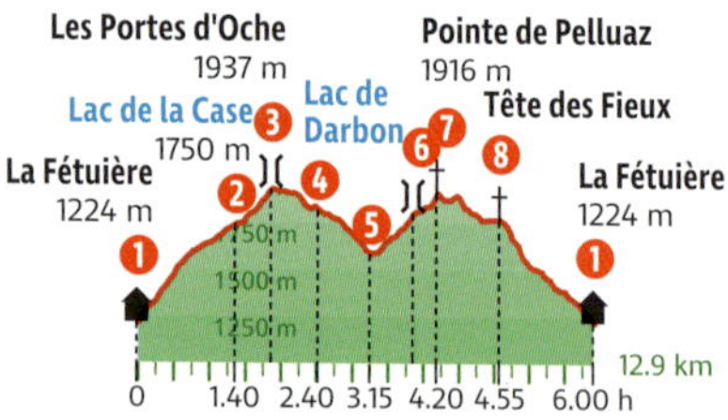

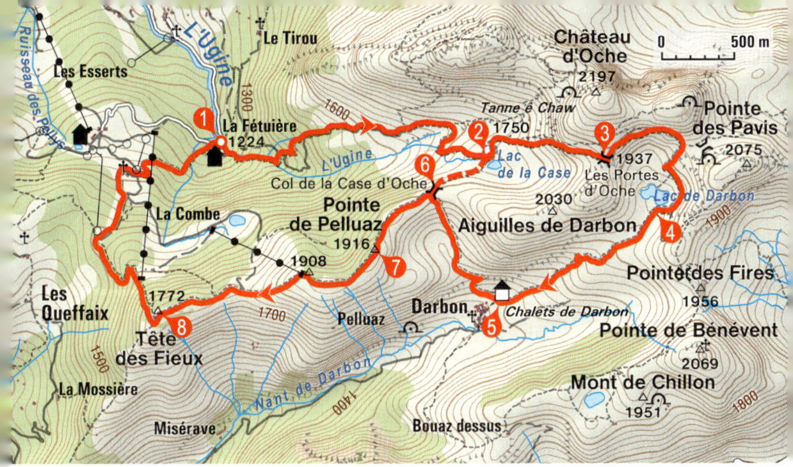

folgt man der leicht abfallenden Skipiste am breiten Grat, verlässt diese aber bald, um am Grat bleibend zu einer Kuppe mit Panoramatafel aufzusteigen. Weiter entlang des Grates geht es zum unscheinbaren Gipfel der **Tête des Fieux** 8. Entlang des steilen Nordgrates hinab bis zur Wegkreuzung La Crouaz (1500 m). Nach rechts und neben der Skipiste absteigen bis zu einem Häuschen. Nach einer scharfen Linkskurve zweigt ein Pfad nach rechts ab, welcher einen Lift querend nach **La Fétuière** 1 hinabführt.

Col de la Case d'Oche.

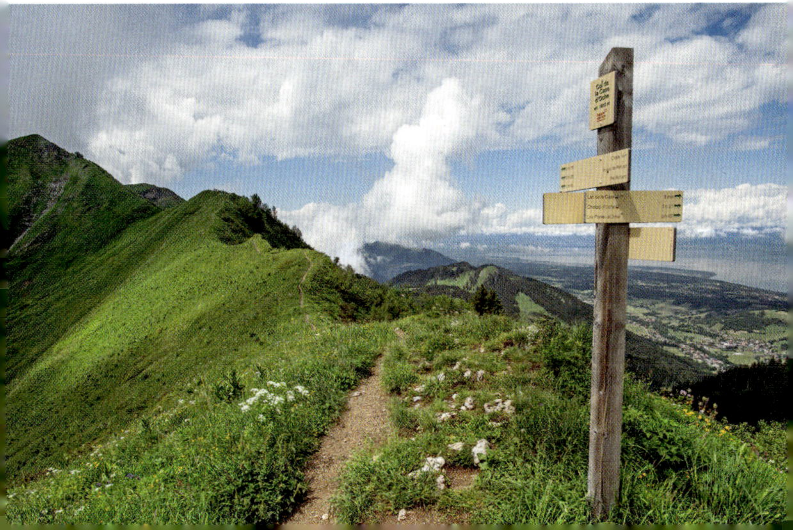

TOP

21 Dent d'Oche, 2222 m

↗ 1000 m | ↘ 1000 m | 7.7 km

5.00 h

Schwindelerregende Überschreitung des wuchtigsten See-Berges

»Dent d'Oche, 2222 m. Unschwierig. 6–7 Std. Sehr lohnend. Führer rathsam. (...) Zu den Chalets d'Oche u. durch e. enge, steil ansteigende Kehle, dann wieder ü. Rasen u. e. großstufige Naturtreppe ansteigend zu e. kl. Rasenplateau u. endlich ü. Felshänge z. Gipfel. Holzkreuz. Großes, schönes Panorama von Genf bis zum Mont Rosa u. vom Mont Blanc bis zum Bielersee.« Iwan Tschudi: Reisetaschenbuch für Genfersee und Hoch-Savoyen, 1870. Unschwierig ist natürlich immer relativ – die Überschreitung des gewaltigen Zahns erfordert solide Wandererfahrung, aber sehr lohnend heute sicher so wie damals!

Ausgangs- und Endpunkt: La Fétuière (1224 m); vgl. Tour 20.
Anforderungen: Für sehr trittsichere und schwindelfreie Wanderer, die zur Fortbewegung im abschüssigen Gelände die Hände griffsicher einsetzen. Stellenweise sind die teils markierten und versicherten Pfade ziemlich ausgesetzt. T4.
Beste Jahreszeit: Juni bis Oktober; Überschreitung der Dent d'Oche nur bei trockenen Verhältnissen ratsam.
Unterkunft: Refuge de la Dent d'Oche, CAF (Club Alpin Français), 76 Plätze, bewartet Juni bis Sept. (+33 4 5073 6245). In Bernex: vgl. Tour 18.
Varianten: 1) Bei Anreise mit ÖPNV bis Bernex-Trossy nochmal 1.30 Std. zusätzlich; vgl. Tour 18. 2) Den Château d'Oche anhängen: entsprechend Tour 22 über Château d'Oche bis kurz vor den Col de Pavis und über Portes d'Oche zurück nach Fétuière; 1540 Hm; 7 Std.
Karten: 261 Lausanne, 271 Chablais; IGN TOP 25 Morzine (3528 ET).
Tipp: Fondue savoyarde in der schönstgelegenen Hütte über dem Genfersee; der Sonnenuntergang dazu ist gratis.
Anschlusstouren: 18, 20, 22.

Vom **Restaurantparkplatz La Fétuière** ❶ auf dem beschilderten Bergweg zu den **Chalets d'Oche** ❷ und weiter in Richtung Col de Rebollion. Kurz vor dem Pass zweigt links die Route zur Dent d'Oche ab: ein steiler, teils gerölliger, drahtseilgesicherter Pfad zieht sich durch Rinnen zum **Refuge de la Dent d'Oche** ❸ hoch, von wo der ausgesetzte, teils gesicherte Pfad über Gras und Felsen auf den Gipfel der **Dent d'Oche** ❹ führt. Schwieriger Abstieg auf einem Pfad über und entlang des Ostgrats mit exponiertem Quergang auf der Nordseite. Steilabstieg durch die grasige Südflanke, im unteren Teil steigen wir, uns weiter schräg links haltend, hinab über grasdurchsetzte, brüchige Platten (z. T. Drahtseile; heikel), dann hinüber in eine Scharte hinter

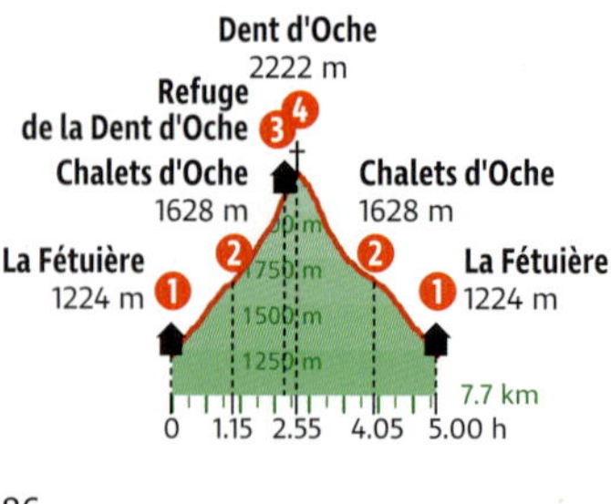

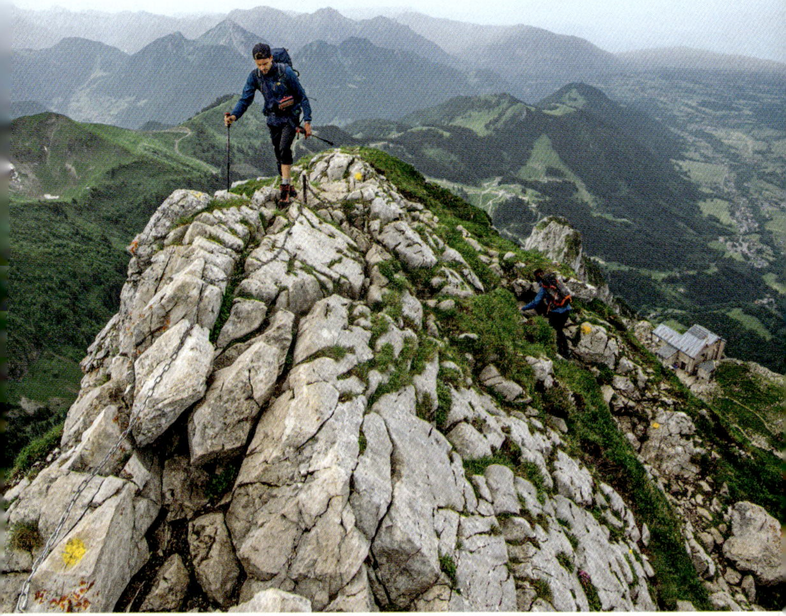

Gut markiert, aber luftig: die letzten Meter zur Dent d'Oche, unten das gleichnamige Refuge.

einem Felsturm (Kabel; heikel). Querung gegen den Col de Planchamp, aber noch vor dem Pass steil durch Schrofenrinne hinunter auf einen guten Weg. Hinab durchs Tal zwischen Dent und Château d'Oche bis auf eine Höhe von etwa 1770 m, wo nach rechts ein unbeschilderter Weg abzweigt. Dieser führt durch den leicht absteigenden Talboden zurück zu den **Chalets d'Oche** ❷. Auf gleichem Weg nach **La Fétuière** ❶.

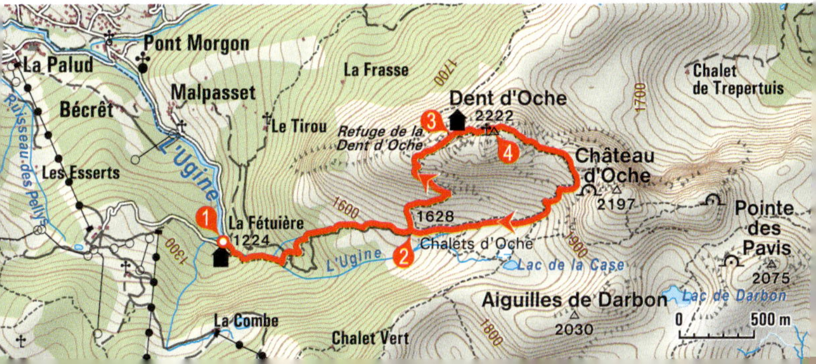

↗ 1340 m | ↘ 1340 m | 14.9 km

22 Château d'Oche, 2199 m

7.00 h

Auf den »kleinen« Nachbarn der Dent d'Oche

Man muss nicht immer auf dem höchsten Punkt oder prächtigsten Berg stehen, denn oft sind solche Berge aus nächster Distanz fast eindrücklicher als direkt auf ihrem Gipfel. So gesehen ein gewichtiges Argument, den Château d'Oche zu besteigen und auf dessen flachem Grasgipfel sein Picknick auszupacken und den Blick auf die Dent d'Oche nebenan zu genießen. Zudem ist die Besteigung des Schlosses deutlich einfacher als die des Zahnes. Mit Start und Ende im Vallon de Novel eine abwechslungsreiche und sehr empfehlenswerte Rundtour.

Ausgangs- und Endpunkt: Parkplatz La Planche (1210 m) am Ende der Fahrstraße von St-Gingolph in das Tal der Morge bzw. Vallon de Novel.
Anforderungen: Auch wenn eine deutliche Nummer leichter als die Dent d'Oche, ist auch hier Trittsicherheit erforderlich – insbesondere im Bereich des Col de Rebollion und im Abstieg zum Col de Pavis. T3.
Beste Jahreszeit: Juni bis Oktober.
Einkehr: Alpage Neuvaz Dessous (+33 4 50 76 1435).
Unterkunft: Hotels in St-Gingolph: Hotel National (+33 4 50 76 7297), Hôtel restaurant le Rivage chez Monmon (+41 24 482 7030). In Bret 3 km westlich: Hotel Le Léman (+33 4 50 76 7367). In Novel: Les Chemins du Léman (+33 4 50 72 1077). Für die Variante das Refuge de la Dent d'Oche; vgl. Tour 21.
Varianten: 1) Mit der Dent d'Oche inklusive: statt Abstieg vom Col de Rebollion zu den Chalets d'Oche die Überschreitung von Tour 21 angehen; 1450 Hm; 7 Std., T4. 2) Die Runde in umgekehrter Richtung begehen; dann wartet kurz vor Ende die Alpage de Neuvaz Dessous zur Einkehr.
Karten: 261 Lausanne, 271 Chablais; IGN TOP 25 Morzine (3528 ET).
Anschlusstouren: 20, 21, 23.

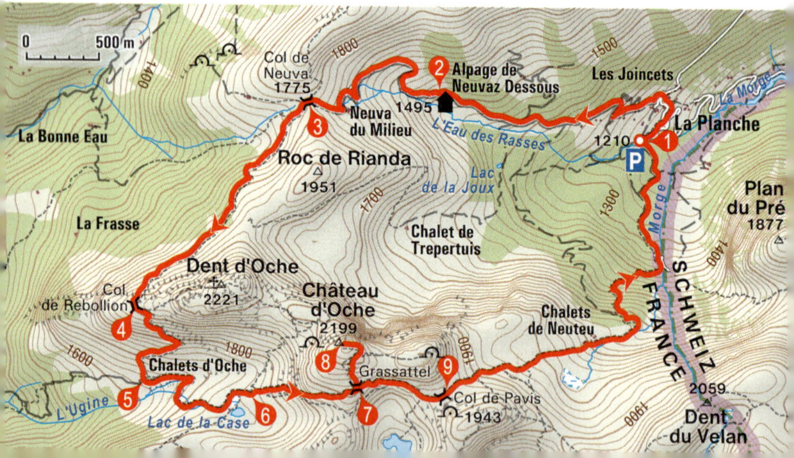

Vom Parkplatz **La Planche** ❶ der Beschilderung in Richtung Col de Neuva folgen, welche über eine Alpstraße zur **Alpage de Neuvaz Dessous** ❷ führt, hübsch für eine Einkehr. Weiter auf der Wanderroute hoch bis in den Passhöhe **Col de Neuva** ❸. Rechts abzweigen, kurz leicht bergab weiter und auf einem Höhenweg sanft ansteigend bis in **Col de Rebollion** ❹; kurz davor mit Drahtseilen gesichert. Nach dem Wechsel in die Südseite der Dent d'Oche zweigt links die Route zur Dent d'Oche ab, wir steigen aber weiter ab zu den **Chalets d'Oche** ❺. Links und an der nächsten Gabelung dann rechts hinauf zu den **Lac de la Case** ❻. Nur wenige Meter vom nördlichen See befindet sich beschilderte Abzweigung zur blau markierten Route Richtung Château d'Oche. Diese führt entlang eines Grasrückens aufwärts und quert dann oberhalb eines Felsbandes nach Osten. In einem flachen **Grassattel** ❼ ziemlich genau oberhalb der Portes d'Oche befindet sich ein großer Stein mit blauen Zeichen, der die Abzweigung zum Gipfel markiert. Über die Südflanke im Zickzack hoch auf den Ostgrat und zum Gipfel des **Château d'Oche** ❽. Abstieg zurück in den **Grassattel** ❼ und nordostwärts dem Pfad folgen – nach gut 100 m zieht der Weg (unmarkiert) über Gras nach rechts unten zum Beginn einer auffälligen Felsspalte. Durch diese absteigen und auf einer Rampe steil hinab auf den Wanderweg, welcher von den Portes d'Oche kommt. Zuletzt auf gutem Weg hinüber zum **Col de Pavis** ❾. Durch eine Talmulde hinab zu einer Wegverzweigung (1834 m). Hier vereinigen sich die GR 5 von Thonon-les-Bains und von St-Gingolph und gehen gemeinsam nach Nizza. So weit haben wir es heute nicht mehr: Leicht hinab zu den Chalets de Neuteu, kurz danach nordwärts über eine felsige Steilstufe und uns rechts haltend zur Grenze Frankreich – Schweiz. Diese nicht überqueren, sondern in nördlicher Richtung in Kürze hinab zum Parkplatz **La Planche** ❶.

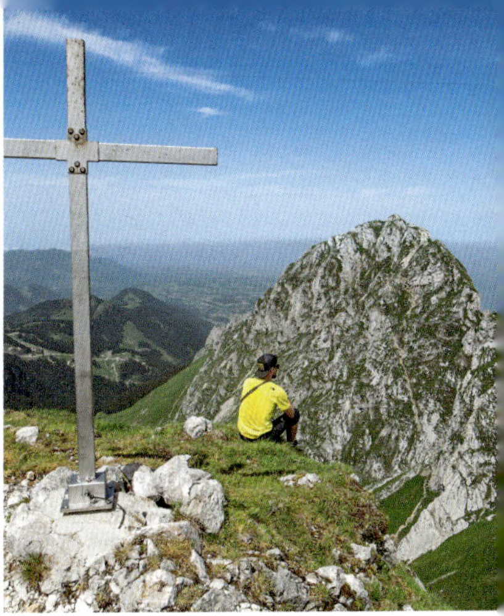

Aussicht vom Château d'Oche auf die Dent d'Oche.

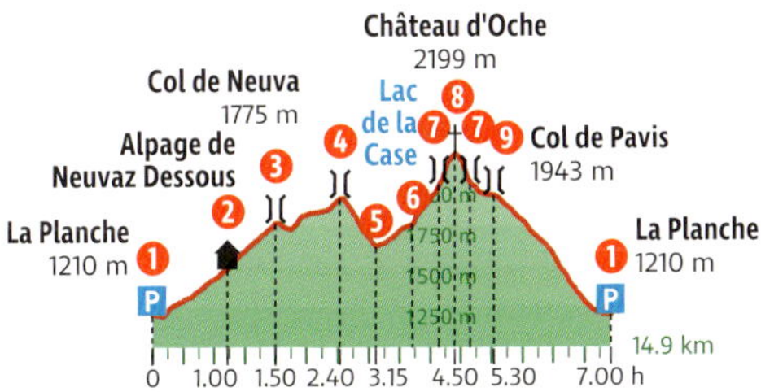

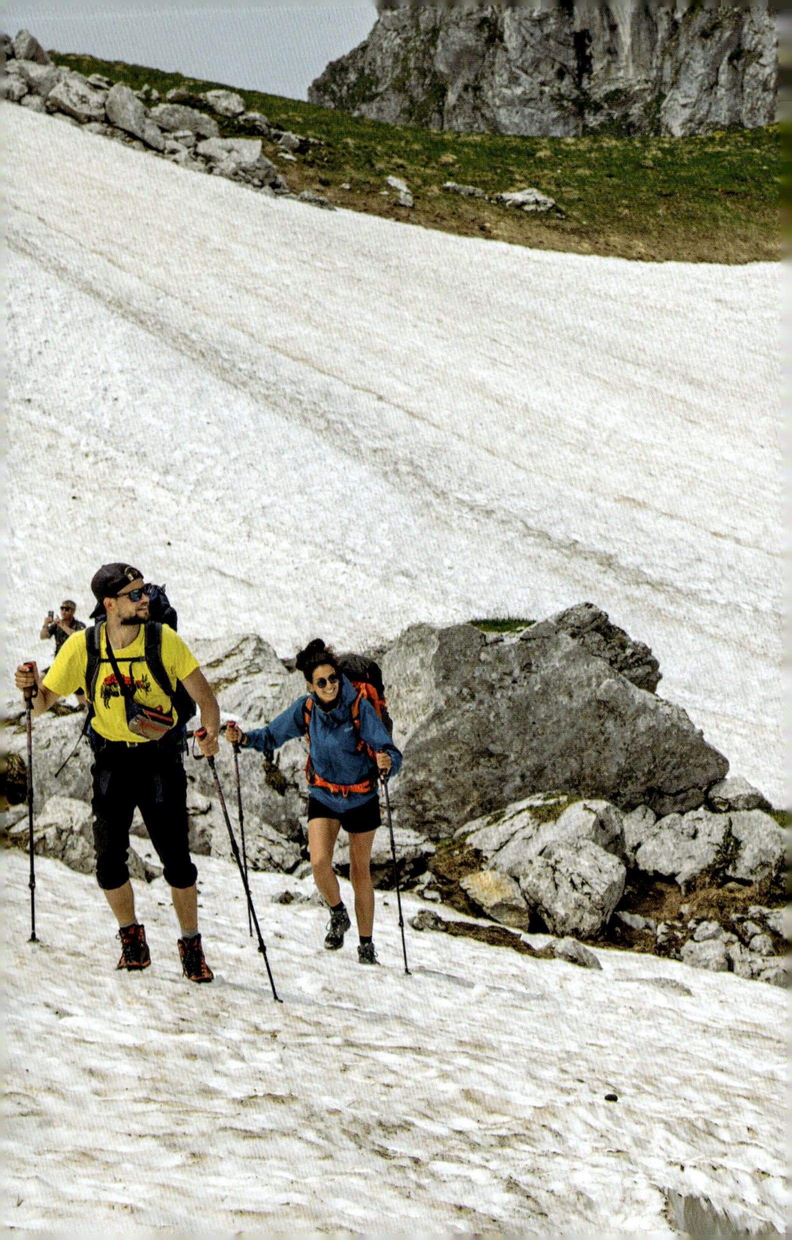

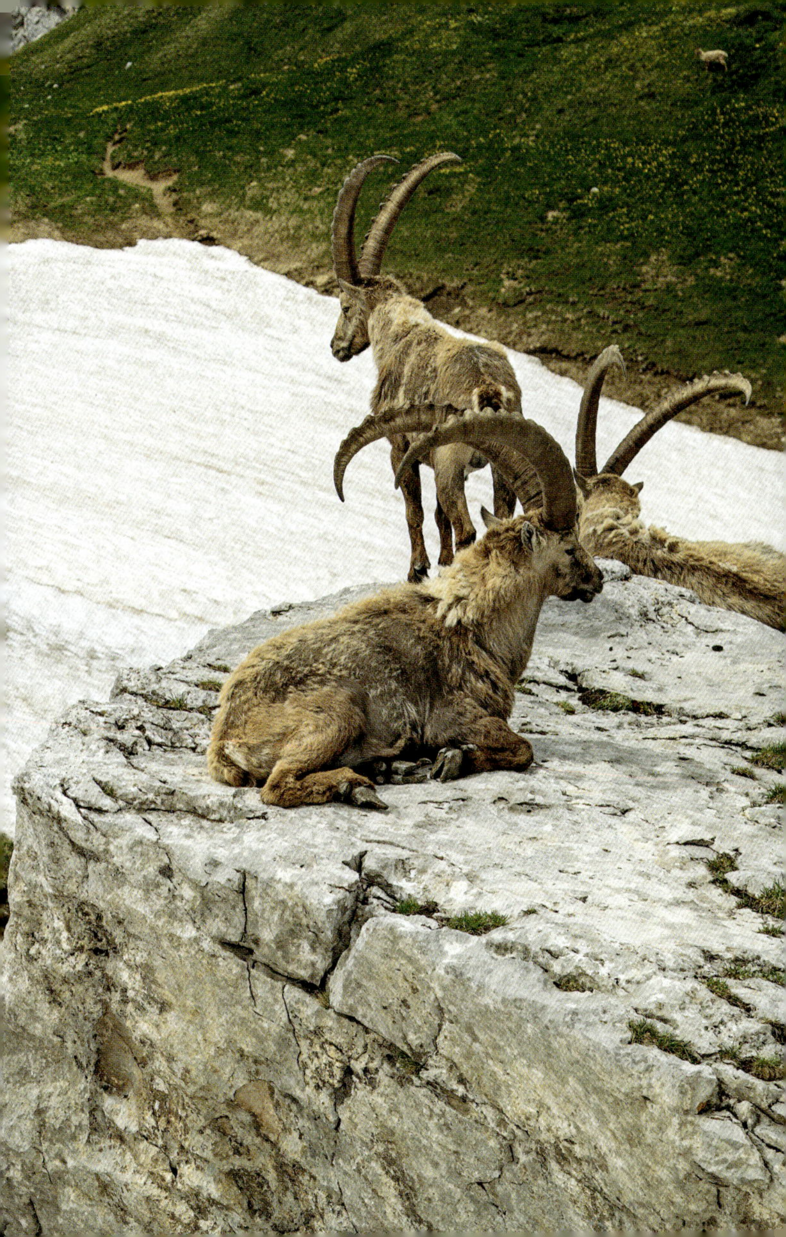

↗ 880 m | ↘ 880 m | 9.9 km

23 Tête de Charousse, 2061 m

5.00 h

Sonnige Gratwanderung über dem schattigen Vallon de Nove

»Eine der schönsten Gratüberschreitungen der Préalpes chablaisiennes – im Norden das Tal von Novel hoch über dem Lac Léman, im Süden der große Talkessel von Bise. Auf dem grasigen Grat erhebt sich wuchtig der Kalkturm der Dent du Vélan (...). In der Nordwand haben wir mehrere Male die Virtuosität des wunderschönen Mauerläufers mit seinen Flügeln in den drei Farben schwarz, rot und weiß bewundert. ... Auf beiden Seiten des Grates sprießt eine vielfältige Flora. ›Vélan‹ leitet sich ab vom lateinischen ›vilanus‹ = ›hässlich‹ oder vom keltischen ›val‹, hervorgegangen von ›fal‹ = ›Fels‹. ›Ugeon‹ bedeutet auf französisch ›auge‹ = ›Mulde, Trog‹. Der Charousse-Grat wird vor Ort auch ›Grat der Kaminfeger‹ genannt. Warum wissen wir noch nicht ...« Georges Hyvernat: Chablais franco-suisse, Faucigny – Genevois, 1996.

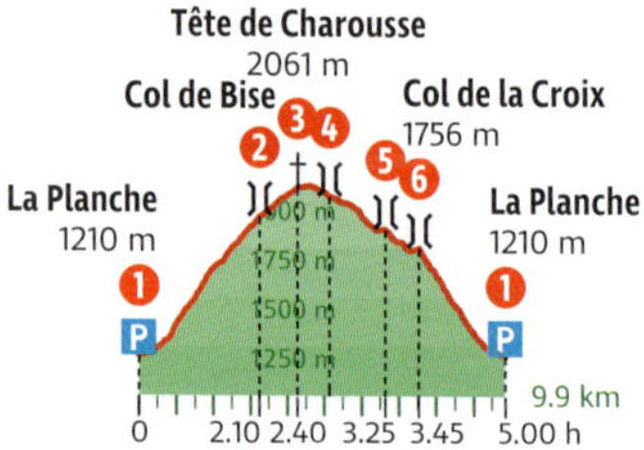

Ausgangs- und Endpunkt: Parkplatz La Planche (1210 m); vgl. Tour 20.
Höhenunterschied: 940 m.
Anforderungen: Für Trittsichere und einigermaßen Schwindelfreie. Markierte Wege, außer Gratweg (dort ist die Orientierung ja nicht besonders schwierig). T3+.
Beste Jahreszeit: Juni bis Oktober.
Einkehr und Unterkunft: Auf der Tour direkt keine. In Novel und St-Gingolph; vgl. Tour 25.
Variante: Plan du Pré (1878 m): lohnenswerter Aussichtsgipfel nördlich des Col de la Croix; Abstecher 30 min.
Karten: 271 Chablais. IGN TOP 25 Morzine (3528 ET).
Tipp: Personalausweis.
Anschlusstouren: 22, 25.

Auf dem grasigen Grat der Tête de Charousse, rechts der Château d'Oche.

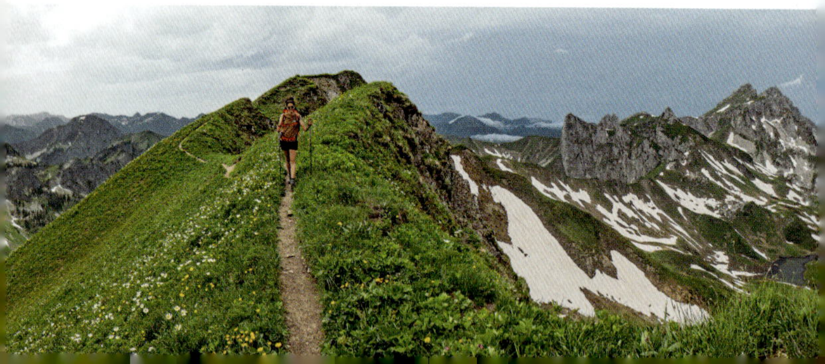

Bei der Dent du Lan wird der Grat verlassen, rechts der Col d'Ugeon.

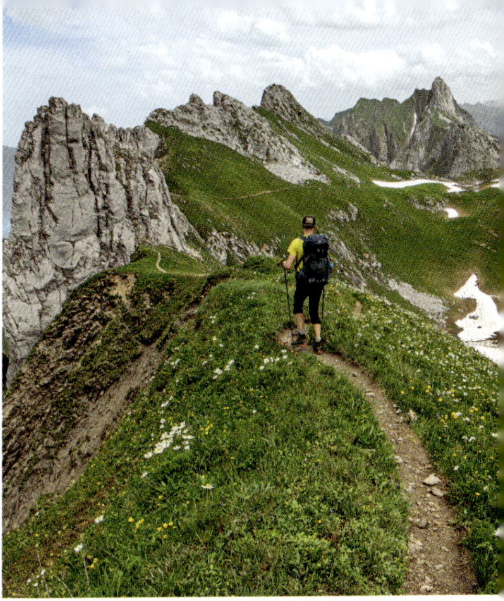

Vom Parkplatz **La Planche** ❶ direkt südwärts aufsteigen bis zur Grenze Frankreich – Schweiz. Diese noch nicht überqueren und auf dem Wanderweg in Richtung Portes d'Oche aufsteigen. An den Chalets de Neuteu vorbei bis zur nächsten Wegverzweigung (1834 m). Links hinauf in den **Col de Bise** ❷.

Nun beginnt der wunderbare, grasige Charousse-Grat, welcher zumeist direkt auf der Schneide verläuft und den höchsten Punkt der **Tête de Charousse** ❸ überschreitet; auf den Karten wird dieser Name fälschlicherweise dem P.2003 m weiter westlich gegeben. Vor dem imposanten Felsturm der Dent du Lan wird der Grat verlassen, um durch schrofiges Gelände den Turm südseitig zu umgehen. Hier ist auch die Schlüsselstelle der Tour in Form einer Kraxelstelle am tiefsten Punkt, einer felsigen Rinne. Nach einem kurzen Wiederaufstieg zum Grat ist der **Col d'Ugeon** ❹ und damit auch die Schweiz bald erreicht. Ostwärts leicht absteigend bis kurz vor die Alphütten bei Loz und weglos nach Nordosten den Wanderweg über Loz leicht abkürzend. Schnell trifft man wieder auf den Weg, welcher in den **Pas de Lovenex** ❺ führt. Ca. 40 Hm unterhalb des Passes quert links ein unmarkierter Weg direkt hinüber in den **Col de la Croix** ❻.

Wir steigen nach Westen ab bis zur Landesgrenze, hinüber nach Frankreich und gehen auf bekanntem Weg hinab und zurück nach **La Planche** ❶.

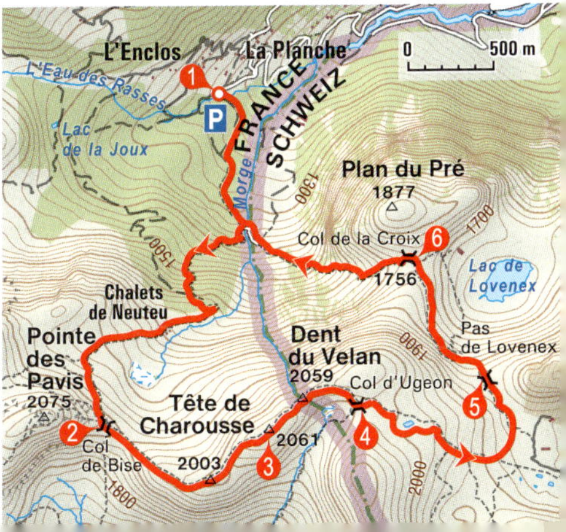

↗ 760 m | ↘ 760 m | 9.4 km

24 Pointe de Bénévent, 2069 m

4.30 h

Einsame und herausfordernde Runde mit Aussicht und Steinböcken

Wenig bekannt ist die Pointe de Bénévent oberhalb des Refuge de Bise, da der Berg von namhaften Chablais-Gipfeln wie Cornettes de Bise, Dent d'Oche und Château d'Oche überragt wird. Genau das macht aber den Reiz: Wenige Wanderer sind hier unterwegs, da die Überschreitung eine recht anspruchsvolle Angelegenheit darstellt, und die Sicht auf die zuvor erwähnten Nachbargipfel prächtig ist. Zudem stehen die Chancen gut, Steinböcken zu begegnen. Ansonsten erfreuen auch die herzigen Ziegen bei den Chalets de Bise, wo man gerne zum Abschluss noch einkehrt.

Ausgangs- und Endpunkt: Chalets de Bise (1506 m); keine Busverbindung; Parkplatz kurz vor den Häusern, mit dem Auto 30 km von Thonon-les-Bains über Vacheresse.
Anforderungen: Der Übergang vom Gipfel zum Col de Floray ist nur etwas für erfahrene Wanderer mit exzellenter Trittsicherheit in steilem Gelände. T5.
Beste Jahreszeit: Juni bis Oktober.
Einkehr und Unterkunft: Refuge de Bise am Ausgangspunkt (+33 9 8828 7873), Buvette Petite Restauration.
Variante: 1) Alternativ zum Abstieg vom Gipfel durch das Couloir kann man auch auf dem Westgrat wieder bis zu einer Höhe von 1920 m absteigen und auf einem Pfad die Nordwestflanke queren; ein Warnschild bei Bouaz Dessous (3) weist zurecht darauf hin, dass der ausgesetzte Wanderweg in einem schlechten Zustand und daher gefährlich ist – diese Variante ist nur wenig leichter als der direktere Abstieg zum Col de Floray (T5-). 2) Vom Col de Floray kann man dem Grat weiter folgen bis zum Lac de Darbon – von hier bieten sich weitere Möglichkeiten wie z.B. in Richtung Tête de Charousse, Les Portes d'Oche oder Pointes de Pelluaz.
Karten: 271 Chablais. IGN TOP 25 Morzine (3528 ET).
Anschlusstour: 25.

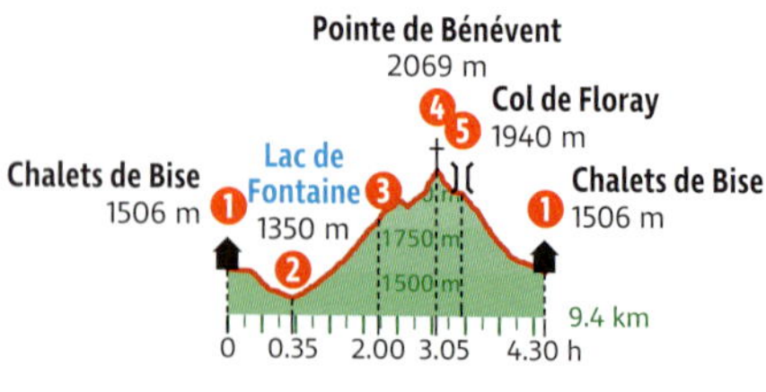

Von den **Chalets de Bise** ❶ auf der Straße das Tal wieder abwärts – bei der ersten leichten Rechtskurve geht ein Wanderweg in gerader Richtung ab. Diesen, die Fahrstraße dreimal querend, bis zur Wegkreuzung unmittelbar vor dem **Lac de Fontaine** ❷. Hier rechts und auf dem Alpsträßchen aufwärts bis zur Alp Bouaz Dessous (1590 m) und weiter bis **Bouaz Dessous** ❸. Dem ausgeschilderten Wanderweg Richtung Bénévent folgen – schnell zieht der teils unscheinbare Pfad auf den Westgrat des Bénévent (nicht den unteren Pfadspuren in der Flanke folgen). Auf dem herrlichen Gratweg bis zu einer Gabelung mit Wegmarkierung. Wir halten uns rechts, am Grat erneut rechts – ein kleines Felsband wird mithilfe eines Drahtseils überwun-

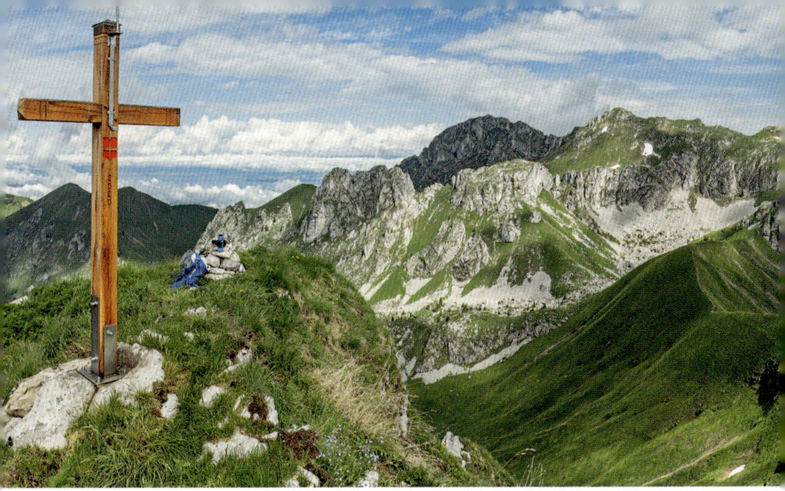

Auf der Pointe de Bénévent mit neuem Gipfelkreuz.

den. Weiter auf einem Pfad über Grasgelände bis zu einem kleinen Felsturm, welcher links umgangen wird. Der Pfad führt rechts der letzten Felsen bis auf die **Pointe de Bénévent** ④ mit Gipfelkreuz. Ein kurzes Stück folgen wir dem Westgrat abwärts, bis rechts ein grasiges Couloir ansetzt (hier muss man etwas Ausschau halten). Dieses vorsichtig absteigen – Schlüsselstelle ist dabei ein 2 m hohes Felsband im Couloir (II). Unten am Couloir angekommen halten wir uns rechts und queren leicht absteigend zum Nordgrat. Über diesen absteigen bis in den **Col de Floray** ⑤. Nun über einen guten Wanderweg nach rechts (Osten) absteigen bis zu den **Chalets de Bise** ①.

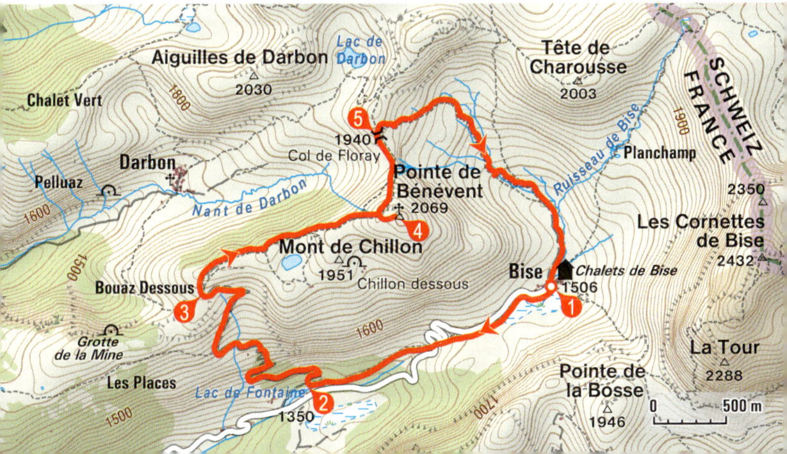

↗ 1400 m | ↘ 1400 m | 15.7 km

25 Cornettes de Bise, 2431 m

7.45 h

Höchster Léman-Gipfel zwischen dem Kanton Wallis und dem Departement Haute Savoie

»Der Wildschweinschinken und die Zicklein-Salametti aus Châtel kommen würdig zu Ehren; frisch gestärkt betrachten wir, was da auf uns zukommt. (...) Das gleißende Weiß des Montblanc und des Grand Combin und weit, weit hinten das Matterhorn. Und im Norden zu unseren Füßen der Genfersee. Jetzt hält uns nichts mehr.« Ursula Bauer/Jürg Frischknecht: Grenzschlängeln. Zu Fuß vom Inn an den Genfersee, 1995.

Eine Rundtour mit faszinierenden Tiefblicken, welche sich abwechseln mit Schwindel erregendem 360°-Panorama: Titlis, Eiger, Écrins, Meije sind mit bloßem Auge erkennbar.

Unmittelbar vor dem Col Chaudin, im Kessel des Chaux du Milieu liegt noch gut Schnee.

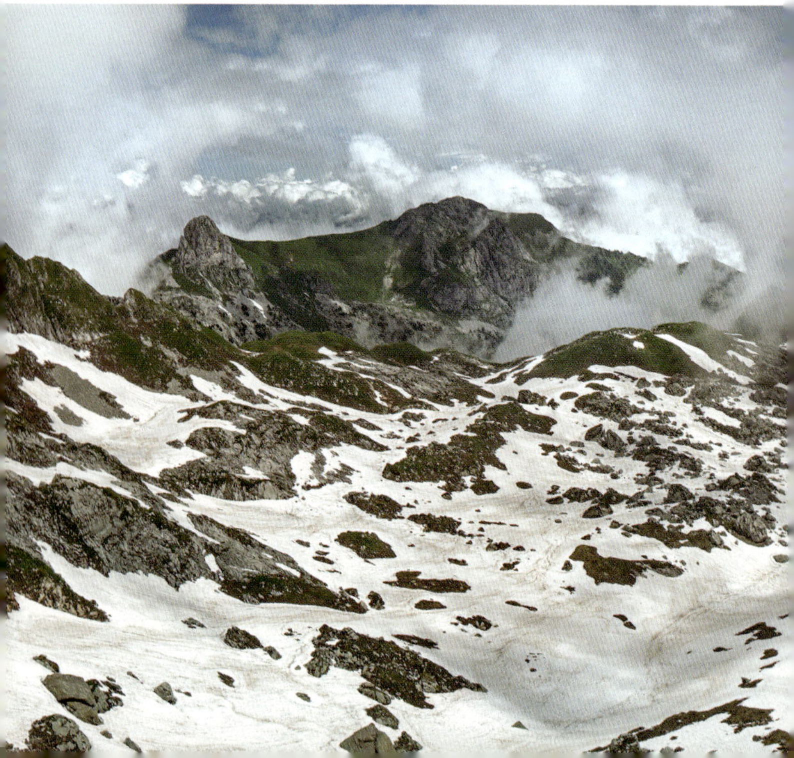

Ausgangs- und Endpunkt: Le Flon (1070 m), westlichster Ortsteil von Miex; Bus vom Bahnhof Vouvry an der Bahnlinie St-Maurice – St-Gingolph. Es fährt auch ein Taxi von Le Fon zum Lac de Taney (Taxi Lac Taney, +41 78 632 1897, www.allotaxivs.ch).
Anforderungen: Gute Trittsicherheit erforderlich; der Weg auf der Nordseite des Col Chaudin hinab in den Kessel Chaux du Milieu kann noch bis in den Sommer hinein mit Schnee bedeckt sein, dann dementsprechend anspruchsvoller. Meist markierte Wege. T3.
Beste Jahreszeit: Juni bis Oktober.
Einkehr und Unterkunft: Am Lac de Taney: Refuge du Grammont (+41 24 481 1183), Auberge – Refuge La Vouivre (+41 24 481 1480), La Petite Auberge Baabuk (+41 79 542 3203). Für die Variante: Refuge de Bise (+33 9 8828 7873). Verschiedene Hotels in La Chapelle d'Abondance.
Varianten: 1) Runde in entgegengesetzter Richtung. 2) Abstieg nach Südwesten über den schwierigen Sentier de Saix Roquin (markiert mit einem roten Gämskopf auf weißem Grund, teilweise sehr ausgesetzt (T4) zum Pas de la Bosse (1816 m): dann entweder hinab nach La Chapelle d'Abondance (Abstieg vom Gipfel 2.30 Std., 1450 Hm) oder zum Refuge de Bise (1506 m), dort übernachten und anderntags entweder über Col de Bise und Tête de Charousse (Tour 23) zurück nach Taney. 3) Rundtour von La Chapelle d'Abondance (SAT-Busse nach

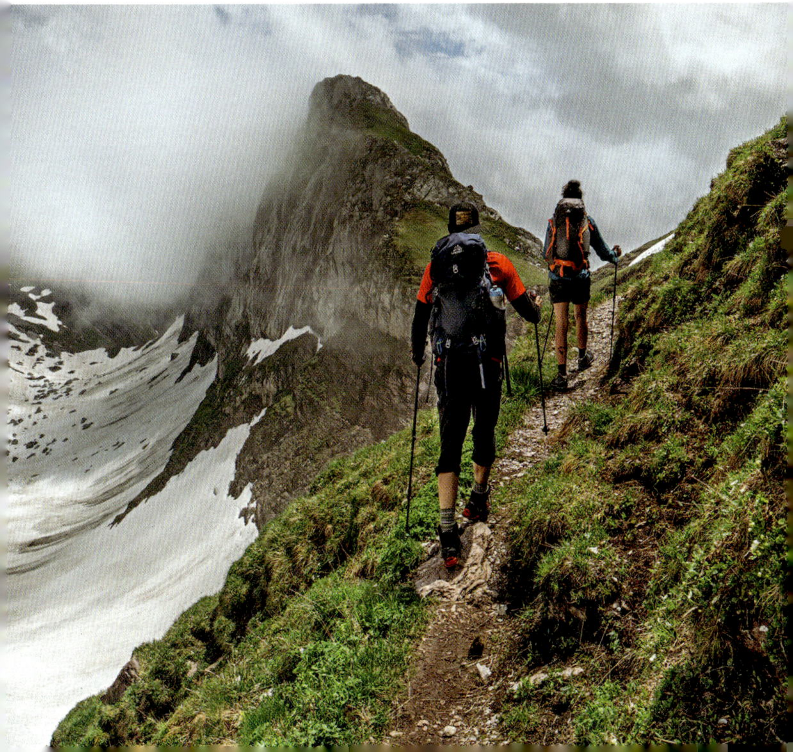

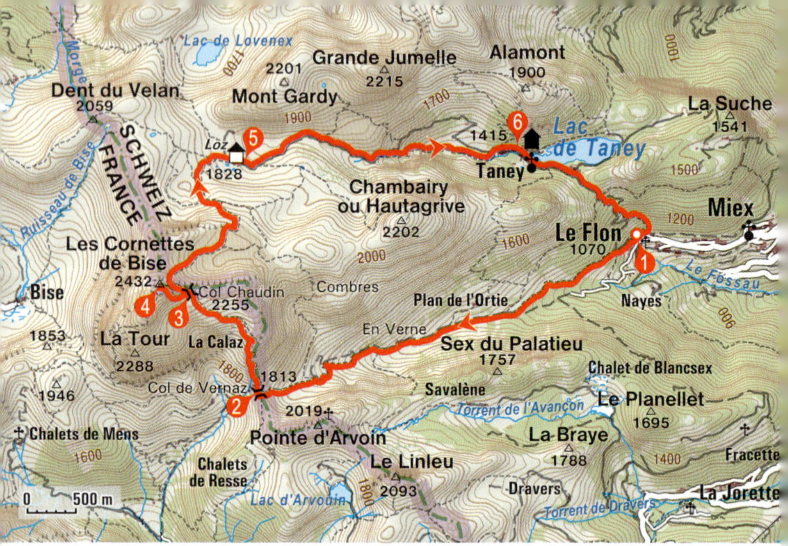

Thonon-les-Bains): Aufstieg über Chalets de Chevenne (Parkplatz unterhalb) – Pas de la Bosse – Sentier de Saix Roquin, Abstieg über Col de Verne – Col du Serpentin Tete de l'Avalanche – Chez Les Toules; 6.30 Std., 1500 Hm.

Karten: 272 T St-Maurice; 1284 Monthey. IGN TOP 25 Morzine (3528 ET).
Tipp: Im Falle eines Ab- oder Aufstieges über das Refuge de Bise: eine Tartiflette (savoyische Kartoffel-Käse-Spezialität).
Anschlusstouren: 23, 24 ,26, 27.

Dem Sträßchen am Ende des Parkplatzes von **Le Flon** ❶ noch 300 m folgen und kurz nach der Kehre links auf einen unmarkierten Pfad. Auf diesem bis nach Plan d'Ortie, wo er auf die Alpstraße (und die markierte Wanderroute) trifft, auf welcher man im Talboden weiter aufsteigt – zuletzt auf einem Wanderweg – bis in den **Col de Verne** ❷. Auf der rot-weiß markierten Wanderroute nordwärts in Serpentinen den Hang hinauf. Die Route quert in die felsige Südflanke und steigt in den **Col Chaudin** ❸ auf dem Ostgrat der Cornettes de Bise. Auf einem guten Pfad meist in der Südostflanke über Schrofen und Grashänge zum Gipfelkreuz der **Cornettes de Bise** ❹. Zurück in den **Col Chaudin** ❸ und nordwärts absteigen in die karstige und geröllige Mulde Chaux du

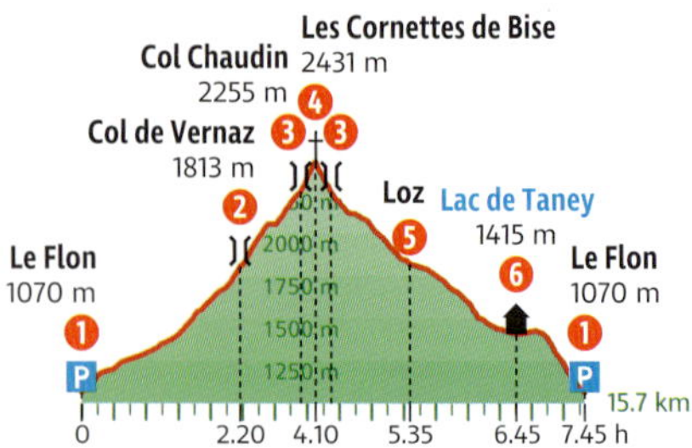

Milieu. Die Route führt zu einer Weggabelung (P.2000) – der linke Weg quert in den Col d'Ugeon, wir nehmen den rechten und treffen so bald auf den Wanderweg, welcher vom Col d'Ugeon herabkommt. Auf diesem rechts und ab der **Alphütte Loz** **5** auf einem Erschließungssträßchen an den Anciens Chalets de Loz vorbei. In der Kehre nach einer Brücke wird die Straße verlassen und man wandert auf dem schönen Saumweg entlang des Baches hinab zur Ferienhaus- und Gasthaussiedlung am **Lac de Taney** **6**. Kurz hinauf in den Col de Taney (1440 m) und auf dem als Wanderweg markierten Sentier de Chevrier, der die Schlaufen der kleinen Erschließungsstraße abkürzt, zurück nach **Le Flon** **1**.

Am Lac de Taney zieht ein Gewitter auf.

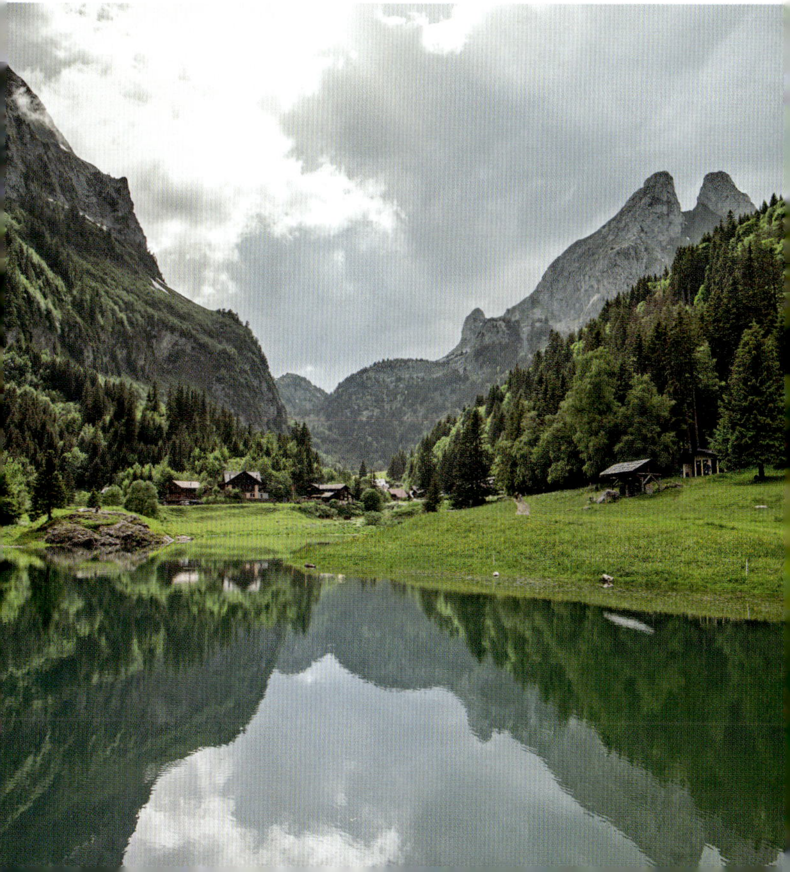

↗ 1300 m | ↘ 1300 m | 14.1 km

26 Grande Jumelle, 2215 m

7.00 h

Anspruchsvolle Runde über einen einsamen und aussichtsreichen Grat

Die meisten Gipfelanwärter am Lac de Taney streben eine Besteigung des Le Grammont an. Wer aber etwas einsamere Touren mag, dem seien die dem Grammont benachbarten Jumelles-Türme empfohlen. Wirklich erwanderbar ist allerdings nur der höhere der beiden, die Grande Jumelle; die Petite Jumelle bleibt den Kletterern vorbehalten. Damit Auf- und Abstiegsweg nicht identisch sind, besteigen wir die Grande Jumelle über einen herrlichen Grat, welcher den Kessel La Combe umrundet und eine grandiose Sicht auf den See hat.

Ausgangs- und Endpunkt: Miex, Le Flon (1070 m); vgl. Tour 25.
Anforderungen: Anspruchsvolle und zum Teil weglose Rundtour, die etwas Orientierungssinn erfordert. T4.
Beste Jahreszeit: Juni bis Oktober.
Einkehr und Unterkunft: Lac de Taney; vgl. Tour 25. Chalet La Combe, offene Selbstversorgerhütte, Schlafsack und Wasser mitnehmen.
Varianten: 1) Im Anstieg kann man noch den Mont Gardy besteigen: das Aufstiegscouloir liegt oberhalb eines kleinen Felsturmes; ein verwittertes Kletterseil markiert den Einstieg (unterhalb von ein paar Fichten) – da man die Qualität der Verankerung im Aufstieg noch nicht kennt, sollte

Auf dem Mont Valeur; links der Grat zur Grande Jumelle, rechts der Felsturm des Mont Gardy.

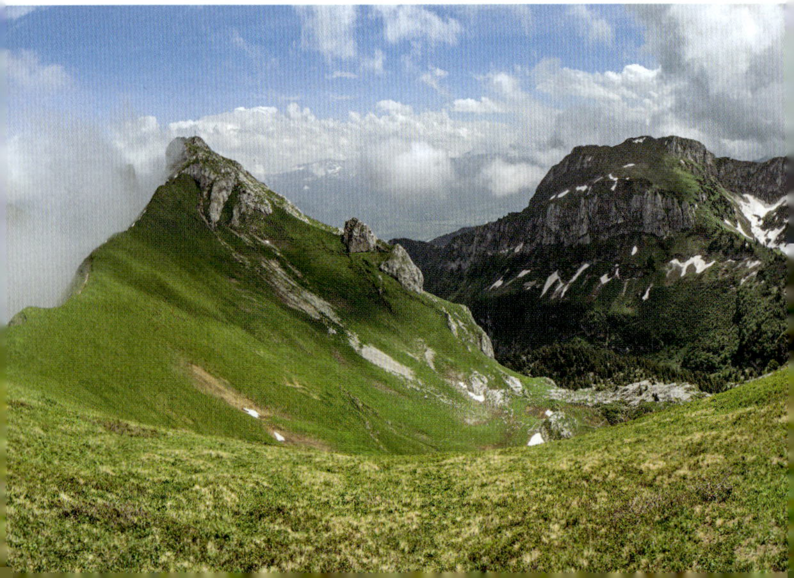

man dieses nur bedingt belasten. Zunächst sehr steil über grasig-felsiges Gelände, weiter oben durch ein krautiges Couloir zum Südostgrat und dann zum Gipfel; 0.45 Std. extra, T5+. 2) Von La Combe aus direkt auf die Grande Jumelle steigen; ½ Std. kürzer, T3+). 3) Eine besonders verwegene Tour für Bergsteiger: Tour 27 bis zur ersten Spitzkehre nach dem Col des Crosses, dann weglos den Hang queren bis zur steilen Grasflanke unterhalb des Südostgrates; durch diese gibt es eine elegante Steilgrasroute (T6! Routengespür erforderlich) hinauf zum Südostgrat auf ca. 1960 m; dann quert man die Südflanke La Loé direkt nach Westen, steigt vor einer Felswand

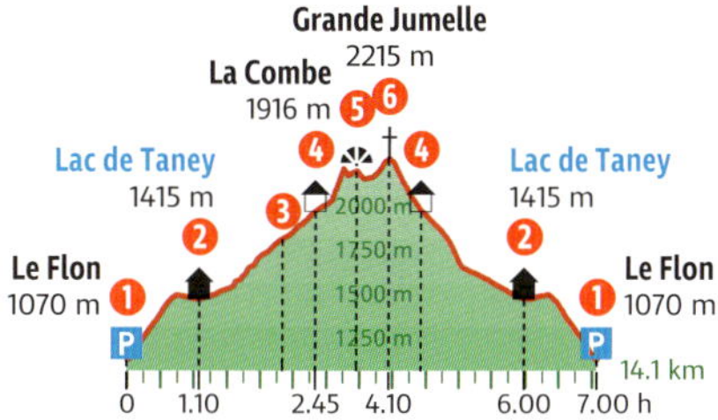

nordwärts und oberhalb dieser wieder westwärts, wo man bald auf den Wanderweg trifft, welcher auf die Grande Jumelle führt (gut 1 Std. vom Col des Crosses auf die Jumelle).
Karten: 272 T St-Maurice; 1284 Monthey; IGN TOP 25 Morzine (3528 ET).
Anschlusstouren: 25, 27.

Entsprechend Tour 25 vom Parkplatz bzw. Bushaltestelle **Le Flon** ❶ hinauf zum **Lac de Taney** ❷ und weiter in Richtung Col d'Ugeon bis zu den **Anciens Chalets de Loz** ❸. Hier zweigt scharf rechts ein rot-weiß markierter Pfad ab, welcher durch den karstigen Südhang Les Creux zum **Chalet La**

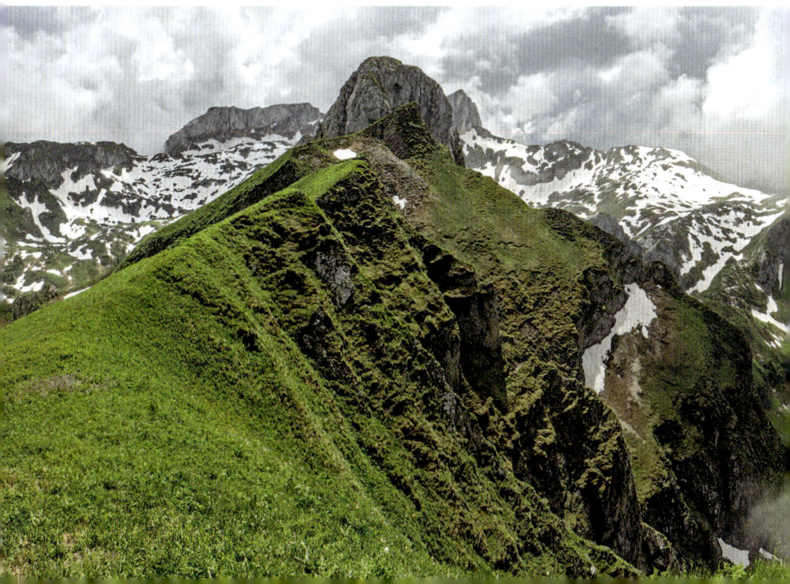

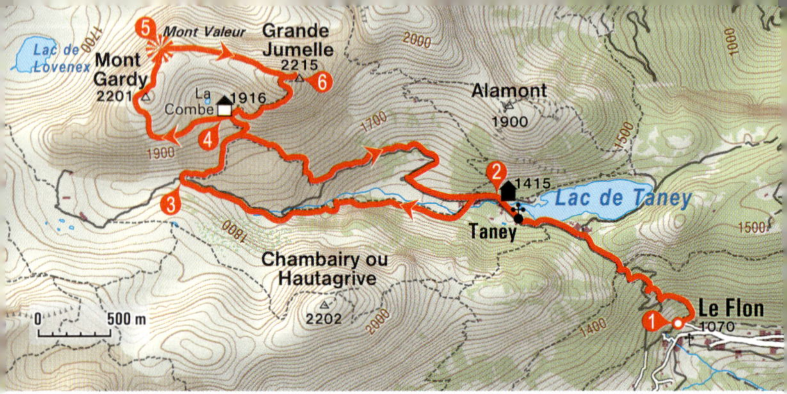

Combe 4 führt. Schwache Pfadspuren (entsprechend dem in der Landeskarte verzeichneten Weg) führen zuerst entlang der Rippe in westlicher, dann in südwestlicher und wieder in westlicher Richtung, bis man um ein paar Felsen herum in nördlicher Richtung direkt weglos den Grashang aufsteigen kann bis auf den Grat nördlich des Mont Gardy. Dem teils ausgesetzten Grat folgen – dabei über eine steile Felsstufe hinab – bis auf die breite und aussichtsreiche Kuppe des **Mont Valeur** 5. Es folgt eine herrliche Gratüberschreitung bis der felsige Westgrat der **Grande Jumelle** 6 ansetzt (hier steht eine Antenne), über welchen es noch kurz ausgesetzt mit etwas Kraxelei hinüber auf den Gipfel des großen Zwillings geht.

Ein kurzes Stück zurück auf dem Westgrat und dann auf Pfadspuren nach links in die Südflanke der Grande Jumelle. Der unmarkierte Pfad wechselt in südöstlicher Richtung und man erreicht so wieder das **Chalet La Combe** 4.

Auf dem markierten Weg ein paar Serpentinen hinab bis auf eine Höhe von 1845 m. Hier zweigt kurz nach einer Rechtskehre ein Pfad ab, welcher teilweise »karstig und krautig« ostwärts durch Les Creux hinabführt zu einer Alpstraße (1600 m). Auf dieser nach Osten bis Le Plan de Taney, auf der Straße runter nach **Taney** 2 und auf bekanntem Weg zurück nach **Le Flon** 1.

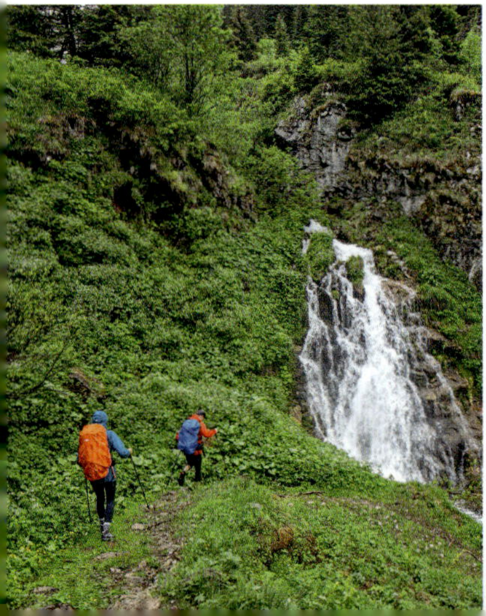

Eine grüne Angelegenheit: entlang des Baches zwischen Loz und Taney.

↗ 1200 m | ↘ 1200 m | 12.4 km

TOP

6.30 h

Alamont, 1900 m, und Le Grammont, 171 m

27

Rundtour auf den Eckpfeiler des Chablais

Einfach großartig ist das Panorama auf dem Gipfel des Le Grammont, wo man fast glaubt, in den großen See springen zu können. Im Osten ragen die Waadtländer Berge über dem Rhonetal auf, und Richtung Süden das Massiv um den König der Alpen mit seinem weißen Haupt. Dementsprechend beliebt ist die relativ leichte Normalroute auf den Gipfel, welche allerdings größtenteils auf einer Alpstraße verläuft. Nimmt man im Aufstieg die zum Teil weglose Route über den Südostgrat und nur im Abstieg den Normalweg, birgt dies klare Pluspunkte: Man ist vergleichsweise einsam unterwegs und die Route bietet schon früh tolle Aussichten auf Berge und Seen – allem voran den Lac Taney, in welchen man bei der Rückkehr gerne hineinspringen kann.

Ausgangs- und Endpunkt: Miex, Le Flon (1070 m); vgl. Tour 25.
Anforderungen: Sehr gute Trittsicherheit im steilen unmarkierten Aufstieg über den Südostgrat des Grammont. Ein wenig Orientierungsinn im Anstieg zum Alamont. T3+.
Beste Jahreszeit: Juni bis Oktober.
Einkehr und Unterkunft: Am Lac de Taney; vgl. Tour 25.
Variante: Auf der Normalroute hinauf und hinunter; 1170 Hm, 5.30 Std., T2.
Karten: 262 T Rochers de Naye, 272 T St-Maurice; 1264 Montreux, 1284 Monthey; IGN TOP 25 Morzine (3528 ET).
Anschlusstouren: 25, 26.

Im Aufstieg zum Alamont, unten der Lac de Taney.

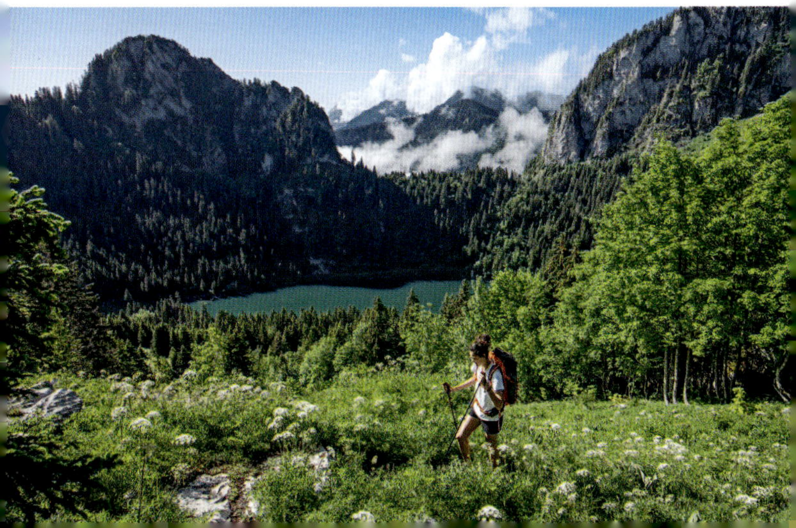

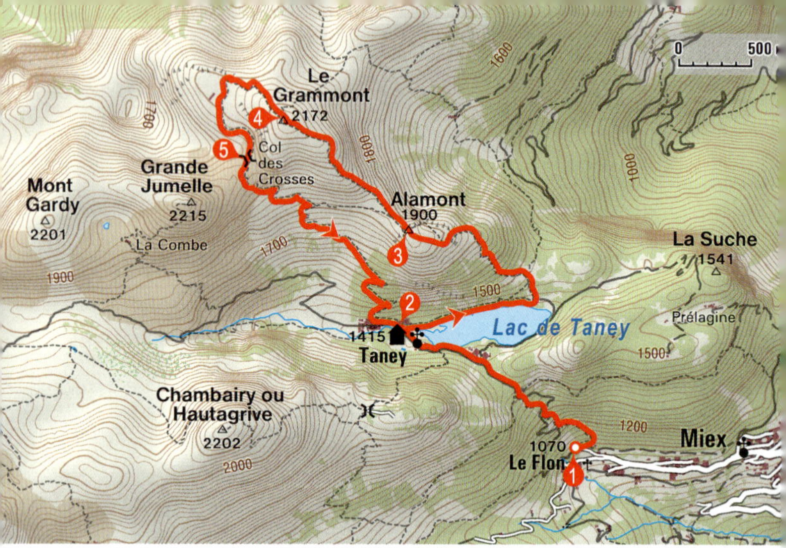

Vom Parkplatz bzw. Bushaltestelle **Le Flon** ❶ durch den Wald auf der gelb markierten Wanderroute über den Col de Flon zum **Lac de Taney** ❷ aufsteigen. Auf der Nordseite des Sees zur Hütte und Wegkreuzung P.1427. Links und dem Wanderweg noch etwa 150 m folgen. Dann geht es in einem lichten Abschnitt links ab über Wiesengelände auf einer anfangs schwachen Pfadspur, welche bald deutlich sichtbarer wird und einen steilen Grashang zwischen zwei Waldstücken hinaufführt. Der Pfad hält sich wei-ter oben nahe dem rechten Waldrand und macht kurz vor Erreichen des Grates eine Linksbiegung und zieht so um einen markanten Felskopf herum. Der Wiesenhang oberhalb des Felskopfes wird in westlicher Richtung aufwärts gequert und führt zuletzt in nördlicher Richtung auf die Kuppe des **Alamont** ❸. Ein paar Meter südwärts hinab, bis wir auf einen rot-weiß markierten Wanderweg treffen, welcher in den Sattel zwischen Alamont und dem Südostgrat des Grammont führt.

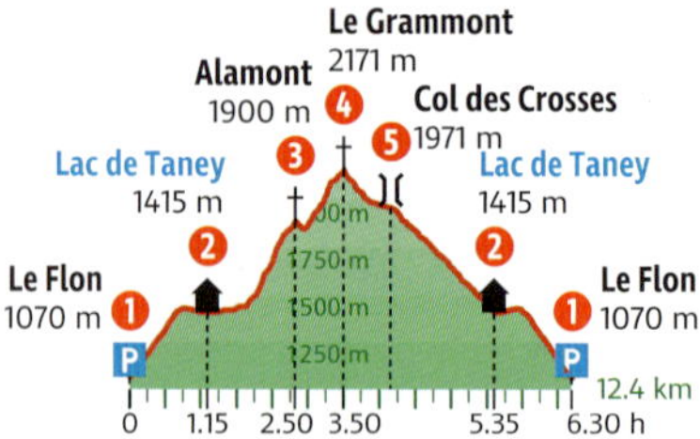

Während der Wanderweg westwärts in den Grashang zieht, bleiben wir im Folgenden auf oder nahe der Gratschneide. Während des weiteren Anstieges auf dem steilen Pfad durch das gut gestufte Gras und über ein paar kleine Felsstufen gefallen immer wieder Blicke in die jäh nordseitig abfallenden Felswände.

Vor der Kuppe P.2113 gilt es noch in deren steiler Südflanke aufzusteigen. Oben angekommen bleibt nur noch der flachere und genussvolle Grat zum Gipfel des **Le Grammont** ❹.

Im Abstieg noch kurz dem Nordwestgrat folgend, verlassen wir mit dem Grat auch das Panorama auf den Genfersee, um auf der rot-weiß markierten Wanderroute in den **Col des Crosses** ❺ zu queren. Weiter auf dem Alpsträßchen in Serpentinen über Les Crosses hinab und zuletzt auf einem Wanderweg durch den Wald zurück nach **Taney** ❷ und auf gleichem Weg zum Ausgangspunkt nach **Le Flon** ❶.

Der Tiefblick vom Grammont zum Léman, die Ortschaft St. Gingolph liegt auf der Grenze zu Frankreich.

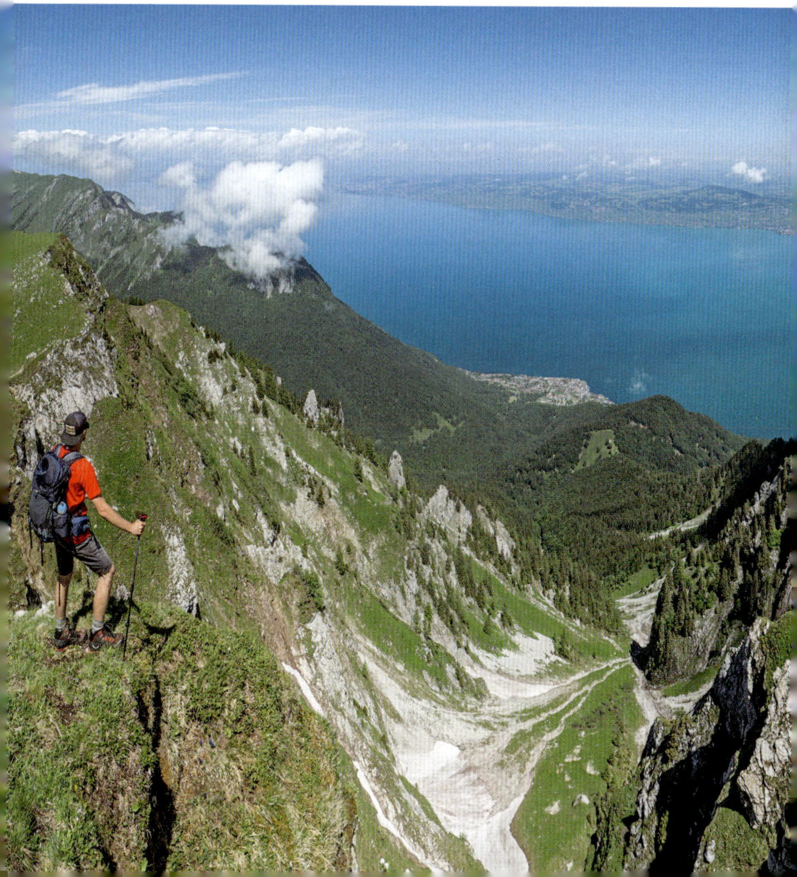

Vallée du Rhône: Zähne und Kanäle

Wir sind ganz im Osten des Chablais angekommen, wo der Grammont steil ins Rhonetal abfällt. Auf der anderen Seite des 1800 Meter tiefer gelegenen Tales fallen zwei Zähne auf. Vielleicht nicht zwei spitze Eckzähne wie Dent d'Oche und Château d'Oche, eher wie zwei freistehende Backenzähne. Zwar stehen wir auf dem Grammont westlich, doch von Norden aus gesehen bilden die zwei eleganten Türme Tour d'Aï und Tour de Mayen Blickfänger, wie auch die zuvor erwähnten Chablais-Zähne. Am Fuße der Felstürme liegt die sonnenverwöhnte nach Süden ausgerichtete Ortschaft Leysin. Bis in die Fünfzigerjahre war Leysin aber als Luftkurort bekannt, und vor allem als einer der wichtigsten Schweizer Kurorte für die Behandlung von Tuberkulose. Heute fallen statt den weißen Häubchen der Krankenschwestern die farbigen Outfits der Climber, Biker, Hiker und Ferratisti auf. Leysin macht sommers wie winters als moderne Tourismusstation von sich reden.

Schauen wir von Leysin in Richtung Süden auf die andere Seite des Rhonetals, dann sehen wir gar sieben Zähne in den Himmel ragen. Lesen wir, was Jakob Christoph Heer in seinen »Blauen Tagen« von 1904 dazu geschrieben hat: »Halb im Licht, halb im Schatten, leis umschleiert stehen die Savoyeralpen und weichen zurück vor der einen, der großen Abendkönigin des Sees, der Dent du Midi. Die sieben Zacken ihrer silbernen Krone glühen, das Tal zu Füßen schwimmt in Schleiern, der See wird ruhig, er liegt, ein müdes Kind, das mit roten Wangen halb noch lächelnd, halb schon schlummernd zwischen Wirklichkeit und Träumen schwebt.« Nicht nur von Leysin dürfen wir die Zacken bestaunen. Nein, gar an der gesamten

Passerelle des Grandes Cascades (Tour 29).

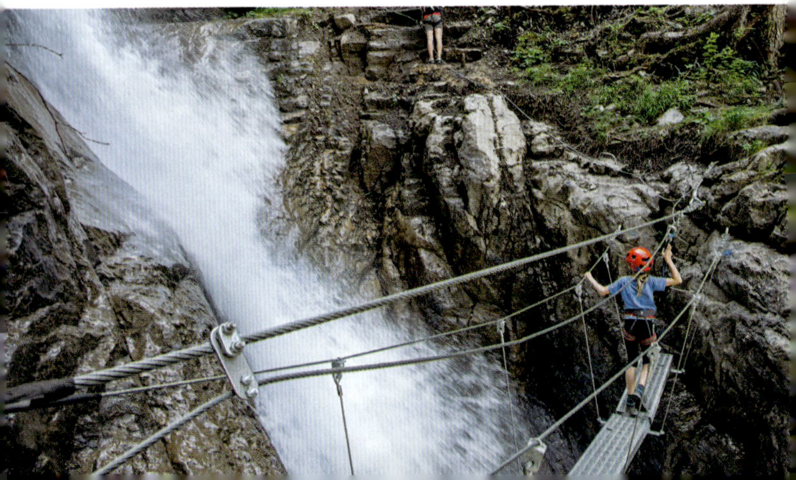

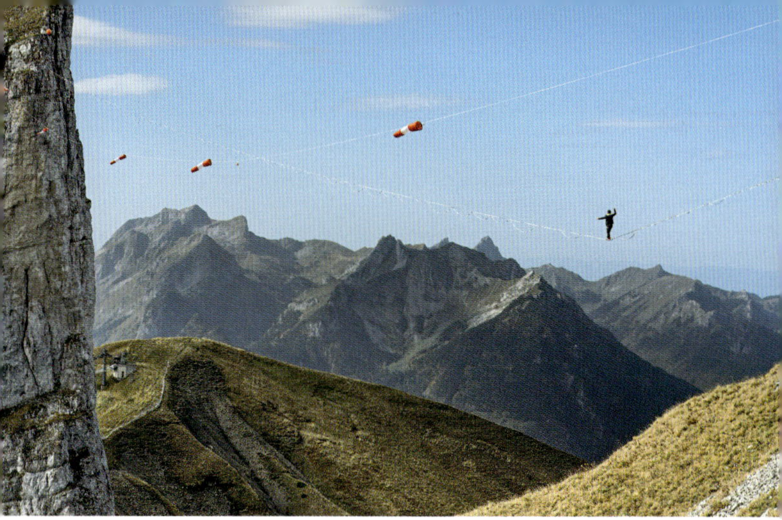

Schwindelfreier Slackliner zwischen Tour d'Aï und Tour de Mayen.

Riviera bis ins Lavaux können wir am Abend auf einer Terrasse der zahlreichen Restaurants sitzen und das Glühen der Dents du Midi genießen. Doch soweit sind wir ja noch nicht. Erst wollen wir uns die Riviera aus der anderen Perspektive anschauen und die vertikale und furchteinflößende Arena der Dents du Midi von allen Seiten aus nächster Nähe kennenlernen. Dafür müssen wir auch einen Abstieg vom Col du Jorat unter die Füße nehmen. Einer der zahlreichen Abstiege auf dem langen Marsch durch die Alpen von Nizza gegen Wien, den der Engländer Sir William Martin Conway im Sommer 1894 unternahm und im Buch »The Alps from End to End« beschrieb: »Unterhalb uns, 1500 Meter weiter unten, breitete sich das flache Rhonetal aus, wohin wir nun hinabsteigen mussten. Es war eine Ansicht von grünen Hügeln und hintereinander gestaffelten Hängen, die von blauer Luft umflossen waren; eine Ecke des Genfersees zeigte sich im Dunst, über uns die senkrechten Felsen der Dents du Midi.«
Die vertikale Arena: Wollen wir uns wirklich dieser Herausforderung stellen? Wäre es nicht erholsamer, nach Lavey-les-Bains oder Champéry am Fuße der Dents du Midi zu gehen, um dort im Thermalwasser zu baden. Oder gar in den Aquaparc von Bouveret zu reisen, in dieses Dorf, wo das Tal der Rhone aufhört und ihr See beginnt? Wandern können wir auch hier, ganz flach. Durch das Rhonedelta, über ihre Kanäle. Hier lauern keine Abgründe, kriegt man keine Furcht. Aber vielleicht doch etwas Benommenheit? Gegen Ende des Buches »Stiller« von Max Frisch ist schließlich zu lesen: »Wir wanderten in das Delta der Rhone, von der mittäglichen Sonne etwas geblendet, vom Wein benommen.«

↗ 5 m | ↘ 5 m | 11.5 km

2.45 h

28 Durchs Rhonedelta nach Villeneuve

Von einem Modellbauschloss im Swiss Vapeur Parc durchs Naturschutzgebiet Les Grangettes

Seit der Kanalisierung der Rhone im 19. Jahrhundert wurde das Rhonedelta deutlich kleiner. Die Überreste der noch unbegradigten Rhone bilden das Naturschutzgebiet Les Grangettes. Die Moor- und Auenlandschaft beherbergt eine große Diversität an Flora und Fauna, wobei etliche Infotafeln am Wegrand Auskunft zu typischen Lebensräumen und Arten geben – Vogelfreunde nehmen ein Fernglas mit, da allein über sechzig Vogelarten in Les Grangettes brüten.

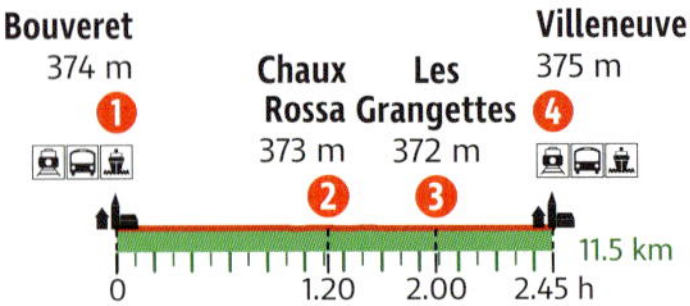

Ausgangspunkt: Bouveret (374 m); Schiff nach Montreux (und evtl. weiter nach Vevey und Lausanne). Bus nach Aigle. Lokalzug/-bus über Monthey nach St-Maurice an der Linie Martigny – Lausanne.
Endpunkt: Bahnhof Villeneuve (375 m).
Anforderungen: Keine. Markierter Wanderweg. T1.
Beste Jahreszeit: Immer; empfehlenswert Herbst bis Frühling wegen der Zugvögel im Rhonedelta.
Einkehr: Chaux Rossa, Les Grangettes und Chillon.
Unterkunft: Bouveret: Hôtel Rive-Bleu (+41 24 482 4282), BnB Valentin (+41 79 218 9069). Große Zeltplätze. In Villeneuve: Hôtel du Port (+41 21 960 4145), Hôtel du Soleil (+41 21 960 4206).
Varianten: 1) Der Abstecher zur Rhonemündung kann auch ausgelassen werden; ca. ½ Std. kürzer. 2) Von Villeneuve noch weiter auf dem asphaltierten Uferweg zu der im Genfersee thronenden mittelalterlichen Befestigungsanlage namens Château de Chillon; ca. 35 Min. länger. 3) Mit dem Fahrrad; kann am Bahnhof von Montreux gemietet und aufs Schiff verladen werden; teilweise anderer Streckenverlauf (nationaler Radweg Nr. 1 »Rhone-Route«).
Karten: 262 T Rochers de Naye; 1264 Montreux.
Tipp: Zwei vor allem bei Kindern beliebte Attraktionen in Bouveret: Swiss Vapeur Parc (Modellbahnen zum Mitfahren), täglich offen von Mitte März bis 1. November (unter der Woche in der Zwischensaison nur nachmittags (+41 24 481 44 10); www.swissvapeur.ch. Aquaparc (Wassererlebnispark), durchgehend geöffnet (+41 24 482 00 00, www.aquaparc.ch). Badesachen für ein kostenloses Bad im See in Villeneuve mitnehmen. Broschüre »Les Grangettes« erhältlich bei: Pro Natura, La Fondation des Grangettes, 16 Grand' Rue, Villeneuve.
Anschlusstouren: 25, 30, 31, 36.

Von der Schiffsanlegestelle oder vom Bahnhof **Bouveret** 1 auf der Uferpromenade zum Swiss Vapeur Parc. Entlang von Zeltplätzen, den Canal Stockalper aus dem 17. Jahrhundert überschreitend, zur Rhone. Entlang der Rhone bis an deren Mündung in den Genfersee. Von da, wo das Sträßchen

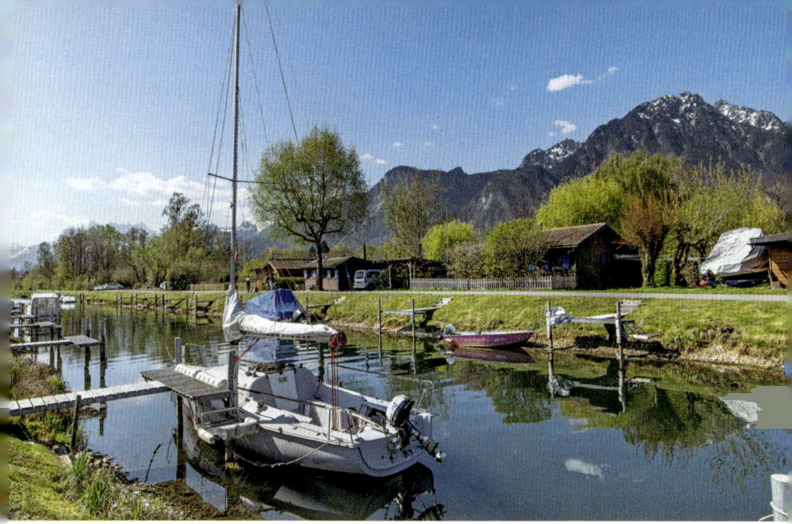

Idylle am Grand Canal, auf dem Grammont liegt noch Schnee (ganz rechts).

endet, kann man über einen kleinen Trampelpfad durch das Schilf bis ganz nach vorne an die Mündung gelangen. Rund 600 m auf gleichem Weg zurück und links in das erste Sträßchen biegen. Auf diesem durch das sumpfige Waldgebiet Le Fort. An der zweiten Abzweigung links, bis zur Vieux Rhône, diese auf einer Brücke überqueren und zum Hafenbecken von **Chaux Rossa** 2. Ein Sträßchen säumt sein Nordufer und mündet in eine Straße, die zum Grand Canal führt. Auf seinem rechten Ufer bis zum Lac Léman. Ein Schilfpfad geht an der Stirnseite des Rhonedeltas zum Campingplatz und zur Siedlung **Les Grangettes** 3. Quer hindurch und rechts an richtigen Häusern vorbei. Auf einem Wiesenpfad im Zickzack ostwärts weiter, dann nahe dem Ufer auf einem schönen Waldweg, der nur zu bald in ein Sträßchen einbiegt. Über das Wildwasser der Eau Froide nach **Villeneuve** 4. Von der Abzweigung am See zum Bahnhof sind es noch rund 400 m weiter am See entlang bis zum Strandbad von Villeneuve.

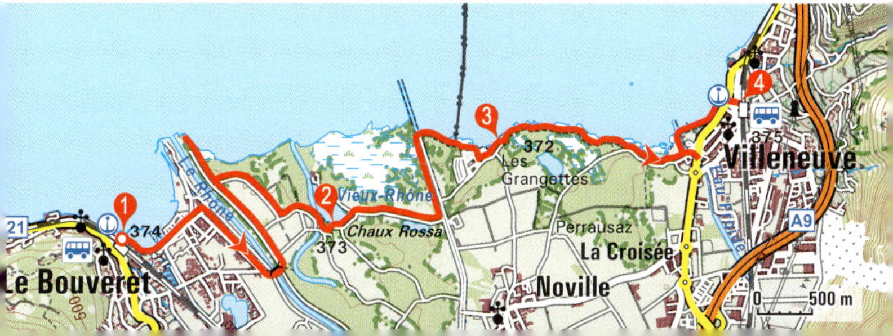

↗ 400 m | ↘ 400 m | 5.7 km

29 Via Ferrata La Tière – Galerie Défago

3.15 h

Kleine, aber feine Klettersteigrunde im hinteren Val d'Illiez

Fast im Talschluss des Val d'Illiez, gegenüber von Champéry, findet sich ein kurzer, aber spektakulärer Klettersteig. Seine Trümpfe sind der kurze Zustieg und die abwechslungsreichen Passagen in der Kulisse des schäumenden Tière-Baches, eine hübsche Einkehrgelegenheit nach dem Ausstieg und der anschließende Abstieg über die atemberaubend in ein Felsband angelegte Galerie Défago. Zwar hat man von dort nirgendwo einen Blick in Richtung Genfersee, doch dient die Runde als ein kleines Addendum zu der Tour du Midi (Tour 58), welche den gleichen Ausgangspunkt hat – und selbstverständlich eine schicke Sicht zum Léman.

Ausgangs- und Endpunkt: Bahnhof Champéry neben der Talstation der Seilbahn Croix de Culet (1033 m).
Anforderungen: Der rund 110 Höhenmeter überwindende Klettersteig ist schwierig, sehr ausgesetzt, einmal gar leicht überhängend, aber bestens abgesichert. Die Galerie Défago ist durchwegs mit einem Geländer versehen (T2). Klettersteigskala K4.

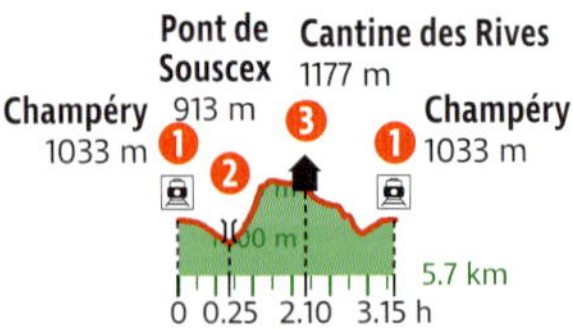

Klettersteigsets können bei Borgeat Sports und Holiday Sports in Champéry gemietet werden.
Beste Jahreszeit: Vom Frühling bis zum Herbst bis Frühling – am besten, wenn der Bach gut Wasser führt. Sonne erst am Nachmittag.
Einkehr: Cantine des Rives (+41 24 479 1171).
Unterkunft: Sports Center Palladium De Champéry (+41 24 479 0505), Hotel Suisse Champéry (+41 24 479 0707), Hôtel National Resort & Spa (+41 24 479 1130).
Karten: 272 T St-Maurice; 1304 Val-d'Illiez.
Tipp: Der Seilpark Organic Adventure Park am unteren Ende der Galerie Defago; geöffnet von Mai bis Oktober (+41 79 757 5628).
Anschlusstour: 58.

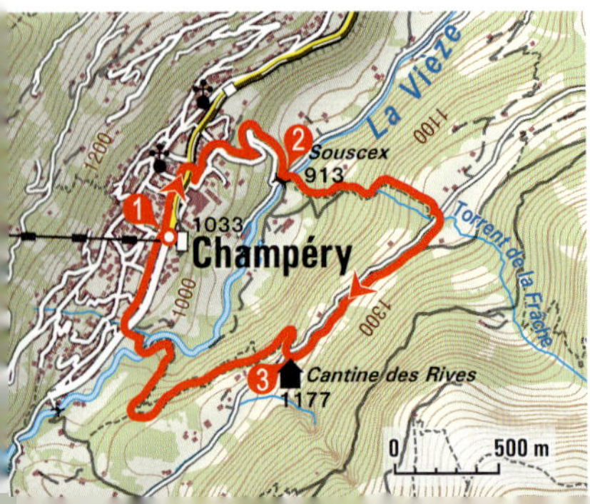

Vom Bahnhof **Champéry ①** an der Fahrstraße talauswärts. Nach dem Centre Sportif rechts um die Tennisplätze herum bis zur Route de Tavys, und auf dieser nach rechts hinunter zum **Pont de Souscex ②**, Parkmöglichkeit. Über die Brücke und entlang des Baches Torrent de Tière ansteigen; ihn zuletzt auf einem Steg überschreitend zum Einstieg (ca. 1070 m).

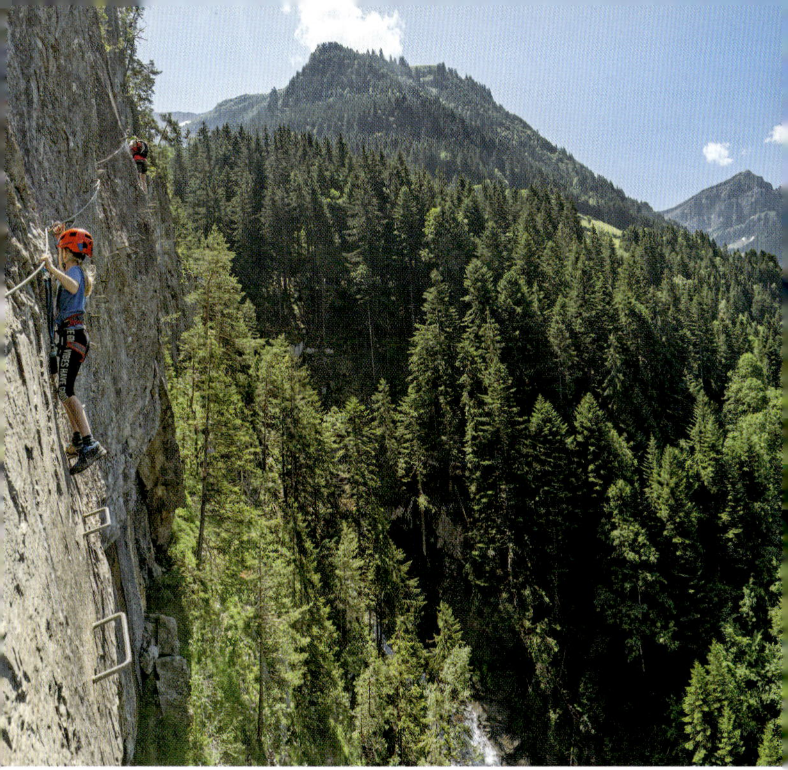

Nur für Kinder mit großer Klettererfahrung – die Via Ferrata La Tière.

Über eine Felsstufe hinauf auf ein Band, das zu einer senkrechten Stufe führt neben einem tosenden Wasserfall. Die erste Hängebrücke überquert den Tière-Bach unmittelbar oberhalb dieses Wasserfalls. Hinauf zur zweiten Hängebrücke, der »Passerelle des Grandes Cascades«. Dann auf dem Bärenband leicht abwärts. Nun folgt der Durchstieg durch die Falaise de Tière, mit äußerst luftigen Querungen und einer etwas überhängenden Wandstelle. Zum Schluss geht es nochmals senkrecht hinauf zum Ausstieg (ca. 1180 m) im Wald. Auf dem Ausstiegsweg erreichen wir das Fahrsträßchen (1227 m) und kommen auf diesem rechts leicht absteigend zur **Cantine des Rives** ❸. Hier beginnt auch der Abstieg auf dem Wanderweg durch die in der senkrechten Wand verlaufende Galerie Défago. Am Ende der Galerie beim Seilpark rechts und hinab zur Wegkreuzung Le Progrès (960 m). Links am Fluss entlang, über die Brücke, hinauf zur Dorfstraße von Champéry und zurück zum Bahnhof **Champéry** ❶.

↗ 930 m | ↘ 930 m | 10.8 km

30 Tour de Famelon, 2143 m, – Tour de Mayen, 2326 m

5.30 h

Zwei Gipfel und dazwischen eine faszinierende Karstlandschaft

Vielleicht liegt es daran, dass der Tour de Mayen vier Meter niedriger oder ein klein wenig schwieriger zu erklimmen ist als der benachbarte Zwillingsturm Tour d'Aï, aber er ist in jedem Fall deutlich weniger frequentiert, obwohl in puncto Aussicht kein Gipfel dem anderen etwas abnimmt. Zusammen mit dem Tour de Famelon wird aus der Besteigung des Mayen eine abwechslungsreiche Rundtour, welche noch den eindrücklichen Weg durch die Karstlandschaft Sur les Truex einschließt.

Ausgangs- und Endpunkt: Bergstation Berneuse (2045 m); Gondelbahn von Leysin; in Betrieb von Anfang Juni bis Ende Oktober. Von Leysin-Feydey 10 Min. ostwärts zu Fuß zur Talstation (1320 m).
Anforderungen: Insbesondere der Gipfelweg auf den Tour de Mayen verlangt Trittsicherheit, die Karstfelder etwas Orientierungsvermögen. Durchgehend markiert. T4-.
Beste Jahreszeit: Juni bis Oktober.
Einkehr: Berneuse, Mayen, Pierre du Moëllé.
Unterkunft: Verschiedene Unterkünfte in Leysin. Le Sépey: Hôtel-Restaurant Le Cerf (+41 24 491 1194).
Varianten: 1) Etwas leichter wird die Runde, wenn man den Abstecher auf den Tour de Mayen auslässt (T3, 1 Std. weniger). 2) Zuerst auf den Tour de Mayen und über Les Truex auf den Tour de Famelon; dann nordwärts und weiter zum Col de la Pierre du Moëllé (1661 m) und von dort auf der Wanderroute hinab nach Leysin; 6 Std., 770 m auf, 1830 m ab.
Karten: 262 T Rochers de Naye, 272 T St-Maurice; 1264 Montreux, 1265 Les Mosses, 1284 Monthey.
Anschlusstour: 31.

Die Karstlandschaft Sur les Truex, im Hintergrund der Tour de Famelon.

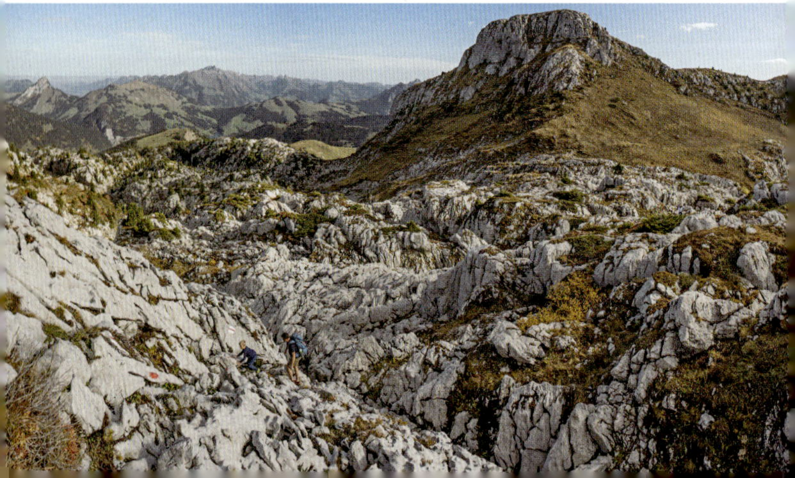

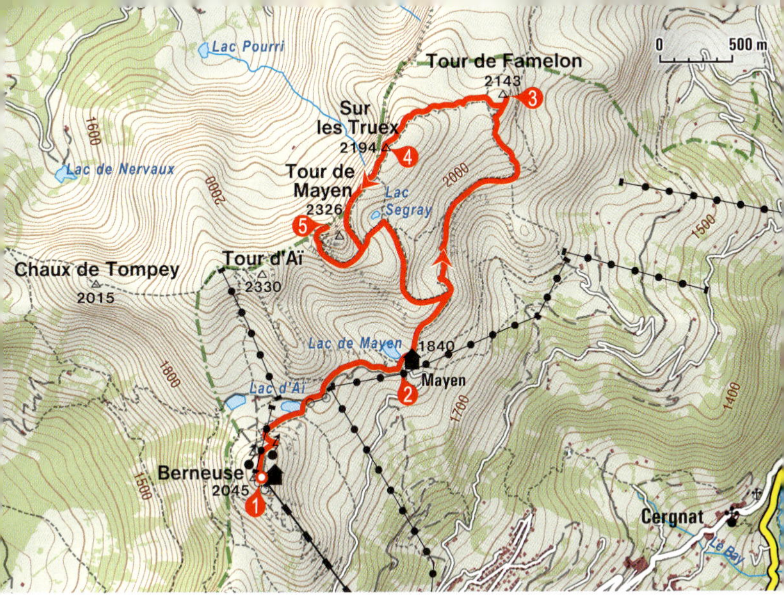

Von der **Bergstation Berneuse** ❶ hinunter zum Lac d'Aï und weiter nach **Mayen** ❷. Dem Wanderweg in Richtung Tour de Famelon folgen bis zur namenlosen Wegkreuzung bei P.1919. Man geht geradeaus weiter der Beschilderung Tour de Famelon par Corbex nach. Dieser Weg führt über Dessus Corbex zur ebenfalls namenlosen Wegkreuzung bei P.1901. Links abzweigen und aufwärts bis zur nächsten beschilderten Gabelung. Rechts erreichen wir in wenigen Minuten das Gipfelplateau des **Tour de Famelon** ❸.
Zurück zur letzten Wegkreuzung und den Weg in Richtung Lac Segray par Truex einschlagen. Nun folgt der unterhaltsame Gang durch die zerklüftete und eindrückliche Karstlandschaft Sur les Truex. Die Route erfordert Trittsicherheit, ist aber hervorragend mit viel rot-weißer Farbe auf dem Fels markiert und mit viel Botanik zwischen den Felsen verziert. Auf der Gipfelkuppe **Sur les Truex** ❹ verjüngt sich der Weg zu einem Grat und es baut

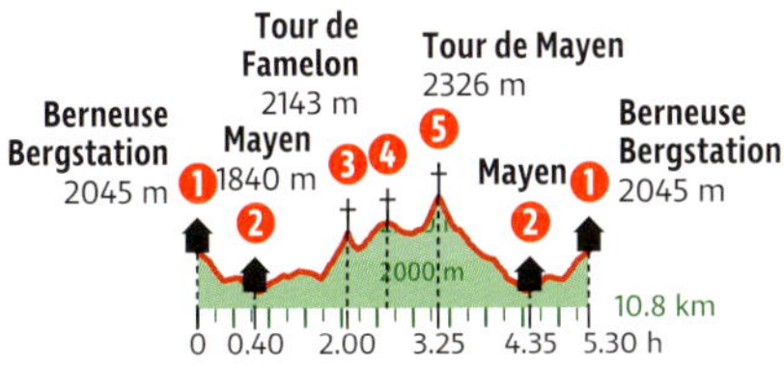

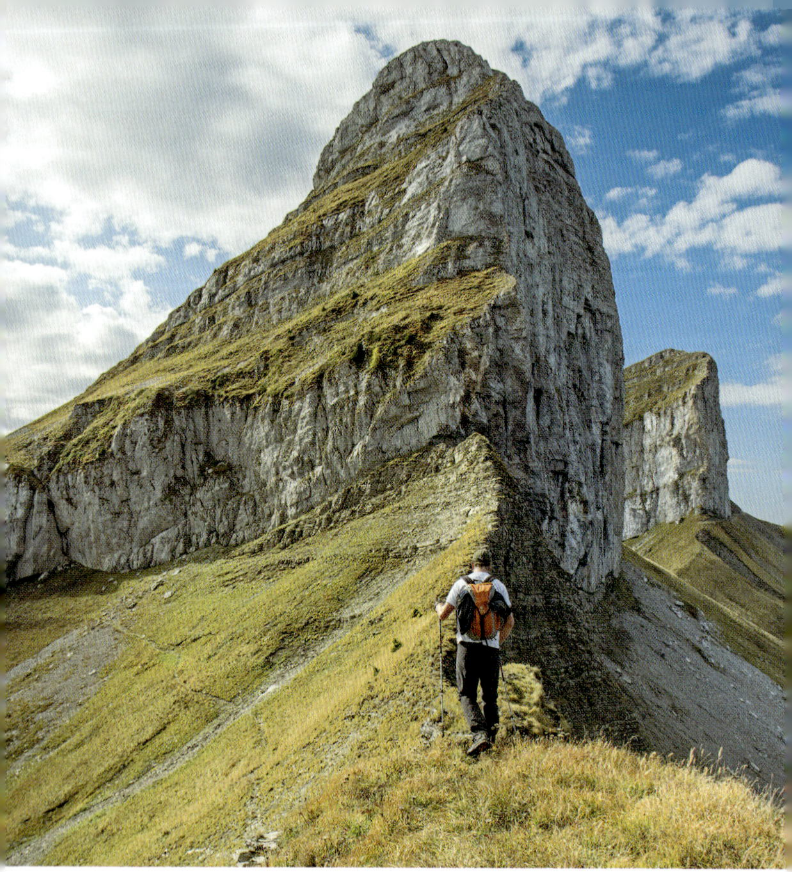

Der Tour de Mayen voraus – der Gipfelanstieg erfolgt auf der anderen Seite. Rechts hinten der Tour d'Aï.

sich vor uns das nächste Gipfelziel imposant auf. Bei P.2168 rechts bleiben und nahe dem Grat und in einem Linksbogen oberhalb des Lac Segray bis zur Gabelung, wo nach rechts der blau-weiß markierte Weg auf den Tour de Mayen abzweigt. In einem weiten Rechtsbogen geht es aufwärts, wobei eine felsige Rinne mithilfe von Ketten überwunden wird, bevor der Gipfel des **Tour de Mayen** 5 erreicht ist. Auf identischem Weg zurück bis zum rot-weiß markierten Weg. An den nächsten Weggabelungen jeweils rechts halten, um so wieder nach **Mayen** 2 abzusteigen. Auf bekanntem Weg zurück zur **Bergstation Berneuse** 1.

↗ 560 m | ↘ 560 m | 4.6 km

3.15 h

Tour d'Aï, 2331 m

31

Ob Klettersteig oder nicht: Für furchterregende Tiefblicke ist gesorgt

»Der Pfad [auf die Tour d'Aï], der hier und dort durch Eisengeländer gesichert ist und bis zum Gipfel führt, ist banal und gefährlich zugleich wegen der trügerischen Sicherheit, die er unerfahrenen Wagehälsen einflößt. Denn der abgenutzte Fels ist schlüpfrig, der Abhang verräterisch. Aber was trotz allem diesen Berg so anziehend macht, ist die Aussicht, die man von seinem Gipfel aus genießt. Das Panorama ist herrlich. Man versteht, dass es so ist, wenn man von beinahe allen Walliser Gipfeln aus am leeren Horizont die beiden Silberzacken der Tours d'Aï und de Mayen sich abheben sieht, letzte Wachtposten der Alpen, bevor sich die Ebenen des Westens ausdehnen.« Louis Seylaz: Wanderungen in den Waadtländer Alpen, 1941 (1924).

Ausgangs- und Endpunkt: Bergstation Berneuse (2045 m); vgl. Tour 30.
Anforderungen: Der 140 Höhenmeter überwindende Klettersteig ist schwierig, sehr ausgesetzt, einmal gar leicht überhängend, und bestens abgesichert. Auch auf dem Normalweg (T3) eine Leiter und Stellen, die mit Ketten und Geländern versehen sind; exponierter Weg, der im oberen Teil auf der Schattenseite verläuft. Klettersteigskala K4.
Beste Jahreszeit: Juni bis Oktober.
Einkehr: Bergstation Berneuse.
Unterkunft: Verschiedene in Leysin.
Varianten: 1) Aufstieg auf der Abstiegsroute, 1.30 Std. ab Berneuse. 2) Alternativ zur Seilbahn Abstieg von Berneuse über die Crête du Cherix nach Leysin-Feydey; 1.30 Std., 70 m auf, 720 m ab.
Karten: 262 T Rochers de Naye, 272 T St-Maurice; 1264 Montreux, 1284 Monthey.
Tipp: Die Türme von Leysin sind ein Klettereldorado. Zwischen Tour d'Aï und Tour de Mayen üben sich schwindelfreie Slackliner an ihrer Balance auf einer (mit über 300 m Länge) der beeindruckendsten Highlines des Landes.
Anschlusstour: 30.

Gipfelgenuss: auf dem Tour d'Aï mit Blick zum Léman und den Chablais-Alpen.

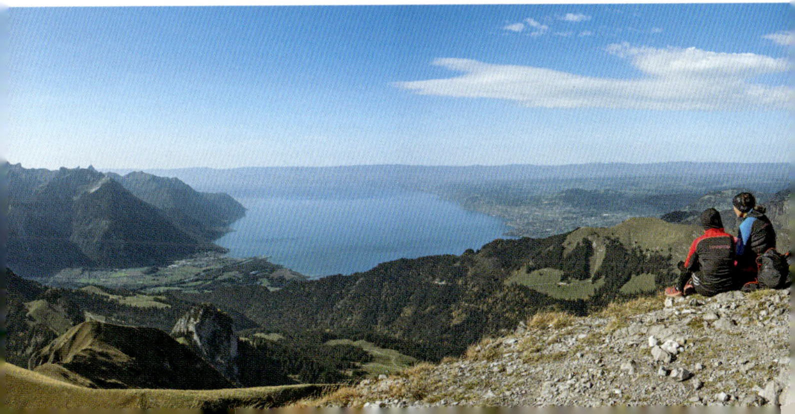

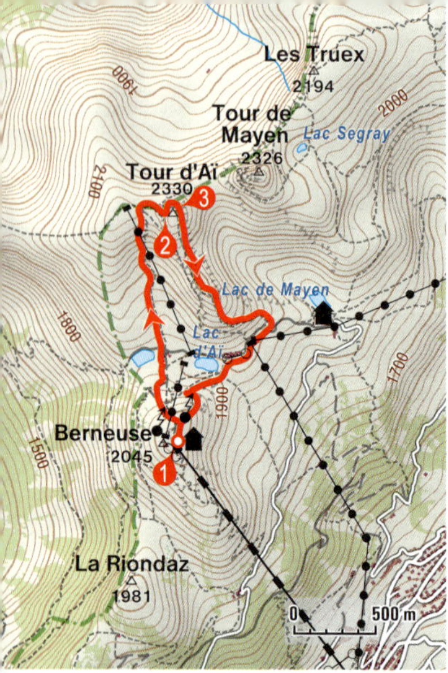

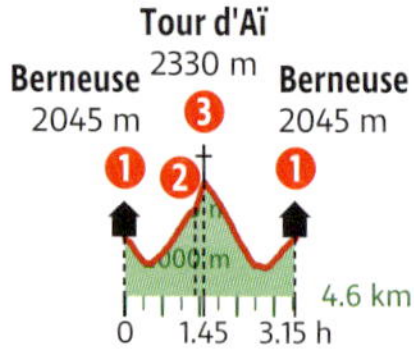

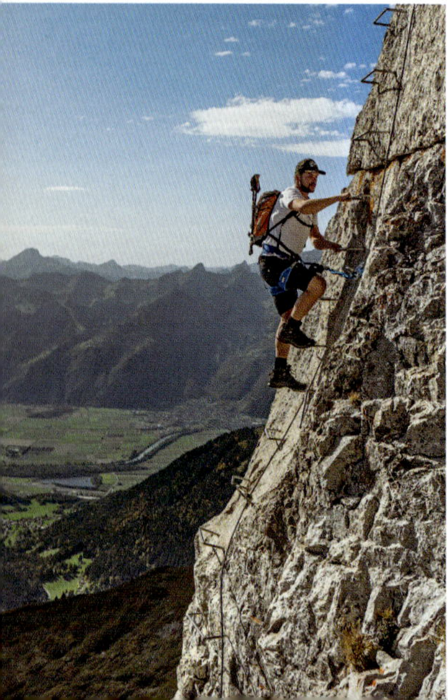

Von der **Bergstation Berneuse** ❶ nordwärts hinunter in eine Senke (1905 m) mit einer Sessellift-Talstation. Auf Pfaden geht es mehr oder weniger entlang des Liftes hinauf auf den Grasgrat. Traverse nach rechts und über Geröllhalden zum Einstieg der **Via ferrata** ❷ in der Westwand, etwa in der Falllinie des linken der gelben Überhänge. Die Via ferrata folgt der Voie des Vires über Bänder schräg rechts aufwärts, klettert durch einen Kamin hoch, überwindet eine senkrechte bis überhängende Wand, folgt einem Grasband nach links und strebt über eine Kante zum Gipfel der **Tour d'Aï** ❸.

Der Abstieg erfolgt auf dem ausgesetzten, markierten Normalweg über den Südostgrat, zuerst links der Schneide in abschüssigen Hängen, dann auf dem scharfen Felsgrat, der sich verbreitert und grasig wird. Schließlich kommen wir – uns links haltend – zu einer felsigen Rinne. An ihrem Fuß führt der Weg nach rechts zu den Chalets d'Aï (1891 m) oberhalb des gleichnamigen Sees.

Von hier erfolgt der Wiederaufstieg in ca. 20 Min. zur **Gondelbahn-Bergstation Berneuse** ❶.

Abb. links: Via ferrata in der Westwand.
Abb. rechts: Gipfel der Tour d'Aï.

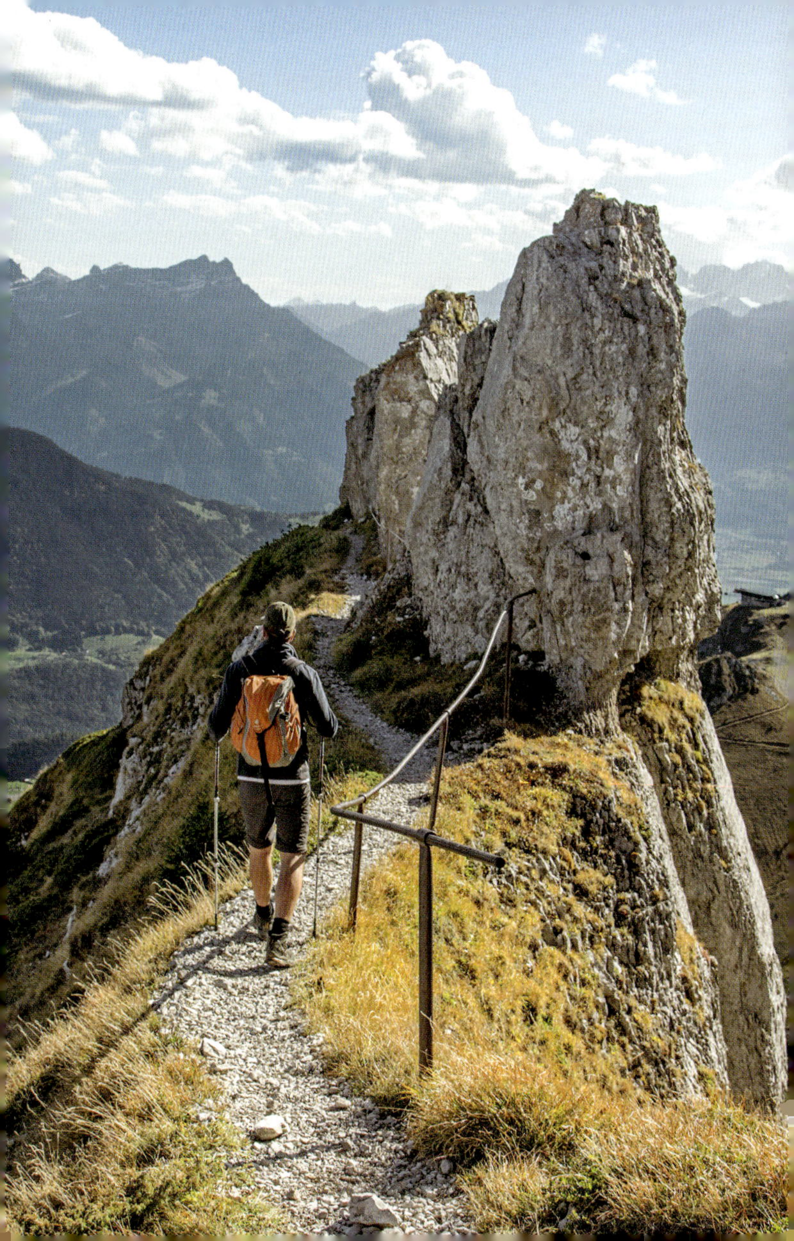

Riviera et Lavaux: Klippen und Küste

Genau einen Kilometer vor dem Paradies steigen wir aus. In Puidoux-Chexbres blicken wir dem Regionalzug Palézieux-Lausanne nach, wie er im Tunnel verschwindet. Wer durch den Gotthard-Tunnel Richtung Süden fährt, erwartet 10 Minuten lang den blauen Tessiner Himmel. Anders der Tunnel von Chexbres: Die Durchfahrtszeit von 45 Sekunden reicht nicht aus, um Vorfreude aufzubauen. Plötzlich ist man mitten in einer der schönsten Landschaften der Schweiz: Lichtdurchflutete Rebberge senken sich in unzähligen Terrassen hinab zum Ufer des Lac Léman. »Quand on sort du tunnel de Chexbres, on est d'abord dans l'éblouissement«, schrieb Charles Ferdinand Ramuz, der größte Dichter der Waadt, im 1936 erschienenen Porträt der »Suisse romande«. Wie richtig das Wort gewählt ist: éblouissement heißt Blendung, aber auch Staunen, Überraschung, Verwunderung. »Man ist plötzlich zwischen zwei blauen Flächen, wovon eine oben, die andere unten ist, und gegenüber liegt eine Art blaue Mauer, allerdings von einem bleicheren, durchsichtigen Blau: die Savoyer Alpen.« Seit Juni 2007 gehört die einzigartige Kulturlandschaft des Lavaux zum UNESCO-Welterbe.

In Puidoux-Chexbres folgen wir den Wegweisern zur Tour de Gourze, einem im 12. Jahrhundert erbauten Wachtturm. Unterhalb des Turms liegt ein Restaurant. Beschwingt tauchen wir später nach Cully hinunter, wo eine Platane auf der Place d'Armes steht, Freiheitsbaum und Symbol für das Jahr 1798, als die Waadtländer das 1536 auferlegte Berner Joch endlich abschütteln konnten. Hier versammelte Major Davel Offiziere und Soldaten, um dann vor dem Lausanner Ratshaus die Freiheit für die Waadt zu fordern – vergeblich. Davel wurde am 24. April 1723 enthauptet.

Die gut markierte Wanderroute führt uns durch die paradiesischen Rebberge des Lavaux nach Vevey. Hier gründete 1867 der deutsche Chemiker Henri Nestlé eine Fabrik, nachdem er das Rezept zur Herstellung von Milchpulver entdeckt hatte. Heute ist Nestlé der größte Nahrungsmittelkonzern der Welt.

Die Waadtländer Riviera nennt man die Küste, welche sich vom Lavaux über Montreux bis zum berühmtesten Schloss der Schweiz zieht, dem Château de Chillon, wo Lord Byron in seinem Gedicht von 1816 »Der Gefangene von Chillon« über die Einkerkerung des Genfer Freiheitskämpfers François Bonivard erzählt.

Weit oberhalb wird die Riviera von der Dent de Jaman und den Rochers de Naye gekrönt. Der Jaman-Zahn, am 6. August 1770 vom Genfer Horace Bénédict de Saussure erstmals bestiegen, ist eine Aussichtskanzel par excellence: Wer zuvorderst sitzt, scheint die Schuhe im blauen See zu baden. Ungewöhnlich der Weiterweg auf die Rochers de Naye, wohin seit 1892 eine Zahnradbahn tuckert: Ein Wanderweg führt durch eine Höhle, die Grottes de Naye. Plötzlich entlässt uns der Bergbauch aus der Dunkelheit, und schon bald stehen wir auf dem Gipfel, den zwei Panoramatafeln

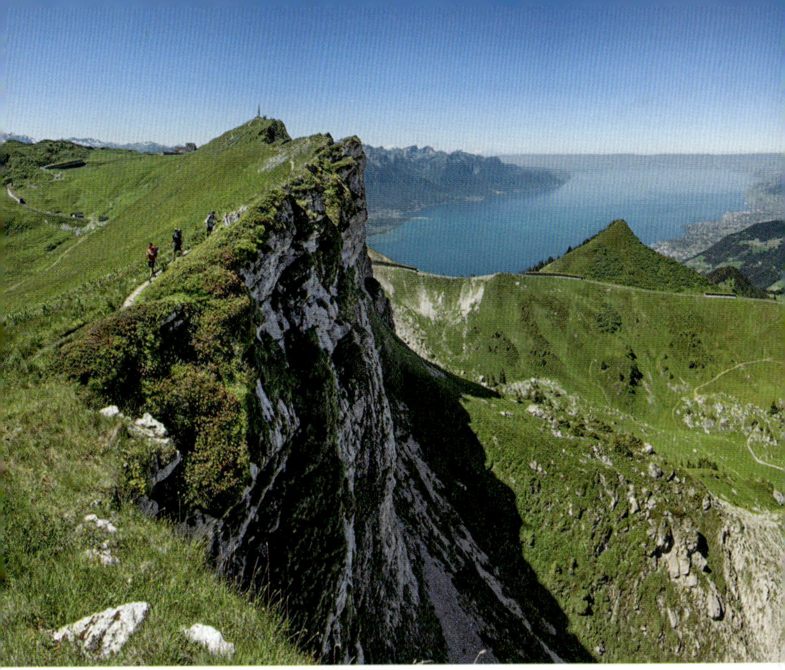

Zum Rochers de Naye (Tour 32).

zieren und eine Antenne verunziert. Und unter uns das blaue Leuchten des Léman in seiner ganzen Großartigkeit.

Ob mit der Bahn oder zu Fuß, weit ist es hinab und zurück an seine Ufer. Wir nehmen den vielleicht schönsten Weg in Angriff – über einen langen Grat nach vorne auf den Malatraix (1929 m). Auf dem Panorama der Rochers de Naye von Xaver Imfeld aus dem Jahre 1883 ist dieser Aussichtsbalkon, der auch vom Ufer als eigenständiger Gipfel überzeugt, als Malatraix benannt; heute trägt eine bewaldete Felskuppe (1767 m) weiter unten diesen Namen. Die Aussicht vom Malatraix-Gipfel beschrieb Eugène de la Harpe 1931 in seinem Führer »Les Alpes vaudoises. Guide détaillé des Pléïades aux Dent de Morcles«: »Sie ist unvergleichlich auf den Lac Léman, insbesondere am späteren Nachmittag. Man bewundert die Kette des Montblanc und diejenige der Berner Alpen, vom Wildstrubel bis zum Eiger.« Und im Jahr 2021 ist der Krimi »Malatraix« von Emmanuelle Robert erschienen. Rochers de Naye, Pléiades, Pic Chaussy, Cape au Moine und Malatraix: In diese fünf Bergkapitel ist Roberts Kriminalroman aufgeteilt. Und wen wundert's: Auf Letzterem – einem der schönsten Panoramapunkte am Lac Léman – findet dann auch der Showdown des Krimis statt.

↗ 360 m | ↘ 1040 m | 8.3 km

32 Grottes de Naye – Rochers de Naye, 2042 m

4.00 h

Spannende Pfade auf und durch die berühmten Léman-Zinnen

»Die Kaiserin liebt Caux über alles in der Welt.« Gräfin Stary, Begleiterin von Sissi: Tagebuch von 1898.

Eine Aussage, welche man heute noch absolut nachvollziehen kann. Und oberhalb von Caux werden die Blicke auf den Genfersee noch eindrücklicher – daher erkunden wir auf der Wanderung die Strecke zwischen Gipfel und Caux. Um Höhenmeter im Aufstieg zu sparen, benutzen wir dabei die Zahnradbahn, die seit Sissis Zeiten (1892) durch Tunnels rattert, bis auf die etwa 1600 Meter über Montreux gelegenen Rochers de Naye. Noch spannender wird es, wenn wir beim Wandern statt über den Berg einmal durch den Berg gehen.

Ausgangspunkt: Station de Jaman (1723 m) der Zahnradbahn Montreux – Rochers de Naye.
Endpunkt: Station Caux (1048 m) an der gleichen Linie.
Anforderungen: Sehr gute Trittsicherheit beim Begehen der Höhle – manche Passagen sind ziemlich steil, feucht und rutschig, und daher mit einem Drahtseil versehen. Für Leute mit Platz- und Höhlenangst ist von einer Begehung der Grottes de Naye abzuraten. Stirnlampe für die Begehung der Höhle unabdingbar! Markierte Wege. T4.
Beste Jahreszeit: Juni bis Oktober. Nach schneereichen Wintern kann noch bis in den Juli hinein der Eingang zu den Grottes de Naye versperrt sein; in diesem Fall kann die Höhle auch umgangen werden; vgl. Variante.

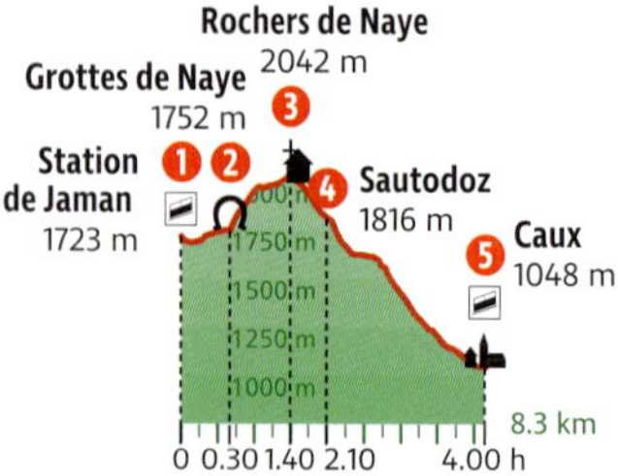

Einkehr: Station Buvette de Jaman, Rochers de Naye, Caux.
Unterkunft: In Caux bzw. Haut-de-Caux: Hôtel A Capell'Art (+41 21 963 4444), Le Coucou Hôtel-Restaurant Sàrl (+41 21 961 2591).
Varianten: 1) Umgehung der Grottes de Naye (zwischen Ein- und Ausgang) auf einem kurzen, mit Alutreppen angelegten Weg möglich. 2) Vom Kessel (P.1702) über die kurze, aber schwere Via Ferrata direkt aufsteigen zum Grat der Rochers de Naye (K5). 3) Von Chamossale kann man auch unterhalb des Merdasson herum wieder zur Station de Jaman zurückgelangen (½ Std. kürzer). 4) Den Abstecher auf die Dent de Jaman hinzufügen; 150 Hm, 0.40 Std, T3+.
Tipp: Bei der Bergstation der Rochers de Naye der 1896 kreierte Alpenblumengarten La Rambertia mit über 1000 Arten sowie der Murmeltierpark.
Karten: 262 T Rochers de Naye; 1264 Montreux.
Anschlusstouren: 32, 33, 36.

Von der **Station de Jaman** ❶ leicht ab- und aufsteigend durch einen Kessel (P.1702) in den Col de Bonaudon (1753 m). Ostwärts auf einem Geröllpfad zum Eingang

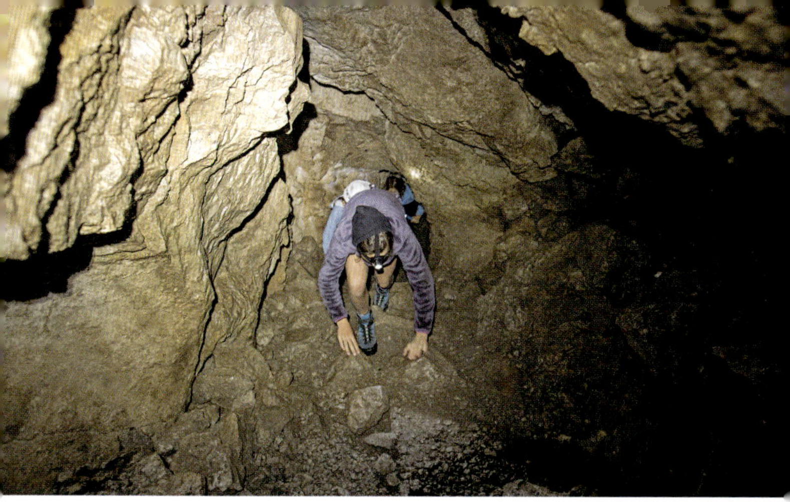

»Höhlenangst« sollte man in der Grottes de Naye nicht haben.

der Höhle, der von links nach rechts erreicht wird; Hinweistafel. Hinein und anfangs in stark gebückter Haltung aufwärts durch die **Grottes de Naye** ❷; ein paar reflektierende Markierungen am Boden, ein paar Leitern, Treppen und Versicherungen führen teils steil durch die Höhle hinauf und zurück ans Tageslicht. Wieder im warmen auf dem Wanderweg (mit einer Leiter) hinauf zum Ostgrat der Grande Chaux de Naye (P.1983). Über den Grasgrat auf dessen Gipfel und weiter über den Verbindungsgrat zum antennenbesetzten Hauptgipfel der **Rochers de Naye** ❸ mit seiner überragenden Aussicht auf den Genfersee und zum Montblanc-Massiv. Hinab zur Bergstation und an der Wegkreuzung rechts in die jähe Südflanke unterhalb der Rochers de Naye steigen und hinunter zur Wegkreuzung **Sautodoz** ❹. Wir halten uns rechts und steigen nordwärts ab, über den Höhenweg hinüber nach Chamossale (1612 m). Über den Rücken des Merdasson gegen den Léman hinuntertauchen. Von Haut de Caux durch den Chemin de l'Impératrice zum charmanten Bahnhof von **Caux** ❺.

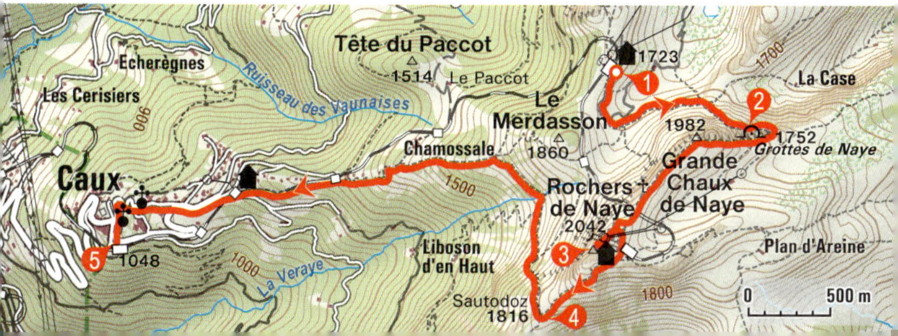

↗ 1050 m | ↘ 1050 m | 14.8 km

33 Rochers de Naye, 2042 m, – Sonchaux

6.15 h

Vue Léman, du début jusqu'à la fin

»Sie standen auf einer von einer niedrigen Mauer begrenzten Terrasse [oberhalb von Villeneuve]. Der Ausblick, den der Platz bot, nahm ihnen fast den Atem. Tief unter ihnen erstreckte sich die weite Fläche des Genfersees. Wie Spielzeugschiffchen glitten Segeljachten und Dampfer über die türkisblaue Fläche. Am gegenüberliegenden Ufer erhoben sich Wälder und Wiesenflächen und weit dahinter die Berge. Schneebedeckte Gipfel verschwammen im Dunst. ›Ich habe gehört, dass das Schloss oberhalb des Sees liegt und daß man an klaren Tagen bis zum Montblanc sehen kann‹, sagte Christine schließlich. ›Dass es sooo wunderschön ist, habe ich nicht geahnt‹.« Tina Caspari: Guten Start, Laura! 1995 (Band 1 der Mädchenbuch-Reihe »Das Internat am Genfer See«).

Ausgangs und Endpunkt: Bahnhof Haut-de-Caux (1160 m) der Zahnradbahn Montreux – Rochers de Naye.
Anforderungen: Ein wenig Kondition und etwas Trittsicherheit im Anstieg zum Ostgrat der Rochers de Naye. Zumeist markierte Wege. T3.
Beste Jahreszeit: Juni bis Oktober.
Einkehr: Rochers de Naye, Sonchaux, Haut-de-Caux.
Unterkunft: Auberge du Sonchaux (+41 21 963 4467). In Haut-de-Caux; vgl. Tour 32.
Variante: 1) Ein wenig leichter und kürzer: Von Chamossale nach Sautodoz queren und von dort auf die Rochers de Naye und wieder zurück nach Sautodoz; 990 Hm, 5.15 Std., T2. 2) Von Sonchaux absteigen bis Villeneuve; dann insgesamt 1800 m Abstieg, 6.45 Std. 3) Start bei der Station de Jaman: 510 m auf, 1080 m ab, 4.15 Std. 4) Route in umgekehrter Richtung.
Karten: 262 T Rochers de Naye; 1264 Montreux.
Anschlusstouren: 32, 34, 36.

Besser geht's kaum: der Seeblick von der Auberge du Sonchaux.

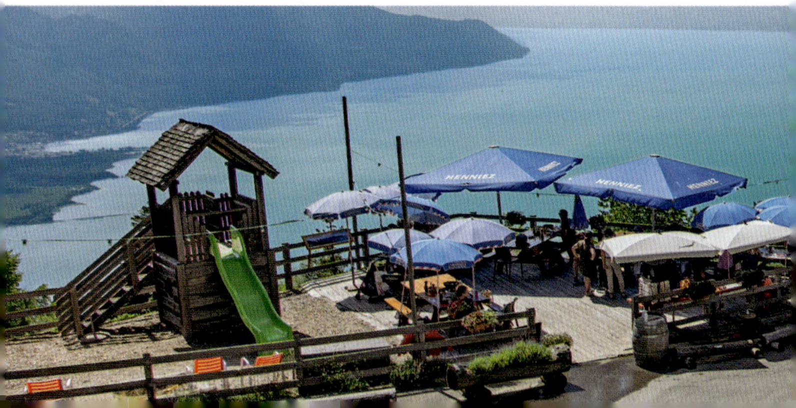

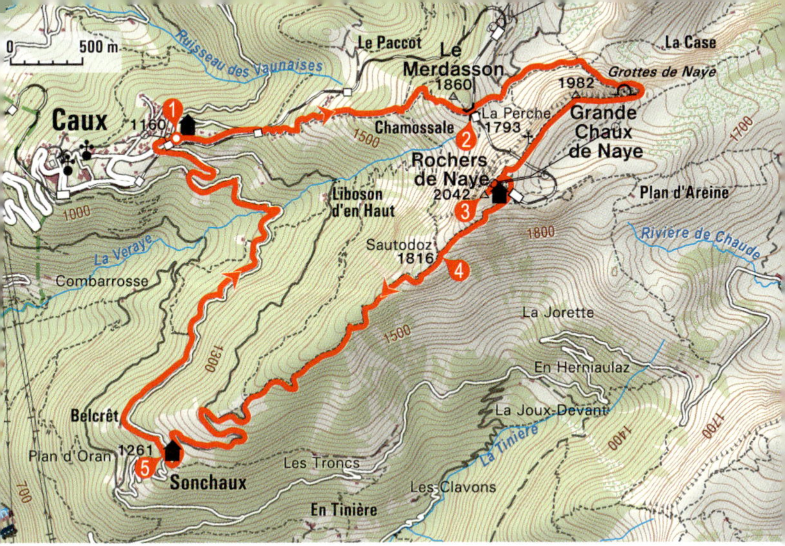

Von der Station **Haut-de-Caux** ❶ auf dem breiten Weg entlang der Bahnlinie bis Crêt-d'y-Bau (1286 m) folgen wir der Beschilderung Richtung La Perche auf einem Wanderweg im Zickzack weiter aufwärts. Bei der Wegkreuzung Chamossale (1612 m) geht man hinter der Alphütte auf einem unmarkierten Pfad über den Wiesenhang hoch. Knapp 100 Hm weiter oben treffen wir wieder auf die markierte Wanderroute, welcher wir – uns rechts haltend – zur Passhöhe **La Perche** ❷ folgen. Auf der anderen Seite absteigen zur Wegkreuzung P.1702 und auf der rot-weiß markierten Route ostwärts in den Col de Bonaudon (1753 m). Unmittelbar unter dem Col rechts

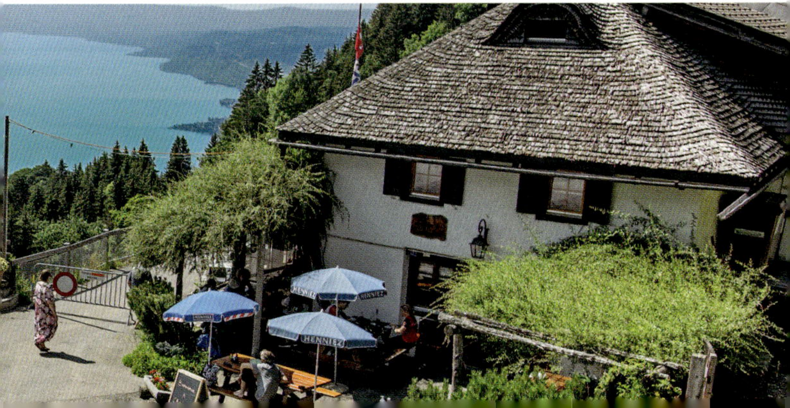

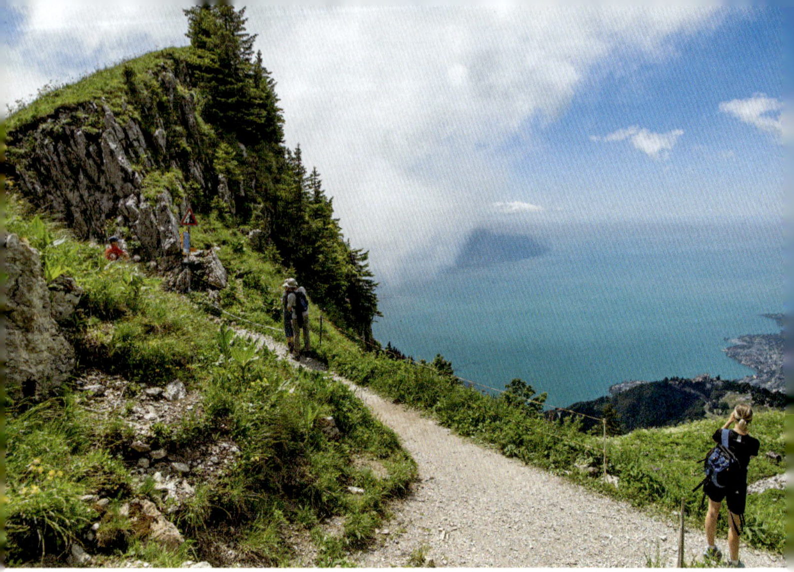

Aussicht pur an der Wegkreuzung Sautodoz.

auf einem Geröllpfad bis unterhalb des Eingangs der Grottes de Naye. Über die Alu-Leitern hoch und bis zum Grat. Entsprechend Tour 32 auf die **Rochers de Naye** ❸, zur Bergstation und hinab nach **Sautodoz** ❹. Nun halten wir uns links und gehen auf dem zu Beginn noch aussichtsreichen Wanderweg entlang des Südwestgrates, später im Wald an den felsigen Dentaux vorbei, zur Alphütte von Creux à la Sierge. Auf einem Sträßchen steigt man zum Weiler **Sonchaux** ❺ ab, wo eine Einkehr in der toll gelegenen Auberge de Sonchaux fast obligatorisch ist. Nun für gute 3 km auf der Fahrstraße nordwärts bis zu den Häusern bei En Brochet (P.1091). Auf einem überwachsenen Weg nach rechts oben in drei Serpentinen zu einem großen Bauernhaus, um dieses herum zu einer Fahrstraße hinauf und in 5 Minuten zurück nach **Haut-de-Caux** ❶.

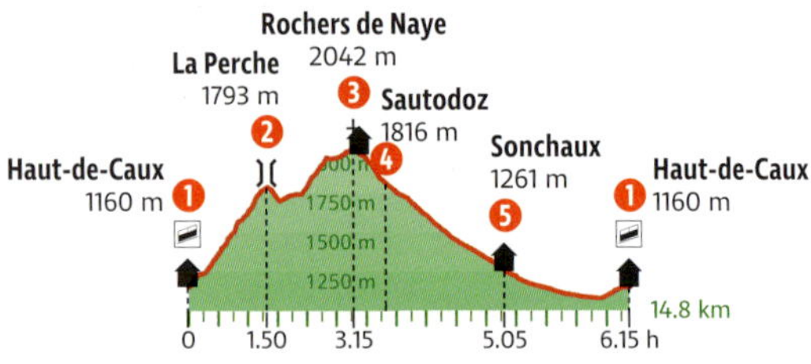

↗ 520 m | ↘ 2110 m | 14.8 km

TOP

6.45 h

Rochers de Naye, 2042 m, – Malatraix, 1767 m

34

Schöner und einsamer Abstieg von den Rochers de Naye

Groß ist meist der Trubel auf dem Gipfel der Rochers de Naye, schließlich lockt die reizvolle Fahrt mit der Zahnradbahn auf den Aussichtsgipfel über dem Genfersee viele Besucher an. Begibt man sich im Abstieg in Richtung Col de Chaude, lässt man schnell die Massen hinter sich. Einfach nur wunderbar ist der Weiterweg auf dem langen Grat zum Felsvorsprung des Malatraix. Die Aussichten auf dem Grat und vom Malatraix sind schlicht perfekt – und man kann sie zumeist in Einsamkeit genießen. Ist man zwischen Mitte Juni und Ende Juli unterwegs, wird der lange Abstieg vom Malatraix von unzähligen Walderdbeeren am Wegesrand versüßt. Die heiß gelaufenen Füße dürfen anschließend im Genfersee abgekühlt werden.

Ausgangspunkt: Bergstation Rochers de Naye (1967 m) der Zahnradbahn Montreux – Rochers de Naye.
Endpunkt: Bahnhof Villeneuve (375 m).
Anforderungen: Trittsicherheit, vor allem im zu Beginn sehr steilen Abstieg vom Pas à l'Ane beim Malatraix; markierte, teils ausgesetzte Bergwege. T3+.
Beste Jahreszeit: Juni bis Oktober.
Einkehr: Nur am Start und Ziel.
Unterkunft: Verschiedene in Villeneuve.
Karten: 261 T Rochers de Naye; 1264 Montreux.
Anschlusstouren: 28, 32, 33, 39.

Der Weg zum Col de Chaude – auffällig die Türme Aï und Mayen und in der Ferne die Zinnen der Dents du Midi.

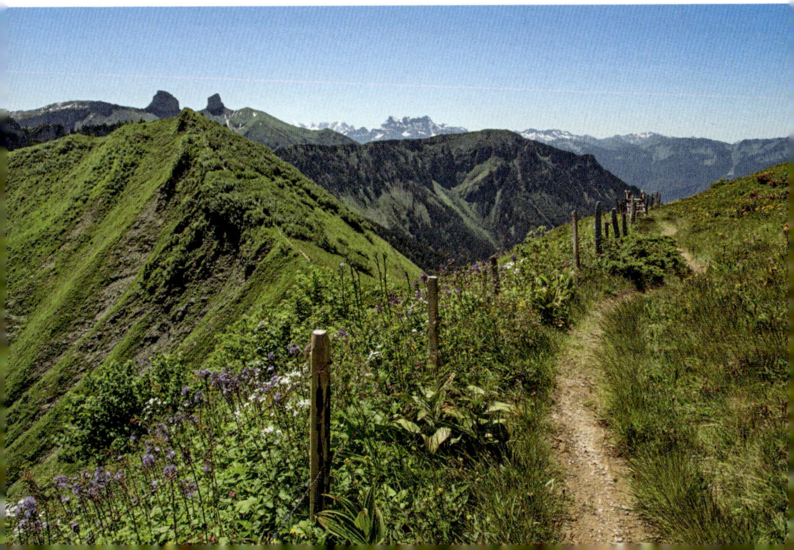

Wer möchte, geht anfangs noch in wenigen Minuten von der Bergstation **Rochers de Naye** ❶ zum Gipfel hinauf. Da man aber ohnedies noch eine aussichtsversprechende Wanderung vor sich hat, kann man auch direkt losmarschieren, am Alpengarten vorbei und hinab zur Alphütte Plan d'Areine. Auf einem ersten Gratabschnitt geht es über P.1852 hinab in den **Col de Chaude** ❷. Der Fahrstraße nach Südwesten folgen bis zur ersten Kehre, dort auf dem Wanderweg Richtung Malatraix bis zur Wegkreuzung Grand Tour (1630 m). Wir halten uns links und kommen in einer guten halben Stunde hinauf zur Passhöhe **Pertuis d'Aveneyre** ❸. Nun rechts und aufmerksam auf den nicht immer sofort zu erkennenden Weg und seine Markierungen achten. Im Juni und Juli wandert man im Folgenden durch eine äußerst üppig blühende Alpenflora. Nachdem die Pointe à l'Aiguille umgangen wurde, folgt ein kurzer Abstieg bis P.1798, danach wieder sanft hinauf zur Gratschneide. Traumhaft ist der Abschnitt, welcher bis zu den namenlosen Graskuppen P.1929 und **P.1927** ❹ führt (ehemals war das der Malatraix-Gipfel). Die letztere, westlicher gelegene Kuppe, ist ein verlockender Ort für eine Pause, um das überragende Panorama von den Waadtländer Felstürmen Tour de Mayen und Tour d'Aï, über Dents du Midi und Montblanc bis weit über den Genfersee zu bestaunen.
Schnell hinab in den Sattel Pas à l'Ane (1741 m) und geradeaus in wenigen Schritten auf die felsige Aussichtskanzel des **Malatraix** ❺, einen weiteren Ort einfach nur zum Verweilen. Aber Achtung: nur wenige Meter vom höchsten Punkt weg fallen die Felswände senkrecht in die Tiefe. Zurück am Pas à l'Ane verlassen wir den markierten Wanderweg und begeben uns nach links (Norden) in den Abstieg. Die ersten steilen und wohl oft feuch-

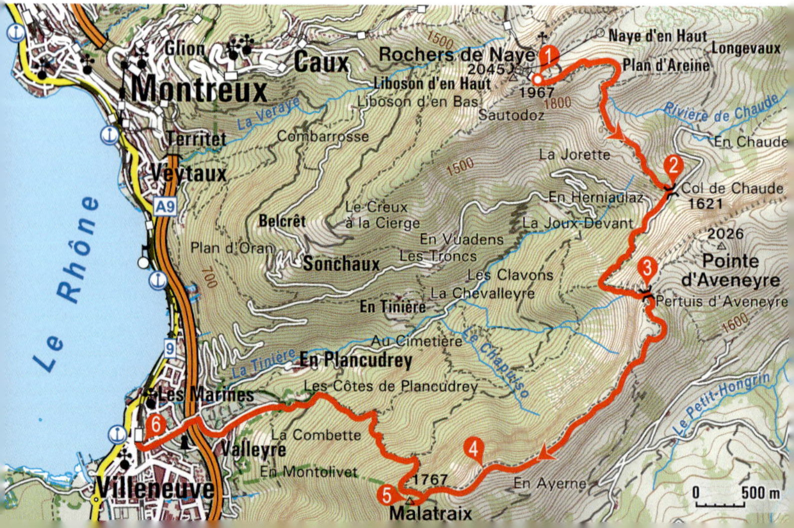

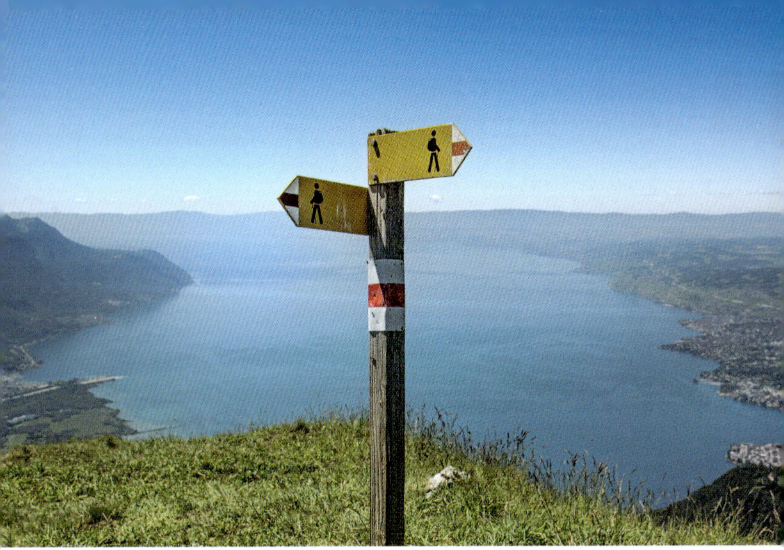

Zu Unrecht namenlos: die Graskuppe P.1927 bei Wegpunkt 4.

ten Meter sind noch mit Vorsicht zu bewältigen, doch recht bald erweist sich der weitere Abstieg als ein erstaunlich angenehm zu begehender Weg. Zur richtigen Jahreszeit ist nach der Cabane de la Braye bei P.1431 der Weg über eine weite Strecke von Walderdbeeren gesäumt. Bei P.1019 stößt man wieder auf die markierte Wanderoute, welche hinab nach Gotale (703 m) führt. Nun auf der Straße in den Ortsteil Valleyre (485 m) und der Beschilderung folgend in 20 Min. bis zum Bahnhof **Villeneuve** 6. Hat man noch etwas Zeit (und eine Badehose) mitgebracht, ist der See gerade mal 3 Min. entfernt; nochmal gut 5 Min. nach rechts am See entlang liegt das (kostenlose) Strandbad!

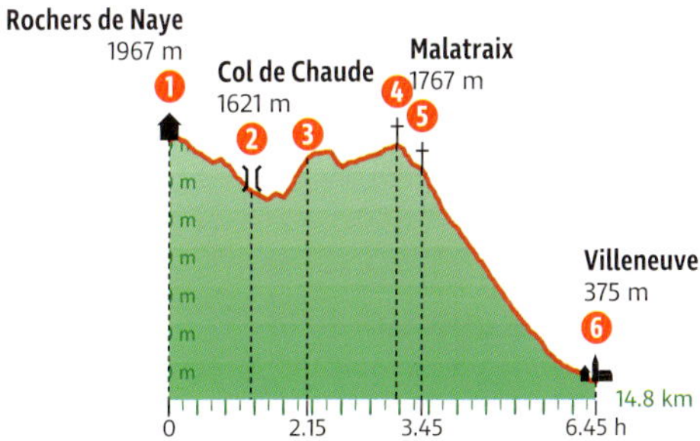

↗ 640 m | ↘ 1260 m | 16.1 km

35 Le Moléson, 2002 m, – Les Pléiades, 1362 m

6.15 h

Vom Greyerzerland zum Genfersee

Von Gondelbahn zu Zahnradbahn; von der Sarine, die Richtung Nordsee fließt, bei Gruyères zur Veveyse, die ins Mittelmeer mündet, in Vevey; von der Käseregion in die Weinregion; dazwischen eine großartige Gratüberschreitung mit zwei Gipfeln, viel Aussicht rundherum und ein wenig Luft unter den Wanderschuhen, reizvolle Einkehrmöglichkeiten, und – wenn wir in der zweiten Maihälfte unterwegs sind – weiße Blütenteppiche aus Bergnarzissen.

Ausgangspunkt: Moléson, Seilbahn-Bergstation (1982 m); Bus vom Bahnhof Gruyères zur Talstation Moléson-sur-Gruyères (1103 m).
Endpunkt: Bergstation Les Pléiades (1362 m) der Zahnradbahn Vevey–Pléiades.
Anforderungen: Auf jeden Fall Trittsicherheit und Schwindelfreiheit für die Traversierung der Teysachaux. Durchgehend markiert. T3.
Beste Jahreszeit: Juni bis Okt. Betrieb der Seilbahn: Ende Mai bis Ende Okt.
Einkehr: Moléson-Bergstation, Buvette le Vuipey, Hôtel-Restaurant les Rosalys, Auberge du Lac des Joncs, Restaurant La Châ, Bergrestaurant Les Pléiades.
Unterkunft: Berggasthaus Plan-Francey (+41 26 921 1042). Hôtel-Restaurant les Rosalys (+41 21 948 8080). Auberge du Lac des Joncs (+41 21 948 7123).
Variante: Entweder nur den Abschnitt zwischen Moléson und Les Rosalys (3 Std., Bushaltestelle) oder nur den Abschnitt zwischen Les Rosalys und Les Pléiades (3 Std., T2).
Karten: 262 T Rochers de Naye; 1244 Châtel-St-Denis, 1245 Château-d'Oex.
Tipp: Mittelalterliches Städtchen und Schloss Gruyères.
Anschlusstour: 38.

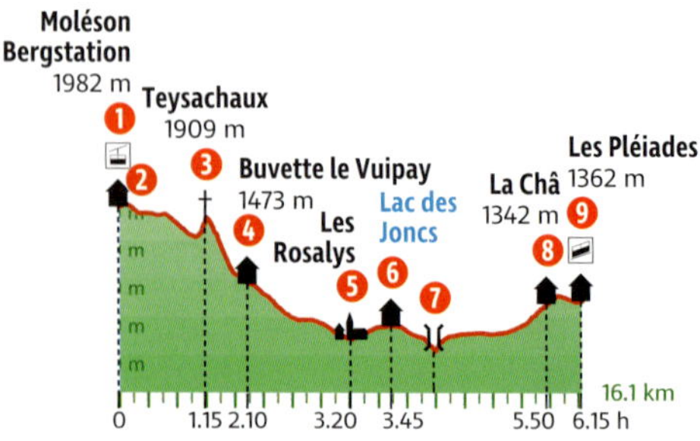

Von der **Bergstation Moléson** ❶ nordwärts auf dem kurzen Gratweg zum Triangulationssignal des **Moléson** ❷. Zurück Richtung Bergstation folgen wir dem offensichtlichen Gratweg und queren die erste Erhebung (P.1938 m) sowie die Crête de Moléson auf der abschüssigen Sonnenseite in einen Sattel (1786 m). Weiter auf dem Verbindungsgrat zum Fuß des Teysachaux-Ostgrats. Der teils ausgesetzte Pfad führt in Kehren über den grasigen, oben felsigen und zuletzt wieder grasigen Grat zum Gipfelkreuz des

Der Gratweg vom Moléson zum Teysachaux.

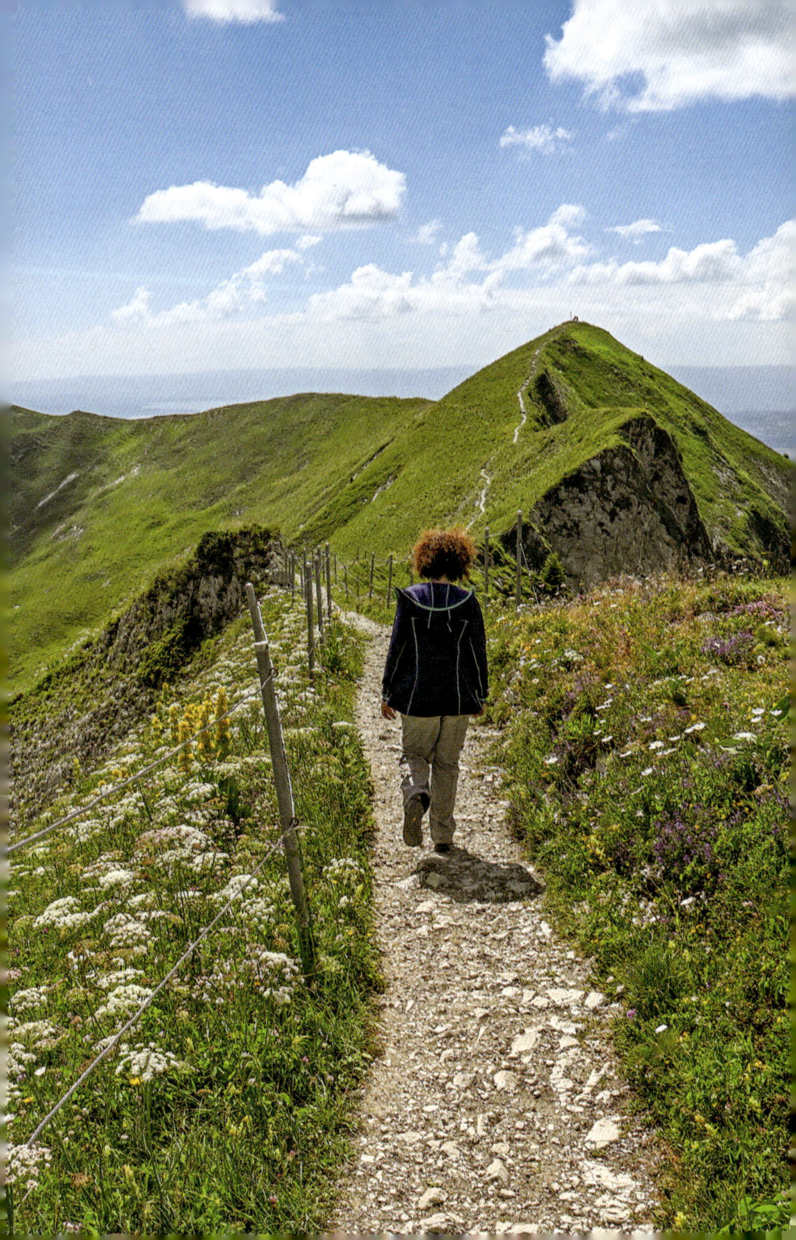

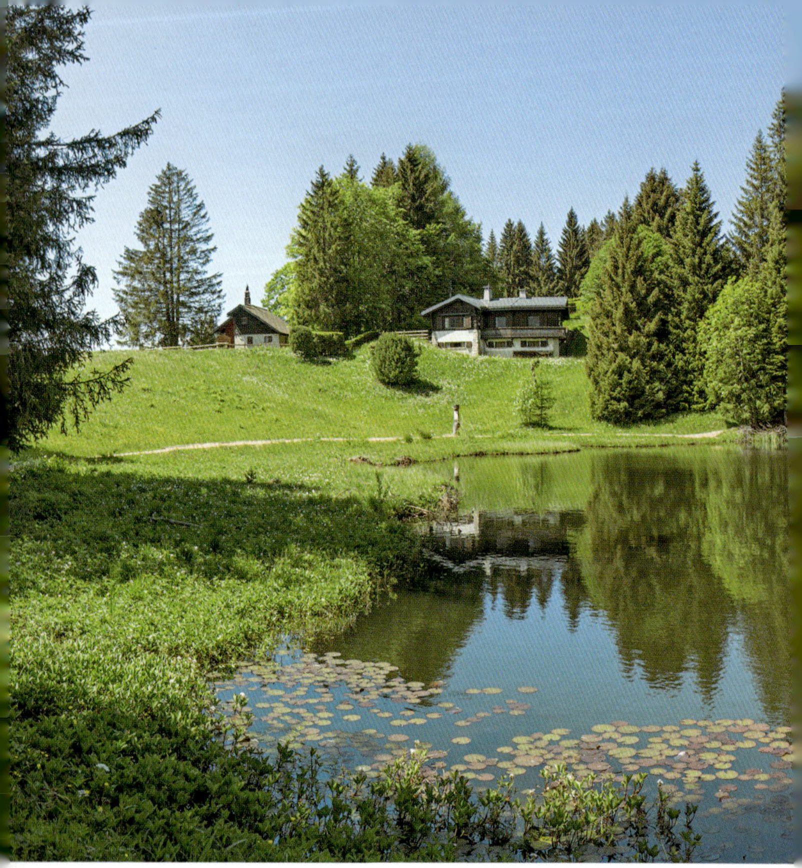

Ein schöner Ort für eine Einkehr: beim Lac des Joncs.

Teysachaux 3. Abstieg auf einem Pfad über den schmalen, oben felsdurchsetzten Südwestgrat. Ab ca. 1750 m wird der Grat grasig, später leicht bewaldet. Wir stoßen auf den Höhenweg von La Chaux nach Belle Chaux. Ihn queren wir und wandern hinab zur **Buvette Le Vuipey** 4. Südwärts über Weiden nach Vuipey d'en Bas und zur

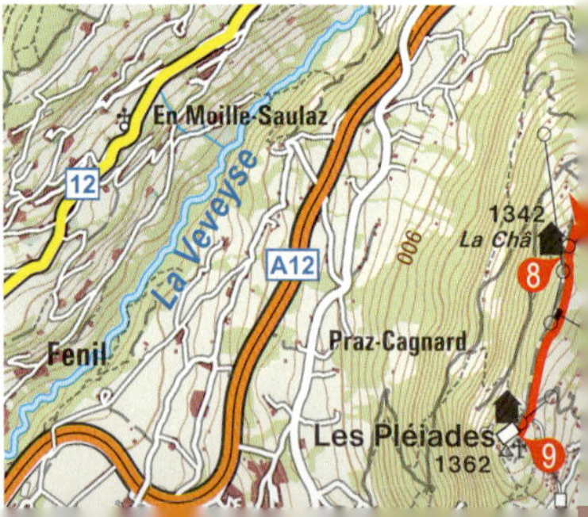

Brücke über die Veveyse de Châtel. Kurz hinauf auf ein Sträßchen. Auf ihm und auf einer Wanderwegabkürzung nach **Les Rosalys** 5 in Les Paccots. Hinauf auf der Wanderroute nach **Lac des Joncs** 6 – die gleichnamige Auberge und der See liegen nur 5 Min. oberhalb des Parkplatzes (P.1196). Der Beschilderung in Richtung Les Pléiades folgen, welche auf einem schönen Weg abwärts zur **Passerelle Fégire** 7 über die Veveyse de Fégire führt. Steil auf dem Pfad hinauf zum Forstweg und geradeaus weiter nach Fontanna David. Nun auf einem Sträßchen westwärts an dem Häuschen Les Mossettes vorbei. Am nächsten Waldrandabschnitt (der Wald rechts, die Wiesen links) auf das Sträßchen nach links zur Alp Pratin (P.1211). Beim Steinhaus der Alp rechts, am Zaun entlang und auf dem Pfad über Wiesen voll Narzissen, bis wir auf den breiten Weg treffen, welcher sanft ansteigend entlang des Bergrückens zum Restaurant **La Châ** 8 führt. Weiter auf dem Weg südwärts bis zur Bahnstation **Les Pléiades** 9. Hier können wir noch eine kleine Runde anschließen über die Gipfelwiese mit Panoramatafel und dem Lehrpfad Astropléiades zum Restaurant (mit schicker Seesicht von der Terrasse) und wieder zur Bahnstation.

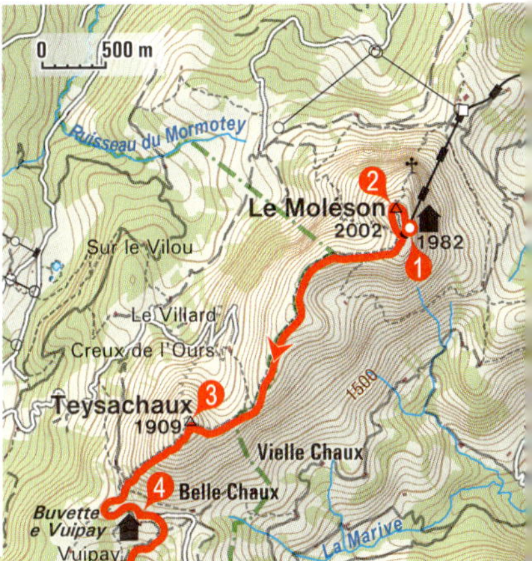
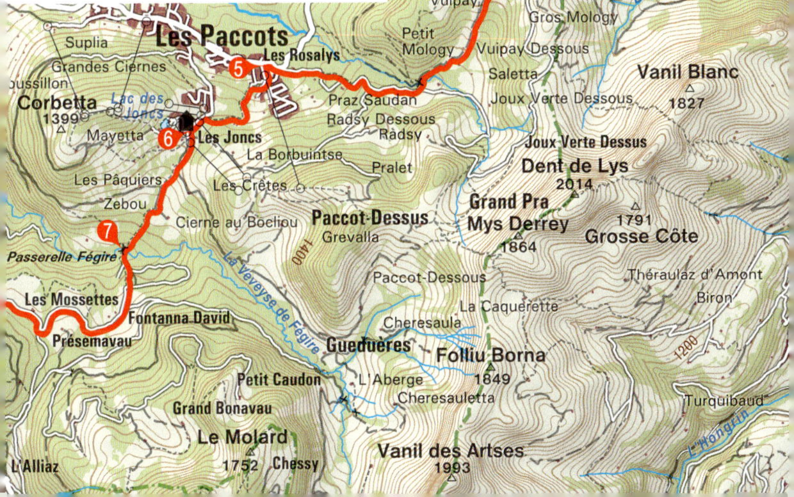

↗ 1170 m | ↘ 600 m | 11.4 km

36 Cape au Moine, 1941 m, – Dent de Jaman, 1874 m

5.30 h

Zwei Gipfel und zwei Pässe über der Waadtländer Riviera

Während sich der überwiegende Teil der Personen an der Bergstation Sonloup zum Narzissenweg (Tour 37, die übrigens auch ohne Narzissen schön ist) aufmacht, begeben wir uns in die entgegengesetzte Richtung und streben mit Cape au Moine und Dent de Jaman zwei Genussgipfel an. Während ersterer noch den Blick zu den Freiburger Alpen freigibt, besticht letzterer als einer der überragenden Aussichtspunkte auf den Genfersee.

Ausgangspunkt: Bergstation Sonloup (1149 m), Standseilbahn von Les Avants. Talstation neben dem Bahnhof an der Montreux-Oberland-Bahn MOB Montreux – Gstaad – Zweisimmen.
Endpunkt: Station de Jaman (1723 m); vgl. Tour 32.
Anforderungen: Gute Trittsicherheit erforderlich im Abschnitt zwischen Col de Soladier und Col de Jaman sowie auf die Dent de Jaman. Markierte Wege außer zwischen Col und Dent de Jaman. T5. Ohne die Besteigung des Cape au Moine T3+.
Beste Jahreszeit: Mitte Mai (Narzissen!) bis Oktober.
Einkehr: Les Avants, Auberge de la Cergniaulaz, Chalet de La Planiaz, Col de Jaman: Restaurant de Manoïre, Buvette de Jaman.
Unterkunft: Les Avants: BnB Au Pays (+41 079 729 0452). Auberge de la Cergniaulaz-Orgevaux (+41 21 964 4276). Chalet de La Planiaz (CAS, +41 79 219 8409). Cabane Jaman (CAS, +41 21 943 1751).
Varianten: 1) Die Besteigung der Cape au Moine auslassen; spart ca. 0.45 Std., dann ist der Abstecher auf die Dent de Jaman das Schwierigste (T3+). 2) Mit dem Molard (1751 m; vgl. Tour 38) noch einen dritten Gipfel einschließen; dann von P.1307 (nach Cergniaulaz) nordwärts und auf einem Wanderweg über Goille aux Cerfs (1569 m) auf den Molard und von dort in den Col du Soladier; 200 Hm und 0.30 Std. extra. 3) Vom Sattel unterhalb der Dent de Jaman auf der lohnenswerten Wanderroute noch weiter bis zum Bahnhof Haut-de-Caux; 1 Std. länger.
Karten: 262 T Rochers de Naye; 1244 Châtel-St-Denis, 1264 Montreux.
Anschlusstouren: 30, 33, 34.

Von **Sonloup** ❶ auf einer geteerten Alpstraße (eine Schlaufe lässt sich abkürzen) nordostwärts bis zur **Auberge de la Cergniaulaz** ❷. Der Straße nach rechts folgen bis unterhalb des **Chalet de La Planiaz** ❸. An der Gabelung unterhalb der Hütte links und über den breiten Hangweg und zuletzt auf einem Pfad in den **Col de Soladier** ❹. Auf dem Nordwestgrat aufsteigen, bald zieht der Wanderweg in die abschüssige Westflanke

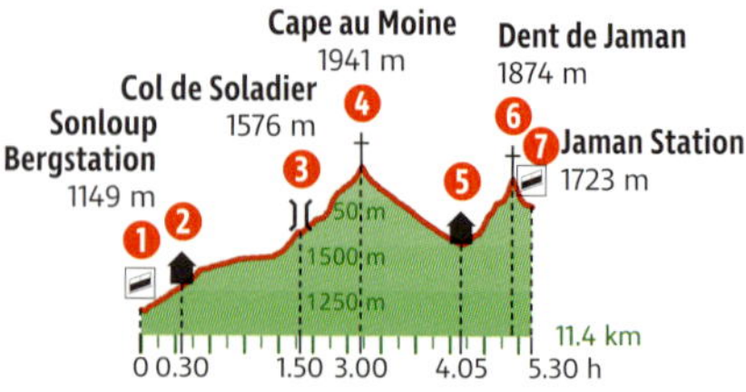

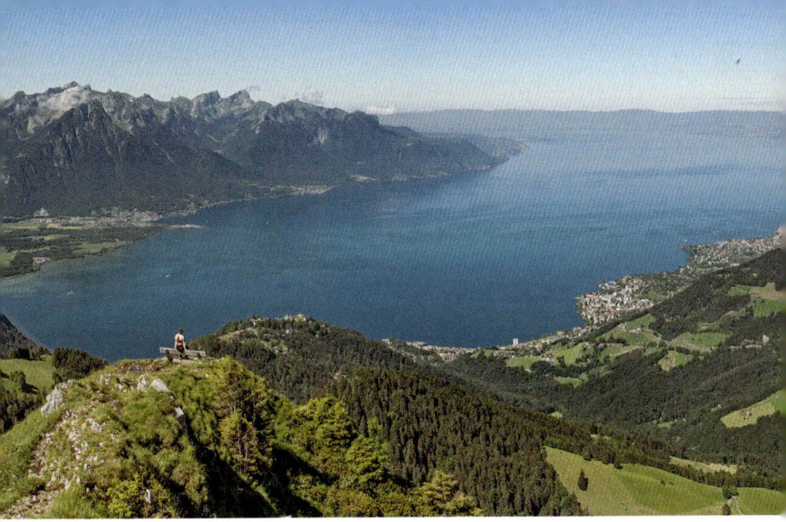

Ein Schweizer Bankgeheimnis auf der Dent de Jaman.

des Cape au Moine. An der Stelle des höchstens Punktes (ca. 1834 m) zweigt scharf links der Weg zum Col de Pierra und zur Cape au Moine ab. Vom Col de Pierra über den sehr ausgesetzten, zuerst grasigen, dann felsigen Nordgrat auf die Cape au Moine. Auf gleichem Weg zurück zum Col und zur Abzweigung. Weiter südwärts auf dem zuerst schmalen, bald aber schon angenehm breiten Höhenweg, welcher stets sanft bergab – teilweise durch Lawinenverbauungen – bis in den **Col de Jaman** 5 führt.

Hinter dem Restaurant de Manoïre geht es auf dem unmarkierten Pfad wieder aufwärts, welcher alsbald die Nordabstürze der Dent de Jaman quert. Auf der Schulter P.1759 den Weg verlassen und westwärts auf einem felsdurchsetzten Pfad durch die Südostflanke auf die **Dent de Jaman** 6. Die Sitzbank etwas unterhalb des höchsten Punktes zählt wohl in puncto Panorama zu den schönsten der Schweiz. Zuerst auf gleichem Weg wieder herab, im unteren Abschnitt des Gipfelaufbaus dann allerdings direkt über einen Pfad in den namenlosen Sattel mit Wegkreuzung und zuletzt auf dem markierten Weg in Kürze zur **Station Jaman** 7.

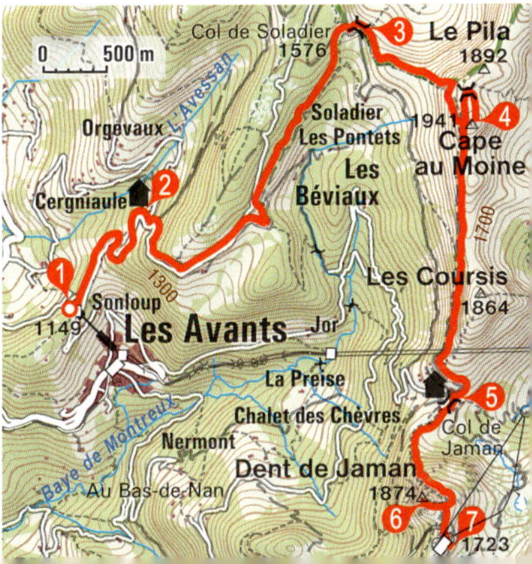

TOP

37 Gorge du Chauderon – Chemin des Narcisses

↗ 130 m | ↘ 880 m | 9.4 km

3.15 h

Grüne Oasen am Stadtrand: Schlucht- und Narzissenweg

»Ein letzter Tunnel – ›Les Avants‹ – und der Zug fährt, vom Berg hinausgehalten in den Himmel, vor dem Genfersee vor, und diesmal fühle ich die Kurve mit, als böge ich in hochgehaltenen Händen langsam einen Streifen blauen Stahls. Soweit ich blicke, strömen aus Bläue und Schnee die Narzissen zu Tal. Der See aber blaut in solcher Blöße, daß ich auflache und dann, erschrocken, weinen möchte.« René Schickele: Die Genfer Reise, 1919.
Eine kurzweilige Wanderung, zumeist bergab, geprägt durch grüne Schluchtwände, blaugrünes Wasser und weiße Blüten. Noch zu bemerken ist, dass der Chemin des Narcisses am Cubly, ein Naturlehrpfad mit fünf Stationen, zur Blütezeit der Narzissen viele Besucher anzieht; in der Schlucht ist weniger los.

Ausgangspunkt: Bergstation Sonloup (1149 m); vgl. Tour 36.
Endpunkt: Bahnhof Montreux (400 m).
Anforderungen: Nur wenige in puncto Trittsicherheit, der Schluchtweg ist gut abgesichert und gut markiert. T2.
Beste Jahreszeit: April bis November; auch im Winter, wenn schnee- und eisfrei. Für die Narzissen am besten Mitte Mai, für die Schlucht besser nachmittags, wenn die Sonne hineinleuchtet.
Einkehr und Unterkunft: Les Avants; vgl. Tour 33.
Hinweis: Im Sommer 2021 wurde die Gorge de Chauderon aufgrund von Steinschlag geschlossen. Sollte dies auch zukünftig der Fall sein, bietet sich eine schöne Alternative mit Seesicht an: die zweite Brücke in der Schlucht überqueren (P.603) und über den Sentier Mottallettaz zur Fahrstraße hoch; dieser bis Sonzier (P.654) folgen. Links und über den Sentier du Scex de Senzier und den Sentier de la Boriodaz hinab in die Altstadt von Montreux.
Varianten: 1) Wanderung nur bis Les Avants: 1.30 Std. 2) Wanderung in umgekehrter Richtung: 4 Std.
Karten: 261 T Rochers de Naye; 1264 Montreux.
Anschlusstouren: 36, 38.

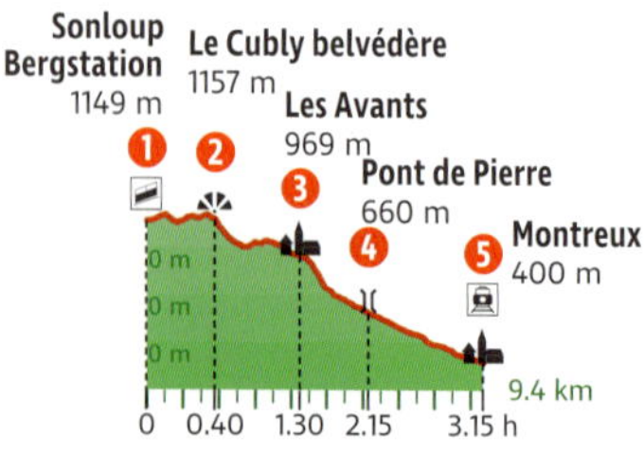

Nach der Fahrt mit der Standseilbahn von **Les Avants** nach **Sonloup** ❶ verlassen wir die Bergstation zur Linken. Über den bewaldeten breiten Gratweg über die Kuppe Le Cubly bis zum wunderbaren Aussichtspunkt **Le Cubly belvédère** ❷ bei der (praktisch kaum noch vorhandenen) Ruine von Sallauscex; dafür gibt es hier Feuerstellen sowie Tische und Bänke für ein Picknick. Auf einer steilen Treppe steigen wir hinab nach Azot, wo wir die erste Narzissenwiese sehen. Nun für 500 m auf der Straße, bis der Nar-

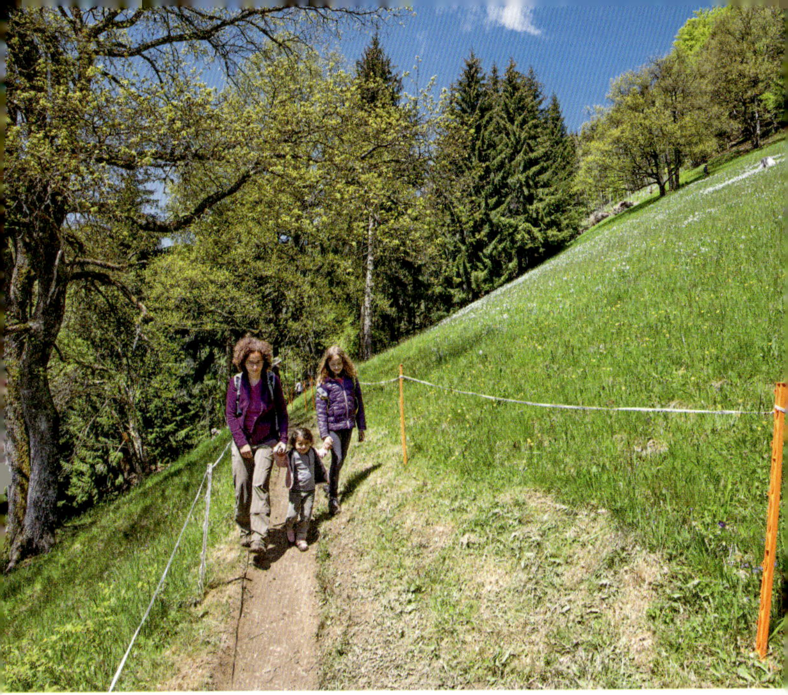

Narzissenwiesen sind Wegbegleiter bei dieser Tour.

zissenweg nach links hinauf zieht bis zu einem kleinen Haus. Zuletzt ohne große Höhenunterschiede durch Wald und über Wiesen zurück nach **Les Avants** ③. Noch vor dem Bahnhof zweigt nach der Überquerung der Gleise der Wanderweg in Richtung Chauderon ab. Im Wald hinab, zuerst am rechten, dann am linken Ufer und über den **Pont de Pierre** ④ wieder auf die rechte Seite.

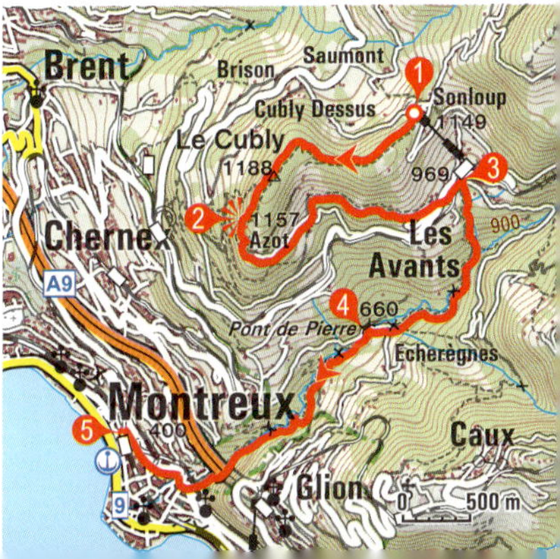

Nach 200 m biegt der Weg durch die Gorge de Chauderon nach links ab (P.653). Mit Verlassen der Schlucht kommen wir in die Altstadt von Montreux.

An der ersten Abzweigung rechts und durch die Rue de Pont und die Rue de la Gare zum **Bahnhof Montreux** ⑤.

↗ 650 m | ↘ 870 m | 13.4 km

38 Les Pléiades, 1362 m, – Le Molard, 1751 m

5.00 h

Höhenwanderung in Richtung der Freiburger und Waadtländer Alpen

Gestartet wird mit einer reizvollen Bahnfahrt auf Les Pléiades, genauso erfolgt auch der Abschluss von Sonloup aus. Dazwischen erwartet uns eine leichte, abwechslungs- und aussichtsreiche Wanderung mit netten Einkehrmöglichkeiten. Sind wir in der zweiten Maihälfte unterwegs, beginnt und endet die Wanderung mit zahlreichen blühenden Bergnarzissen. Dazwischen liegt noch ein lichter Wald mit schönen Farnen auf dem Südgrat des Molard, wo uns eine hübsche Aussicht in Richtung Moléson, Dent de Lys und der nahen Cape au Moine empfängt.

Ausgangspunkt: Bergstation Les Pléiades (1362 m) der Zahnradbahn Vevey–Pléiades.
Endpunkt: Bergstation Sonloup (1149 m); vgl. Tour 36.
Anforderungen: Technisch leicht und markiert. T2.
Beste Jahreszeit: Mai bis November. Narzissen im Mai auf Les Pléiades, Heidelbeeren im September auf Le Molard.
Einkehr: Les Pléiades, Restaurant le 1209 unterhalb Les Pléiades, Auberge de la Cergnaulez oberhalb von Sonloup.
Unterkunft: Les Avants; vgl. Tour 36.
Variante: Den Folly (1730 m) integrieren mit Aufstieg über den Südwestgrat und Abstieg Ostflanke nach Forcla; gute 20 Min. und 100 Hm extra.
Karten: 262 T Rochers de Naye; 1244 Châtel-St-Denis, 1264 Montreux.
Tipp: Museumsbahn (mit Dampflok) Blonay – Chamby Mai bis Okt. (+41 21 943 2121), www.blonay-chamby.ch.
Anschlusstouren: 35, 36, 37.

Auf dem Lehrpfad Astropléiades.

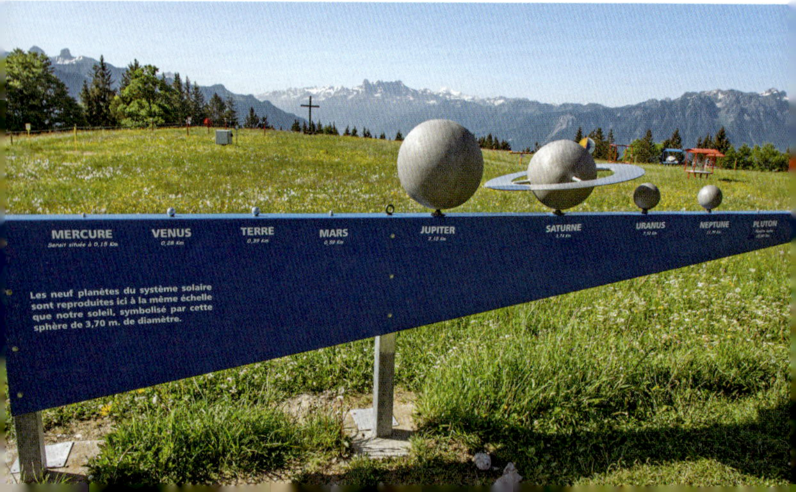

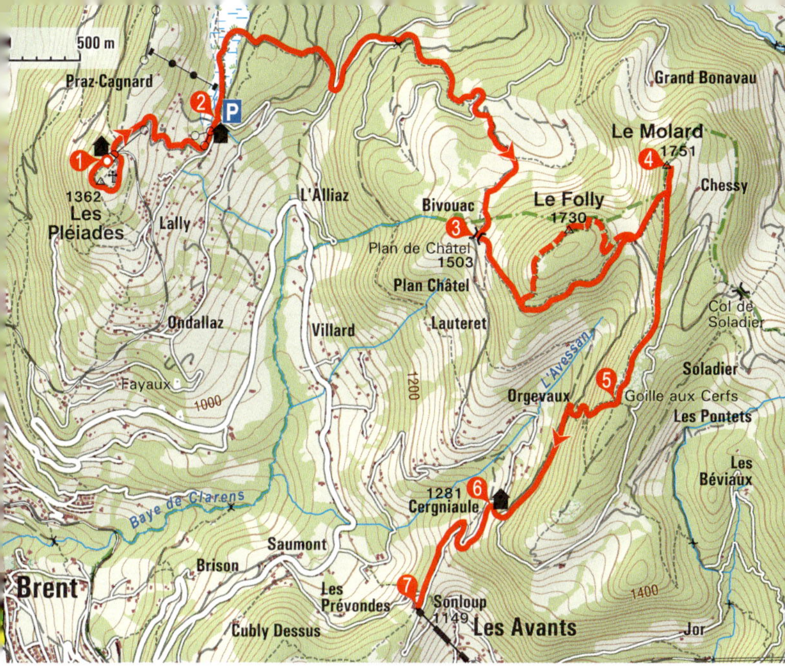

Von der Bergstation der Zahnradbahn zum Berggasthaus und hinauf zur Gipfelweide von **Les Pléiades** ❶; Panoramatafel und Lehrpfad Astropléiades. Zurück zur Station. Auf einem Schotterweg nord-, dann ostwärts hinab; er geht in einen Teerweg über und führt auf eine Straße. Auf ihr nordwärts zu einem großen Parkplatz beim **Restaurant le 1209** ❷. Wir folgen der gelb markierten Wanderroute nach Norden. Bei den nächsten beiden Abzweigungen jeweils rechts und weiter auf der Route ostwärts bis zum Refuge de Pautex (1196 m), einem schönen Plätzchen für ein Picknick. Die Wanderroute in Richtung Sonloup führt kurz abwärts zu einer Haarnadelkurve (P.1153), steigt nordostwärts wieder ein wenig auf einem Ziehweg an.

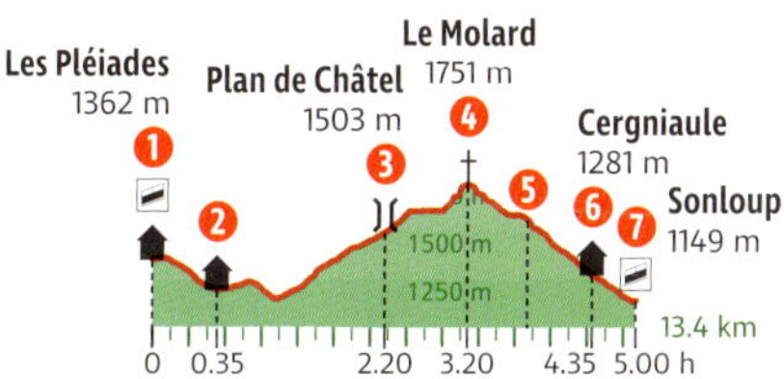

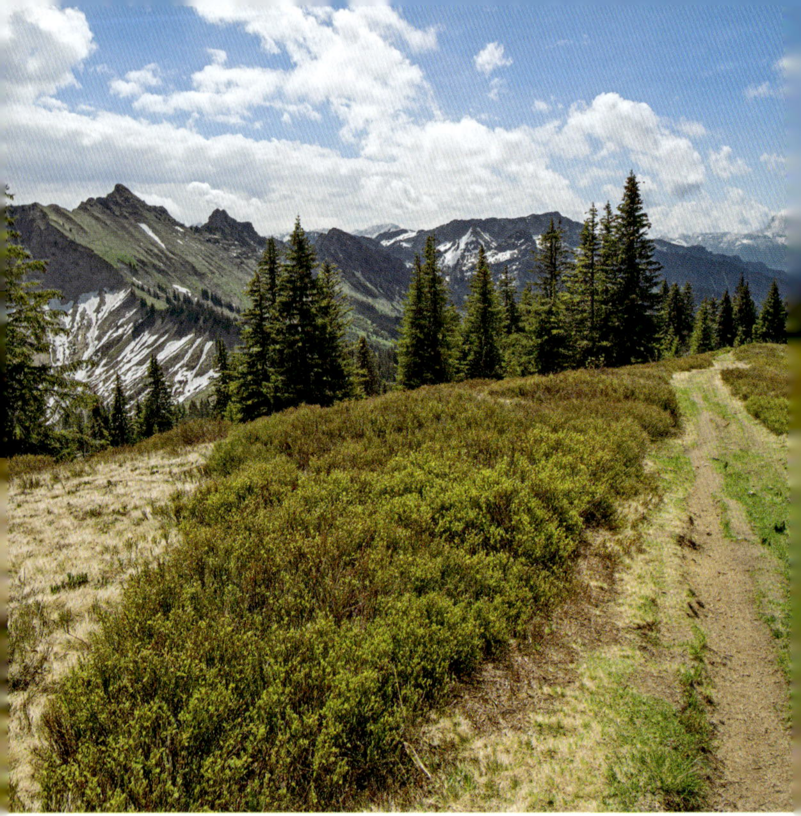

Auf dem breiten Gipfel des Molard.

Am Waldrand verlassen wir diesen nach rechts, treffen dabei sofort auf zwei Waldwege, von denen wir den linken nehmen. Über zwei Bäche und ein geteertes Sträßchen nach Montbrion. Hinauf in den breiten Sattel **Plan de Châtel** ❸ unterhalb des Hofes Le Bivouac. Links den Weg zum Südwestgrat des Folly (P.1612) und unterhalb des Folly zum Sattel La Forcla (1622 m). Hier zweigt ein unmarkierter Pfad nach Nordosten ab, welcher alsbald auf den Südgrat des Molard trifft und den markierten Wanderweg etwas abkürzt. Auf dem Grat bis auf den breiten Gipfel des **Molard** ❹. Über den Südgrat abwärts bis zur Wegkreuzung **Goille aux Cerfs** ❺ mit Tümpel. Wir halten uns rechts und steigen steil hinab auf breitem Waldweg bis zur Auberge bei **Cergniaule** ❻ und zum Schluss auf der Straße nach **Sonloup** ❼; mit der Standseilbahn (oder in gut 20 Min. zu Fuß) nach Les Avants.

↗ 50 m | ↘ 50 m | 13.0 km

3.15 h

Uferpromenade Vevey – Montreux – Villeneuve

39

Smoke on the water – auf den Spuren von Deep Purple

»We all came out to Montreux / On the Lake Geneva shoreline / To make records with a mobile / We didn't have much time / Frank Zappa and the Mothers / Were at the best place around / But some stupid with a flare gun / Burned the place to the ground // Smoke on the water / A fire in the sky / Smoke on the water.«

Am 4. Dezember 1971 wollen Deep Purple im Casino von Montreux mit dem mobilen Studio der Rolling Stones ein Album aufnehmen. Am Vorabend spielen noch Frank Zappa und seine Mothers Of Invention. Dann passiert es: Jemand schießt eine Leuchtrakete ab, die Deckenverkleidung fängt daraufhin Feuer und setzt das Gebäude in Brand. In der Nacht, in der die riesigen Qualmwolken über den Genfersee zogen, wurde ein Klassiker der Rockgeschichte geboren.

Ausgangspunkt: Bahnhof Vevey (382 m).
Endpunkt: Bahnhof Villeneuve (375 m).
Anforderungen: Auch mit Fahrrad, Inlines und Kinderwagen möglich; markiert. T1.
Beste Jahreszeit: Immer, aber besser nachmittags. Besonders schön an einem sonnigen Septembertag, wenn noch im See gebadet werden kann (zahlreiche, teils wunderschöne Badeplätze).
Einkehr: Immer wieder.
Unterkunft: Jede Menge, z.B.: In Vevey: Hostellerie de Genève (+41 21 921 4577), Guest House Le Charlot (+41 78 796 2858). In La Tour-de-Peilz: Hotel Bon Rivage (+41 21 977 0707). In Clarens: Villa Kruger boutique BnB (+41 78 707 0070), L'Ermitage (+41 21 805 46 08). In Montreux: BnB Guest House Du Lac (+41 78 849 4343). In Territet: Auberge de Jeunesse Montreux (+41 21 963 4934).
Variante: Die 2 km Straße zwischen dem Chemin des Bains de la Becque und dem Parc du Basset mit dem Bus machen. Ansonsten kann auch beliebig verkürzt werden.
Karten: 261 T Rochers de Naye; 1264 Montreux. Stadtplan Vevey – Montreux.
Tipps: Geführte Stadtbesichtigungen in Montreux und Vevey vom 1. April bis 30. September; www.montreuxriviera.com. Im Juli: Montreux Jazz Festival. In Vevey: Musée suisse de l'appareil photographique, Alimentarium (Museum für Nahrung). In La Tour-de-Peilz: Musée suisse du Jeu im Schloss. Badesachen für ein kostenloses Bad im See gleich nördlich des Château de Chillon. Das Schloss ist täglich offen außer am 25. Dezember und 1. Januar. Lord Byrons »Der Gefangene von Chillon«, das berühmteste Gedicht vom Genfersee, ist am Schlosskiosk zu kaufen. Chaplin's World – The Modern Times Museum; www.chaplinsworld.com.
Anschlusstouren: 28, 34, 37, 41.

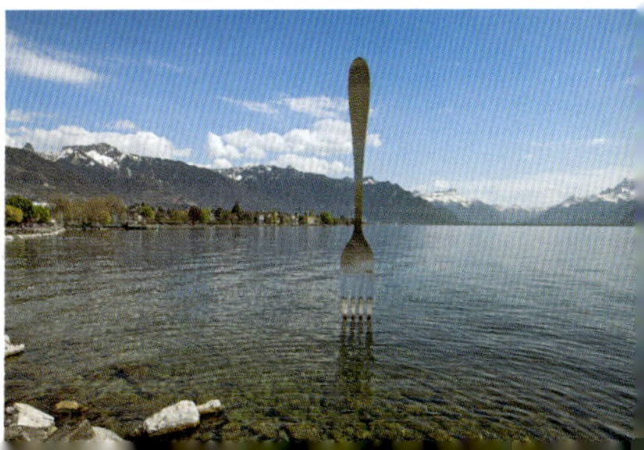

La Fourchette – die größte Gabel der Welt vor dem Alimentarium.

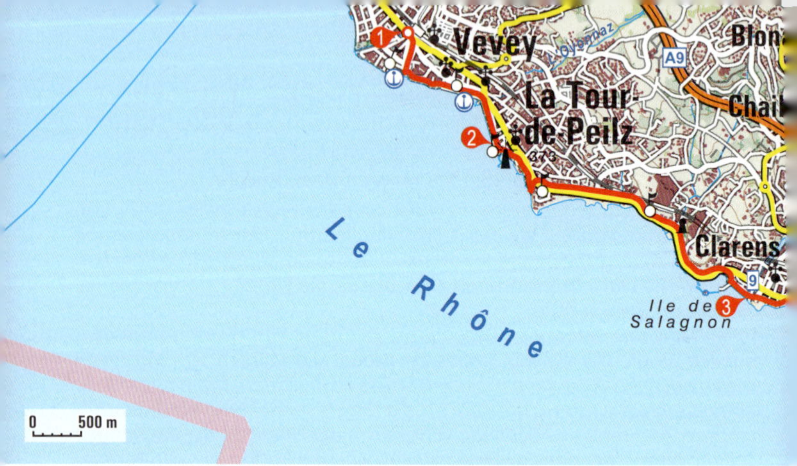

Vom **Bahnhof Vevey** ❶ gehen wir hinunter zur Grande Place und zum See; Anlegestelle Vevey-Marché. Auf der Uferpromenade (schön ist aber auch die Rue du Lac in der Altstadt) ostwärts nach **La Tour-de-Peilz** ❷. Außen um das Schloss herum in den Hafen. In den Bains publiques de la Becque ist die Uferpromenade leider vorerst zu Ende. Es geht hinauf auf die stark befahrene Uferstraße. Dank der Plage de la Maladaire kann man sie kurz verlassen. Nach der Badeanstalt von Basset mit der Île de Salagnon draußen bei der Hafeneinfahrt geht es wieder zum See hinab.

373 m und 3257 m: das Château de Chillon und die Dents du Midi.

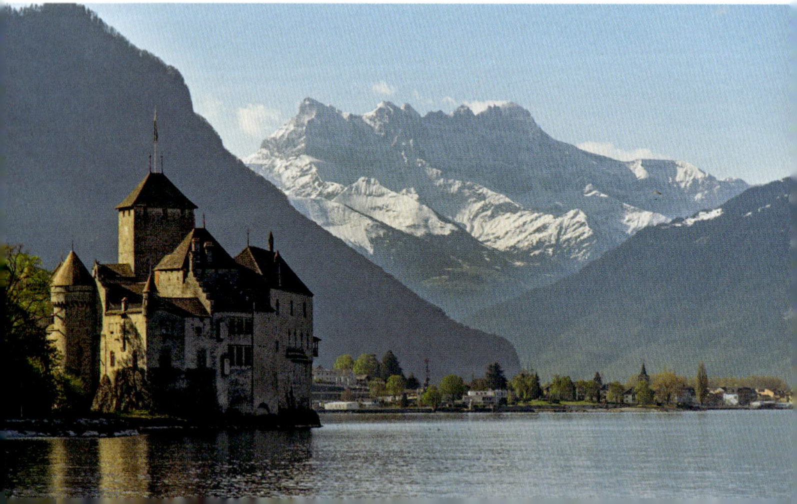

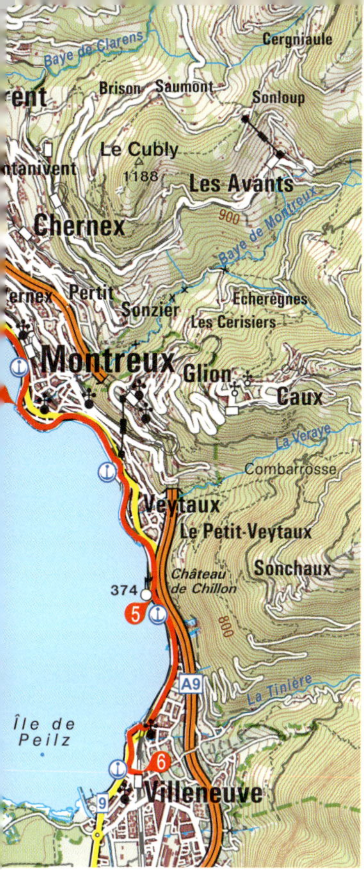

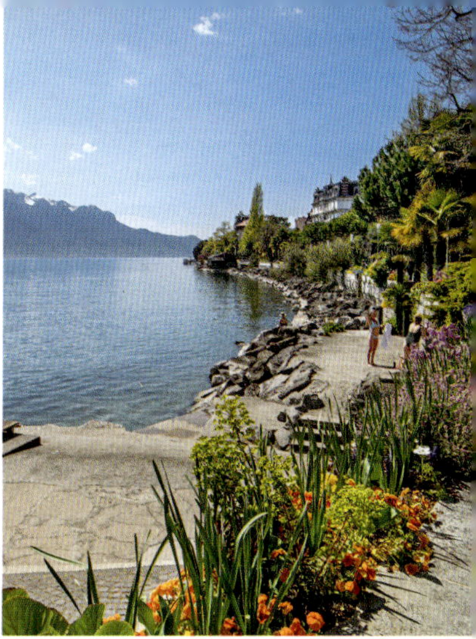

Die Seepromenade bei Montreux.

Gleich darauf folgt das Villenviertel Dubochet – so möchte man wohnen. Hier steht auch die Villa Kruger, Museum (Sonntag geschlossen) und Hotel. Am Ende von **Clarens** ❸ spazieren wir über den lärmigen Quai Jean-Jacques Rousseau – er hätte weiß Gott einen ruhigeren Küstenabschnitt verdient. Zur Mündung der Baye de Montreux in **Montreux** ❹ und um Montreux herum nach Territet; ein Sissi-Denkmal steht im Parc des Roses nördlich von Bahn und Straße. Die Uferpromenade führt uns direkt zum **Château de Chillon** ❺. Zu guter Letzt gehen wir noch weiter am Ufer zum öffentlichen Strandbad von Villeneuve, noch knapp 500 m bis zum Quai und nach links zum **Bahnhof Villeneuve** ❻.

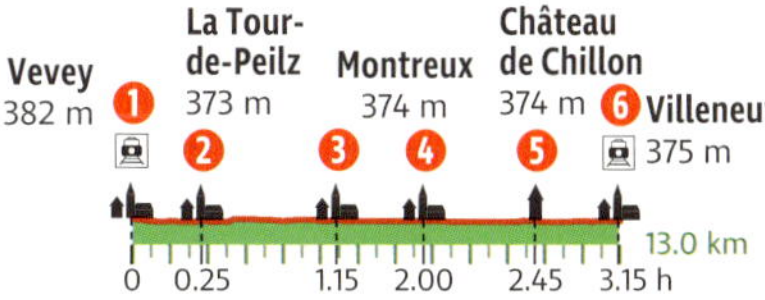

↗ 480 m | ↘ 330 m | 9.5 km

40 Mont Pèlerin, 1080 m

3.15 h

Mit Gipfel und Buvette: eine schöne Annäherung an den See

»Vor uns lag der Genfersee, weitausgedehnt, tiefblau und ruhig, seine Fläche mit Segeln überhaucht, oder beschattet von hoch-ragenden Bergen, die Ufer bald schroff und abstürzend, bald verschwimmend in dem leuchtenden Grün der Niederungen; dort das feierlich-düstere, geheimnißvolle, schluchtenähnliche Rhonetal; rings Schlösser, Städte, Dörfer, Weiler, Thürme; alle Abhänge überreich an Weingelände; Landhäuser, Kirchen; aus den entlegenen Bergwiesen erhoben sich die braunen Sennhütten, gleich matteren Basreliefs, mit dem Hintergrunde von Felsenzacken, Berggipfeln und Gletschern.« James Fenimore Cooper: Aufenthalt in Frankreich, Ausflug an den Rhein und zweiter Besuch in der Schweiz, 1837.

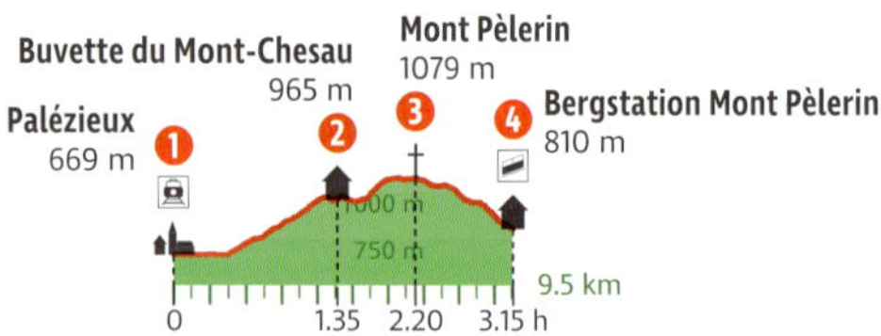

Vom Mont Chesau zur Buvette Chesau; im Hintergrund der Turm auf dem Mont Pèlerin.

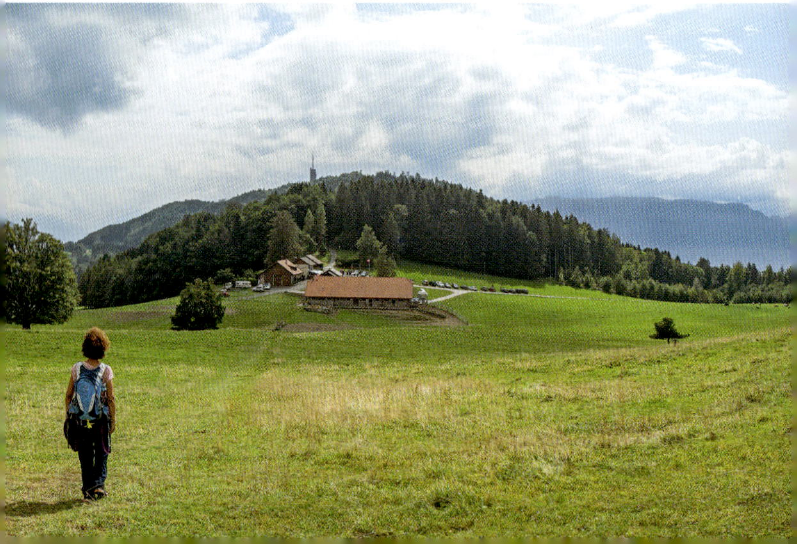

Ausgangspunkt: Palézieux-Gare (669 m).
Endpunkt: Station Mont-Pèlerin (810 m), Bergstation der Standseilbahn von Vevey. Talstation ein paar Gehminuten vom Bahnhof entfernt.
Anforderungen: Geringfügige Trittsicherheit vor dem Pèlerin. Markiert. T1 bis T2.
Beste Jahreszeit: Immer. Antennenturm Plein Ciel auf dem Mont Pèlerin, offen von Ostern bis November, 9–18 Uhr.
Einkehr: Granges, Buvette Chesau, Bergstation Mont Pèlerin.
Unterkunft: In Palézieux: Hôtel de la Gare (+41 21 907 8108). In Le Mont-Pèlerin: Le Mirador Resort (5-Sterne, +41 21 925 1111).
Variante: 1) Von der Station Mont-Pèlerin auf dem Wanderweg in 1 Std. über Chardonne hinunter ans Léman-Ufer; vgl. Tour 41. 2) Bis Granges (Haltestelle Village) kann man auch den Bus nehmen; 0.30 Std. kürzer.
Karten: 261 T Rochers de Naye; 1244 Châtel-St-Denis.
Tipp: Fernglas und Bargeld für den Plein Ciel (5 CHF, Scheine werden gewechselt).
Anschlusstouren: 36, 38.

Vom **Bahnhof Palézieux** ❶ südwestwärts 1 km der Fahrstraße folgen und auf der Wanderroute auf einem Feldweg noch etwas weiter an den Gleisen entlang, dann südwärts über Grands Champs nach Granges. An der zweiten Straße rechts in die Route de la Léchère gegen den Mont Chesau ansteigen. Sobald wir vor einer Passhöhe aus dem Wald kommen, halten wir uns links und folgen kurz einem Graspfad auf die Kuppe des **Mont Cheseau** (983 m) und dann direkt zum Hof und **Buvette Chesau** ❷. Weiter südwärts nach La Moille und unmittelbar an der nächsten Waldgrenze links auf einen unscheinbaren, unmarkierten

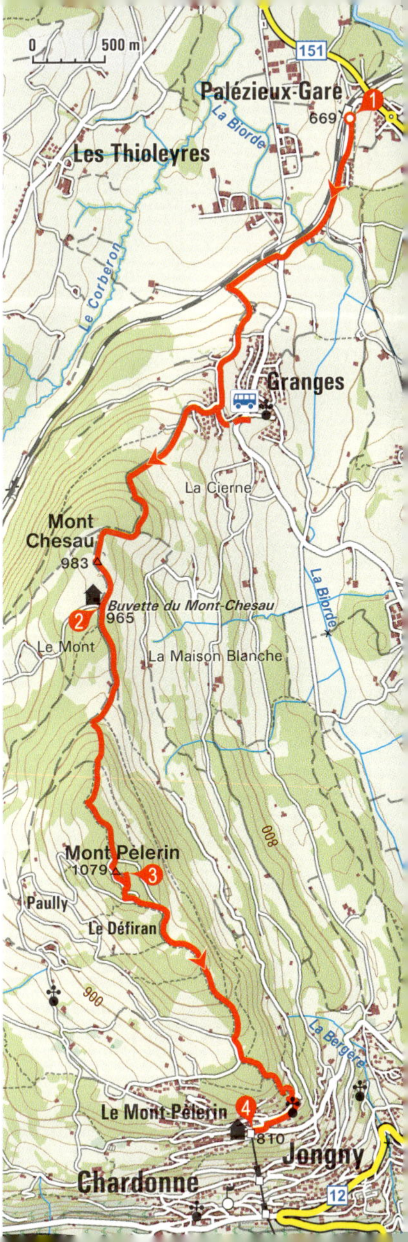

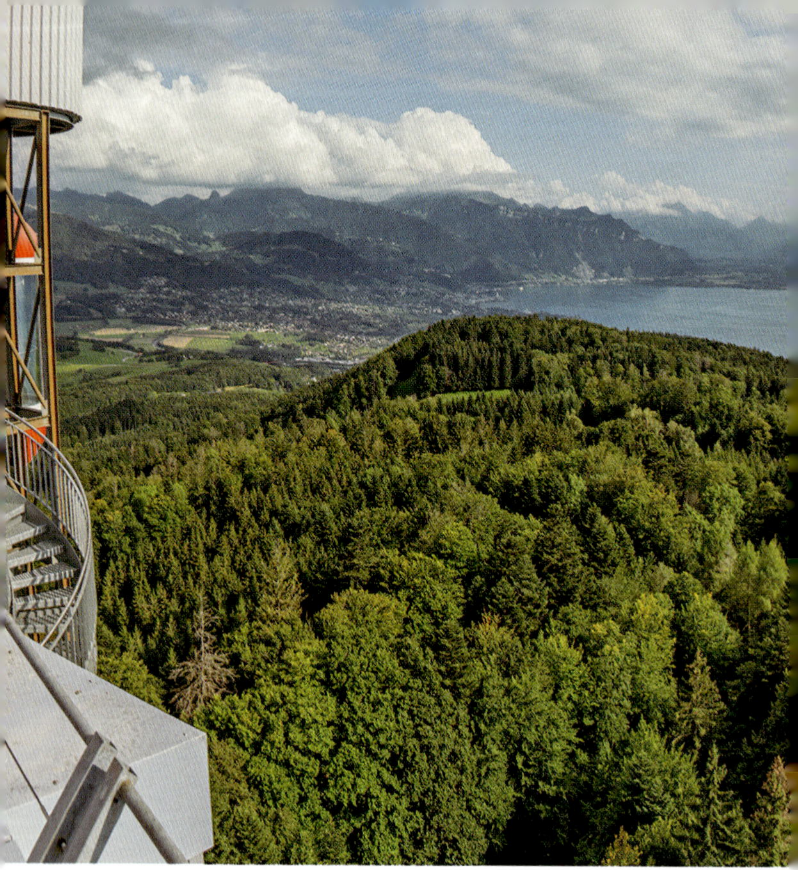

Blick von der Aussichtsterrasse des Antennenturms Plein Ciel.

Pfad (teilweise in einem spannenden Hohlweg, der markierte Wanderweg macht einen kleinen Umweg) über den bewaldeten Nordrücken des **Mont Pèlerin** ❸ zum 123 m hohen Antennenturm Plein Ciel mit Lift und einer Aussichtsterrasse 63 m über dem Waldboden – in Sekundenschnelle hat man auf einen Schlag den ganzen Léman zu Füßen. Nach diesem Besuch südwärts auf der Straße, nach der ersten Kurve links abzweigen und zur markierten Wanderroute absteigen. Auf dieser über Chalet Volet hinab zu einer Fahrstraße, auf dieser bis zur nächsten Kurve; hier halten wir uns links, es geht durch den Wald steil hinab, zuletzt über Treppen, und auf der Straße nach rechts zur **Standseilbahn-Bergstation** ❹ des Mont Pèlerin.

↗ 490 m | ↘ 510 m | 17.5 km

TOP **41**

5.15 h

Durch die Rebberge des Lavaux

Einer der süffigsten Wege der Schweiz: parcours viticole d'Ouchy à Chillon

»Außerhalb von Vevey folgen wir einer gewundenen Straße, die, von Mauern eingefasst, steigt und sinkt. Schon bald finden wir uns umgeben, ja ringsum bedrängt durch die Reben. Welch wunderlicher Anblick: Man sieht sie von einer großen Höhe herabkommen und über die Böschungen bis zum See hinuntergehen. Ein einheitlich gefärbter Teppich bedeckt die Vorsprünge und die Vertiefungen im Gelände; keine Unterbrechungen in diesem weiten Raum, keine fremde Pflanze, kein Zweig höher als der andere; Kelterhäuser stehen da und dort, aber die Rebstöcke drum herum scheinen ihnen nur ungern einen so kostbaren Platz überlassen zu haben.« George Mallet: Le tour du Lac de Genève, 1824.
Die schon vor rund 200 Jahren vortrefflich beschriebene Kulturlandschaft Lavaux zählt seit 2007 zum UNESCO-Weltkulturerbe.

Ausgangspunkt: Bahnhof Lutry (402 m).
Endpunkt: Bahnhof Vevey (383 m).
Anforderungen: Keine. Die Strecke ist zwar asphaltiert, verläuft aber durch eine einmalige Kulturlandschaft. Markiert. T1.
Beste Jahreszeit: Immer, außer bei der Weinlese im Oktober (Wege können gesperrt sein). Im Hochsommer eher heiß.
Einkehr: Unterwegs zahlreiche Einkehrmöglichkeiten in den meisten Dörfern (montags haben viele Restaurants geschlossen). Die Weinkeller, wie der berühmte Caveau des Vignerons d'Epesses (+41 79 378 4249), haben eher abends und am Wochenende offen.
Unterkunft: In Lutry: Hotel Lake View Le Rivage (+41 21 796 7272). In Cully: Auberge du Raisin (+41 21 799 2131), Auberge du Major Davel (+41 21 799 9494). In Rivaz: Auberge de Rivaz (+41 21 946 1055). In Chexbres oberhalb Rivaz: Hotel Baron Tavernier (+41 21 926 6000). Vevey: vgl. Tour 39.
Varianten: Die blau markierte und mit Infotafeln versehene Grande Traversée de Lavaux von Lausanne-Ouchy bis zum Château de Chillon ist 32 km lang und dauert 9 Stunden; wirklich lohnend aber nur zwischen Lutry und Chardonne; im Hinterland von Vevey und Montreux sind Rebberge rarer. Die neun verschiedenen Pfade in den sieben Appellationen Lutry, Villette, Epesses, St-Saphorin, Chardonne und Vevey-Montreux sowie den beiden Grands Crus Calamin und Dézaley sind zwischen 1,5 km und 5,1 km lang. Aufgrund zahlreicher Bahnhöfe und Bushaltestellen kann die Wanderung recht beliebig verkürzt werden (z.B. Ende in Saint-Saphorin; 3.15 Std., 420 Hm).
Karten: 261 T Lausanne, 262 T Rochers de Naye; 1243 Lausanne, 1244 Châtel-St-Denis.
Tipp: Lavaux, Weinberg-Terrassen; dreisprachige Broschüre, erhältlich bei den Verkehrsvereinen. Sommer: Strände in Cully, vgl. Tour 39; westlich des Château de Glérolles der Plage de Rivaz; Bains Reymond in Saint-Saphorin; die gebührenpflichtige Vevey-Plage. Letzter Maisamstag: Marché du vin in Chardonne. Mitte November: Tag der offenen Tür in den Weinkellern.
Anschlusstouren: 39, 40, 42, 43.

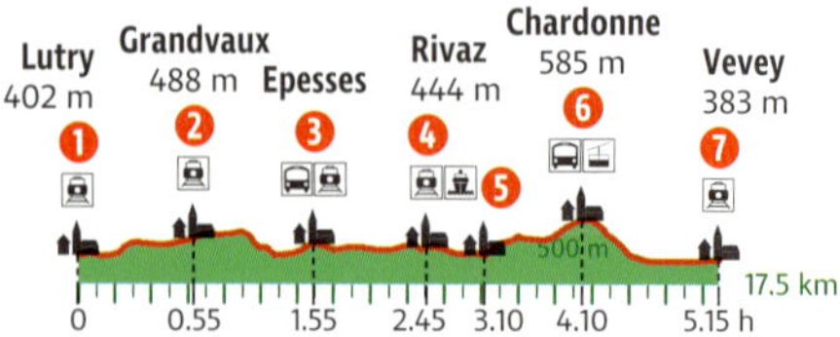

Vom Bahnhof **Lutry** ❶ (am See auch eine Schiffsstation, von da aus kommt man noch durch den mittelalterlichen Dorfkern) auf dem blau markierten parcours viticole durch die Rebberge der Appellation Villette über Châtelard, Aran und **Grandvaux** ❷ bis Chenaux (531 m). Weiter dem gelb markierten Weg hinab gegen Riex (443 m), wobei man die lang gezogene Kurve der Straße auf einem kleinen Pfad nach rechts hinab abgekürzt werden kann. Im hübschen Ortskern von Riex halten wir uns rechts und gehen auf der Rue des Sous Riex hinab zur einer Straßenverzweigung. Links nach La Grand Vigne und geradeaus auf dem Sentier de Creyvavers hinauf gegen **Epesses** ❸; die Dorfstrasse erreichen wir über den Sentier de la Béguine. Wir verlassen den Ort nach rechts und halten uns an der ersten Straßenverzweigung rechts. Auf dem für den Verkehr gesperrten Sträßchen Chemin des Grands Crus Dézaley (wo die Weinberge besonders steil sind) in leichtem Auf und Ab; zuletzt steil hinab nach

À votre santé: im Dörfchen Rivaz.

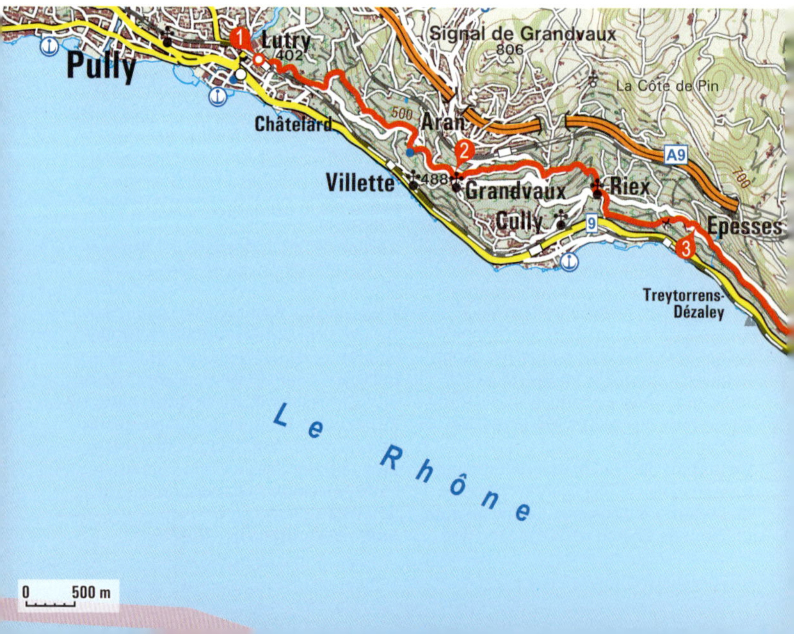

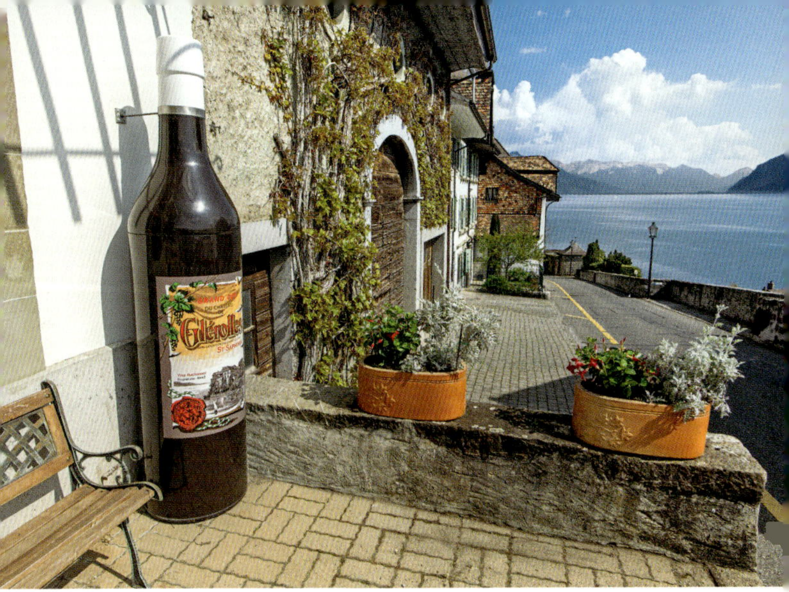

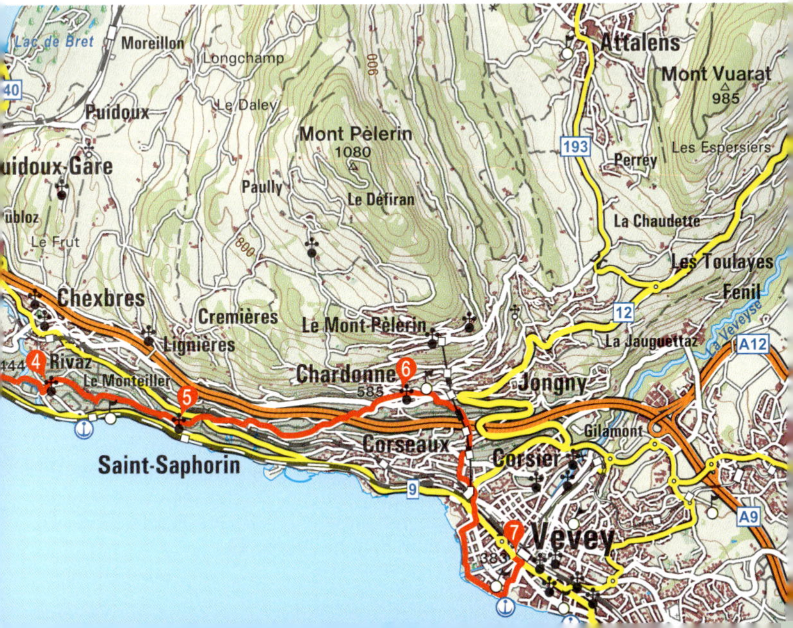

Lac de Bret
Moreillon
Longchamp
Le Daley
Puidoux
uidoux-Gare
ubloz
Le Frut
Mont Pèlerin
1080
Paully
Le Défiran
900
800
Attalens
Mont Vuarat
985
Perrey
Les Espersiers
La Chaudette
Les Toulayes
Fenil
La Veveyse
La Jauguettaz
193
12
A12
A9
40
Chexbres
Cremières
Lignières
Le Mont-Pèlerin
Rivaz
Le Monteiller
Chardonne
585
Jongny
Gilamont
Corseaux
Corsier
Saint-Saphorin
9
Vevey
383
4
5
6
7

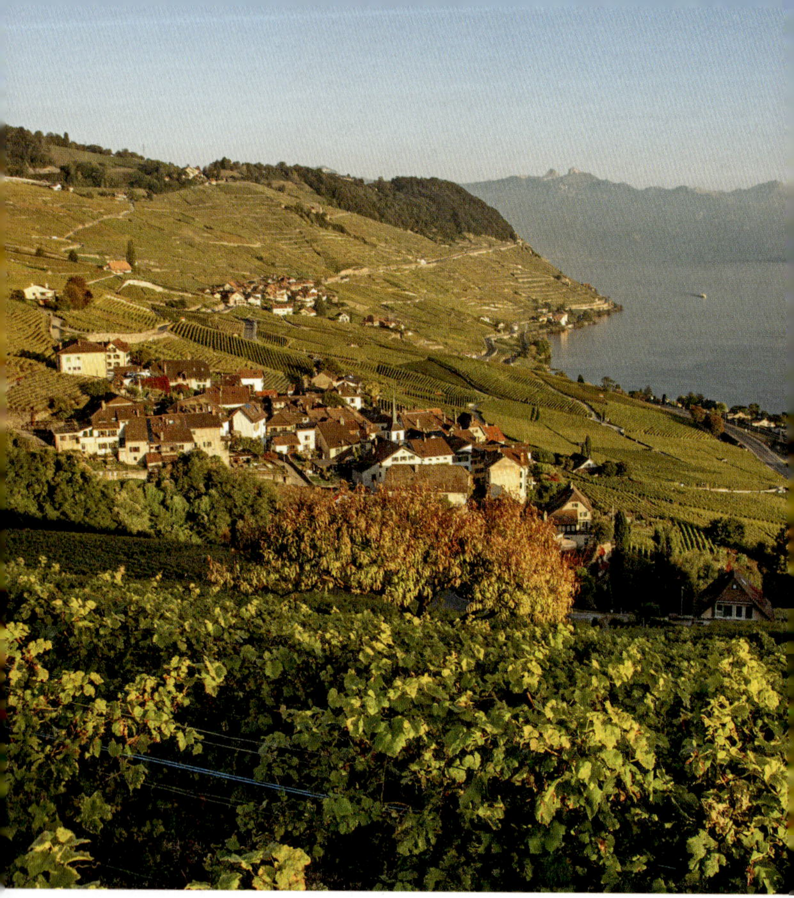

Die Weinberge des Lavaux sind seit 2007 in der Liste des UNESCO-Weltkulturerbes.

Rivaz 4 (Bahn- und Schiffsstation). Auf- und absteigend in das Winzerdorf **Saint-Saphorin** 5. Oberhalb der Kirche beginnt der Aufstieg durch die Rebberge nach **Chardonne** 6.

Hier verlassen wir die Grande Traversée de Lavaux. Auf dem gelben Wanderweg, der teilweise der Standseilbahn Vevey – Mont-Pèlerin folgt (man kann sie auch benützen!), steil über Corseaux und durch den Chemin du Basset hinab, Straßen und Bahnlinien querend. Zuletzt rechts am Nestlé-Hauptsitz vorbei zum See und an ihm entlang zur Grande-Place von Vevey; Schiffsanlegestelle. Nordwärts zum Bahnhof **Vevey** 7.

↗ 70 m | ↘ 130 m | 11.8 km

3.15 h

Uferweg von Lausanne nach Cully

42

Entspanntes Schlendern am Ufer und durch Reben

Perfekt für einen Nachmittag am See: vielleicht noch mit einem Stopp an einer der zahlreichen Badegelegenheiten, vielleicht noch mit einem kulinarischen Stopp bei einem Glas Weißwein AOC Lavaux, vielleicht einfach mit einem Buchstopp auf einer der Sitzbänke am Weg, und dann in 13 Minuten mit dem Zug wieder zurück nach Lausanne.

Ausgangspunkt: Bahnhof Lausanne (448 m).
Endpunkt: Bahnhof Cully (391 m).
Anforderungen: Keine. Gelb markiert. T1.
Beste Jahreszeit: Immer.
Einkehr: Unterwegs jede Menge Einkehrmöglichkeiten.
Unterkunft: In Lausanne: Jeunotel/Youth Hostel (+41 21 626 0222), Hôtel du Boulevard (+41 21 614 2828), Hôtel Angleterre, hier schrieb Byron »Der Gefangene von Chillon« (+41 21 613 3434). In Lutry & Cully; vgl. Tour 41.
Tipp: Musée Olympique (tägl. 9–18 Uhr). Frühling: Cully Lavaux Jazz Festival mit Konzerten in den Weinkellern und den Kneipen; Programm und Tickets: www.cullyjazz.ch. Sommer: Badesachen mitnehmenswert für das Bains des Dames (auch für Herren zugänglich) am Westende der Promenade in Cully oder für das Strandbad Plage de Cully, welches nur 10 Min. vom Major-Davel-Obelisken entfernt ist.
Karten: 261 T Lausanne; 1243 Lausanne.
Anschlusstouren: 41, 43, 44, 46.

Den **Bahnhof Lausanne** ❶ zur Südseite verlassen in die Rue du Simplon. Westwärts, durch die Passage de Montriond abwärts zu einer großen Kreuzung und hinein in den Jardin botanique. Hinauf zum Montriond, **Crêt de Montriond** ❷ (mit 448 m, der niedrigste Gipfel dieses Führers). Südwärts hinunter, ostwärts zur Avenue de la Harpe, diese queren und auf der Avenue de Cour weiter. Vor dem schicken Hotel Royal Savoy die Promenade de la Ficelle hinab und links zur Avenue d'Ouchy vor. Diese überqueren in den Chemin de Roseneck und in der gleichen Richtung weiter durch das Gelän-

»Pausenhof« des Gymnasiums auf dem Sentier des Rives du Lac.

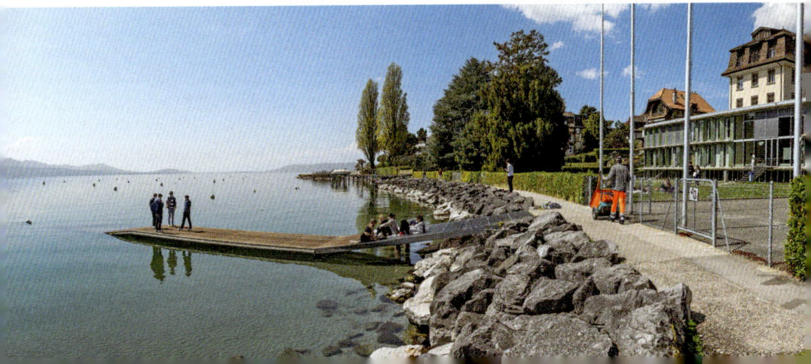

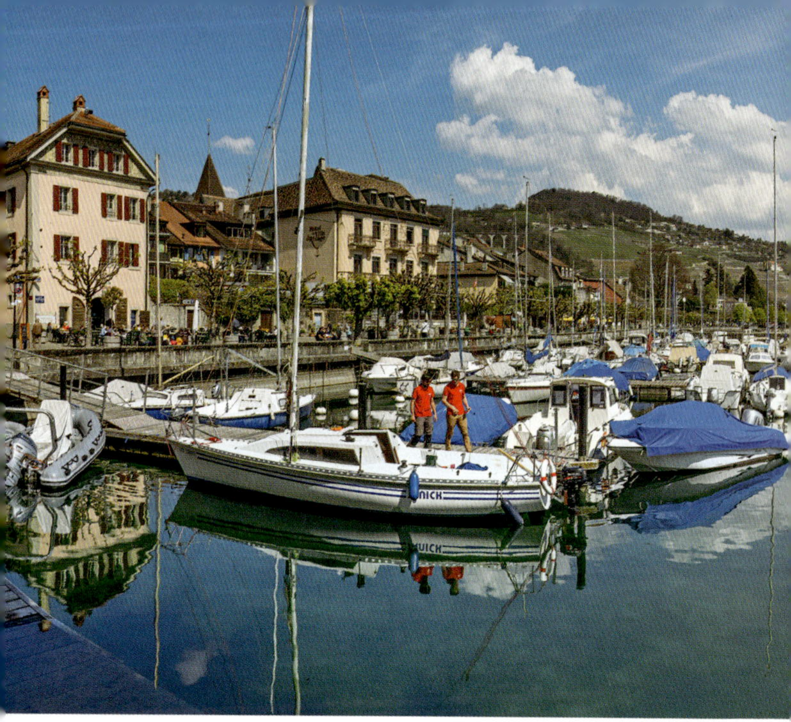

An der Hafenpromenade von Lutry.

de einer Schule und durch den Jardin de l'Elysée in den **Parc Olympique** ❸ mit dem Olympischen Museum. Hinunter zum Lac Léman (in Lausanne ja nicht Genfersee sagen!) und ostwärts auf dem Quai. Bei der Brücke über den Bach Vuachère geht die Route in einen Uferweg über, welcher entlang der Villen des Wohngebietes Chamblandes führt. Am Port de Pully vorbei und nach dem Strandabschnitt von Paudex für 100 m der Fahrstraße entlang. Den Hafen Port du Vieux-Stand passierend zum schönen Hafen und der Ortschaft **Lutry** ❹, wo sich eine kleine Schlaufe vom Ufer weg durch den mittelalterlichen Dorfkern lohnt. Der kleine Strandabschnitt Plage de Curtinaux wird passiert, dann folgt die Route bald für 400 m der Fahrstraße. Vor dem Bahnhof Villette unter der Bahnunterführung durch, rechts, und der kleinen Straße durch die

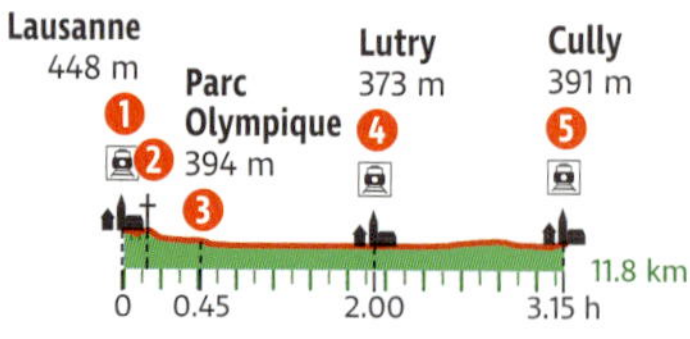

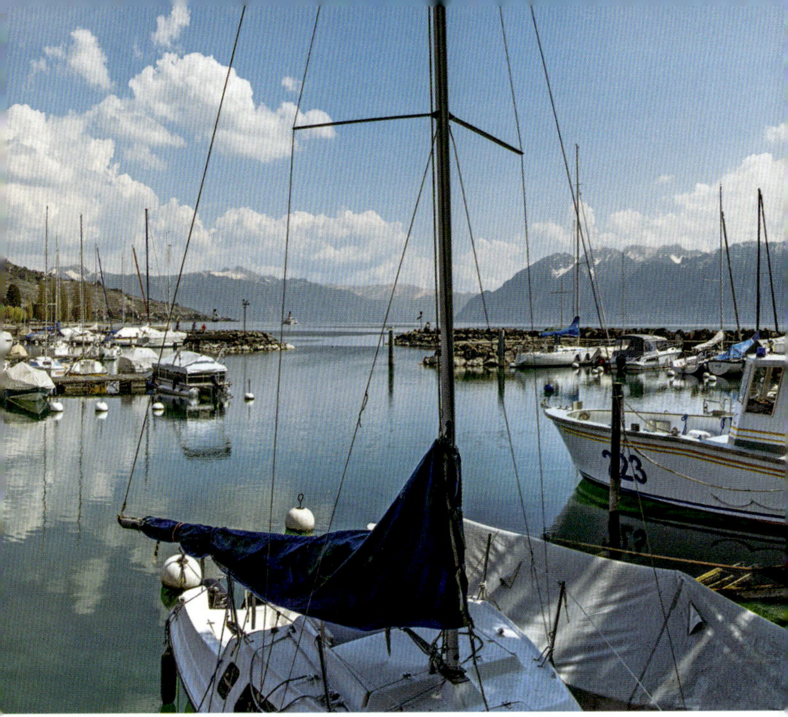

Reben folgen bis kurz vor Cully. Unmittelbar vor dem Sportplatz rechts über die Bahntrasse und durch die Route de Lausanne zum Parc Cully. Ans Wasser vor beim Bains des Dames und an der Promenade zum Denkmal-Obelisken für den Major Davel. Schließlich durch den Ortskern hinauf zum **Bahnhof von Cully** 5.

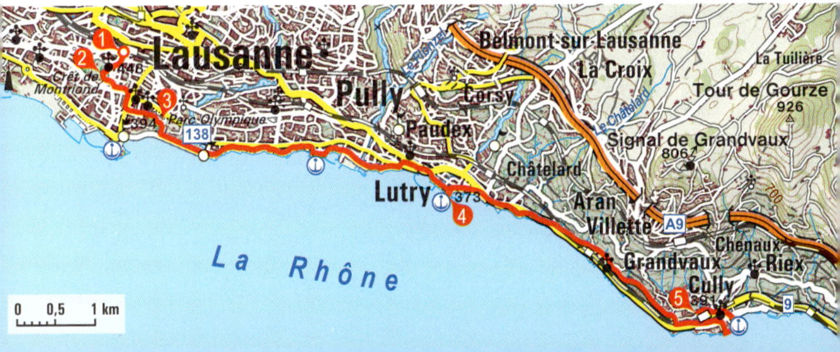

↗ 370 m | ↘ 590 m | 12.8 km

43 Tour de Gourze, 926 m, – Sentier de la ligne

4.00 h

Entlang der schönsten Bahnstrecke der Romandie

»Auf der Höhe liegt die Tour de Gourze, Überreste einer Festung aus dem 10. Jahrhundert – einst ein Zufluchtsort der Dörfer in der Umgebung bei andauernden Zwistigkeiten und Unruhen. Der Reisende wird begeistert sein über die hohe Geschicklichkeit und den großen Fleiß, welche nötig waren, um die Landstraße und die Eisenbahn im schmalen Abschnitt zwischen den Bergen und dem See zu bauen.« Cook's Tourist's Handbook for Switzerland, 1884.

Dieser Route lohnt es sich auch heute noch zu folgen. Sehenswert ist die Aussicht vom Tour de Gourze: vorne das Weinland, hinten die Kornkammer, links die Alpen, rechts der Jura, unten das lemanische Meer und an einem kleinen Teil seiner Küste das Häusermeer von Lausanne.

Ausgangspunkt: Bahnhof Puidoux-Chexbres (617 m).
Endpunkt: Bahnhof Lutry (402 m).
Anforderungen: Beim Abstieg vom Tour de Gourze bis nach Cully können Stöcke knieschonende Dienste leisten; nur teilweise markierte Wege. T1 bis T2.
Beste Jahreszeit: Jederzeit. Am schönsten vielleicht im Herbst, wenn sich nach der Weinlese die Reben verfärben.
Einkehr: Restaurant Tour de Gourze (Mo geschl.), Grandvaux, Lutry.
Unterkunft: In Lutry: vgl. Tour 41. In Grandvaux: Auberge de la Gare (+41 21 799 2686).
Varianten: 1) 15 Min. kürzer: in Lutry direkt zum Bahnhof. 2) Eine Stunde kürzer: über den Chemin de la Segnire und den Chemin de Chenaux steil hinab zum See nach Cully. 3) 1.30 Std. kürzer: nur bis zum Bahnhof Grandvaux.
Karten: 260 T Lausanne; 1243 Lausanne.
Tipp: Alain Chollet vom Gut Le Daley hat ein Rebberghäuschen in eine Stätte verwandelt, wo man Informationen zur Gegend und ihren Produkten findet, ein Glas Chasselas oder Chardonnay probieren und sich wohlfühlen kann beim Blick über das Lavaux. À votre santé!
Anschlusstouren: 41, 42.

Von der Bahnstation **Puidoux-Chexbres** ❶ auf einem Fußweg und später einem Teersträßchen zum Bauerngut **Bois de Romont** ❷; erster Blick auf den Lac Léman. Weiter auf dem Sträßchen, dann auf einem Waldweg zu einer Verzweigung. Nach links, kurz darauf nach rechts und schließlich auf einem steilen Fahrweg über den Südrücken zum Restaurant und zur **Tour de Gourze** ❸; im Turminnern zur Brüstung hochsteigen. Abstieg über den Südwestrücken entlang dem Waldrand nach La Tioleyre. Am Fußballplatz vorbei, links

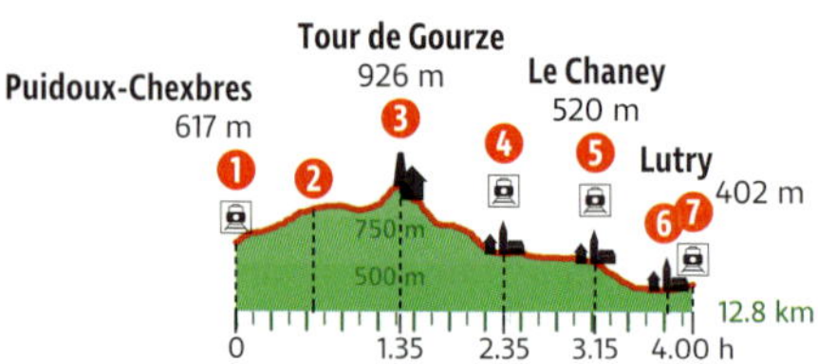

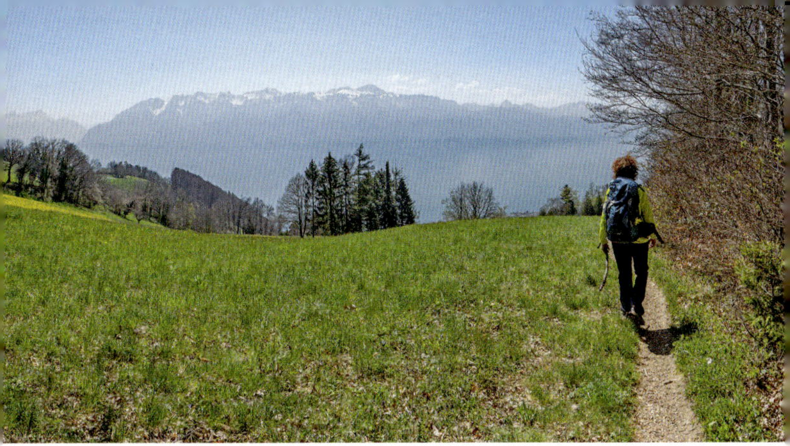

Schöne Aussichten auf das Chablais beim Abstieg vom Tour de Gourze.

halten und durch den Chemin du Grabe in den Chemin de la Segnire. Steil hinab die erste Straße (Route de Puidoux) queren und bei der zweiten Straße rechts. Kurz durch die Reben und bei nächster Gelegenheit links zur **Bahnstation Grandvaux** ❹.
Der Straße und den Bahngleisen folgen, bis man links über eine Brücke auf die Südseite der Gleise kommt. Auf der Treppe hinab auf den Bahnpfad. Der Bahnlinie entlang westwärts; besonders schön die Strecke entlang eines Föhrenhains. Wenig später links unterhalb des Sentier de la ligne ist das Rebberghäuschen von Alain Chollet. In La Daley (549 m) über die Eisenbahn, bei der nächsten Überführung zurück auf die südliche Seite und über das Viadukt. Kurz vor der Haltestelle Bossières verlassen wir den Bahnpfad bei **Le Chaney** ❺ (kurz vorm Bahnhof Bossière) und steigen nach links auf einer gelb markierten Wanderroute hinab durch die Ortschaft Le Chaney (490 m) abwärts nach Le Châtelard (407 m), danach unter den Bahngleisen hindurch zum See hinab. Am Ufer bis zum Hafen von **Lutry** ❻ und über Rue de l'Horloge, Chemin de la Lutrive, Rue du Voisinand und Avenue de la Gare zum Bahnhof von **Lutry** ❼.

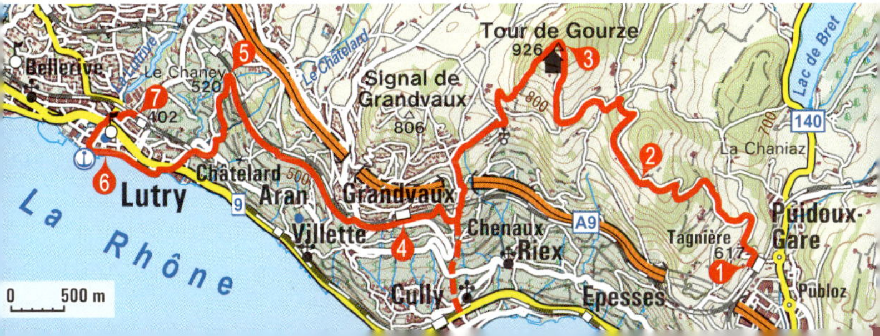

↗ 60 m | ↘ 470 m | 10.7 km

44 Durchs Vallon du Flon zu den Lausanner Stadtbergen

3.00 h

Flusswanderung und Stadtbummel

Eine erstaunlich grüne und stadtnahe Oase ist der Bois du Jorat und der daraus entspringende Bach Le Flon. Entlang des Flon und diesen mehrfach überquerend erwartet uns eine kurzweilige Wanderung – wer möchte, kann daraus ein kleines Abenteuer machen und direkt im Bachbett gehen. Stück für Stück nähern wir uns der Stadt, am kleinen Lac de Sauvabelin und am großen gleichnamigen Aussichtsturm vorbei, durch mehrere Parks und schließlich an der Kathedrale vorbei durch die Altstadt zum Bahnhof. Dem Flon können wir leider nicht so lange folgen, da dieser – kurz nachdem wir ihn verlassen haben – in einem Wasserstollen verschwindet und zum östlichen Nachbarfluss Vuachère geleitet wird.

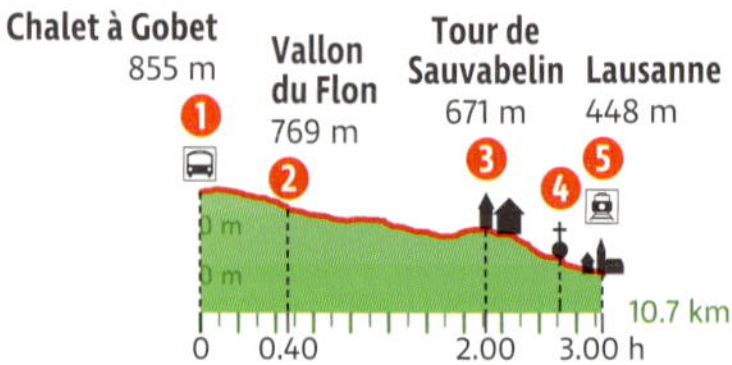

Ausgangspunkt: Chalet à Gobet (855 m); Métro-Linie m2 von Lausanne Gare bis Croisettes und verschiedene Busse nach Chalet à Gobet; www.t-l.ch.
Endpunkt: Bahnhof Lausanne (448 m).
Anforderungen: Entlang des Flusses ist etwas Trittsicherheit erforderlich.

Der Flon muss gelegentlich überquert werden. Wer will, läuft einfach im Bachbett.

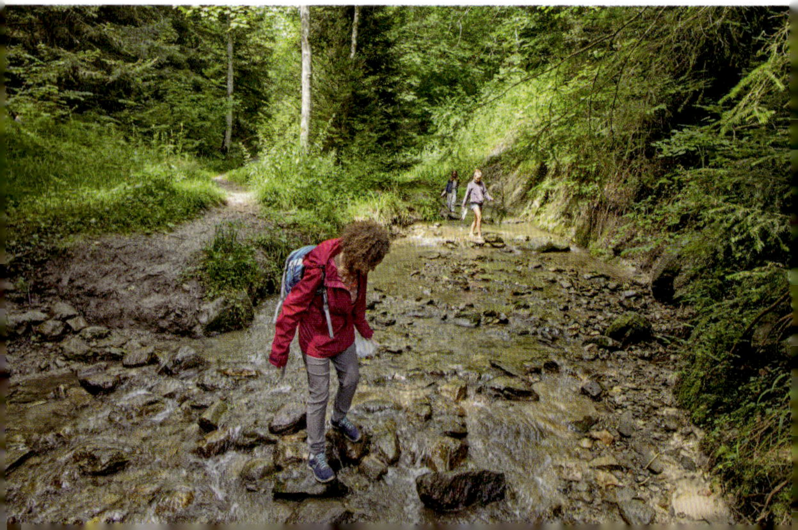

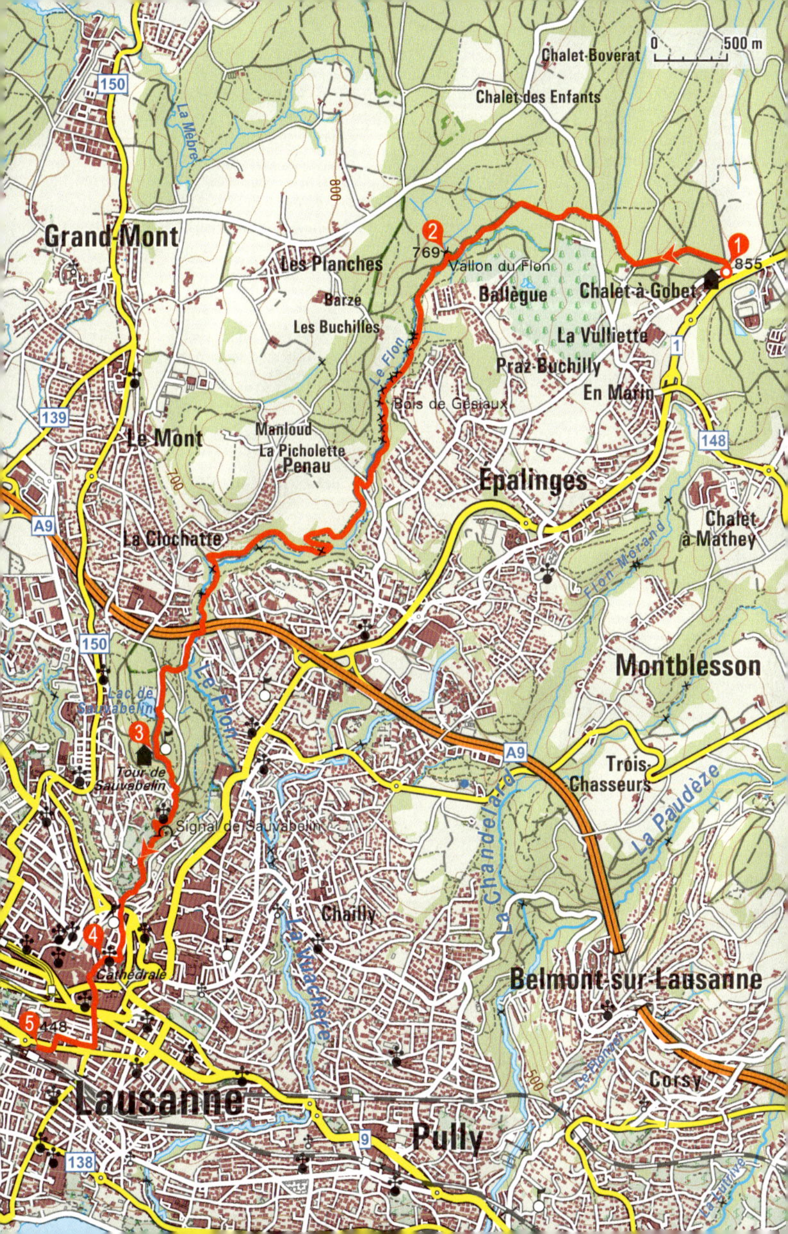

0
500 m
Chalet-Boverat
Chalet des Enfants
150
La Mèbre
800
Grand-Mont
Les Planches
2
769
Vallon du Flon
1
855
Ballègue
Chalet-à-Gobet
Barze
Les Buchilles
La Vulliette
Le Flon
Praz-Buchilly
1
Bois de Gesiaux
En Marin
139
Le Mont
Manloud
La Picholette
Penau
148
700
Epalinges
A9
La Clochatte
Chalet à Mathey
Flon Morand
150
Montblesson
Lac de Sauvabelin
Le Flon
3
Tour de Sauvabelin
A9
Trois-Chasseurs
La Paudèze
Signal de Sauvabelin
La Chandelard
Chailly
4
La Vuachère
Cathédrale
Belmont-sur-Lausanne
5
448
500
Le Flonzel
Corsy
Lausanne
9
Pully
138
La Lutrive

Die Route ist nur teilweise markiert, ein klein wenig Orientierungsvermögen kann also nicht schaden. T2.
Beste Jahreszeit: Immer. Im Frühsommer ist es besonders grün.
Einkehr: Chalet à Gobet, Lac de Sauvabelin, beim Signal de Sauvabelin im Le Chalet Suisse (gute Waadtländer Spezialitäten), Café du Conservatoire im Musikkonservatorium (Jugendstilinterieur).
Unterkunft: In Lausanne; vgl. Tour 42.
Variante: Nur die Flusswanderung oder nur den Stadtbummel vom Lac de Sauvabelin machen.
Karten: 261 T Lausanne; 1243 Lausanne; Stadtplan von Lausanne.
Tipp: Fondation de l'Hermitage (Di.–So. 10–18 Uhr), Musée de l'Elysée (Fotografie, Di.–So. 11–18 Uhr). Pierre Corajoud stellt in »Autour de la Tour« den Turm und seine Umgebung vor.
Anschlusstouren: 39, 42.

Vom großen Parkplatz von **Chalet à Gobet** ❶ zu einem Sportgebäude. Nach rechts und gleich wieder nach links; an der nächsten Gabelung im Bois Clos (südlicher Teil des großen Jorat-Waldes) rechts und weiter, bis wir bei der Fahrstraße (P.860) auf die gelb markierte Wanderroute treffen. Dieser westwärts folgen. Bei der Gabelung P.818 links führt uns das Forststräßchen hinunter ins **Vallon du Flon** ❷. Nach der Brücke (769 m) nur wenig ansteigen, dann gleich links auf einem unmarkierten Weg zum Fluss hinab. Auf dem Pfad flussabwärts, die Ufer wechselnd; streckenweise Geländer. Kurz nachdem der Wanderweg in ein Sträßchen übergeht (bei P.702), rechts eine Teerstraße hinauf und oben wieder links auf einen Wanderweg durch bzw. entlang eines Waldes und wieder hinab zum Flon. Über

Lac de Sauvabelin mit Restaurant am See.

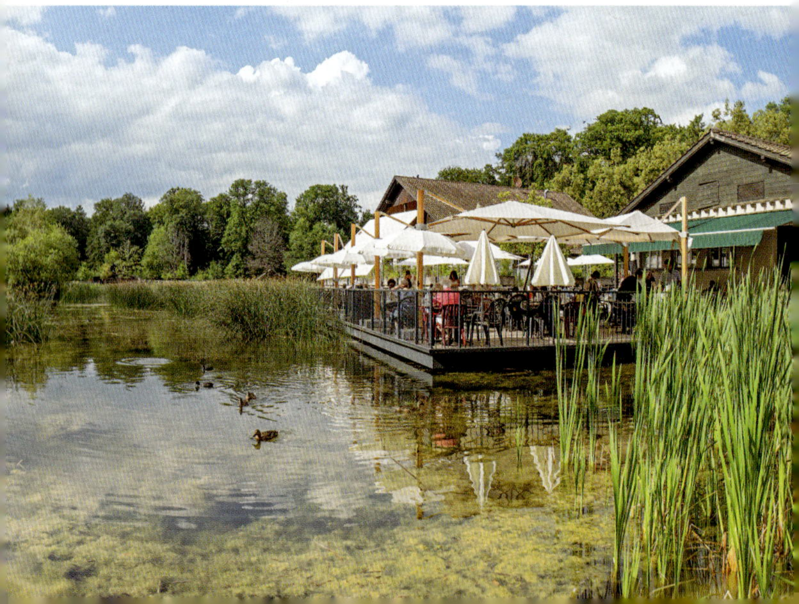

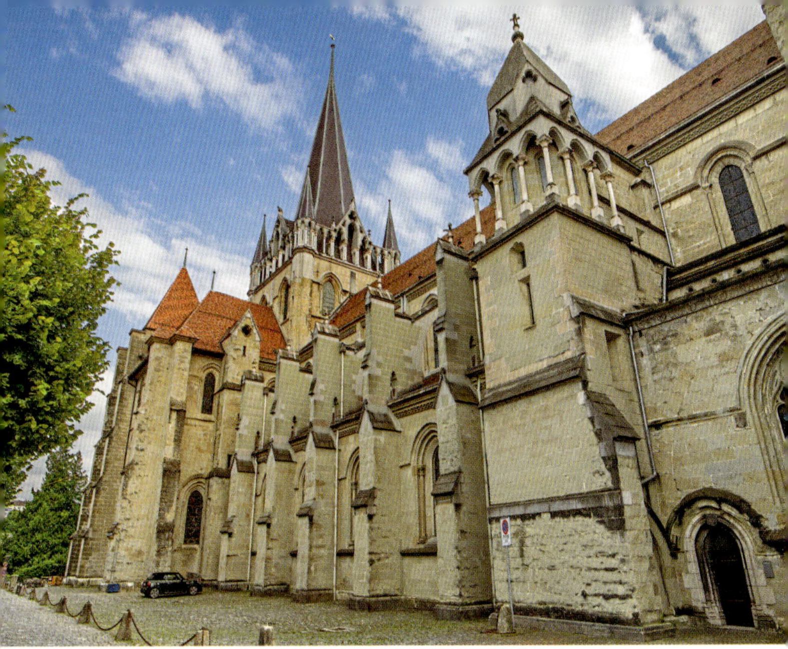

Die gotische Cathédrale Notre-Dame de Lausanne.

die Brücke auf die andere Seite, kurz hinauf, und rechts auf das Waldsträßchen. Bei der nächsten Gabelung (P.678) nach links auf den unmarkierten Weg. Bei der nächsten Abzweigung rechts hinab, gleich wieder links und wieder auf die andere Seite des Flon. Unter der Autobahnbrücke Viaduc de la Chocolatière durch, nach rechts durch den Bois de Sauvabelin hinauf und zum Lac de Sauvabelin mit Restaurant am See. In wenigen Minuten zum 35 Meter hohen **Tour de Sauvabelin** ❸ mit interessanter Holzkonstruktion. Nach Besteigung des Turms weiter zum Signal de Sauvabelin (644 m). Zwischen Kapelle und dem Restaurant Chalet suisse den Weg zur Hermitage einschlagen. Beim Museum vorbei und zum unteren Ende des Parks. Geradeaus weiter zum Schloss und zur gotischen **Cathédrale Notre-Dame de Lausanne** ❹ mit ihren Rosenfenstern aus dem 13. Jahrhundert; der Glockenturm kann bestiegen werden.
Gleich gegenüber dem Hauptportal beginnen die gedeckten Escaliers du Marché mit 160 Stufen. Über die Place de la Palud, hinab zur Rue Centrale, durch die Rue St. François zur gleichnamigen Kirche hinauf, durch eine Unterführung in die Rue de la Grotte (gleich rechts das Konservatorium), hinunter und rechts in die Avenue Sainte-Luce. Beim Hinweis »Gare« nach links und hinab zum **Bahnhof Lausanne** ❺.

La Côte: Fläche und Bäche

Wir steigen am Bahnhof Morges aus und schlendern durch die Gassen dem großen Wasser zu. Stolz beherrscht das im 13. Jahrhundert erbaute Schloss den Hafen, dessen Einfahrt zwei Türme bewachen. Einst bernischer Handels- und Kriegshafen, schaukeln heute Jachten im steifen Wind. Im Parc de l'Indépendance neben dem Schloss stehen die bekannten Tulpen von Morges schon in voller Pracht, während sich die Berge des Chablais am französischen Ufer zaghaft unter einem blauen Himmel zeigen. Immer noch von vielen bunten Tulpen begleitet verlassen wir Morges über den Quai Igor Strawinsky seeaufwärts. Prächtige Villen säumen die Uferpromenade. Nur wenige Leute sind unterwegs, und auf dem lauschigen Kiesweg hinter dem Parc du Vertoux hören wir alleine die Wellen ans Ufer schlagen. Ein Segelboot gleitet weit draußen vorbei – auf so einem Boot fuhren die englischen Dichter George Noël Gordon Lord Byron und Percy Shelley im Sommer 1816 rund um den Genfersee und gerieten zwischen Meillerie und St-Gingolph in einen Sturm, in dem sie fast das Leben verloren. Byrons »friedlicher, klarer Genfersee« – im Original »clear placid Leman« – aus seinem einst viel gelesenen Epos »Childe Harold« konnte auch gar nicht friedlich und klar sein. Die Gesänge und Abenteuer der beiden Dichter hallen bis heute nach und werden nur von einem Werk übertönt – von »Frankenstein«, den Mary Shelley, Percy Shelleys Frau, in der Villa Diodati bei Genf zu schreiben begann. Hans-Ulrich Mielsch nennt sein sehr lesenswertes Buch über Lord Byron und die Shelleys am Genfersee denn auch schlicht »Sommer 1816«.

Entlang der Plage de Préverenges, dem Paradies der Windsurfer, erreichen wir nach der Brücke über den Bach Venoge den Strand von Laviau, der sommers vor allem bei Familien beliebt ist. In Saint-Sulpice finden wir ei-

Meeresstrand-Feeling an der Plage Vidy (Tour 46).

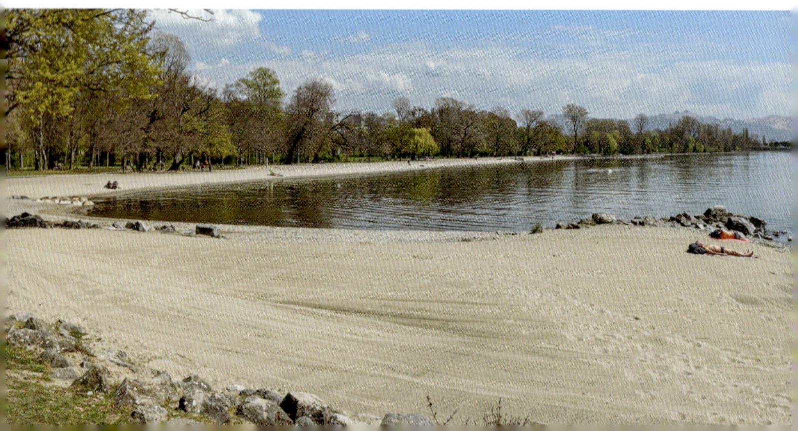

nen lauschigen Picknickplatz an der Mauer, welche zur Anlage mit der romanischen Kirche gehört. Was jetzt noch fehlt, wäre ein Gläschen aus den Rebbergen von La Côte oder Lavaux. Die eine Weingegend erstreckt sich weitflächig von Morges seeabwärts bis Nyon, die andere liegt an steilen Hängen zwischen Lausanne und Vevey. Wir werden später auf die Waadtländer Weine anstoßen, die am größten Schweizer See gedeihen.
Nach St-Sulpice ändert sich der Charakter des Spaziergangs. Im Villenviertel Les Pierrettes gibt man sich noch ruhig, doch bei einem kleinen Jachthafen beginnt das bunte Treiben. Am Horizont zeichnen sich die weißen Spitzen der Waadtländer und Savoyer Alpen ab. Verliebte spüren ungeniert den Frühling, Rollerskater flitzen in kurzen Hosen um die Flanierer herum, und im Vogelschutzgebiet Parc Bourget, geben sich Großfamilien und Gruppen dem Spiel und dem Nichtstun hin. Am Strand von Vidy und später in der noch nicht eröffneten Badeanstalt von Bellerive setzen Mutige mit Badebekleidung ein sommerliches Signal. Über allem weht ein Hauch von sonntäglichem Leben wie im New Yorker Central Park, von Sonnen- und Körperkult wie an der Côte d'Azur. Nichts mehr ist zu spüren von helvetischer Nabelschau wie einst bei der Expo 1964, die hier stattgefunden hat.
An Parkplätzen und Schiffswerften vorbei gelangen wir schließlich nach Ouchy, den Hafen von Lausanne mit seinen Traditionshotels an der Uferpromenade. Im Hôtel d'Angleterre am Quai de Belgique hat Lord Byron die Erlebnisse des »Gefangenen von Chillon« verfasst. Wir setzen uns an einen Tisch in der Sonne und schlagen ein Buch auf – die »Schweizer Geschichten« von Urs Widmer: »›Spürst du, was heute für ein Glück in der Luft liegt?‹, sagt die dicke Frau zu uns. Ich nicke. Ein leiser Wind weht Blütenblätter über uns hin. Die dicke Frau beugt sich zum Piloten und küsst ihn. Dieser lacht über den Überfall. Ich klatsche in die Hände und schaue auf den See hinaus. Dort sehe ich unser Schiff.«

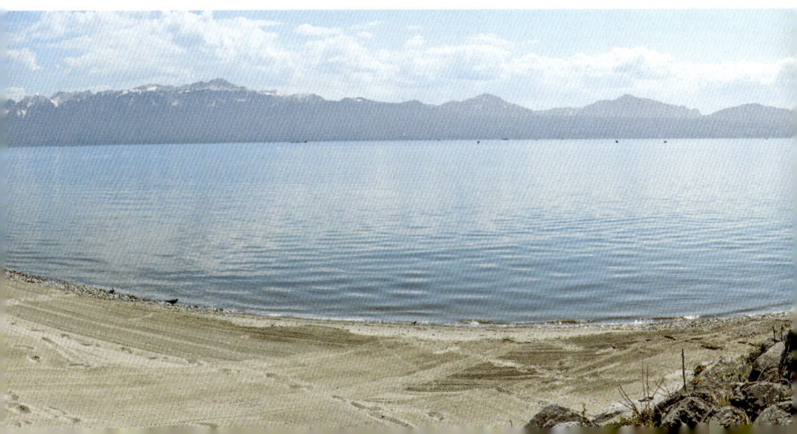

↗ 40 m | ↘ 60 m | 8.3 km

Entlang der Venoge

2.15 h

Flusswanderung am Westrand von Lausanne

Während im Nordosten von Lausanne der Flon eine attraktive Flusswanderung bietet, gilt das Gleiche für die Venoge im westlichen Stadtgebiet – außer dass die Venoge vergleichsweise nur geringfügig über die Wanderstrecke an Höhe verliert. Sie schlängelt sich in einem natürlichen Flussbett bis zur ihrer Mündung in den Genfersee nahe dem Stadtteil St-Sulpice. Eine erstaunlich grüne Wanderung, bei der man nicht das Gefühl hat, im Gebiet einer größeren Stadt unterwegs zu sein – und eine kleine, reizvolle Unternehmung für einen kurzen Wochenendausflug oder einfach mal nach Feierabend für diejenigen, die in Lausanne oder Umgebung wohnen.

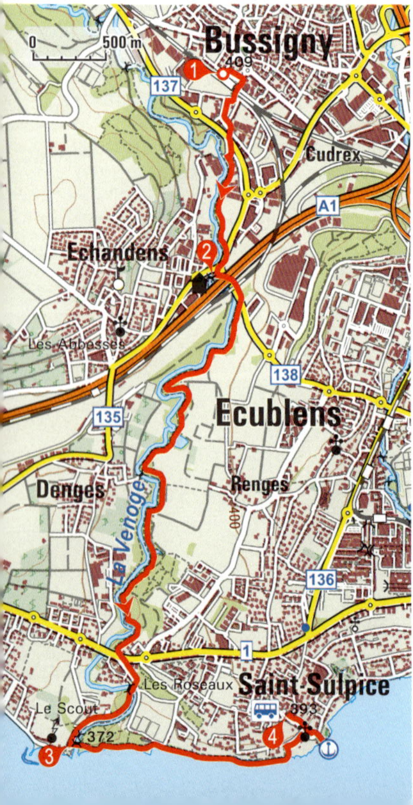

Ausgangspunkt: Bahnhof Bussigny (409 m).
Endpunkt: St-Sulpice; entweder an der Schiffsanlegestelle (374 m) oder an der Bushaltestelle St-Sulpice Centre 100 m die Straße hinauf (393 m). Rückfahrt mit der Buslinie 701 oder 702 (50 Min. wegen des Umwegs über Morges).
Anforderungen: Leichte und ebene Wanderung, geeignet für die ganze Familie. T1.
Beste Jahreszeit: Immer.
Einkehr: Bussigny, Pont de la Venoge, St-Sulpice.
Unterkunft: Hotel Pont de la Venoge (+41 21 701 5055).
Variante: Nach Westen (Morges) oder Osten (Lausanne) Tour 46 folgen.
Karten: 261 T Lausanne; 1243 Lausanne.
Tipp: Badesachen mitnehmen für den Plage St-Sulpice.
Anschlusstouren: 46.

Vom südlichen Ausgang des **Bahnhofs Bussigny ❶** auf gelb markierter Wanderroute dem Chemin du Vallon folgen und in der ersten Kurve nach rechts zur Route Cantonale. Diese überqueren und links zur Venoge vor. Entlang des Flussbetts bis zum **Pont de la Venoge ❷**, wo man die Route Cantonale, die Autobahn

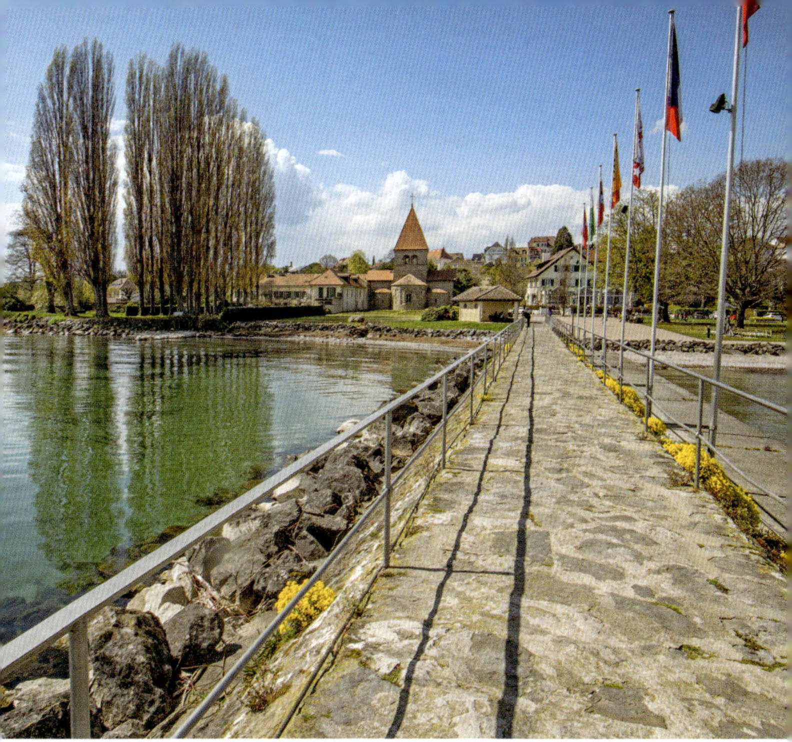

Bei der Schiffsanlegestelle in St-Sulpice.

A1 und die Eisenbahnlinie unterquert; auf der anderen Seite der kleinen Fußgängerbrücke (nach der ersten Unterführung) befindet sich das Hotel mit Brasserie. Der Wanderweg windet sich weiter entlang des bewaldeten Flusslaufes. Während sich an der Wegkreuzung P.378 bei Vallaire der markierte Weg ein kurzes Stück von der Venoge entfernt, können wir – uns rechts haltend – auch dem Weg unmittelbar entlang des Flusses weiterfolgen. Nach Überqueren einer Straße passieren wir eine Schule und treffen wieder auf den gelb markierten Weg. Dieser wechselt sogleich auf die andere Seite der Venoge und erreicht schon bald die **Mündung** 3 in den Genfersee. Über die Brücke wieder auf die Ostseite und auf dem Wanderweg den Strand von St-Sulpice passierend am See entlang bis nach **St-Sulpice** 4.

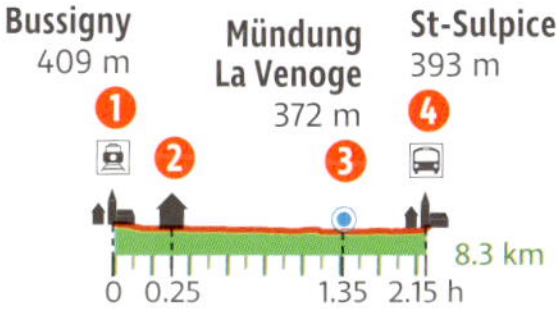

↗ 20 m | ↘ 20 m | 13.2 km

46 Uferweg von Lausanne-Ouchy nach Morges

3.15 h

Manchmal Bise und fast immer ein Hauch von Côte d'Azur

»Setzen Sie sich, da ist es angenehm.« Und wirklich, es war angenehm. Man saß im feinen Sand, er gab nach wie ein Federkissen. Vor uns war der See; an jenem Tag wehte die Bise, sie trieb die Wellen auf den See hinaus; es schienen gar keine Wellen zu sein, denn man sah nur ihre sanft ansteigende Fläche, erst weiter draußen kamen die Schaumkronen. Das Wasser war so blau, daß es schwarz schien.« Charles Ferdinand Ramuz: Samuel Belet, 1913.

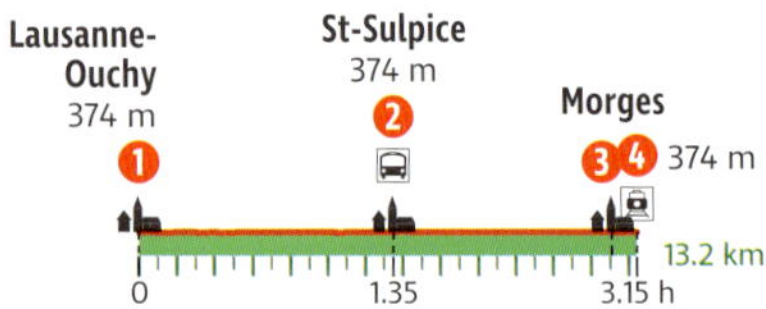

Ausgangspunkt: Lausanne-Ouchy (Hafen, 374 m); Métro-Linie m2 von Lausanne Gare.
Endpunkt: Morges (374 m) an der Bahn- und Schiffslinie Lausanne – Genf.
Anforderungen: Keine. Überwiegend geteerter Weg und deshalb auch knapp kinderwagengängig. Mehrere Kinderspielplätze am Weg; Badestellen sowieso. Gut ausgeschildert. T1.
Beste Jahreszeit: Immer. Von Mai bis September muss die Badeanstalt Bellerive in Ouchy landeinwärts umgangen werden. Tulpenfest von Mitte April bis Mitte Mai in Morges (im Parc de l'Indépendance beim Hafen); Markt in der Grand-Rue von Morges am Mittwoch- und Samstagmorgen.
Einkehr: Zahlreiche Einkehrmöglichkeiten.
Unterkunft: In Lausanne; vgl. Tour 42. In St-Sulpice: Le Débarcadère (+41 21 691 0791). In Morges: Mont Blanc Au Lac (+41 21 804 8 87), Hôtel de Savoie (+41 21 803 2081).
Variante: Weiterweg von Morges ins mittelalterliche Städtchen Saint-Prex: auf der gelb markierten Wanderroute bis zur Mündung des Boiron, dem Flüsschen etwas landeinwärts folgen und entlang der Bahnlinie und zum Schluss an der Uferpromenade nach St-Prex (hübscher Badeplatz auf der Südseite des Städtchens) und hinauf zum Bahnhof; 7 km und 1.45 Std. von Morges.
Karten: 261 T Lausanne; 1242 Morges, 1243 Lausanne.
Tipp: Morges: Schloss-Museum (Artillerie, Militär, Zinnfiguren; www.chateau-morges.ch); Musée Alexis Forel (schweizerische Wohnkunst, Stiche von Rembrandt und Dürer; www.museeforel.ch).
Anschlusstouren: 42, 45, 47.

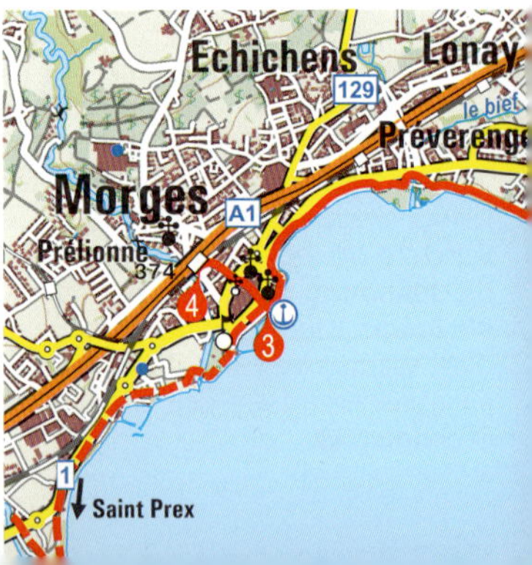

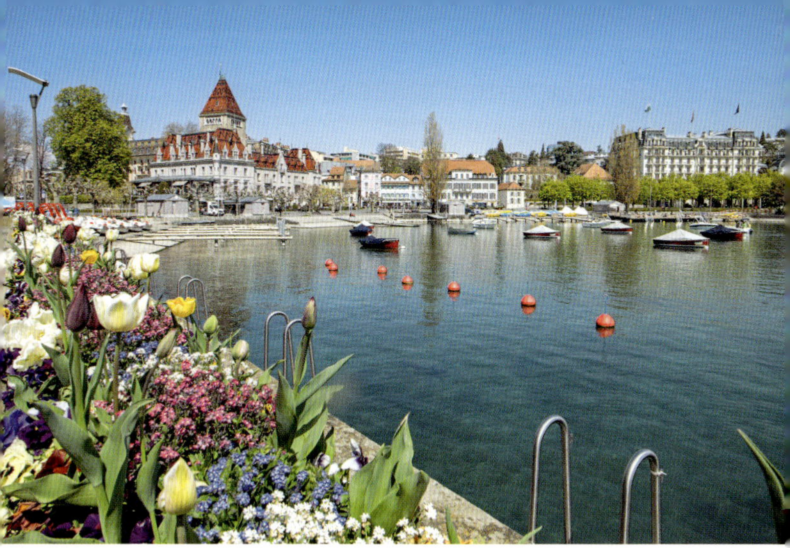

Das Château d'Ouchy neben dem Park L'horloge fleurie in Lausanne-Ouchy.

Von **Ouchy** ❶ auf dem Quai nordwestwärts, die Bains de Bellerive durchquerend oder umgehend, an die Plage de Vidy. Durch den Parc Bourget und an den Sportanlagen der UNIL und EPFL vorbei ins Villenviertel Les Pierrettes mit Jachthafen. In **Saint-Sulpice** ❷ müssen wir landeinwärts um die romanische Kirche aus dem 11. Jahrhundert spazieren, dann geht's wieder am See entlang zum Strand von Laviau. Über die Mündung der Venoge zur Plage de Préverenges. Schließlich durch den Parc du Vertoux auf die Uferpromenade von **Morges** ❸, zur Anlegestelle und zum historischen Hafen mit den beiden Wachttürmchen. Durch die Altstadt geht es hinauf zum **Bahnhof** ❹.

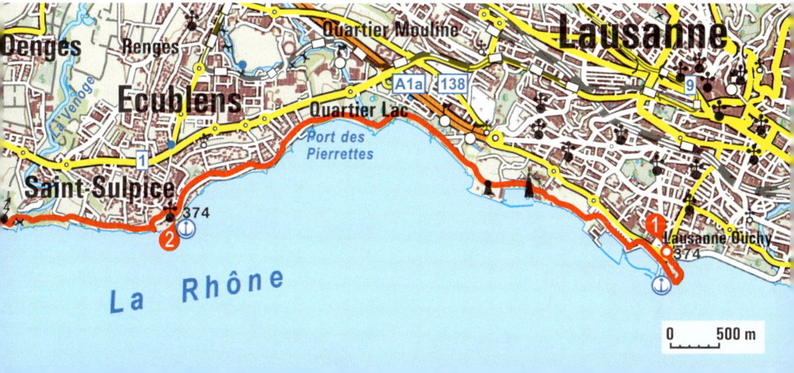

↗ 300 m | ↘ 180 m | 13.4 km

47 Östliche La Côte: Château Vufflens und Château Aubonne

3.45 h

Schlösser, Dörfer, Felder und Rebberge

»Morges, deutsch Morsee (Whsr. Couronne, Hotel du Port, le Grand-Frederic), eine der lebhaftesten Handelsstädte der Waadt, mit einem guten Hafen, der hundert Schiffe aufnehmen kann. (...) Von der Höhe blickt das malerische Schloß Vufflens herab, dessen Erbauung die Sage der bekannten Burgunder-Königin Bertha zuschreibt.« Karl Bädeker: Die Schweiz. Handbüchlein für Reisende, 1844.

Ausgangspunkt: Bahnhof Morges (380 m); vgl. Tour 42.
Endpunkt: Aubonne (501 m). Per Bus von der Haltestelle Aubonne Gare zum Bahnhof Allaman.
Anforderungen: Keine. Nur teilweise markiert. Viel Hartbelag. T1.
Beste Jahreszeit: Immer; außer Hochsommer (wenig Schatten).
Einkehr: Vufflens-le-Château, Denens (Weinkeller im Schloss), Lavigny.

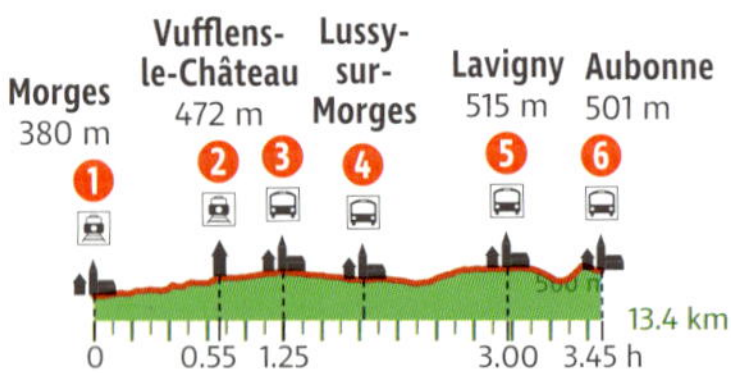

Unterkunft: In Morges; vgl. Tour 46. Vufflens-le-Château: L'Ermitage (+41 21 804 6868). In Aubonne: Hôtel du Lion d'Or (+41 21 808 5090), Hôtel-Restaurant du Commerce (+41 21 808 5192).
Variante: Abstecher von La Morgette aus nordostwärts über die Anhöhe Signal d'Echichens (467 m; Aussichtsplattform) und auf der markierten Wanderroute weiter nach Monnaz, dann hinab zur Brücke (434 m); gut 15 Min. länger.
Karten: 261 T Lausanne; 1242 Morges.
Tipp: Grab von Audrey Hepburn am Friedhof von Tolochenaz. Place du Sorbier vor dem Schloss von Denens mit Erinnerungsplakette an den Waadtländer Bundesrat Jean-Pascal Delamuraz. Das schöne Schloss Vufflens ist in Privatbesitz und kann nur von außen besichtigt werden.
Anschlusstouren: 46, 48, 49.

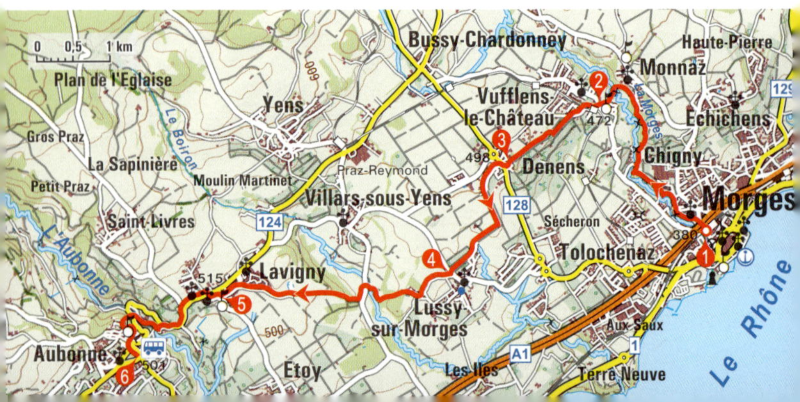

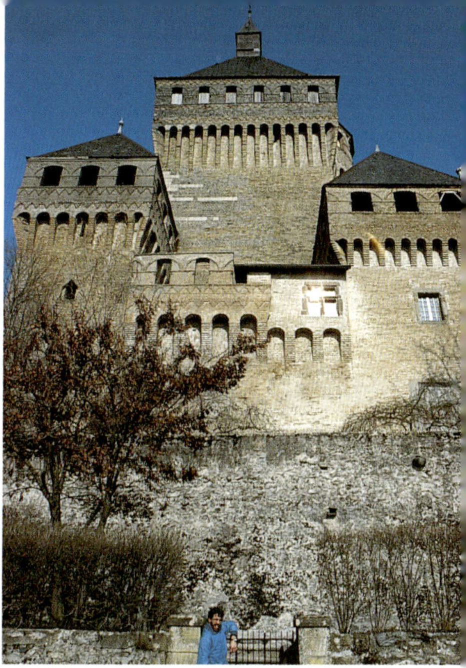

Das imposante Schloss Vufflens.

Vom Bahnhofsplatz in **Morges** ❶ westwärts zum Wanderwegweiser. Unter der Autobahn hindurch und am Flüsschen La Morges entlang nach La Morgette (406 m) und weiter am Wasser entlang auf dem schmalen, erdigen Sentier de la Morges bis zur Brücke (434 m; schöner Rastplatz) unterhalb Monnaz. Links hinauf nach **Vufflens-le-Château** ❷ mit dem mächtigen Backsteinschloss (15. Jh.). Hinab zur Bahnhaltestelle und auf dem Wanderweg quer durch die Rebberge nach **Denens** ❸. Von hier bis vor Lavigny wählen wir einen abwechslungsreicheren Weg als den offiziellen. Bei der Fontaine de la Jalousie westlich der Hauptstraße biegen wir links in den unmarkierten Chemin de Bonderet ein. Er führt als Sträßchen in südlicher Richtung nach **Lussy-sur-Morges** ❹. Über den Bach Le Blacon und am Nordrand des Dorfes durch den Chemin de Vigne. Man kommt auf eine Hauptstraße; nach links und gleich wieder nach rechts in eine Nebenstraße (Chemin de Conché). Sie mündet in eine Straße; nach rechts. Nach 150 m rechter Hand einen Forstweg nehmen, der in den Wald Les Dailles führt. Wo der Weg in einer Kurve nach links schwenkt, gehen wir geradeaus einen Pfad hinab zum Zusammenfluss (ca. 440 m) von Le Boiron und L'Irence. Den Bach L'Irence überspringen (oder durchwaten) und den Boiron entlang auf einem Pfad am Rande eines Feldes zu einer Brücke. Am anderen Ufer zu einer Landstraße und nach links. Rechts in den ersten Waldweg (geteert) einschwenken. Westwärts ins Dorf **Lavigny** ❺ ansteigen. Zur Straße und auf ihr 300 m zu einer Kreuzung; links das Sträßchen zur Cave du Vallon einschlagen. Hinab zur L'Aubonne; gleich nach der Brücke (451 m) rechts flussaufwärts. Man gelangt so auf die große Straße; diese überqueren, auf einem Weg ansteigen und bei der Verzweigung rechts. Man kommt durch Wald zum Parkplatz unterhalb des Schlosses von **Aubonne** ❻. Auf einer überdachten Treppe hinauf zum Schloss (534 m) und hinab ins Städtchen bis zum Place de l'Ancienne Gare zur Bushaltestelle.

↗ 240 m | ↘ 240 m | 9.2 km

48 Arboretum bei Aubonne

2.45 h

Ein einzigartiger botanischer Park

Das rund 200 Hektar umfassende Aboretum, in der natürlichen Umgebung des Aubonne-Tales gelegen, beherbergt eine Diversität von über 3000 Arten von Bäumen und Sträuchern. Der botanische Garten wurde 1968 zu wissenschaftlichen Zwecken und zur Arterhaltung gegründet, heute bereitet er darüber hinaus Spaziergängern und Wanderern Freude. Auch wenn die reine Wanderzeit überschaubar ist, kann man deutlich mehr Zeit einrechnen, wenn man sich etwas mit den Infotafeln beschäftigt und am besten noch ein Picknick bei den Wiesen nahe dem kleinen Stausee einplant.

Ausgangs- und Endpunkt: Aubonne (501 m); vgl. Tour 47.
Anforderungen: Keine. T1.
Beste Jahreszeit: Immer. Besonders eindrucksvoll im April zur Magnolienblüte oder Ende Oktober, wenn die amerikanischen Eichen rot, die europäischen gelb und die asiatischen braun leuchten.
Einkehr: Aubonne, Aboretum.
Unterkunft: Aubonne; vgl. Tour 43.
Variante: 1) Beschrieben ist hier ein möglicher Weg durch das Arboretum; zahlreiche Varianten sind möglich (Plan bzw. Broschüre im Park erhältlich).
2) Vom Umkehrpunkt hinter dem Stausee weiter auf der markierten Wanderroute entlang der L'Aubonne zum Bahnhof Bière; von dort mit der Schmalspurbahn durch Felder und Rebberge nach Morges; in etwa gleich lang.
Karten: 261 T Lausanne; 1242 Morges.
Tipp: Das Arboretum ist täglich zugänglich; Eintritt 10 CHF für Erwachsene, Kinder und Jugendliche bis 18 Jahre gratis. Besucherzentrum täglich geöffnet 10–18 Uhr (außer montags). Holzmuseum beim Besucherzentrum mit Führungen auf Anfrage. Tel. +41 21 808 5183, www.arboretum.ch.
Anschlusstouren: 47, 49.

Asiatisch angehaucht: der kleine Bambuswald im Arboretum.

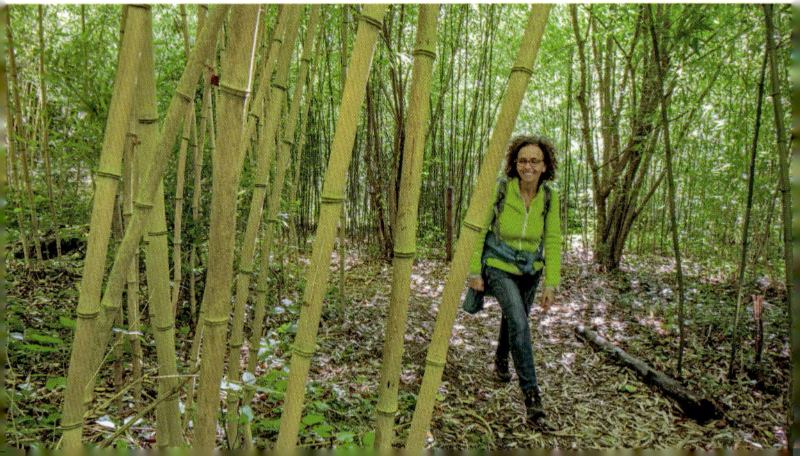

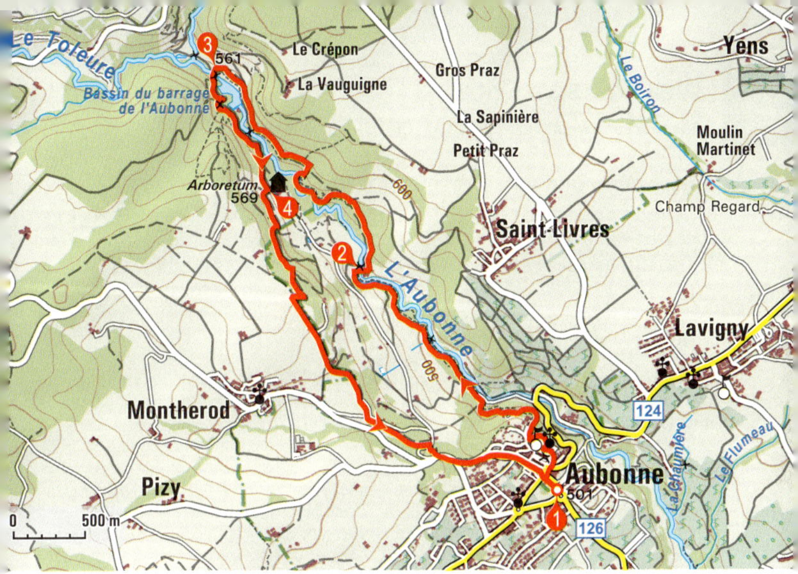

Vom Busbahnhof in **Aubonne** ❶ durchs Städtchen hinauf zum Schloss und um dieses herum. Durch eine überdachte Treppe hinab zum Schwimmbad, rechts daran vorbei und auf dem Chemin de l'Usine hinab zum Flüsschen L'Aubonne. Diesem folgen wir auf einem Fitnesspfad bis zu einer Brücke. Auf dieser nach rechts über die Aubonne, auf der anderen Seite ist der Bauernhof **En Volaille** ❷.

Links dem Sträßchen geht es zwischen zwei Gebäuden bis zu einer Rechtskurve. Hier zweigt links ein beschilderter Pfad ab, welcher direkt ins Aboretum führt – dies merkt man an den auftauchenden exotischen Bäumen und den dazugehörigen Infotafeln. Wenn wir uns stets links halten, kommen wir so noch durch einen kleinen Bambuswald, bevor wir bei einer Brücke (544 m) auf ein Sträßchen treffen.

Wir halten uns rechts, bei der Staumauer links und gehen am Ufer des kleinen **Stausees** ❸ entlang bis zu dessen hinterem Ende, wo bei einem Weiher der »Umkehrpunkt« ist. Westseitig des Sees wieder zurück und auf dem Sträßchen bis zum Besucherzentrum des **Arboretums** ❹ mit kleinem Restaurant. Rechts, der gelb markierten Wanderroute über Wiesen und durch Wald hinauf zu einer Straße folgen. Der Beschilderung nach am Hof Grand Motte (617 m) vorbei und teils auf Straße, teils auf Wanderwegen zurück nach **Aubonne** ❶.

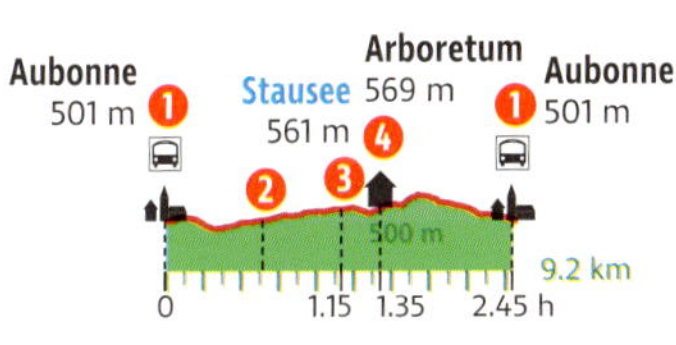

↗ 410 m | ↘ 410 m | 16.6 km

49 Westliche La Côte: Signal de Bougy, 707 m

4.45 h

Wasser, Wein und Aussicht

»Oberhalb des letzten Ortes – er lautet gleich wie mein Name – liegt der höchste Punkt der Côte, bekannt unter dem Namen Signal de Bougy; ein Aussichtspunkt ähnlich der Butte im Jardin des Plantes von Paris. Von da erfasst der entzückte Blick vollständig das erhabene Panorama des Genfersees und der Alpen.« Alfred de Bougy: Voyage dans la Suisse française et le Chablais, 1860.

Ausgangspunkt: Aubonne (501 m); vgl. Tour 43.
Endpunkt: Begnins (505 m), Bushaltestelle Charbonnier; Verbindung zum Bahnhof Nyon oder Gland.
Anforderungen: Leicht, lang, oft asphaltiert. Folgt durchgehend der gelb markierten Wanderroute (bis auf eine kurze Abkürzung beim Signal-de-Bougy). T1.
Beste Jahreszeit: Immer, außer im Hochsommer.
Einkehr: Auf dem Signal de Bougy und in einigen Winzerdörfern.
Unterkunft: In Aubonne; vgl. Tour 43. In Bursins: BnB Bursins (+41 21 824 3419). In Luins: Cave du Treyblanc (+41 79 402 2707). In Begnins: Ecu Vaudois (+41 22 366 4975). In Gland: Hôtel Glanis (+41 22 354 1620).
Variante: 1) Beliebig verkürzen: es gibt Bushaltestellen beim Signal de Bougy, in Bougy-Villars, Mont-sur-Rolle, Tartegnin, Gilly, Luins. 2) Beliebig verlängern: entweder jeweils auf gelb markierten Wanderrouten vom westlichen Dorfrand Begnins dem Flüsschen La Serine entlang nach Gland (1.15 Std.) oder über die Orte Coinsins, Duillier und Prangins nach Nyon (2.15 Std.).
Karten: 260 T St-Cergue, 261 T Lausanne; 1241 Marchairuz, 1242 Morges, 1261 Nyon.
Tipps: Auf dem Signal de Bougy ist allerhand für Familien mit Kindern allen Alters geboten, von Spielplätzen über Trampolin, Minigolf bis zum Hochseilpark und vieles mehr; siehe www.signaldebougy.ch.
Nyon: Paléo Festival Ende Juli. Musée du Lac Léman und Musée romain (beide Di.–So. 10–12 und 14–17 Uhr, im Winter nur nachmittags); Château de Nyon mit Keramikmuseum.
Anschlusstouren: 47, 48.

Vom Busbahnhof in **Aubonne** ❶ durch die Hauptgasse stadtaufwärts und links. Die Wanderwegroute führt durch Außenquartiere in die Rebberge, quert diese bis etwas oberhalb von Féchy (509 m), zieht auf einer Straße

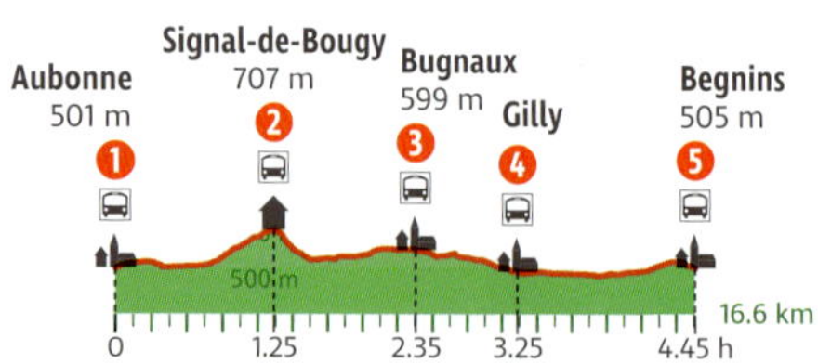

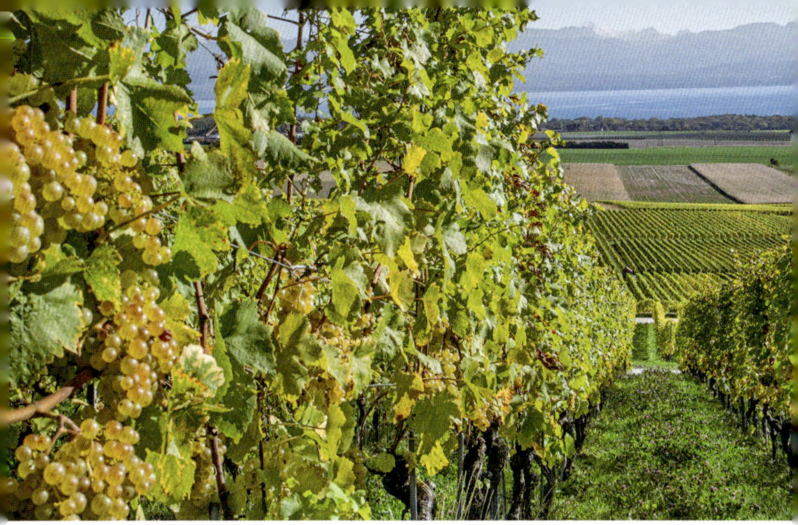

Mont Blanc und Vin Blanc.

hinauf, steigt an Einfamilienhäusern vorbei und erreicht den Wald östlich des Signal-de-Bougy. Am Ende der lang gezogenen Linkskurve zweigt links unscheinbar ein Waldpfad ab, der die Wanderroute

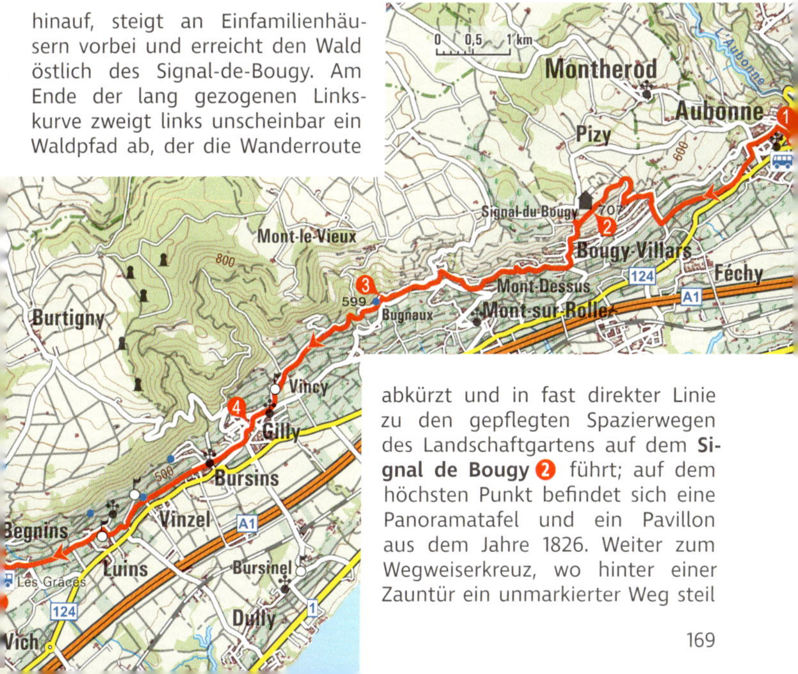

abkürzt und in fast direkter Linie zu den gepflegten Spazierwegen des Landschaftgartens auf dem **Signal de Bougy** ❷ führt; auf dem höchsten Punkt befindet sich eine Panoramatafel und ein Pavillon aus dem Jahre 1826. Weiter zum Wegweiserkreuz, wo hinter einer Zauntür ein unmarkierter Weg steil

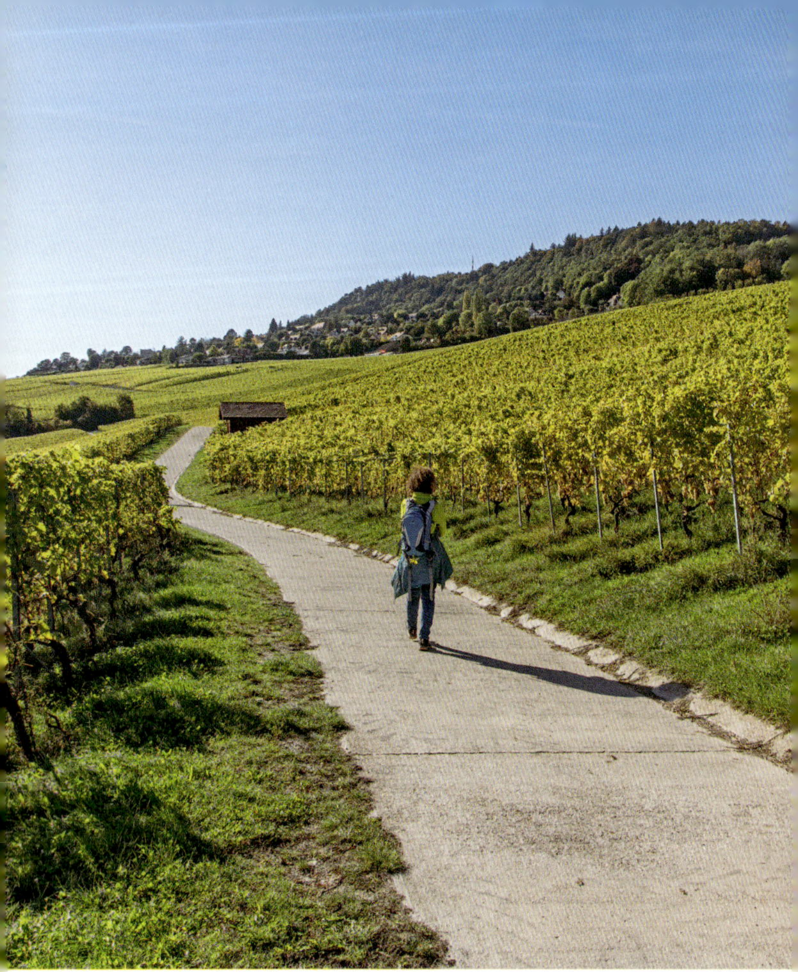

Durch die Weinberge, hier mit Blick auf den Signal-de-Bougy.

hinab zu einem Sträßchen leitet, das nach Bougy (548 m) hinabführt. Es schließt sich eine Höhenwanderung an, den gelben Markierungen folgend, auf Sträßchen und Wegen durch die gegen den See abfallenden Rebberge und durch die Dörfer **Bugnaux** 3, Vincy, **Gilly** 4, Bursins, Vinzel, Luins bis schließlich nach **Begnins** 5. Über die Rue de l'Ancien Tram und den Chemin de la Favre hinab zur Bushaltestelle Charbonnier.

↗ 320 m | ↘ 410 m | 20.0 km

5.15 h

Mont Mussy, 704 m, – Mont Mourex, 754 m

50

Von Frankreich in die Schweiz, von der Quelle der Versoix zur Mündung

Erstaunlich abwechslungsreich präsentiert sich die Wanderung vom wasserreichen und blumengeschmückten Divonne auf die aussichtsreiche Gipfelmatte des Mont Mourex (mit prähistorischem Steinkreis von 47 m Durchmesser), der dreibogige Pont de Grilly aus dem 11. Jahrhundert), die mäandernde Versoix in der Auenwaldlandschaft, wo 1956 die ersten Biber der Schweiz wieder angesiedelt wurden. Nur wenige Minuten abseits vom Weg und von der grünen Versoix entfernt, streifen wir den gigantischen Teilchenbeschleuniger des CERN – mit einer Länge von fast 27 km und einem Durchmesser von knapp 8,5 km die größte Maschine der Welt. Sichten können wir sie allerdings nicht, da sie sich 100 m unter der Erde befindet.

Ausgangspunkt: Divonne-les-Bains (480 m); Bus von Nyon oder von Gex.
Endpunkt: Bahnhof Versoix (385 m).
Anforderungen: Ein bisschen Kondition und ein bisschen Orientierungsvermögen. Wege nur teilweise markiert. T1.
Beste Jahreszeit: Immer.
Einkehr: Divonne, Ferme de Mussy, Grilly, La Bâtie, Versoix.
Unterkunft: Divonne-les-Bains: Viele Verschiedene, z.B. Château de Divonne (+33 4 5020 0032), La Truite (+33 4 5020 0441). In Mourex: Les Lumières de Genève (+33 68 010 2061). In Versoix: Lake Geneva Hotel (+41 22 907 8111).
Variante: Abstieg von Mourex zu einer Bushaltestelle nach Gex (598 m); Tour dann 2.30 Std. lang.
Karten: 260 T St-Cergue, 270 T Genève; 1261 Nyon, 1280 Gex, 1281 Coppet.
Tipp: Personalausweis mitnehmen. In Divonne-les-Bains muss man nicht nur wandern, man kann auch golfen, kuren, spielen, surfen, schwimmen (im Lac de Divonne) und Kanu fahren am Oberlauf der Versoix. CERN (Conseil européen pour la recherche nucléaire); vgl. auch Tour 2.

Auenwaldlandschaft an der Versoix.

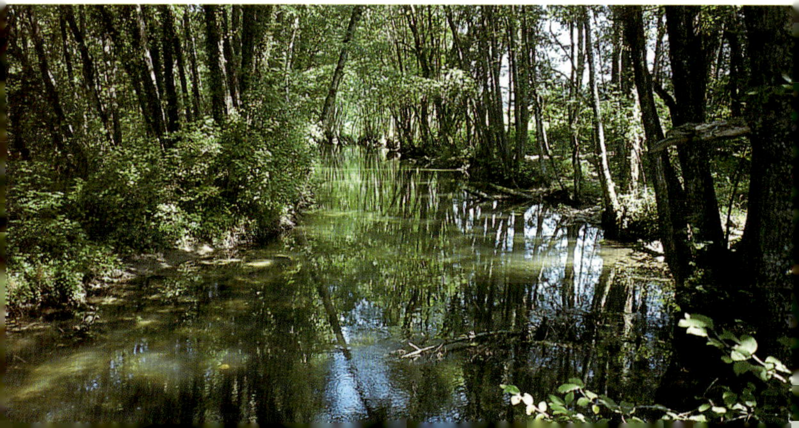

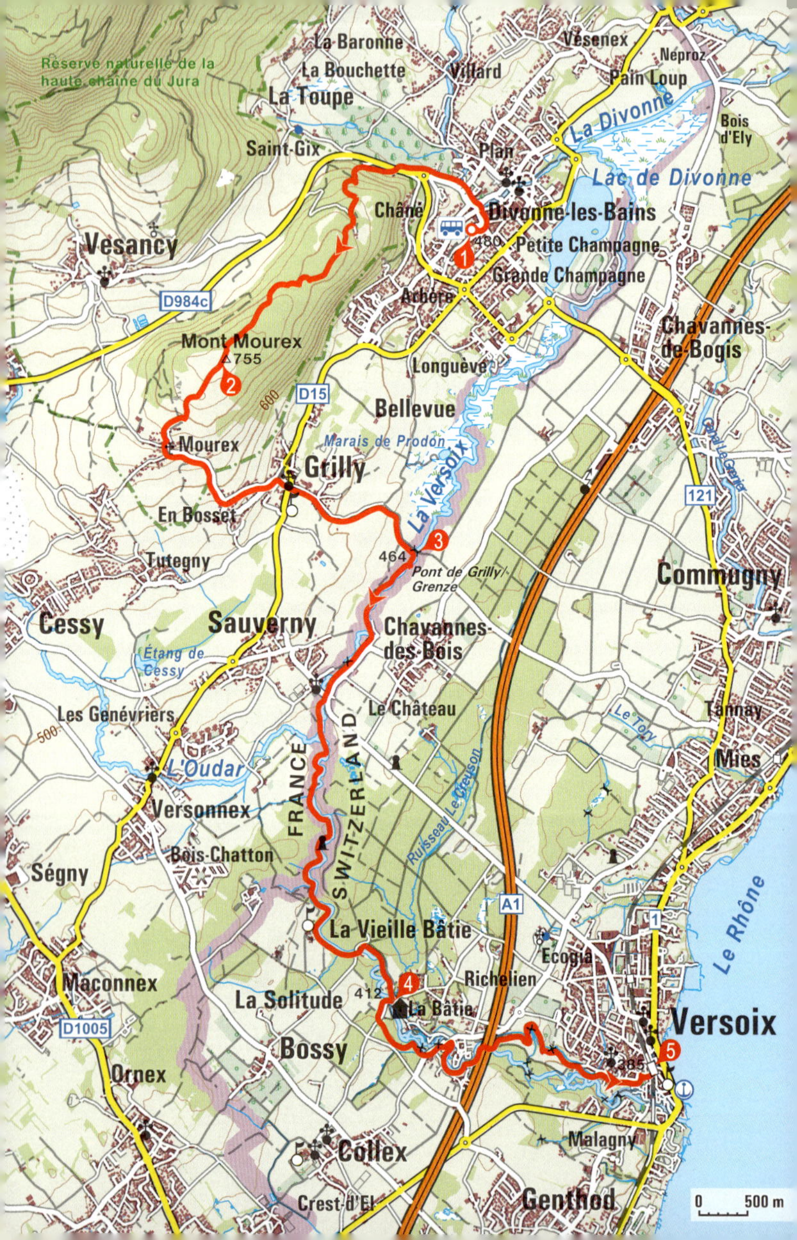

Réserve naturelle de la haute chaîne du Jura
La Baronne
La Bouchette
La Toupe
Villard
Vésenex
Néproz
Pain Loup
La Divonne
Bois d'Ely
Saint-Gix
Plan
Lac de Divonne
Châne
Divonne-les-Bains
480
Petite Champagne
Grande Champagne
Vesancy
D984c
Arbère
Chavannes-de-Bogis
Mont Mourex
755
Longuève
600
D15
Bellevue
Mourex
Marais de Prodon
Grilly
La Versoix
121
En Bosset
464
Pont de Grilly/Grenze
Tutegny
Commugny
Cessy
Sauverny
Chavannes-des-Bois
Étang de Cessy
Le Château
Les Genévriers
Le Tory
500
Tannay
L'Oudar
Mies
FRANCE
SWITZERLAND
Versonnex
Bois-Chatton
Ruisseau Le Creuson
Ségny
A1
Le Rhône
La Vieille Bâtie
1
Ecogia
Maconnex
Richelien
412
La Solitude
La Bâtie
Versoix
D1005
Bossy
385
Ornex
Malagny
Collex
Crest-d'El
Genthod
0
500 m

Mont Mourex, im Hintergrund Jura gessois mit Col de la Faucille.

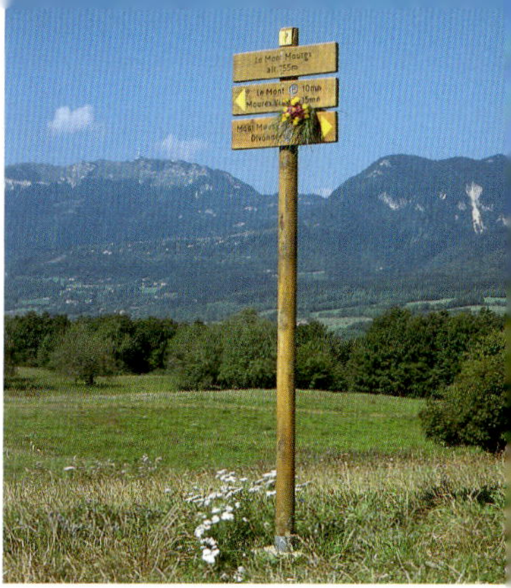

Vom Busbahnhof in **Divonne-les-Bains** ❶ hinein und durchs Zentrum. Links am Casino und an einigen Quellen vorbei zum Beginn des Wanderwegs vor dem Hôtel de Ville. Er führt, teils wegen des Golfplatzes hinter Gittern, zur Grande Source de la Divonne, wo die Versoix entspringt. Wir gehen hinauf zur Straße und überqueren sie. Auf dem Sentier des Dames im Wald in Kehren zur Ferme de Mussy und hinauf zum Parcours sportif auf dem bewaldeten Mont Mussy (704 m); der Weg geht nördlich am höchsten Punkt vorbei. Höhenwanderung zu Gipfelweide, -bank und -wegweiser des **Mont Mourex** ❷. Auf einem Grasweg links des offiziellen Wanderwegs zum gelben Markierungspfosten des 27 km langen Tunnels des CERN für den Teilchenbeschleuniger. Nordwestwärts zurück auf den Wanderweg und hinab nach Mourex (651 m). Wir halten uns links, durchs Dorf der Straße folgen bis nach Grilly. Auf einem Fußweg unter der stillgelegten Eisenbahnlinie hindurch zur Kirche. Den Wegweisern Nr. 2 und den gelben Markierungen folgend südostwärts, am Schluss auf Schotterwegen zum **Pont de Grilly** ❸ über die Versoix, die Landesgrenze. Auf einem Feldweg am schweizerischen Ufer entlang. An einem privaten Anwesen vorbei zum Zufahrtssträßchen. Auf ihm, dann auf der Landstraße zum Moulin de Grilly und zum schweizerischen Sauverny (457 m). Links vom Zollhäuschen auf den Uferweg. Dem Flusslauf folgen bis zu einer Straßenbrücke. Links auf der Straße bis zur nächsten Wegkreuzung (P.430) und dann nach rechts auf der gelb markierten Wanderroute nach **La Bâtie** ❹. Diese führt über die Brücke, dann nach links und am rechten Ufer bis nach Richelien, wo wir eine Brücke (405 m) überqueren und wieder auf die andere Seite wechseln. Am linken Ufer auf dem unmarkierten Weg bis unterhalb der Autobahnbrücke, hindurch und links hinauf zum Canal de la Versoix. Wieder auf der markierten Wanderroute am Canal entlang nach **Versoix** ❺, links zum Bahnhof.

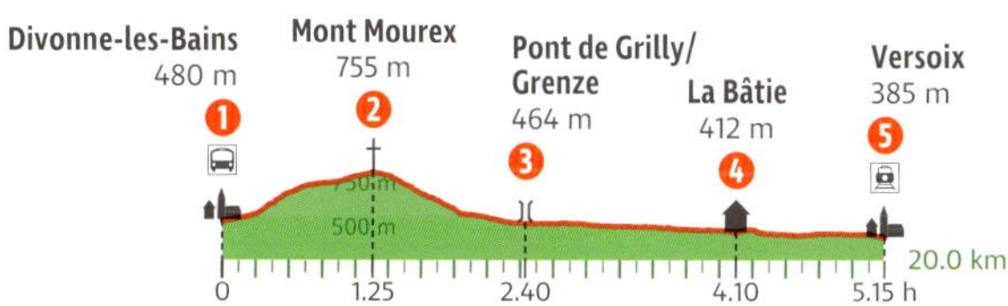

Jura vaudois et gessois: Rücken und Runsen

»Leave London at breakfast time and ski today! Fly by Air France to Geneva for St. Cergue to arrive triumphantly in time for tea«, versprach eine Reklame 1937. Was war jetzt wichtiger: Ski fahren oder Tee trinken? Für die Engländer, in der Zwischenkriegszeit die wichtigsten Gäste im damals nobelsten Kurort des Schweizer Juras, waren beide Tätigkeiten wohl gleichwertig. Der Jura: ein 250 km langes Gebirge zwischen der Schweiz und Frankreich, das sich vom Lac du Bourget am Rande der Westalpen in nordöstlicher Richtung gegen Zürich erstreckt. Der gefaltete Kettenjura markiert den Südostrand des Jura gegen das Schweizer Mittelland, vom Rhonedurchbruch bei Genf bis zum Aaredurchbruch nördlich von Baden. Fast am Stadtrand von Genf stehen Crêts de la Neige (1720 m) und der Reculet (1719 m) die höchsten jurassischen Faltungen.
Die reichen Engländer, die während Jahrhunderten die Grand Tour, die große Reise, unternahmen, mussten über den Jura und die Alpen, um ins gelobte Land Italien zu kommen. Bevor allerdings die Eisenbahn aus Frankreich über Vallorbe oder Bellegarde in die Schweiz führte, bildete der Col de la Faucille die Eingangspforte zum Genfersee, ins Wallis oder nach Chamonix. »Aus dieser voreisenbahnlichen Zeit besitzen wir manche Reisebeschreibung; sie alle stimmen überein mit dem Preis des gewaltigen Eindrucks, den die Ankunft auf der Paßhöhe dem Wanderer entgegenbrachte«, schreibt Fritz Baur im Bericht »Vom Rhein zum Leman«, der »Wanderungen durch den Jura im Sommer 1908« enthält. »Aus den eintönigen Tannenwäldern des auf seiner westlichen Seite in etlichen großen Staffeln langsam ansteigenden Gebirges wurde der Reisende unvermittelt auf einen unvergleichlichen Aussichtspunkt gestellt: Zu seinen Füßen lag in seiner ganzen gewaltigen Größe der Leman ausgebreitet, und im Hintergrund reihte sich Gipfel an Gipfel bis zu dem die ganze Umgebung beherrschenden Riesen Mont Blanc.«
Einst die Sommerfrischler und heute die Wintertouristen: Am Col de la Faucille und Col de Crozet wurden Schneisen in den Wald geschlagen, damit die Wintersportler zu ihrem Vergnügen kommen. Wunden in der Réserve naturelle de la Haute Chaîne du Jura: Das Naturreservat zwischen der Dôle im Norden und dem Grand Crêt d'Eau im Süden umfasst 110 km², vor allem Wald, aber auch Alpweiden. Das schweizerische Gegenstück zu diesem Reservat ist der Parc Jurassien vaudois, ein rund 40 km² großes Gebiet zwischen dem Col du Marchairuz und dem Col de la Givrine. Beide Schutzgebiete stehen nicht, wie etwa der Schweizer Nationalpark, unter totalem Schutz, sondern sind eine naturnahe Kulturlandschaft, aus welcher der Mensch nicht vollständig verbannt werden soll. Eine Prägung dieser Kulturlandschaft sind die Trockensteinmauern, die sich auf Hunderten von Kilometern durch den Waadtländer Jura ziehen und im 19. und 20. Jahrhundert Grundstücksgrenzen markierten und die Holzknappheit umgin-

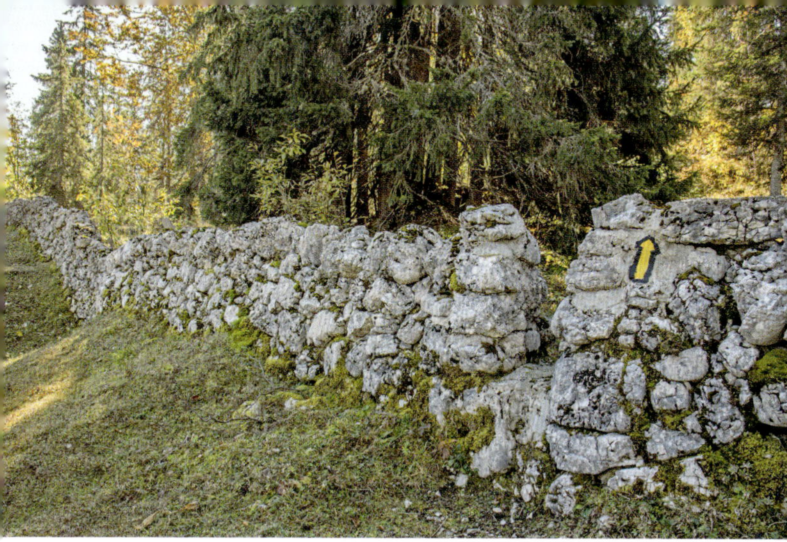

Trockensteinmauer auf dem Weg zur Vue de Genève (Tour 52).

gen. Ein sehenswertes »Exemplar« dieser traditionellen Handwerkskunst schmückt den Gipfel des Mont Tendre, wo sich an Wochenenden zahlreiche Wanderer, Trailrunner und Mountainbiker vor der Mauer ablichten lassen.
Wandertouristische Lebensader durch den Jura ist der südlichste Abschnitt des Chemin des Crêtes, des gelb-rot markierten Jurahöhenwegs, der in Zürich oder Basel beginnt und nach Genf führt. Die Wegmarkierer müssen freilich Frankreich so gefürchtet haben wie die Calvinisten das Weihwasser. Deshalb führt der Chemin des Crêtes nach der Dôle der Grenze entlang in die Ebene am Genfersee hinunter – ein Fauxpas sondergleichen. Der Rother Wanderführer bleibt auf der Höhe und folgt dem Sentier de la Grande Randonnée »Tour du Léman«. Von den südlichen Juragipfeln genießt man einen Blick – fast wie aus einem Cointrin anfliegenden Jet – auf Genf und seinen See, der so erhaben ist wie die Ansicht des Montblanc.
Doch lassen wir einem Dichter das Wort. Auf seiner zweiten Schweizer Reise 1779, beschrieb Johann Wolfgang Goethe den Sonnenuntergang von einem unserer Juraberge, der Dôle: »Die letzten [Eisgebirge], links im Oberland, schienen in einen leichten Feuerdampf aufzuschmelzen; die nächsten standen noch mit wohl bestimmten roten Seiten gegen uns, nach und nach wurden jene weiß, grün, graulich. Es sah fast ängstlich aus. Wie ein gewaltiger Körper von außen gegen das Herz abstirbt, so erblaßten alle langsam gegen den Montblanc zu, dessen weiter Busen noch immer rot herüber glänzte und auch zuletzt uns noch einen rötlichen Schein zu behalten schien«.

↗ 810 m | ↘ 370 m | 19.8 km

51 Mont Tendre, 1679 m

6.00 h

Über den höchsten Schweizer Juragipfel

»Ein blauer Duft lag über den Wäldern, die breit und reihenweise über einander an dem südöstlichen Ufer bis zu dem langgestreckten Mont Tendre aufstiegen. Der Himmel wölbte sich im reinsten Blau über dem schmalen Thale, in welchem die aus Frankreich herströmende Orbe ihr Bett zum See erweitert.« Robert Schweichel: Der Uhrmacher vom Lac de Joux, 1865.
Und über dem Vallée de Joux auf dem Mont Tendre erwartet uns ein unvergesslicher Blick über den ganzen Genfersee und den halben Alpenbogen von der Rigi zur Meije.

Ausgangspunkt: Le Pont (1007 m) an der Bahnlinie Vallorbe – Le Brassus.
Endpunkt: Col du Marchairuz (1446 m); Busverbindung nach Nyon oder Le Brassus (nur an Wochenenden von Juni bis September).
Anforderungen: Leicht, aber lang. Durchgehend markierte Wege. Im Nebel kann die Orientierung im Gipfelbereich schwierig werden. T2.
Beste Jahreszeit: Juni bis Oktober; ohne Schnee auch im Mai und November.
Einkehr: Les Croisettes, Buvette du Mont Tendre. Am Wanderweg in Le Pont: Bäckerei und Käserei.
Unterkunft: In Le Pont: Hôtel de la Truite (+41 21 841 1771). Cabane du Cunay (1588 m), CAS, Section Val de Joux (+41 21 845 5587, www.cas-valdejoux.ch), Selbstversorgerhütte, nur am Wochenende offen und bewartet, 20 Plätze. Hôtel de Marchairuz (+41 21 845 2530).
Variante: Wenn man nicht auf die Wochenend-Busverbindung vom Col de Marchairuz angewiesen sein möchte, kann man von der Wegkreuzung La Pivette (1547 m) nach Nordwesten absteigen zu den Quatre Puits (1310 m); den gelben Markierungen nach bis zur Hauptstraße, diese überqueren, über den Fluss L'Orbe hinweg, links am Fluss entlang und zum Bahnhof von Le Sentier (1011 m); 20 Min. länger.
Karten: 251 T La Sarraz, 260 T St-Cergue; 1221 Le Sentier, 1222 Cossonay, 1241 Marchairuz.
Tipp (für die Variante): L'Espace horloger de la Vallée de Joux (Museum der einheimischen Uhrmacherei) in Le Sentier (+41 21 845 7545). Horlogerie-Bijouterie Piguet et Fils in Le Sentier präsentiert in einem Schauraum die Uhren vom Tal (+41 21 845 5736).
Anschlusstouren: 52, 56.

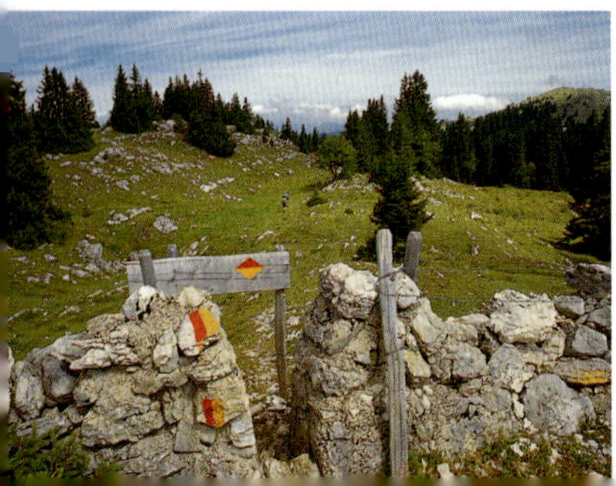

Vom Bahnhof **Le Pont** ❶ auf der Uferstraße durchs Dorf, bis links die Wanderroute abzweigt. Sie zieht ost-, dann südwärts, die Straße über den Col de Mollendruz querend, nach **Les Croisettes** ❷ – die Buvette liegt 250 m neben der Wanderroute. Auf Wegen und Pfaden

Gut markiert: Jurahöhenweg.

durch Wald und Feld in leichtem Auf und Ab auf die weitläufige **Pré de l'Haut** ❸. Südwestwärts auf einem Schotter-sträßchen, später auf einem Weg zum Chalet de Pierre. Über den Kamm zur **Buvette du Mont Tendre** ❹ und hinauf auf den **Mont Tendre** ❺. Südwestwärts, vorbei an den Hütten Chalet de Yens und Cabane du Servan zur Wegkreuzung La Pivette (1547 m). Geradeaus bis zur **Cabane de Cunay** ❻, kurz auf einer Teerstraße nach Westen und weiter auf einem Alpsträßchen den Grand Cunay (1573 m) passierend bis Monts de Bière Derrière (1481 m). Entlang der Krete geht es, zum Schluss durch Wald, bis zum **Col du Marchairuz** ❼.

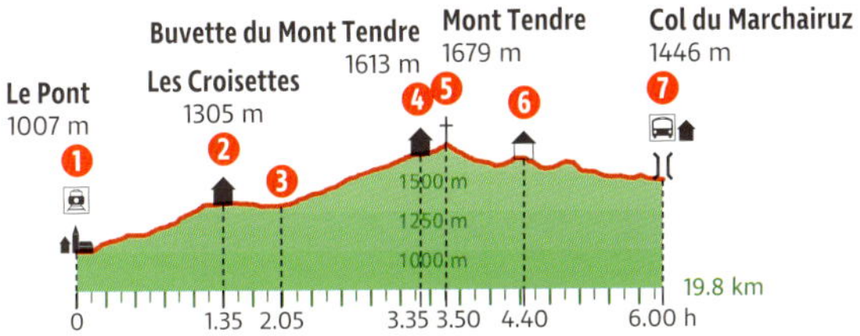

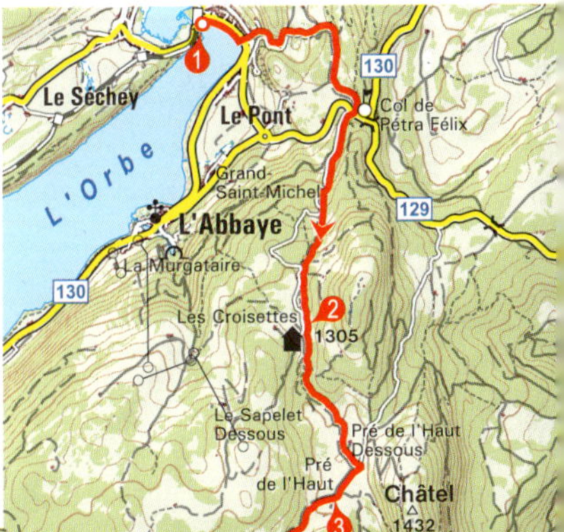

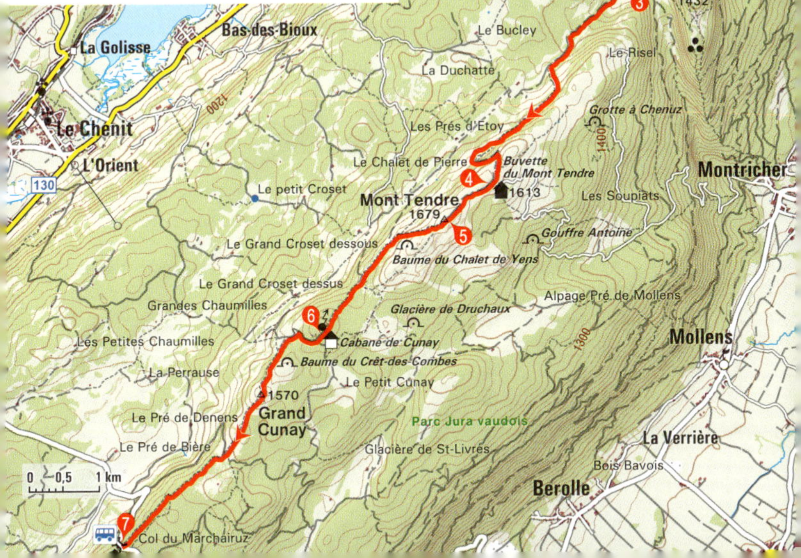

↗ 560 m | ↘ 560 m | 20.2 km

52 Vue de Genève, 1494 m, – Crêt de la Neuve, 1493 m

5.45 h

Kein Blick nach Genf, und doch ein Blick nach Genf

Relativ häufig frequentiert ist der Chemin des Crêtes, welcher zwischen dem Col de Marchairuz und St-Cergue den Gipfel des Crêt de la Neuve beherbergt. Alternativ zum Chemin des Crêtes ist hier eine Rundtour vorgeschlagen, welche zu einem großen Teil Einsamkeit verspricht und den schönsten und aussichtsreichen Teil des Chemin des Crêtes dennoch mit einschließt. Was man trotz der Namensgebung nicht erwarten darf, ist ein Blick nach Genf vom Vue de Genève. Umso großartiger ist dafür die umfassende Aussicht vom Crêt de la Neuve, welche der von den meisten anderen hohen Juragipfeln in nichts nachsteht – und schließlich doch Richtung Genf reicht.

Ausgangs- und Endpunkt: Col du Marchairuz (1446 m); vgl. Tour 51.
Anforderungen: Leicht, aber lang. Zumeist markiert, aber eben nicht alles; etwas Orientierungssinn erforderlich, bei Nebel nicht leicht zu finden. T1.
Beste Jahreszeit: Juni bis Oktober; falls kein Schnee liegt, auch im Mai und November.
Einkehr: Col du Marchairuz, Perroude de Marchissy (mit Ladestation für E-Bikes).
Unterkunft: Hôtel de Marchairuz (+41 21 845 2530).
Variante: Etwa gleich lang (sowohl Strecke als auch Zeit) ist die Wanderung vom Col du Marchairuz auf dem Chemin des Crêtes über die Crêt de la Neuve und die Ruinen Notre-Dame D'Oujon Ruins (älteste Niederlassung des Kartäuserordens in der Schweiz, gegründet 1146, abgebrannt 1536, ausgegraben nach 1945) zum Bahnhof St-Cergue (1043 m).
Karten: 260 T St-Cergue; 1221 Le Sentier, 1241 Marchairuz, 1261 Nyon.
Anschlusstouren: 51, 53, 56 (mit Variante).

Unmittelbar links des Restaurants beim **Col du Marchairuz** ① auf der gelb markierten Wanderroute bis zur ersten (namenlosen) Wegkreuzung. Rechts hinab in Richtung Sèche de Gimel bis zur Fahrstraße in die Ebene Combe des Amburnex (1320 m). Diese überqueren wir und halten uns rechts, kurz drauf stoßen wir auf ein Sträßchen, welches sanft bergauf zur Alphütte Sèche de Gimel führt.
In der nächsten Linkskurve verlässt der Wanderweg das Sträßchen und führt zur Hütte Couvert de la Seche de Gimel (1323 m). An der Hütte verlas-

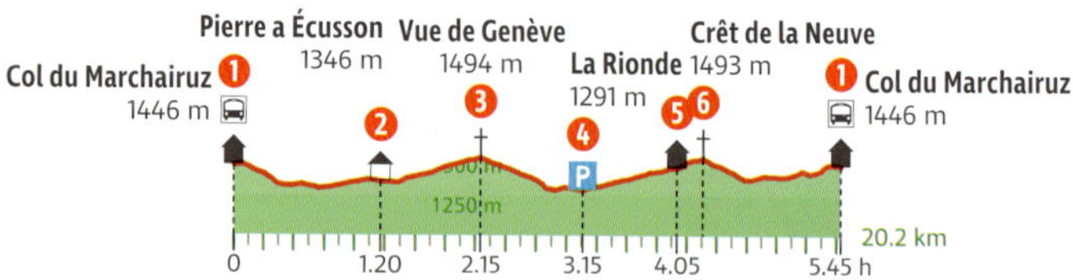

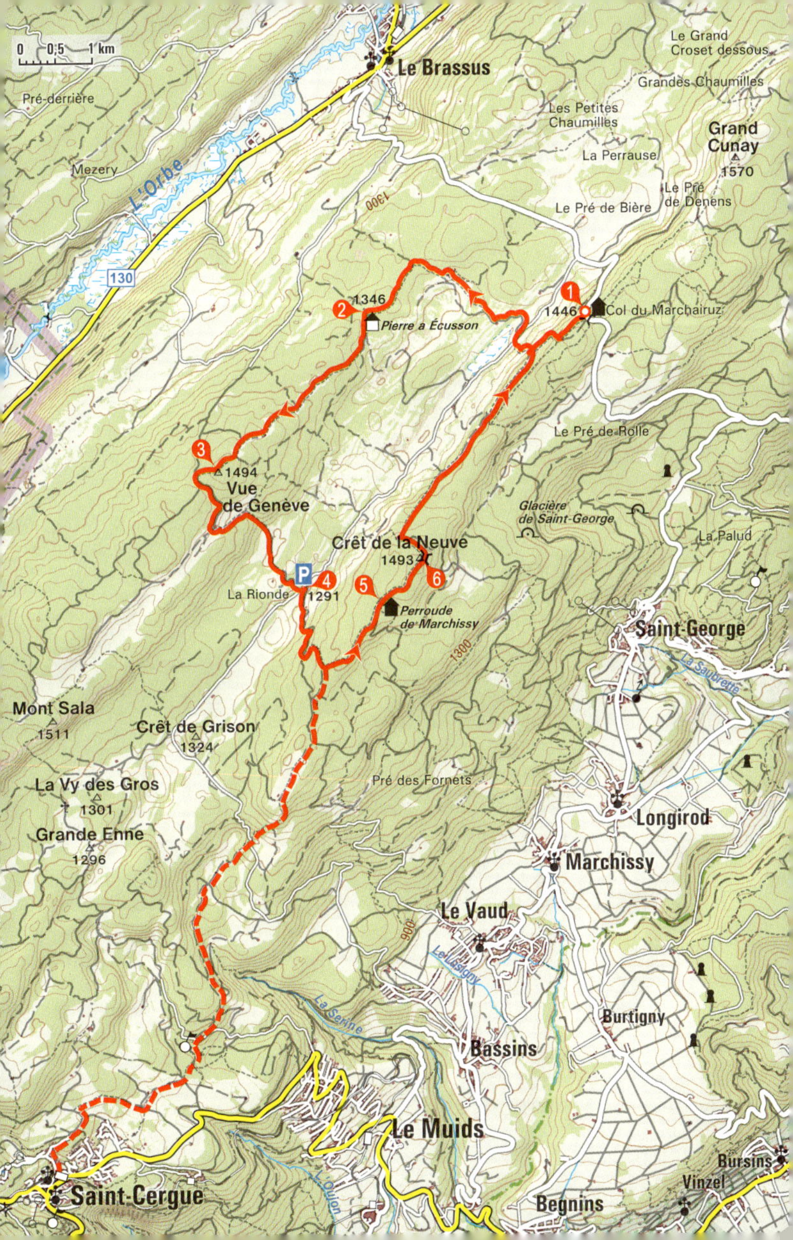

0 0,5 1 km
Le Brassus
Le Grand Croset dessous
Grandes Chaumilles
Les Petites Chaumilles
Pré-derrière
Grand Cunay
1570
La Perrause
Mezery
L'Orbe
1300
Le Pré de Denens
Le Pré de Bière
130
1346
Pierre a Écusson
1446
Col du Marchairuz
Le Pré de Rolle
1494
Vue de Genève
Glacière de Saint-George
La Paluz
Crêt de la Neuve
1493
La Rionde
1291
Perroude de Marchissy
Saint-George
La Saubrette
Mont Sala
1511
Crêt de Grison
1324
La Vy des Gros
1301
Pré des Fornets
Longirod
Grande Enne
1296
Marchissy
Le Vaud
900
Le Lasigny
Burtigny
La Serine
Bassins
Le Muids
Bursins
Vinzel
Saint-Cergue
L'Oulon
Begnins

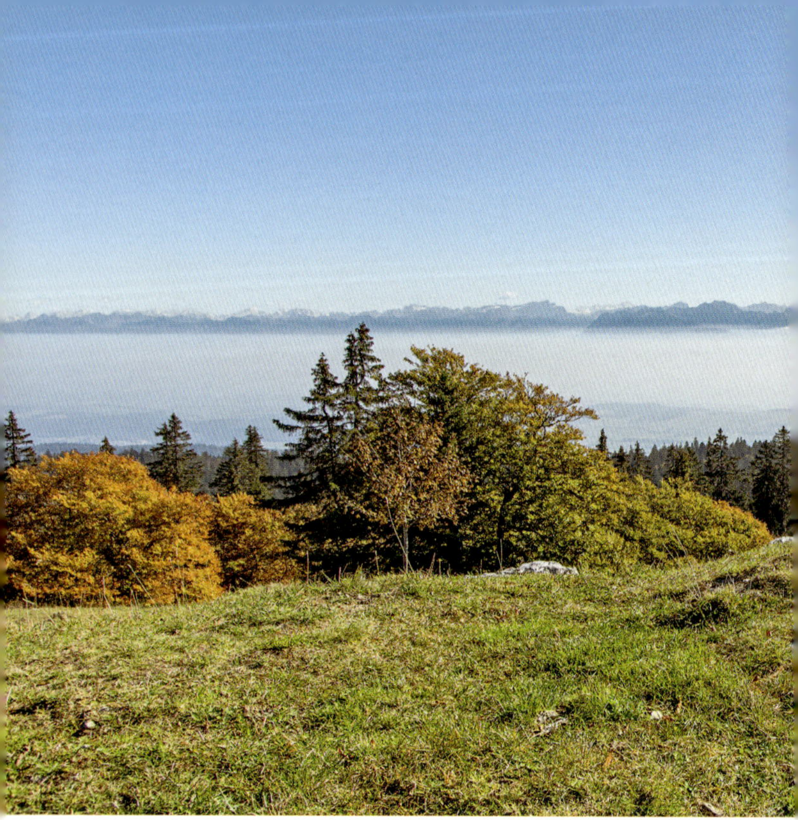

Der perfekte Ort für eine Rast: auf der aussichtsreichen Crêt de la Neuve.

sen wir die markierte Route und halten uns kurz nach links bis zu dem Weg, der durch eine Lücke in der Trockensteinmauer bei der Waldgrenze leitet. Bei der nächsten Verzweigung (kurz vor dem Refuge de la Jorat) links, um so auf einem Waldweg zur Hütte und Wegkreuzung **Pierre à Ecusson** 2 zu gelangen. Auf dem gelb markierten Weg der Beschilderung in Richtung Chalet a Roche Dessus. Vom Chalet (1460 m) kurz auf einem Alpsträßchen und dann links auf einem schwach ausgeprägten Pfad über Wiesen hinauf zur **Vue de Genève** 3 – beim Gipfelkreuz hat man keine Sicht, dafür knapp 300 m weiter beim höchsten Punkt.
Westwärts hinab auf ein Teersträßchen, links und kurz drauf wieder links auf ein Schottersträßchen, welches zur Alphütte Petite Chaux (1408 m) führt. Direkt nach der Hütte halten wir uns links, am Zaun entlang hin-

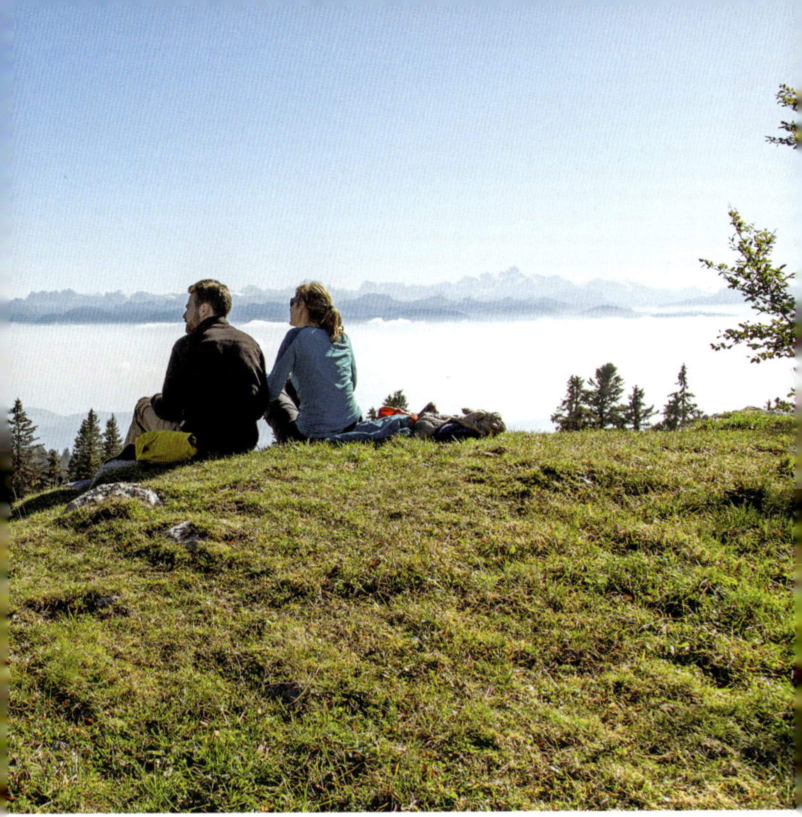

ab in die kleine Senke. Auf einem Pfad nordostwärts und in einer Rechtskurve in den gut erkennbaren Sattel. Ein guter Weg führt im Wald hinab und verläuft dann fast eben über Weiden bis zur Fahrstraße in die Ebene Combe des Amburnex bei **La Rionde** 4, hier befindet sich ein Parkplatz. Links und gleich wieder rechts die Straße wieder sanft ansteigend, bis links eine Alpstraße abzweigt (P.1352). Dieser 200 Meter folgen und rechts auf der wieder markierten Wanderroute weiter bis zur nächsten Weggabelung. Hier stoßen wir wieder auf den Chemin des Crêtes du Jura. Links abzweigen und vorbei an der Hütte **Perroude de Marchissy** 5 bis auf die **Crêt de la Neuve** 6. Es folgt ein kurzer Abstieg zur Wegkreuzung La Neuve (1446 m), wo wir uns rechts halten und dem markierten Chemin des Crêtes bis zurück zum **Col du Marchairuz** 1 folgen.

↗ 700 m | ↘ 700 m | 14.0 km

53 La Dôle, 1677 m

5.00 h

Eine Runde mit Einkehr: über den westlichsten Gipfel der Schweiz

»Schön ist's, von Aetna's Haupt des Meeres Plan, / Voll grüner Eiland', und die Fabelauen / Siciliens und Strombolis Vulkan, / Beglänzt von Phöbus erstem Strahl, zu schauen: // Doch schöner, wenn der Sommertag sich neigt, / Den Zaubersee, hoch von der Dole Rücken, / Wie Lunas Silberhörner sanft gebeugt, / Umragt von Riesengipfeln, zu erblicken.« Friedrich von Matthisson: Genfersee, 1821.

Ausgangs- und Endpunkt: Bahnhof Les Pralies (1174 m); Bahn von Nyon.
Anforderungen: Leichte Bergwanderung, zumeist markiert. T2.
Beste Jahreszeit: Juni bis Oktober.
Einkehr: Cuvaloup de St-Cergue, La Trélasse, Cuvaloup de Crans, La Barillette.
Unterkunft: Chalet de la Combe Gelée, Selbstversorgerhütte (+41 22 369 9040). Chalet des Apprentis, Selbstversorgerhütte (+41 22 344 1982). In St-Cergue: Chambres d'hôtes Au Rayon de Soleil (+41 22 360 1192), Hôtel Restaurant de la Poste (+41 22 360 1212).

Varianten: 1) Bei Anreise mit dem Auto kann man bei Cuvaloup de St-Cergue parken; 20 Min. kürzer. 2) Noch kürzer wird es, wenn man beim Châlet de la Dôle parkt und eine Rundtour über Col de Porte und La Dôle macht; 1.30 Std. und 290 Hm. 3) Länger wird es, wenn man entlang der Krete wandert bis zum Col de la Faucille (bis dahin 5.30 Std.) und z.B. mit Tour 54 verbindet.
Karten: 260 T St-Cergue, 270 T Genève; 1260 Col de la Faucille, 1261 Nyon.
Anschlusstouren: 52, 56.

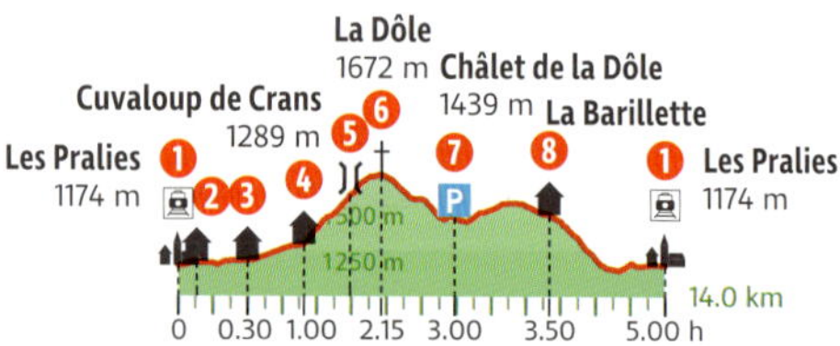

Vom **Bahnhof Les Pralies** ❶ auf der anderen Seite der Hauptstraße der Wandermarkierung nach zu **Cuvaloup de St-Cergue** ❷ – erste Einkehroption. Wir halten uns rechts auf der Wanderroute und folgen ihr bis zur nächsten Wegkreuzung, dort links und auf dem Sträßchen direkt nach **La Trélasse** ❸ – zweite Einkehroption. Der Straße und Wanderroute weiter entlang bis **Cuvaloup de Crans** ❹ – dritte Einkehroption. Nach der Buvette links und entweder auf der gelb markierten Route oder etwas kürzer entlang des Skiliftes bis in den **Col de Porte** ❺. Nun entlang des Nordgrates bis auf die **Dôle** ❻ mit den weißen Radar-Kuppeln, welche zur Messstation des Bundesamtes für Meteorologie und Klimatologie und der

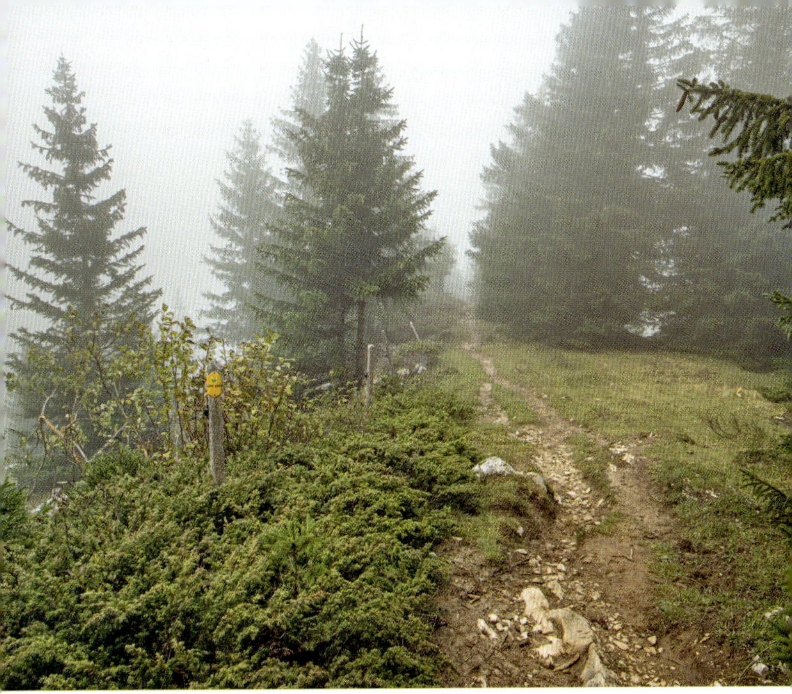

Bei trübem Wetter auf dem Nordgrat der Dôle.

Genfer Flugsicherung dienen. Auf einem Pfad ein kurzes Stück bis zur ersten Wegverzweigung und links abwärts und in einem Bogen zum **Châlet de la Dôle** 7 – hier befindet sich der Parkplatz für die Kurzvariante über die La Dôle. Nordostwärts bis zur ersten Wegkreuzung und rechts über die Kuppe La Barillette zum Restaurant **La Barillette** 8 – vierte Einkehroption. Auf der Wanderroute hinab nach La St-Cergue (1151 m), links orientieren bis kurz vor **Cuvaloup de St-Cergue** 2 – nochmalige Einkehrmöglichkeit – und zurück nach **Les Pralies** 1.

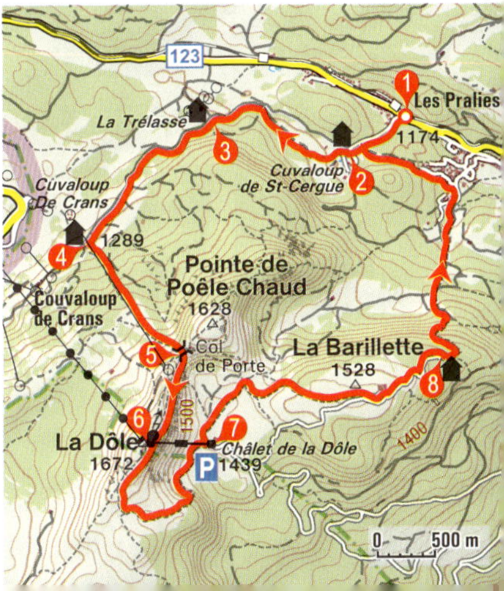

↗ 1230 m | ↘ 1230 m | 20.8 km

54 Grand Montrond, 1614 m, – Colomby de Gex, 1688 m

8.00 h

Gipfelrunde hoch über Gex

Zum Col de la Faucille besteht keine Busanbindung, weswegen unsere Tour vom Talort Gex aus startet. Dies ist – abgesehen von mehr Aufstiegshöhenmetern – nicht weiter schlimm, da man somit auch das nur begrenzt hübsche Wintersportgebiet am Col de la Faucille umgeht. Umso hübscher ist dann aber die Gratwanderung über den Grand Montrond bis zum Colomby de Gex – sanft fällt das Gelände nach Westen ab, wohingegen steile Felsflanke nach Osten abfallen und die Krete somit beste Blicke über den Genfersee zu den Alpen bietet!

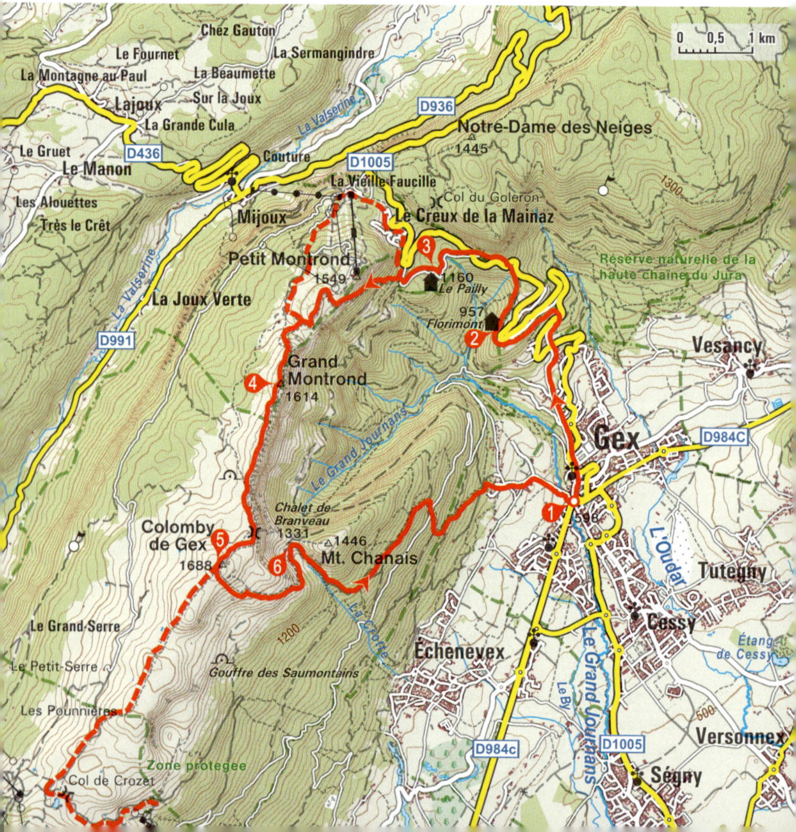

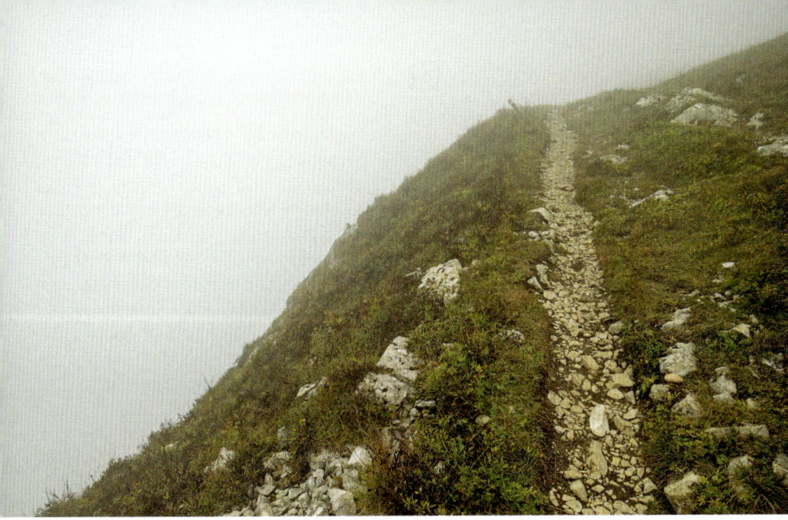

Auf der Krete bei Montrond: eine Seite flach, die andere steil, der Nebel kaschiert es noch.

Ausgangs- und Endpunkt: Gex (598 m); gegenüber dem Hauptbahnhof Genf-Cornavin mit dem Bus F über Ferney-Voltaire nach Gex-Centre.
Anforderungen: Etwas Trittsicherheit und Kondition. Wege nur teilweise markiert. Bei dichtem Nebel schwierige Orientierung auf den weiten Hochflächen. T2.
Beste Jahreszeit: Mai bis Oktober.
Einkehr: Gex, Florimont, Le Pailly (Restaurant du Montrond).
Unterkunft: An der Straße zum Col de la Faucille, Abstecher von 15 Min.: La Mainaz Hôtel Restaurant (+33 4 50 41 3110). Am Col de la Faucille: Hôtel Restaurant de la Couronne (+33 4 50 41 3265); La Petite Chaumière (+33 4 50 41 3022). Gex: Hôtel du Grand Parc (+33 4 81 13 1440); Séjours & Affaires Gex Les Rives du Leman (+33 4 50 99 4848).
Variante: 1) Vom Colomby de Gex weiter südwärts bis zum Col de Crozet und zur Bergstation Le Fierney, mit der Gondelbahn (nur Juli und August in Betrieb) hinab nach Crozet und in 45 Min. zur Bushaltestelle Chevry Marie; 1340 m auf, 650 m ab, 30 Min. kürzer bis Le Fierney. 2). In die Rundtour den Col de la Faucille (ohne Busanbindung) einschließen (falls man da nächtigen möchte): vom Col de la Faucille folgt man dann der guten Beschilderung in Richtung Grand Montrond; in etwa gleiche Höhenmeter, gute 15 Min. länger.
Karten: 270 T Genève; 1280 Gex.
Anschlusstouren: 53, 55, 56 (mit Varianten).

Vom Zentrum von **Gex** ❶ nordwärts durch die Rue de Commerce, Rue de la Fontaine, Rue Du Château. Etwa 150 m der Hauptstraße (Route de la Faucille) folgen und links auf der Rue des Rogeland weiter nordwärts. Nachdem die Passstraße zweimal gequert wurde, führt eine kurze Forststraße durch den Wald zur Route Impériale. Auf dieser unterhalb der Route de la Faucille aussichtsreich um eine Rechtskurve zum Restaurant **Le Refuge de**

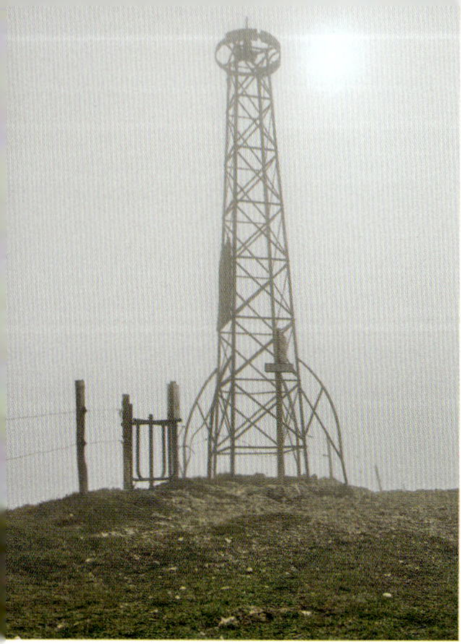

Auf dem Colomby de Gex, die Sonne lässt sich nur erahnen.

Florimont 2. Weiter auf der Route Impériale zur Passstraße, eine Kehre abkürzen und dann rechts auf der Ancienne Route de la Faucille weiter. Kurz darauf zweigt links die Straße abzweigt, welche über die Passstraße hinweg zum Anwesen von **Le Pailly 3** führt. Der Straße weiter folgen bis unmittelbar nach einer Rechtskurve (P.1175) der Sentier de la Vie de Chaux nach links abzweigt. Dieser Pfad führt steil hinauf bis auf die weitläufige Hochebene des Jura und trifft in einem Sattel (1505 m) auf den Kammweg. Auf diesem südwärts auf die grasige Kuppe des Montrond (1596 m). Ein genussvoller Gang auf der Krete bringt uns auf den nur geringfügig höheren **Grand Montrond 4**. Die großartige Aussicht bleibt uns auf dem Weiterweg nach Süden erhalten, welcher in sanftem Auf und Ab in den Einschnitt Pas de l'Echine führt und dem Zaun entlang über Alpweiden aufwärts zum Metallmast des **Colomby de Gex 5**.

Direkt vom Gipfel führt ein beschilderter Pfad in die Südostflanke. Dieser zieht um den Südostgrat herum zum **Chalet de Branveau 6**. In südöstlicher Richtung auf einem Schotterweg hinab, welcher auf einer Höhe von ca. 1115 m in nordöstliche Richtung wechselt und für fast 1,5 km kaum Höhe verliert. Grüne Markierungen leiten im Folgenden in langen Kehren durch den Wald abwärts, wobei zweimal eine Forststraße überquert wird. Zuletzt durch Chemin des Hussins, Chemin des Galas, Rue de l'Etraz, Rue Léone de Joinville zurück nach **Gex 1**.

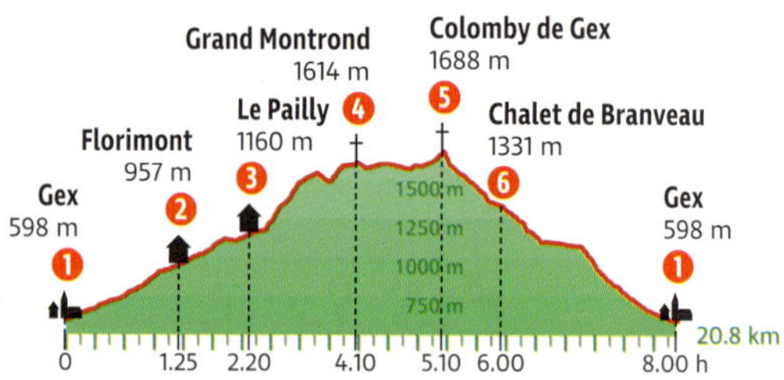

↗ 940 m | ↘ 940 m | 10.2 km

TOP

5.15 h

Crêt de la Neige, 1720 m, – Reculet, 1718 m

55

Traversierung am westlichen Horizont von Genf

Die beiden Erhebungen Crêt de la Neige und Reculet – nur 17,5 Kilometer von der Rousseau-Insel in Genf entfernt – bilden die höchsten Gipfel der gesamten Jurakette. Häufiger besucht ist der Reculet mit seinem 1892 aufgestellten riesigen Metallkreuz, da die meisten Gipfelaspiranten den direkten Weg von Tiocan nehmen. Etwas länger und deutlich reizvoller ist die hier vorgestellte Runde, welche noch mehr von der wilden mit Legföhren durchsetzten Landschaft am Kamm offenbart. Bringt man noch mehr Zeit mit, dann lohnt sich in jedem Fall eine Überschreitung von Grand Crêt und Crêt de la Neige vom Col de Crozet kommend. Wie auch immer, die Aussicht zu den höchsten Juragipfeln ist überwältigend und reicht vom Eiger bis hinunter zur Meije, mit dem Genfersee in seiner ganzen Länge mittendrin.

Ausgangs- und Endpunkt: Parkplatz Le Tiocan (866 m); erreichbar über eine ausgeschilderte Straße von Thoiry. Bei Anreise mit ÖV Start von der Bushaltestelle Thoiry Marie (480 m).
Anforderungen: Etwas Trittsicherheit auf der Krete und im steilen Abstieg vom Reculet, Orientierungsvermögen (trotz einiger Markierungen) nötig; bei Nebel wird's auf den Höhenrücken rasch ungemütlich. T2.
Beste Jahreszeit: Juni bis Oktober.

Einkehr: Curson, Narderant.
Unterkunft: Châlet-refuge de Curson (1580 m), offen und bewirtschaftet Juni bis Anfang Sept. jeweils Do.–So., manchmal auch nur am Wochenende, 30 Plätze (+33 4 50 41 5385, mobil: +33 612 72 9445 oder +41 79-262 9445), Schlafsack mitnehmen. Chalet de Narderan (1337 m), Selbstversorgerhütte, Schlüssel auf Verlangen (+33 4 50 41 2166). In Thoiry beim Centre Commercial: Woods Hotel (+33 4 56 02 8889).

Besondere Stimmung auf der Krete.

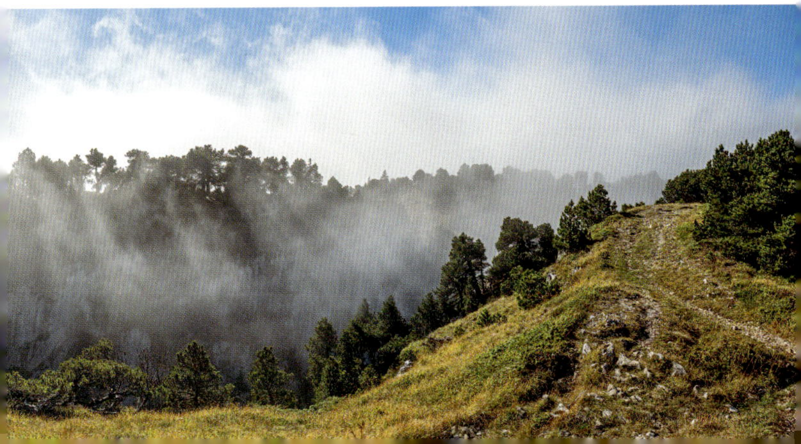

Varianten: 1) Bei Anreise mit ÖV und Start in Thoiry kommen noch 380 Hm und insgesamt 2 Std. dazu für den Auf- und Abstieg des ausgeschilderten Wegs nach Tiocan.
2) Eine noch kleinere Runde ohne Crêt de la Neige: von der Weggabelung (nach Croisée) auf 1400 m links und direkt zum Reculet hinauf; 830 Hm, 3.45 Std.
3) Runde ausgehend von Lélex (898 m) im Vallée de la Valserine; Abstieg vom Reculet nach Norden über den Sentier des contours; 440 m auf, 990 m ab, 4.15 Std. unter Benützung der Gondelbahn Lélex télécabine de la Catheline (Sommerbetrieb Juli und August).
4) Start bei der Bergstation Le Fierney (1291 m) der télécabine Crozet (Sommerbetrieb Juli und August) ausgeschildert über Montoisey und Grand Crêt zum Crêt de la Neige; 620 m auf, 1430 m ab, 5.15 Std.; die nächste Bushaltestelle von der Talstation ist allerdings fast eine Stunde zu Fuß entfernt in Chevry; man könnte auch in ca. 1.45 Std. von Tiocan zur Talstation (640 m) wandern.
Karten: 270 T Genève; 1280 Gex, 1300 Chancy. TOP 25: Crêt de la Neige (3328 OT), Bellegarde-sur-Valserine (330 OT).
Anschlusstour: 56.

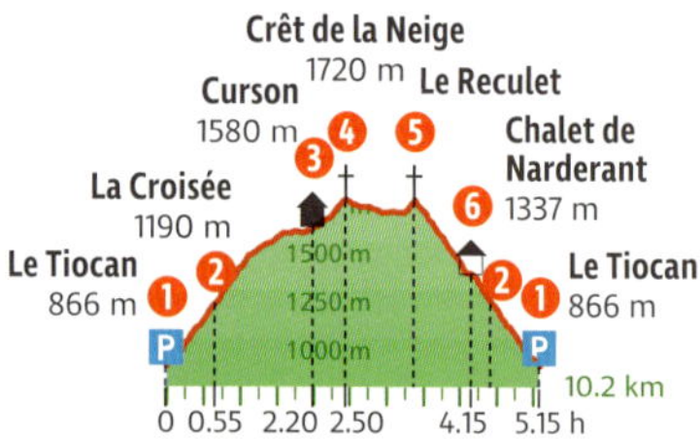

Vom Parkplatz **Le Tiocan** ❶ führt die Beschilderung in Richtung Croisée auf einem steinigen Weg steil hinauf bis zur Weggabelung bis **La Croisée** ❷. Hier rechts halten und bei der nächsten Weggabelung (1400 m, rechts davon ist ein schöner Aussichtspunkt) ebenfalls rechts, der Beschilderung nach an

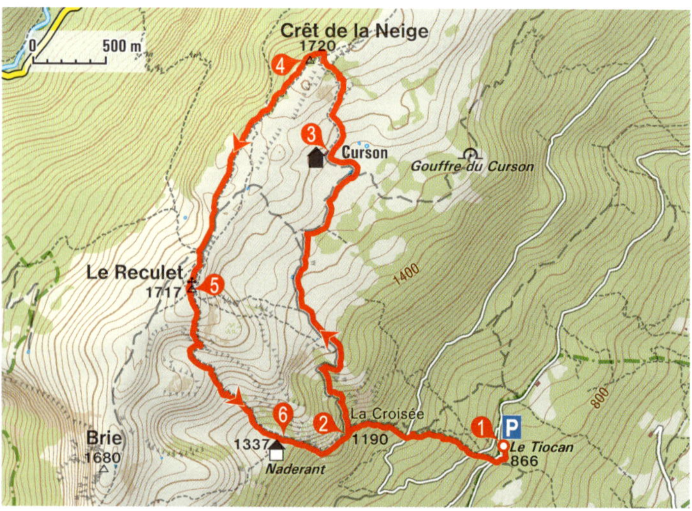

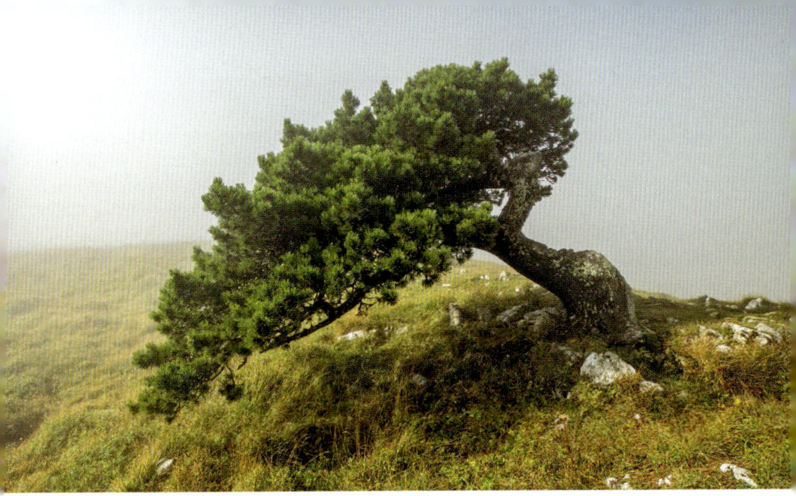

Legföhre auf dem Weg zum Crêt de la Neige.

dem Hüttchen **Thoiry-Devant** (1490 m) vorbei bis zum **Châlet-refuge de Curson** ❸. Der Weg navigiert durch eine reizvolle Landschaft mit vielen Legföhren hinauf bis auf den Kammweg des GR9. Links halten und in drei Minuten bis auf den höchsten Punkt des Jura **Crêt de la Neige** ❹. Über den felsigen, zerklüfteten Kamm hinab in Weidegelände und zu dem Wegweiser Sur les Brulats. Geradeaus, dann ostseitig um eine Kuppe herum und über den Nordostgrat zum Metallkreuz des **Reculet** ❺.

Der Abstieg erfolgt rechts über den grasigen Südhang hinunter, ein paar Holzstufen hinab, entlang eines Felsbands weiter und rechts hinab in den kleinen Bergkessel. Auf einem teils steinigen Weg abwärts zur Wegkreuzung beim **Chalet de Narderant** ❻ – die Hütte ist nur 100 m davon entfernt. Auf einem spannenden und aussichtsreichen Weg unterhalb von Felswänden bis **La Croisée** ❷. Auf gleichem Weg zurück nach **Le Tiocan** ❶.

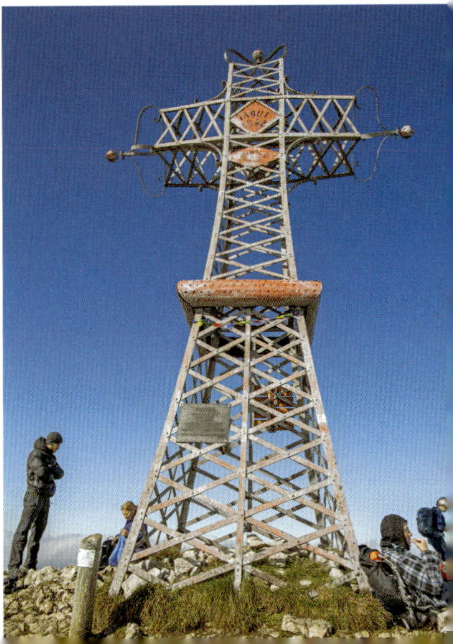

Metallkreuz des Reculet.

Trekking Lac de Genève

»Um den Léman in seiner ganzen Schönheit zu sehen, darf man nicht an sein Ufer hinabgehen, sondern muss auf einen seiner ihn umgebenden Gipfel hinaufgehen.« So belehrt der Vater seine zuhörenden Kinder im Buch »Mon Tour du Lac Léman raconté à mes enfants« aus dem Jahre 1844. Autor Napoléon Roussel gibt als Beispiel die Aussichtsterrasse bei der Kathedrale von Lausanne an – als überzeugter Calvinist hätte er das Panorama von einem Gipfel auf dem katholischen linken Seeufer kaum genießen können. Sein Buch ist denn auch mehr Traktat als Reiseführer.

Schon wesentlich mehr praktischen Nutzen besitzt der 1850 erschienene »Guide du vovageur autour du Lac de Genève et au bassin du Rhone supérieur« von Jacques-Louis Manget. Im Anhang findet sich eine Liste mit den Höhen der wichtigsten Berge und Aussichtspunkte im Führer. Sie enthält erstaunlich viele gleiche Namen wie der Rother Wanderführer, vom Crêt de la Neige bis zur »la plus haute des Dents du Midi«, vom Moléson bis zum »fort des Allinges«.

Wer einen Führer über den Genfersee schreibt, sollte den Genfer Manget nicht umgehen. Im Vorwort zu seinem ersten Werk mit dem etwas umständlichen Titel »Description et itinéraire des bords du Lac de Genève, ou manuel du vovageur dans la Vallée du Léman« stellt er fest: »Eine Wegbeschreibung der Rundtour um den Genfersee war seit langem gefragt; nicht dass nicht schon beinahe alles über diese Landschaft gesagt wurde, aber noch niemand hatte sich bisher die Mühe genommen, das Ganze zu beschreiben, und zwar unter den verschiedenen Aspekten, die den Touristen interessieren können. Der Autor des Manual, das er nun dem Publikum vorlegt, darf sich einbilden, diese Aufgabe erfüllt zu haben. Er hat selbst mehrere Male und auf verschiedene Art die Orte besucht, die er beschreibt;

Abstieg von Cornettes nach Bise (Tour 57).

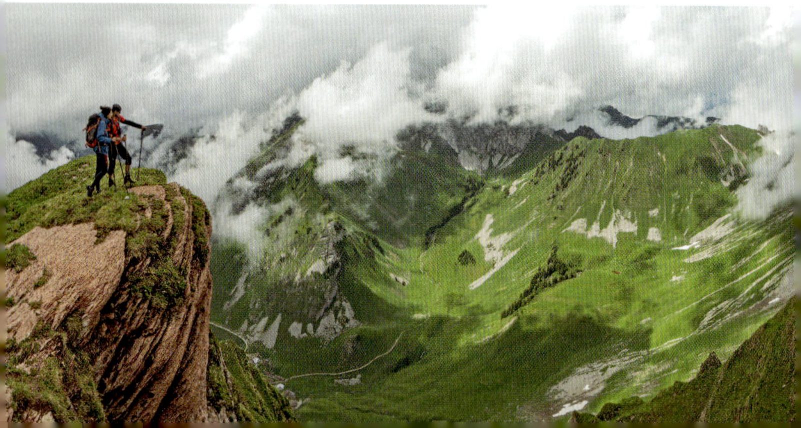

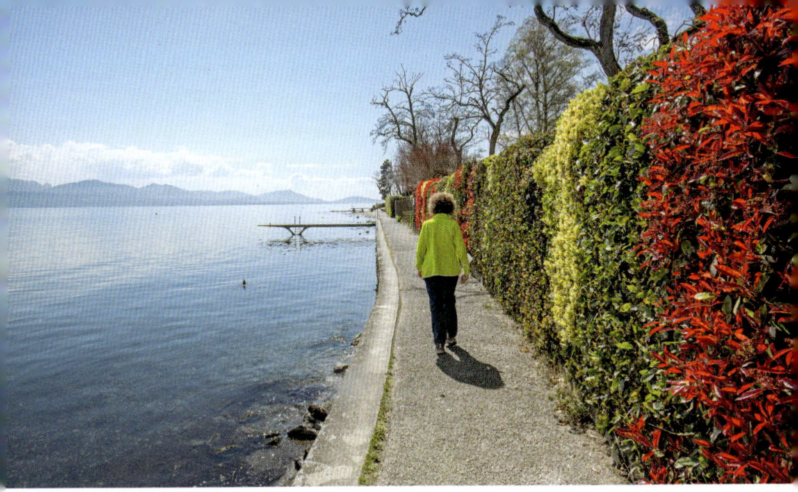

Der Uferweg Les Pierettes (Touren 46 und 59).

er hat mit Sorgfalt alle Auskünfte gesammelt, welche die Umstände ihm zugetragen haben; und er hat alle Quellen ausgeschöpft, in denen er genaue Angaben zu finden hoffte.« Schön gesagt – anno 1822.
Noch schöner ist das im folgenden Jahr publizierte Werk: »Voyage pittoresque autour du Lac de Genève.« Der Text ist derjenige von Manget; was das Buch aber so besonders – und so teuer – macht, sind die elf gestochenen Ansichten. Man könnte sie alle rahmen.
Von Sammlern ebenso gesucht, und das nicht nur wegen der Zeichnungen, sondern auch wegen des Textes: Der Bericht in Wort und Bild eines Mannes, der heute noch gelesen und verlegt wird: Rodolphe Toepffer (1799–1846), Zeichner und Schriftsteller aus Berufung, Lehrer in Genf von Beruf. Er streifte mit seinen Schülern immer wieder durch Europa. »Voyages en zigzag« nannte er seine Reisen, über die er schreibend und zeichnend berichtete. In »Voyage autour du Lac de Genève«, unternommen im Juni 1827, beschreibt Toepffer eine fünftägige Rundreise zu Fuß und Kutsche.
Mit dem bequemen Verkehrsmittel war der aus Paris stammende Alfred de Bougy nicht einverstanden. Er plädiert in seinem 1846 herausgegebenen »Le Tour du Léman« vehement für eine Reise zu Fuß. »Um ein Land gut kennenzulernen, muss man es zu Fuß durchstreifen.« Doch machen wir uns auf zur zweiwöchigen Fußreise um den Genfersee, die auf dem französischen Ufer mehrheitlich der rot-weiß markierten Grande Randonnée »Tour du Léman« folgt. Denn: Eine Spur wichtiger als über den Lac Léman zu lesen, ist es, ihn wandernd zu sehen. Um es mit den Worten von Napoléon Roussel zu sagen: »Il faut le voir et non le lire pour s'en faire une juste idée.« Allons-y!

↗ 3000 m | ↘ 3650 m | 97.8 km

56 Über die Krete des südlichen Jura

5 Tage

Unterwegs auf den Fernwanderwegen Chemin des Crêtes de Jura, GR9 Mijoux – Yenne und dem Europäischen E4

Beliebt sind die aussichtsreichen Höhenzüge des Jura für mehrtägige Wanderungen. Nicht umsonst verlaufen hier mehrere Fernwanderwege: der 320 km lange Chemin Des Crêtes de Jura, der in Dielsdorf bei Zürich mit dem Lägerngrat beginnt und nach dem Dôle noch vor der französischen Grenze nach Nyon absteigt; der 123 km lange GR9 von Mijoux unterhalb des Col de la Faucille nach Yenne im Département Savoie nahe des Lac de Bourget; der E4 von Gibraltar über Alpen und Balkan nach Griechenland und Zypern – mit einer Gesamtlänge von rund 10.450 km bei Weitem der längste aller Europäischen Fernwanderwege. Das fünftägige Trekking verläuft auf Abschnitten dieser drei Fernwanderwege, verbindet die Touren 45–49 und bildet genau den Abschnitt des Jura, welcher von den herrlichen Blicken auf den Genfersee geprägt ist.

Ausgangspunkt: Bahnhof Le Pont (1008 m); vgl. Tour 51.
Endpunkt: Bahnhof Bellegarde (358 m) am südlichen Ende des Jura.
Anforderungen: Ein wenig Trittsicherheit, Ausdauer und Orientierungssinn; bei Nebel kann es auf den Jurahöhen recht unangenehm werden. T2.
Beste Jahreszeit: Juni bis Oktober.
Variante: Eine Verkürzung auf drei Tage mit den Etappen 3 bis 5.
Karten: 251 T La Sarraz, 270 T Genève, 460 T Col du Marchairuz. TOP 25: Crêt de la Neige (3328 OT), Bellegarde-sur-Valserine (330 OT). Carte des Sentiers, Promenades et Randonnées – Bellegarde, Pays de Gex, Valserine, 1:33.333.
Hinweis: Ausweis, Schlafsack und Verpflegung für das Refuge du Gralet und die Cabane de Cunay.

Die Ruinen Couvent d'Oujon.

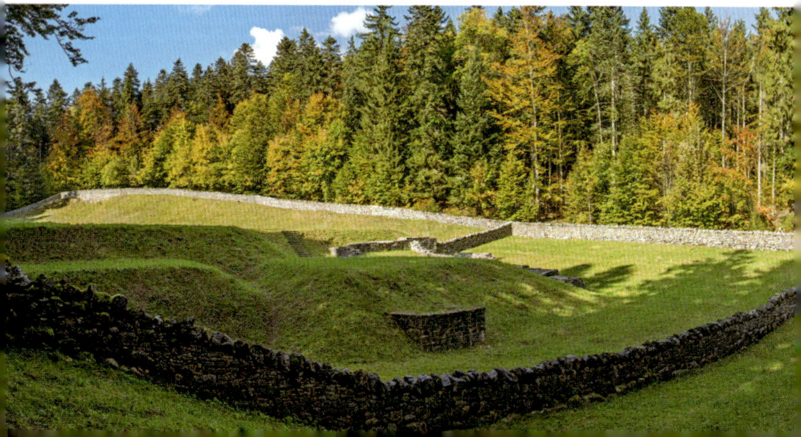

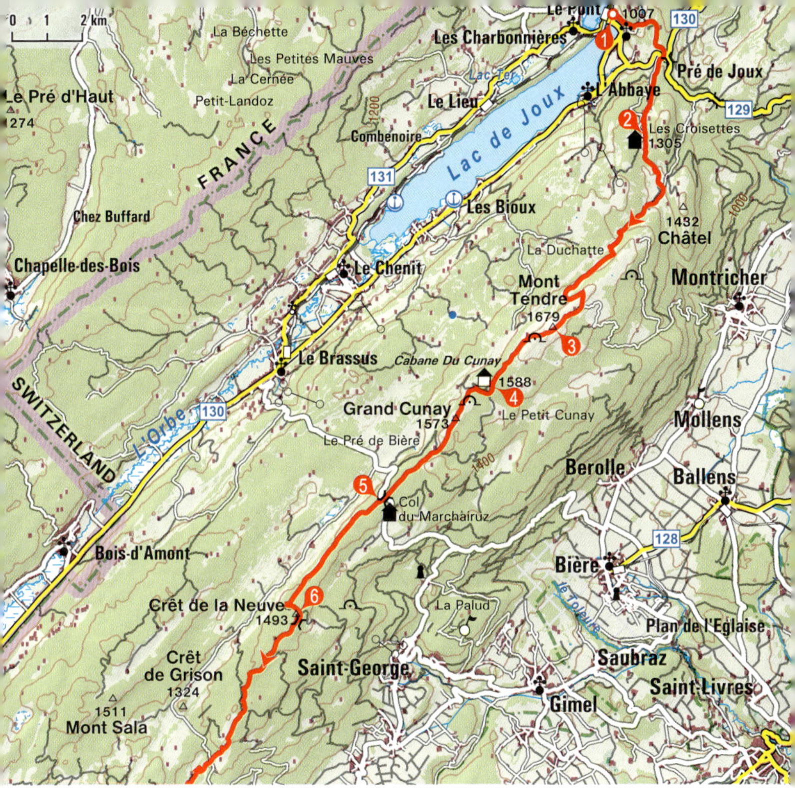

1. Etappe: Le Pont – Cabane de Cunay

4.30 Std.; Aufstieg 850 m, Abstieg 270 m; 15.2 km.

Route: Vom Bahnhof **Le Pont** ❶ entsprechend Tour 51 über **Les Croisettes** ❷ und **Mont Tendre** ❸ zur Senke P.1547 und noch 20 Min. auf dem Chemin Des Crêtes weiter zur **Cabane de Cunay** ❹.

Variante: Etappe um 1.15 Std. verlängern mit Übernachtung am Col de Marchairuz (1447 m); vgl. Tour 52.

Unterkunft: Cabane de Cunay (1588 m); vgl. Tour 51.

2. Etappe: Cabane de Cunay – St-Cergue

6 Std.; Aufstieg 590 m, Abstieg 1140 m; 21.6 km.

Route: Auf dem Chemin des Crêtes wandern wir zum **Col de Marchairuz** ❺. Anschließend weiter zur **Crêt de la Neuve** ❻; vgl. Tour 52. Dem Chemin des Crêtes folgen wir an den Alphütten Le Planet (1362 m) und Les Frasses

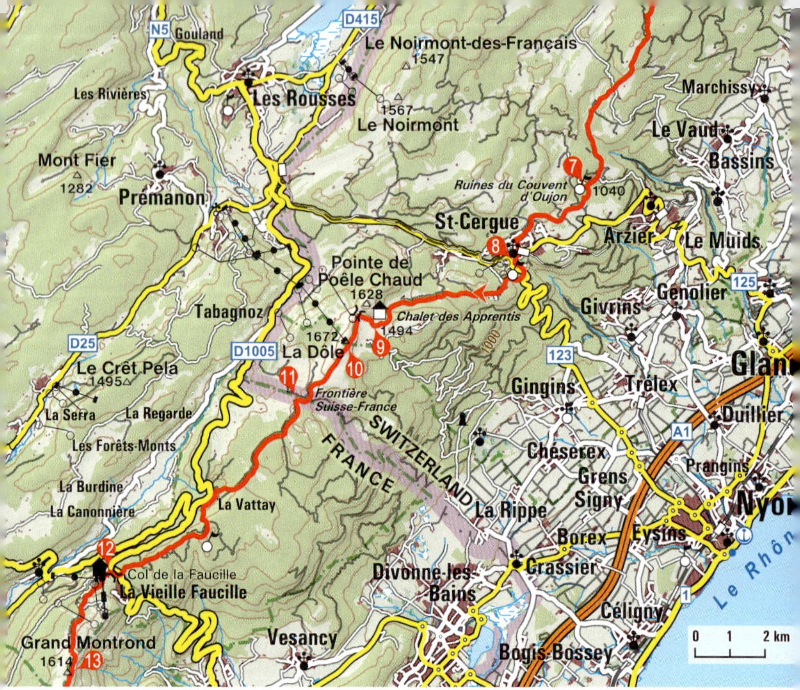

(1151 m) vorbei zu den Ruinen **Couvent d'Oujon** ⑦ und dann südostwärts nach **St-Cergue** ⑧.
Variante: Etappe um 1.45 Std. verlängern mit Übernachtung im Chalet des Apprentis; vgl. Tour 53.
Unterkunft: St-Cergue; vgl. Tour 53.

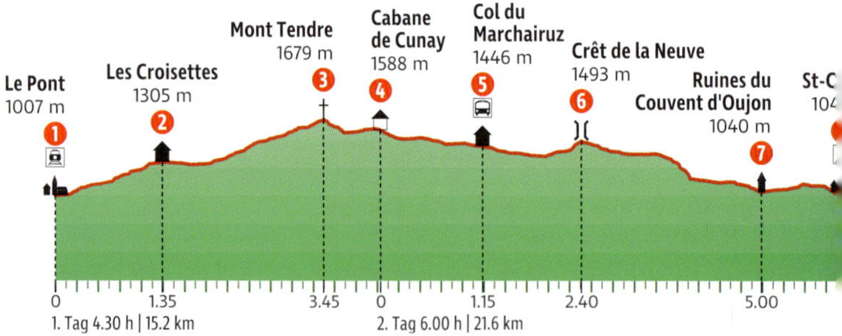

3. Etappe: St-Cergue – Col de la Faucille

6.15 Std.; Aufstieg 900 m, Abstieg 630 m; 18.3 km.

Route: Von **St-Cergue** ❽ auf der gelb markierten Wanderroute nach La St-Cergue (1151 m) und über La Vuarne zum **Chalet des Apprentis** ❾. Hinauf in den Col de Porte und entsprechend Tour 53 über **La Dôle** ❿ und weiter auf dem Kammweg bis zur **Grenze Schweiz-Frankreich** ⓫. Geradeaus auf einem Schottersträßchen bis zur Gabelung beim Col de la Combe Blanche. Rechts auf der Waldstraße vorbei an der Ruine du Château de Puthod bis ca. 1320 m, wo ein Pfad links wegzieht. Hinauf zu einem Sträßchen, auf diesem links abwärts, bis rechts ein Pfad abzweigt, der sich in ständigem Auf und Ab durch den Forêt du Turet zur Waldspitze Croix de la Notre-Dame des Neiges schlängelt. Hinab zu einer Weggabelung, rechts und gleich links. Zuletzt kreuzt der Weg noch ein Sträßchen und erreicht den **Col de la Faucille** ⓬.

Unterkunft: Col de la Faucille; vgl. Tor 54.

4. Etappe: Col de la Faucille – Refuge du Gralet

7.00 Std.; Aufstieg 1160 m, Abstieg 1040 m; 23.1 km.

Route: Dem GR9 von La Vieille Faucille zumeist auf einem Sträßchen folgend bis kurz vor Le Crozat (1484 m) und links hinauf auf den **Grand Montrond** ⓭ und zum **Colomby de Gex** ⓮. Auf dem Kammweg weiter bis zum Col de Crozet (1485 m). Westwärts halten an der Bergstation der Gondelbahn La Catheline vorbei zum **Refuge de la Loge** ⓯. Der GR9 trifft ein kleines Stück südwestlich der Grand Crêt wieder auf den breiten Grat. Über **Crêt de la Neige** ⓰ zum **Reculet** ⓱. Weiter auf dem Kammweg zur Crêt de la Grotte de la Marie du Jura (1644 m) – die Kuppe kann westlich (ausgesetzt; so kommt man zur Höhle, in der die Einsiedlerin Marie 1211 starb) oder östlich umgangen werden, oder direkt auf dem Grat überschritten werden. Zumeist auf dem schönen Grat geht es zum **Refuge du Gralet** ⓲.

Variante: Vom Col de Crozet kann man auch zum Sattel Sous le Crêt aufsteigen und von dort auf dem Kammweg über die Grand Crêt weiter in

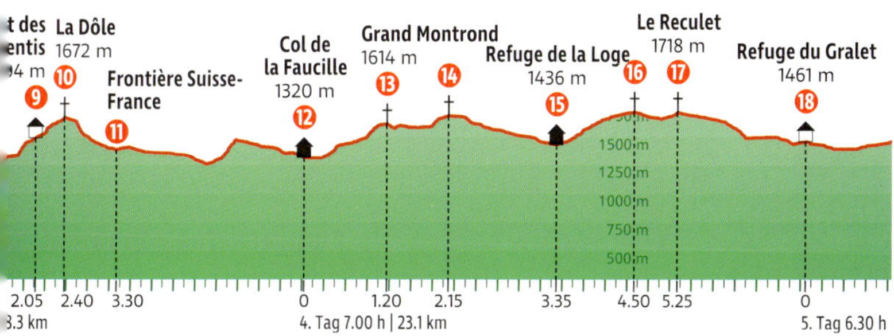

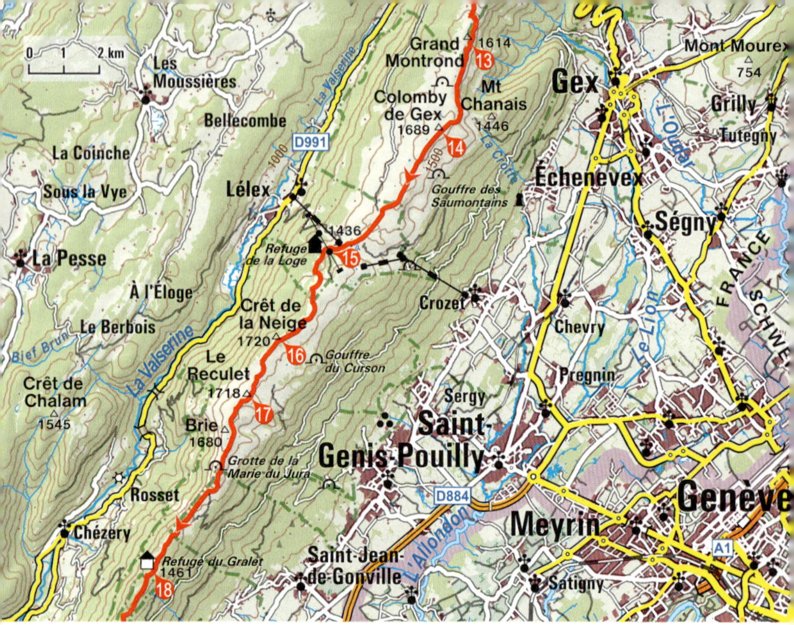

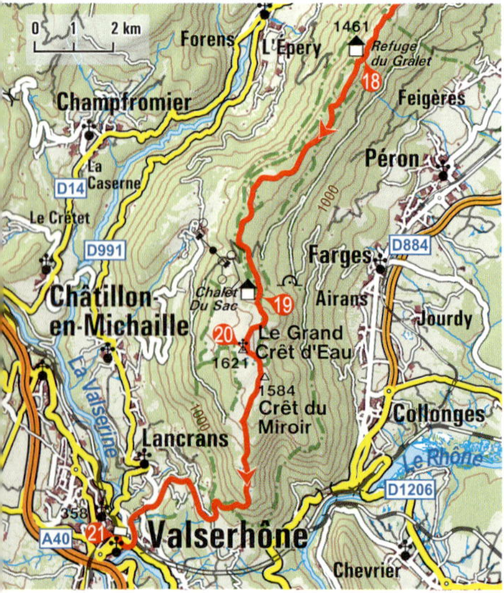

Richtung Crêt de la Neige; gleich lang.

Unterkunft: Refuge du Gralet (1432 m), Selbstversorgerhütte, durchgehend geöffnet, 20 Plätze, Ofen, Holz und Matratzen vorhanden, aber keine Decken (+33 4 5056 3234 oder +33 6 2390 9313). Westseite des Col du Crozet: Refuge de la Loge (1437 m), fast immer bewartet, sonst Selbstverpflegung, 30 Plätze (+33 4 5020 9046). Etwas unterhalb des Crêts de la Neige: Chalet-refuge de Curson (1580 m); vgl. Tour 55.

5. Etappe: Refuge du Gralet – Bellegarde

6.30 Std.; Aufstieg 500 m, Abstieg 1570 m; 19.6 km.

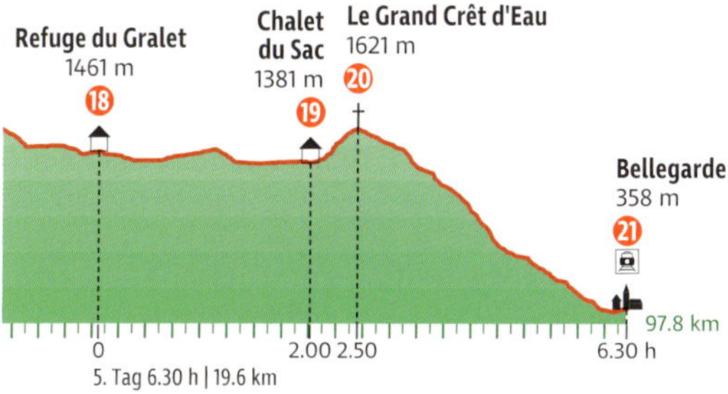

Route: Weiter dem gewellten Jurarücken entlang in ständigem Auf und Ab durch den urwaldähnlichen Bois du Péron zur Waldlichtung und Hütte von La Poutouille (1446 m). Steil hinab zu einer Wegkreuzung, auf einer Forststraße südwärts und bei Wegweiser links zum Col du Sac und wieder leicht aufwärts zum **Chalet du Sac** ⑲. Auf Pfadspuren über den Nordgrat auf den Crêt de la Goutte, den höchsten Gipfel der **Grand Crêt d'Eau** ⑳; Gipfelkreuz und Panoramatafel. Zwischen Crêt du Millieu und Crêt du Miroir (schöne Ausblicke vom Letzteren) bei der Weggabelung rechts halten und auf der Wanderroute über das Chalet de Sorgia und den Ortsteil Ballon (kurz davor wird der GR9 verlassen) hinab zum Bahnhof **Bellegarde** ㉑.
Variante: Bei der Weggabelung links und Abstieg über das Chalet Bizot (1511 m) nach Collonges, Bushaltestelle; ca. 30 Min. kürzer.
Unterkunft: Touring Hotel beim Bahnhof Bellegarde (+33 4 50 56 08 08).

Typische Juralandschaft.

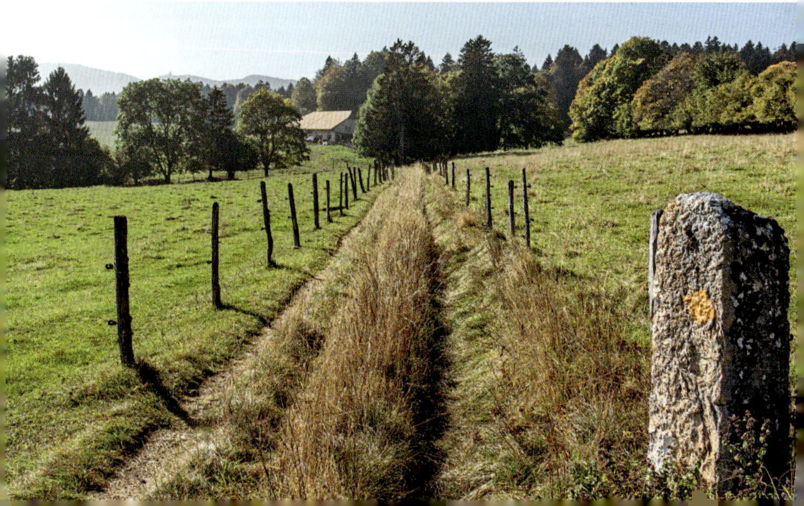

↗ 5010 m | ↘ 5010 m | 58.1 km

57 Hüttentrekking durch das Chablais

5 Tage

Bergseen, Grate, Pässe und Gipfel: fünf Tage hoch über dem Léman

Die Hüttentrekking-Tour mit vielen verwöhnenden Aussichten in alle Himmelsrichtungen zeigt die ganze Schönheit, die dieses kleine Gebirgsmassiv zu bieten hat. Die Runde kombiniert geschickt mehr oder weniger Abschnitte aus den Touren 18 bis 25 so, dass alle namhaften Gipfel des Chablais auf der Strecke liegen, ohne dass die Tagesetappen zu lange werden.

Ausgangs- und Endpunkt: Trossy-Bernex (984 m); vgl. Tour 18. Bei der Talstation des Sessellifts Bernex befindet sich ein großer Parkplatz.
Anforderungen: Anspruchsvolles Bergtrekking, welches exzellente Trittsicherheit, Orientierungsvermögen und Kondition erfordert. Die schwierigsten Abschnitte sind die Überschreitung der Dent d'Oche und der Abstieg von der Cornettes de Bise über den Sentier de Saix Roquin – jeweils T4.
Beste Jahreszeit: Juni bis Oktober.
Karten: IGN TOP 25 Morzine (3528 ET).

1. Etappe: Bernex-Trossy – Refuge de la Dent D'Oche

5.30 Std.; Aufstieg 1500 m, Abstieg 380 m; 11.5 km.
Route: Entsprechend Tour 19 (zu Beginn mit Variante 1) von **Trossy** ❶ zur **Échelle des Chasseurs** ❷ und über den Montagne des Montagne des Mémises ❸, auf den **Pic Boré** ❹ und hinab zum **Col de Neuva** ❺. Südwestwärts zum Col de Rebollion und entsprechend Tour 21 hinauf zum **Refuge de la Dent d'Oche** ❻.
Variante: Eine kürzere erste Etappe ergibt sich, wenn man von Trossy über La Fétuière entsprechend Tour 21 zum Refuge de la Dent D'Oche gelangt; 3.15 Std., 1110 m Aufstieg.
Einkehr: Bergstation Mémises.
Unterkunft: Refuge de la Dent D'Oche (2114 m); vgl. Tour 21.

2. Etappe: Refuge de la Dent d'Oche – Lac de Taney

6.50 Std.; Aufstieg 910, Abstieg 1580 m; 12.0 km.
Route: Entsprechend Tour 21 über **Dent d'Oche** ❼ und Tour 22 von den **Lac de la Case** ❽ auf den **Château d'Oche** ❾ und in den **Col de Pavis** ❿; hinüber zum **Col de Bise** ⓫ und entsprechend Tour 23 über **Tête de Charousse** ⓬ zum **Col d'Ugeon** ⓭; abschließend über Loz (1828 m) hinab zum **Lac de Taney** ⓮.
Variante: Den Château d'Oche auslassen; dafür absteigen bis zu den Lac de la Case und über die Portes d'Oche (1940 m) zum Col de Pavis; ca. 45 Min. und 250 Hm weniger.
Unterkunft: Lac de Taney (1415 m); vgl. Tour 25.

Abstieg von der Cornettes de Bise: auf dem spannenden Sentier de Saix Roquin.

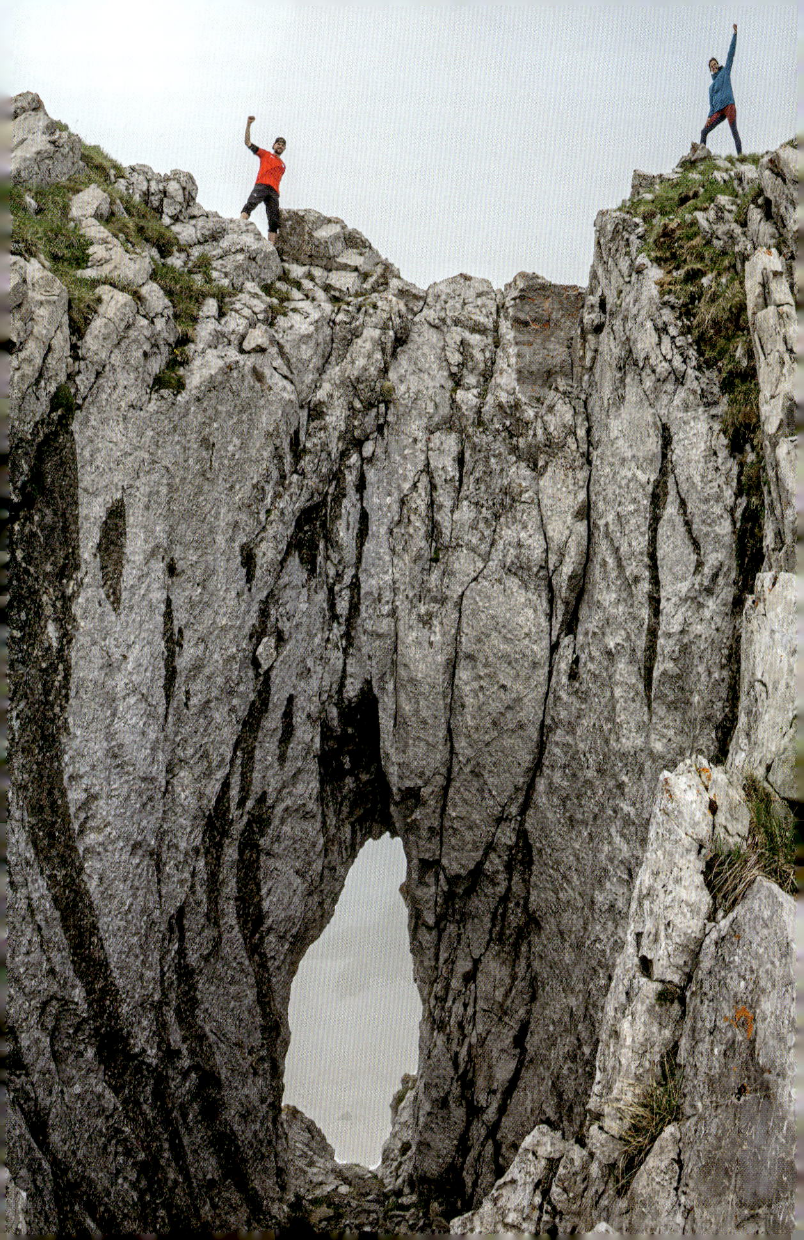

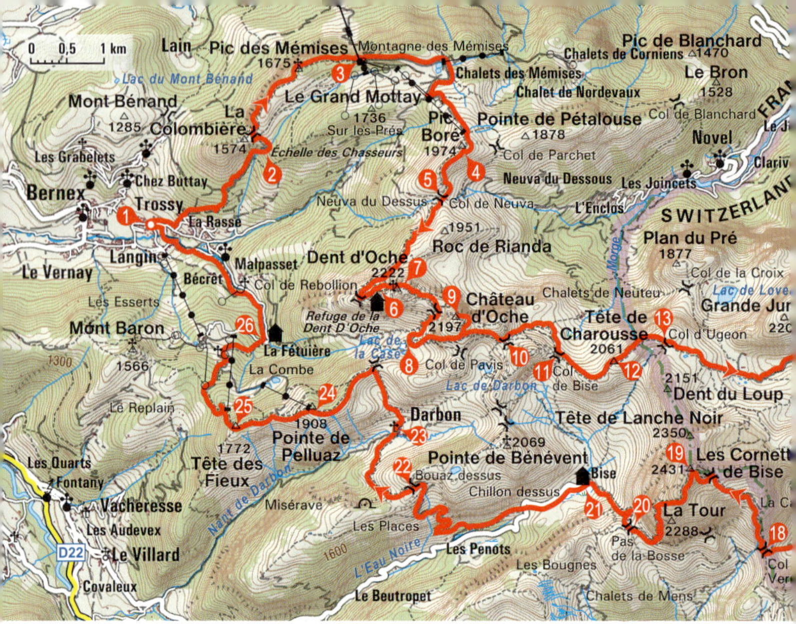

3. Etappe: Lac de Taney – Lac de Taney

4.10 Std.; Auf- und Abstieg 840 m; 7.8 km.

Route: Entsprechend Tour 27 über den **Alamont** ⓯ und **Le Grammont** ⓰ zurück zum **Lac de Taney** ⓮.

Variante: Einen Abstecher auf die Grande Jumelle nach dem Grammont anhängen – entweder auf dem Wanderweg oder abenteuerlich in direkter Variante; vgl. Tour 26. Aber auch mit einer kurzen Tagesetappe kann man am wunderbaren Lac de Taney gut verweilen!

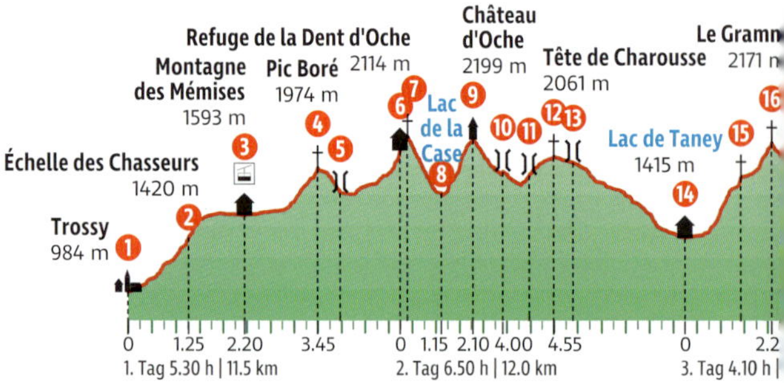

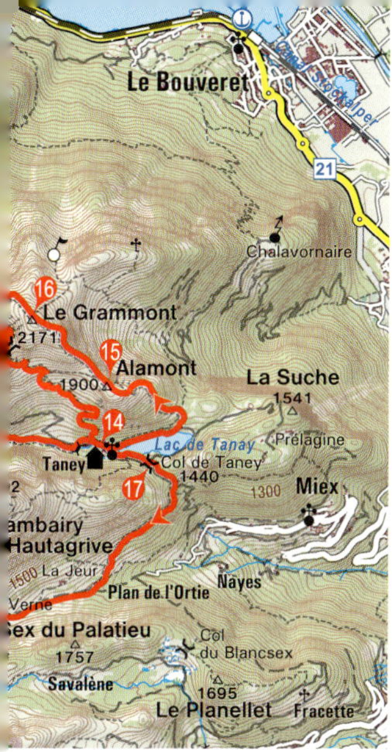

Unterkunft: Refuge de Bise (1506 m); vgl. Tour 22 Variante.

4. Etappe: Lac de Taney – Refuge de Bise

6.20 Std.; Aufstieg 1370, Abstieg 1290 m; 11.7 km.

Route: Vom **Lac de Taney** 14 zum **Col de Taney** 17 und kurz danach auf der markierten Wanderroute südwestwärts nach Plan de l'Ortie (1285 m); entsprechend Tour 25 über den **Col de Verne** 18 auf die **Cornettes de Bise** 19; über den Sentier de Saix Roquin (Variante Tour 25) in den **Pas de la Bosse** 20 und zum **Refuge de Bise** 21.

Varianten: Auf von Etappe 2 bekanntem Abschnitt wieder hinauf nach Loz und entsprechend dem Abstieg in Tour 25 von Nordosten auf die Cornettes de Bise; knapp 1 Std. kürzer. Ein Abstecher auf die Grande Jumelle benötigt 2 Std. und 460 Hm extra.

Unterkunft: Refuge de Bise; vgl. Tour 24.

5. Etappe: Refuge de Bise – Bernex Trossy

6.15 Std.; Aufstieg 950, Abstieg 1470 m; 15.0 km.

Route: Entsprechend Tour 24 zum Lac de Fontaine und in den **Pass Bouaz Dessus** 22 aufsteigen. Abstieg zum Weiler **Darbon** 23 und Wiederaufstieg nach Norden in den Col de la Case d'Oche (1812 m). Entsprechend Tour 20 auf dem Grat über **Pointe de Pelluaz** 24 und **Tête des Fieux** 25 hinab nach **La Fétuière** 26 und zurück nach **Trossy** 1.

Unterkunft: Bernex Trossy (984 m); vgl. Tour 18.

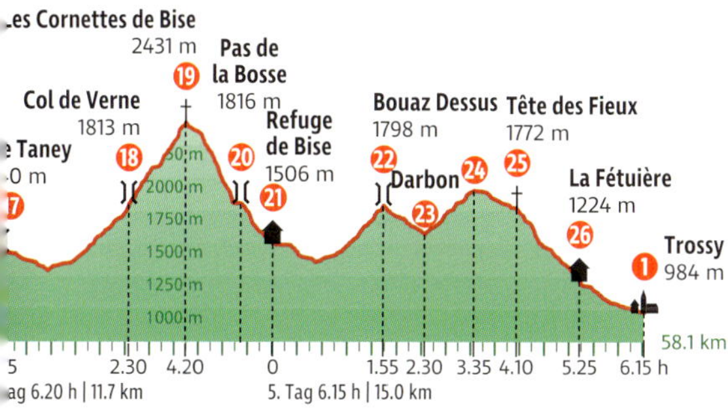

↗ 4300 m | ↘ 4300 m | 58.8 km

58 Tour des Dents du Midi – Haute Cime, 3257 m

5 Tage

Gezahntes Wahrzeichen des oberen Genfersees

Auch wenn nicht in unmittelbarer Nähe gelegen, bilden die Felsspitzen der Dents du Midi von Vevey und Montreux aus gesehen den Blickfang auf der anderen Seite des Genfersees. Der wilde Höhenzug bietet spektakuläre Felsgipfel und unberührte Wälder, einsame Seitentäler und wunderbare Ausblicke vom Genfersee bis zu den Viertausendern des Wallis und zum Montblanc. Die hier vorgestellte fünftägige Rundtour um das Massiv – die Tour der Dents du Midi, auch kurz TDM genannt – schließt die Besteigung des höchsten Midi-Gipfels, der Haute Cime, mit ein – schließlich ist ein schöneres Gipfelpanorama kaum vorstellbar.

Ausgangs- und Endpunkt: Champéry (1053 m) im Val d'Illiez, Bahn von Aigle über Monthey.
Anforderungen: Technisch zwar wenig schwierige, aber konditionell anspruchsvolle Bergwanderung. Der mühsame Geröllpfad über den 750 Meter hohen Südrücken verlangt Trittsicherheit und kann mit Altschneeresten heikel sein. T3.
Beste Jahreszeit: Juli bis Oktober.
Varianten: 1) Auslassen des Gipfelabstechers auf die Haute Cime: dann geht die erste Etappe von Champéry über den Col du Susanfe zur Auberge de Salanfe (7.15 Std., 1640 m auf, 740 m ab). 2) In zwei Tagen auf die Haute Cime: Champéry – Cabane de Susanfe (4 Std., 1170 m auf, 110 m ab); Cabane de Susanfe – Haute Cime – Auberge de Salanfe – Col du Jorat – Bushaltestelle Mex (9.30 Std., 1500 m auf, 2480 m ab).
Tipp: Zum Wärmen der müden Glieder lohnt im Anschluss an die TDM ein Besuch des Thermalbads in Champéry.
Karten: 272 T St-Maurice, 282 T Martigny; 1304 Val-d'Illiez, 1324 Barberine.

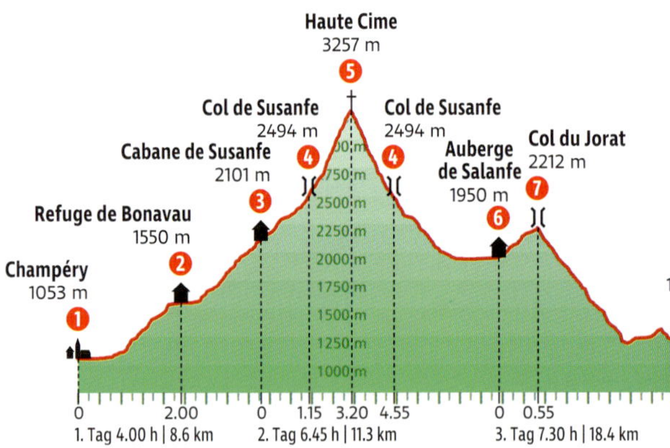

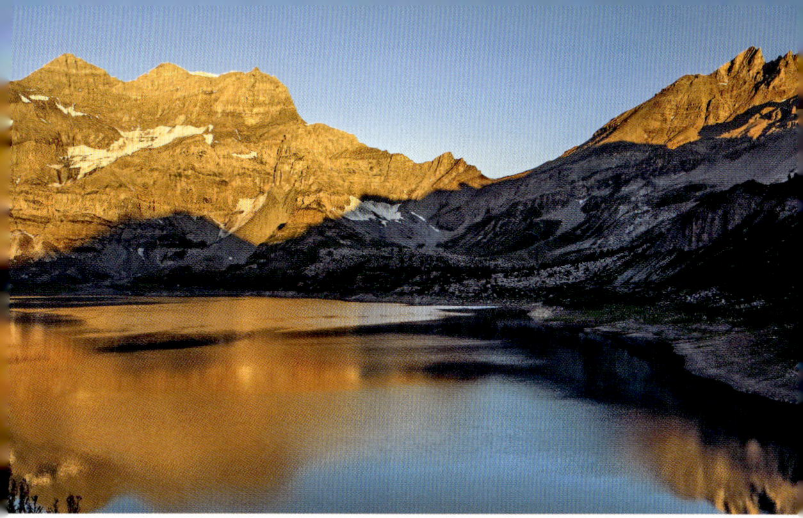

Sonnenaufgang am Lac de Salanfe (2. Etappe), links Tour Salliere, rechts Dents du Midi.

1. Etappe: Champéry – Cabane de Susanfe

4 Std.; Aufstieg 1170 m, Abstieg 110 m; 8.6 km.

Route: Vom Bahnhof in **Champéry** ❶ auf der Straße talein- und leicht abwärts; zweimal über eine Brücke zum Zeltplatz Grand Paradis. Auf dem Wanderweg zum **Refuge de Bonavau** ❷ und südostwärts, zuletzt in felsdurchsetztem Gelände, in eine Schlucht (Pas d'Encel); ausgesetzter Weg, Kettensicherungen. Über einen Steg, ostwärts zur **Cabane de Susanfe** ❸.

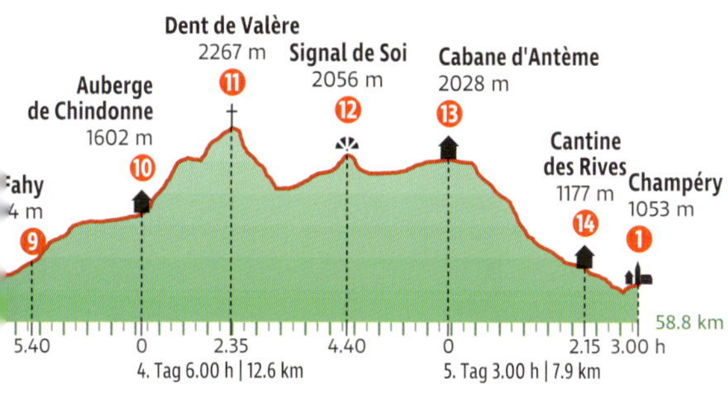

Unterkunft: Refuge de Bonavau, 18 Plätze, Mai bis Oktober (+41 79 205 5023). Cabane de Susanfe, CAS, 90 Plätze, Juni bis September (+41 24 479 1646).

2. Etappe: Cabane de Susanfe – Haute Cime – Auberge de Salanfe

6.45 Std.; Aufstieg 1190 m, Abstieg 1350 m; 11.3 km.

Route: Nordostwärts durch ein breites Tal auf den **Col de Susanfe** 4 und über den steilen Südrücken, zuerst auf seiner Ost-, dann auf seiner Westflanke, in den Col des Paresseux und mit einer letzten Anstrengung auf die **Haute Cime** 5, die hohe Zinne der Dents du Midi. Zum **Col de Susanfe** 4 wie Aufstieg, ostwärts zum Lac de Salanfe (1925 m) und an seinem Nordufer zur **Auberge de Salanfe** 6.

Unterkunft: Auberge de Salanfe, 142 Plätze, Anfang Juni bis Ende Oktober (+41 27 761 1438).

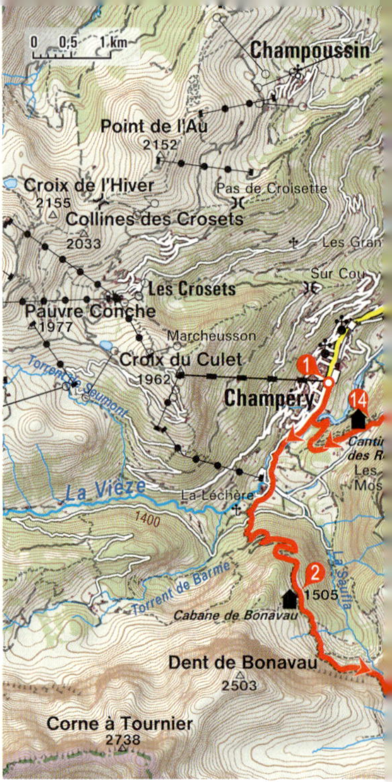

Im Aufstieg zur Haute Cime.

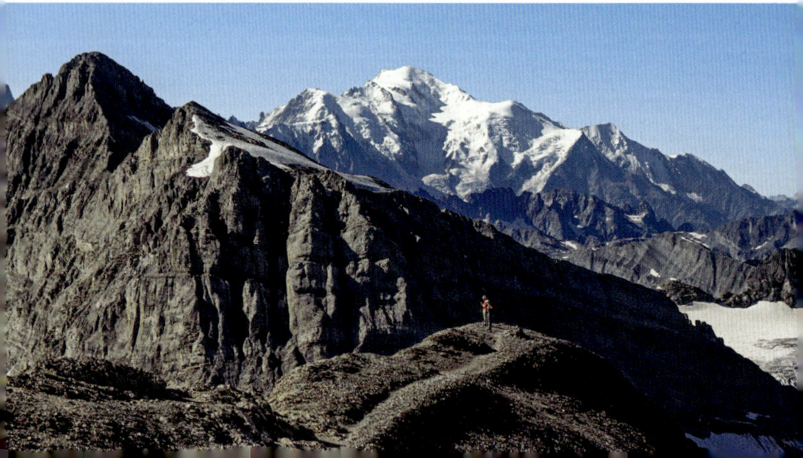

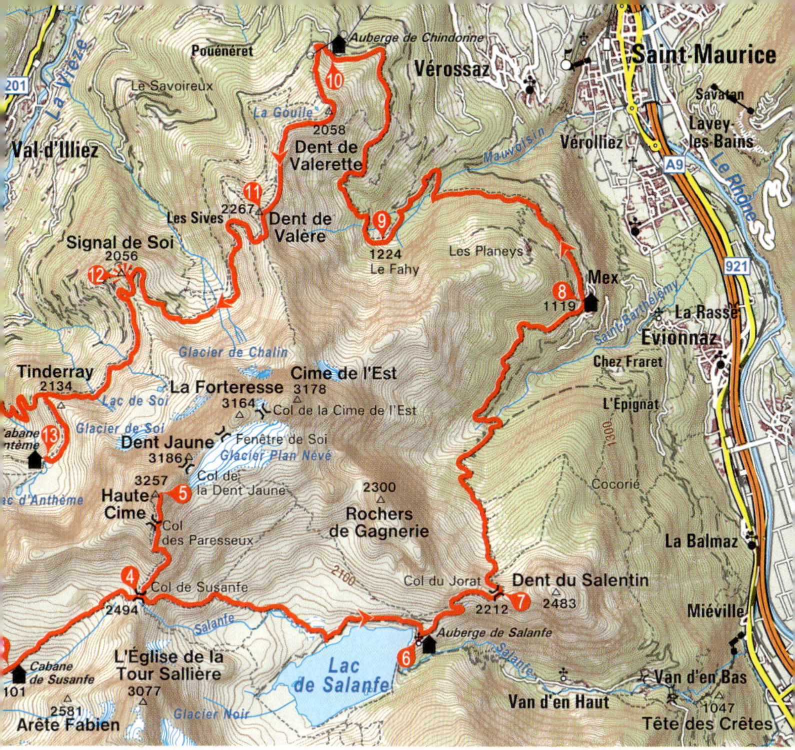

3. Etappe: Auberge de Salanfe – Auberge de Chindonne

7.30 Std.; Aufstieg 1160 m, Abstieg 1500 m; 18.4 km.

Route: Aufstieg ostwärts in den **Col du Jorat** 7. Abstieg über die Jorat-Almen und den Wildbachdamm nach **Mex** 8. Mit schönen Ausblicken über St. Maurice zum Genfersee geht es durch Lärchenwälder und über Alpwiesen bis **Le Fahy** 9. Es folgt ein Anstieg von gut 300 Höhenmetern durch ein kleines Seitental. Stets dem Wegweiser TDM folgend geht es auf fast konstanter Höhe über die Alp Châlabagne nach Les Jeurs (Übernachtung möglich) und weiter auf einer Alpstraße in knapp 15 Min. zur **Auberge de Chindonne** 10.

Unterkunft: Auberge de Chindonne, Anfang Juni bis Anfang Oktober, 80 Plätze (+41 24 471 3396). Centre Sportif des Jeurs, August bis Oktober, 30 Plätze (+41 24 471 8090). Mex: Auberge Armailli (+41 27 767 1979), Au Fait Mex'son, ganzjährig geöffnet, 6 Plätze (+41 24 485 1495). In der Cantine des Rives nur Einkehr.

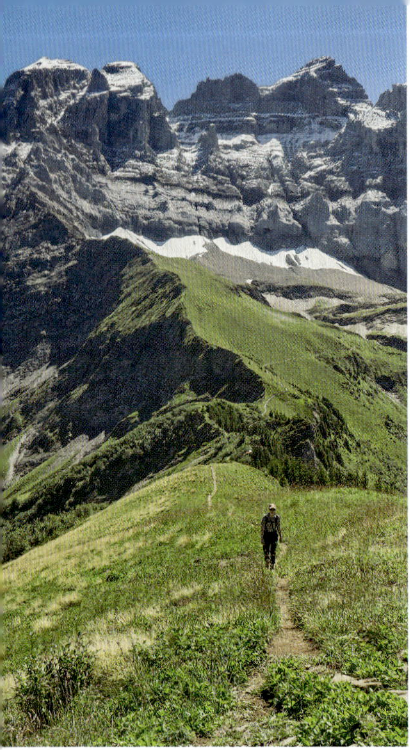

Ankunft am Signal de Soi.

4. Etappe: Auberge de Chindonne – Cabane d'Antème

6 Std.; Aufstieg 1320 m, Abstieg 890 m; 12.6 km.

Route: Von **Chindonne** ⑩ empfiehlt es sich südwärts auf dem markierten Wanderweg zur Dent de Valerette (2058 m) aufzusteigen und anschließend über den Grat bis zur **Dent de Valere** ⑪ weiterzugehen. Dann über den nachfolgenden Sattel rechts über Les Sives zum »normalen« TDM-Weg abzusteigen (bei P.1786 m). Im Vergleich zum TDM-Weg »unten herum« (an den Alphütten Valerette und Valere vorbei) benötigt der Weg über den Grat gut 1.20 Std. länger – aber diese Zeit ist aufgrund des aussichtsreichen Weges bestens investiert. Weiter durch den Talkessel bis Grand-Combe, wo man auf eine Schotterstraße trifft. Diese in einer Kurve unterhalb der Kuppe Signal de Soi verlassen, um nach links über einen Wanderweg nochmal rund 100 Hm bis zum schönen Aussichtspunkt **Signal de Soi** ⑫ zu steigen. Kurz zurück zum Sattel und westseitig absteigen. Auf dem Höhenweg den Bergkessel in einem weiten Rechtsbogen queren bis zu einer Weggabelung an einem markanten Bergrücken (1980 m). Links halten zur **Cabane d'Antème** ⑬, welche oberhalb des kleinen Sees Lac d'Antème in einer Mulde versteckt liegt.

Unterkunft: Cabane d'Antème, Mitte Juni bis Anfang Oktober, 25 Plätze (+41 24 473 7140).

5. Etappe: Cabane d'Antème – Champéry

3 Std.; Aufstieg 150 m, Abstieg 1150 m; 7.9 km.

Route: Das letzte Stück des Hüttenzustieges zurück bis zu einem markanten Wegweiser. Dort wenden wir uns talwärts und erreichen bei einer kleinen Holzhütte die Waldgrenze. Steil hinab nach La Frâche (1227 m). Dann entsprechend Tour 29 über **Cantine des Rives** ⑭ und die Galerie Défago nach **Champéry** ❶.

Unterkunft: Champéry; vgl. Tour 29.

↗ 230 m | ↘ 240 m | 54.2 km

3 Tage

Uferpromenaden-Trekking von Morges nach Bouveret

59

Mehrtägige Uferwanderung für Genießer

Eine kleine Aneinanderreihung von vorgestellten Touren erlaubt eine mehrtägige Wanderung entlang von traumhaften Uferabschnitten des Genfersees – eine Genusswanderung in vielerlei Hinsicht, von kulturellen und kulinarischen Aspekten bis hin zu der ständigen Aussicht zur Bergwelt auf der anderen Seeseite. Die Etappen wurden dabei so gestaltet, dass sie in etwa gleich lang sind und täglich noch genügend Zeit geben, um reizvolle Ortschaften wie Lutry oder Cully zu erkundigen, einen extra Gang durch Städte wie Lausanne, Vevey oder Montreux oder Besichtigungen wie z. B. des Château de Chillon einzuschließen, die süffigen Weine des Lavaux zwischen Lutry und Vevey zu genießen oder bei passender Temperatur und Wetter Badestopps an einem der vielen öffentlichen Strände einzulegen.

Ausgangspunkt: Morges Bahnhof (380 m) oder Schiffslinie (374 m) Lausanne – Genf.
Endpunkt: Bouveret (374 m); vgl. Tour 28.
Anforderungen: Nicht in jeder Einkehrmöglichkeit hängen zu bleiben. T1.
Beste Jahreszeit: Im Frühling oder Herbst.
Varianten: Jede Menge: Es gibt zahllose Übernachtungsmöglichkeiten an der Route, sodass die einzelnen Etappen fast beliebig verkürzt oder verlängert werden können. Zudem werden mehrere Bahnhöfe und Schiffanlegestellen passiert, sodass man auch jederzeit aus der Wanderung ein- oder aussteigen kann. Ausgangs- und Endpunkt können z.B. auch über das Schiff erreicht werden; für nähere Informationen zu den Schiffverbindungen der Compagnie Générale de Navigation sur le lac Léman (CGN) siehe www.cgn.ch, +41 (0)848 811 848. Eine weitere Variante für ein verlängertes Frühlingswochende (4 Tage): 1. Lausanne – St-Prex; Schiff nach Yvoire. 2. Yvoire – Thonon-les-Bains; Schiff nach Evian. 3. Taxi nach St-Gingolph oder Bouveret (der Fußweg von Evian nach Meillerie ist kein Bummel mehr); zu Fuß nach Clarens oder Vevey. 4. Drahtseilbahn nach Chardonne – parcours viticole – Lausanne.
Karten: 261 T Lausanne, 262 T Rochers de Naye.

Der Ausgangsort Morges zur Tulpenblüte.

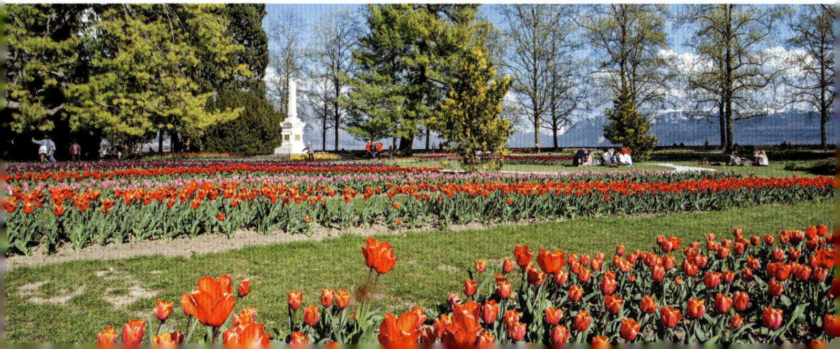

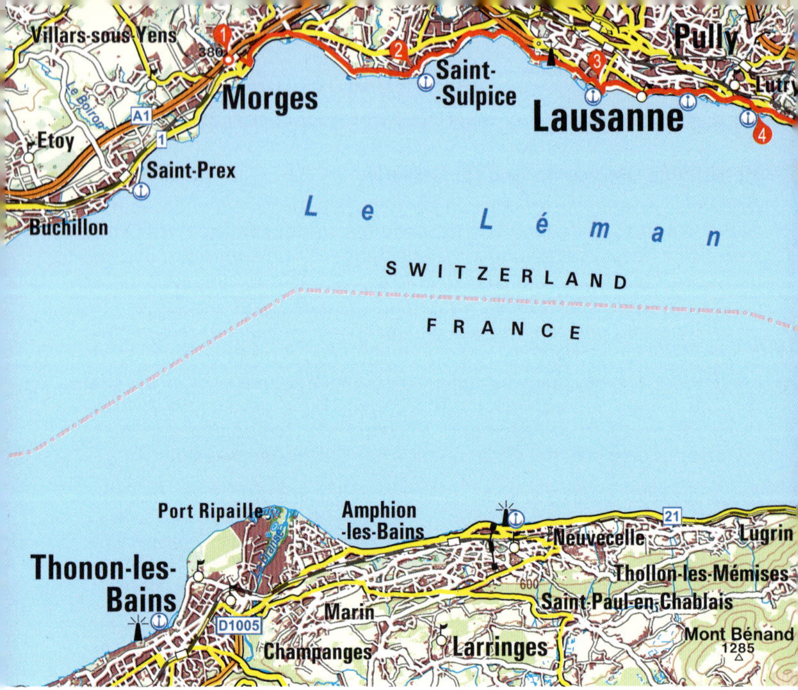

1. Etappe: Morges – Lutry

4.15 Std.; praktisch keine Höhenmeter; 18.1 km.

Route: Von **Morges** ❶ über **St-Sulpice** ❷ und **Lausanne** ❸ nach **Lutry** ❹ entsprechend Tour 46 und 42.

Unterkunft: Lutry; vgl. Tour 42.

2. Etappe: Lutry – La Tour-de-Peilz

4.30 Std.; Aufstieg 220 m, Abstieg 230 m; 17.4 km.

Route: Entsprechend Tour 42 weiter nach **Cully** ❺, noch ein kurzes Stück am Ufer bis zum Bahnhof Epesses, auf der gelb markierten Wanderoute hinauf nach La Grand Vigne (432 m) und auf dem Sträßchen Chemin des Grand Crus Dézaley ober-

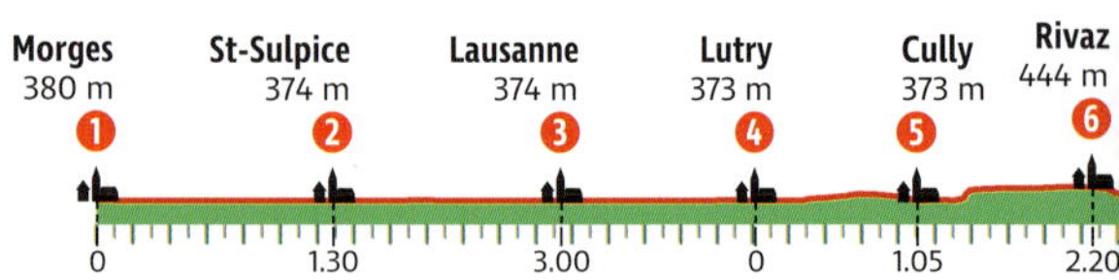

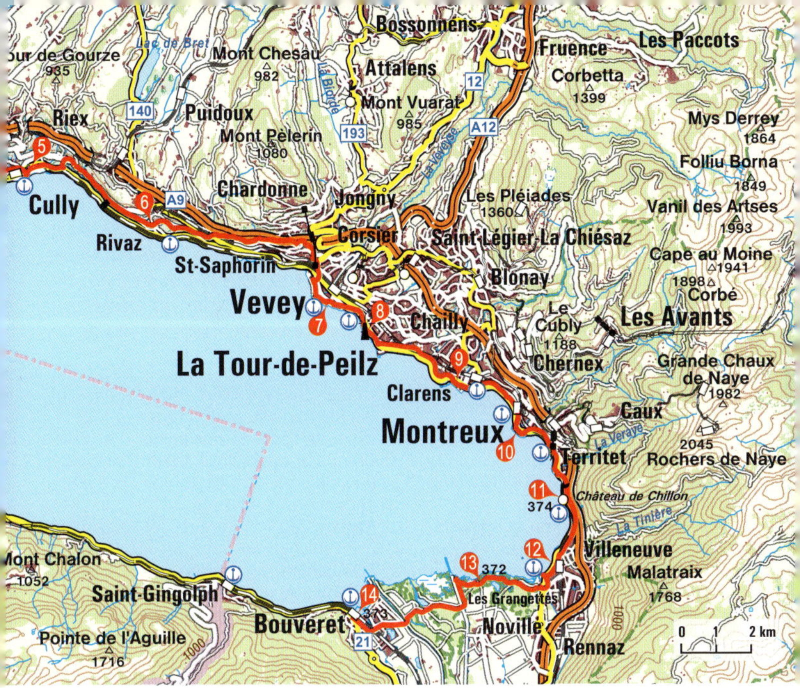

halb der Fahrstraße durch die Reben bis **Rivaz** 6; weiter auf der Wanderroute durch die Reben nach St-Saphorin und über Burignon nach Corseaux (445 m), hinab zum See und an der Promenade von **Vevey** 7 bis **La Tour-de-Peilz** 8.

Unterkunft: La Tour-de-Peilz; vgl. Tour 39.

3. Etappe: La Tour-de-Peilz – Bouveret

4.15 Std.; praktisch keine Höhenmeter; 18.7 km.

Route: Entsprechend Tour 39 über **Clarens** 9, **Montreux** 10 und das **Château de Chillon** 11 nach **Villeneuve** 12 und wie bei Tour 28 über das Naturschutzgebiet **Les Grangettes** 13 zum Ziel der Tour nach **Bouveret** 14; der Abstecher zur Rhonemündung ist optional.

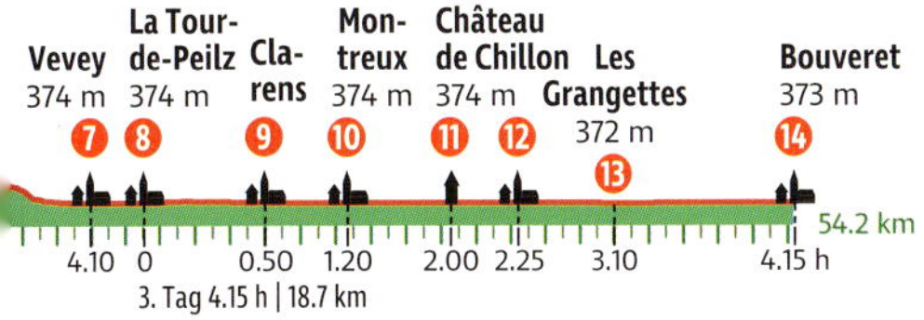

Unterkunft: Bouveret; vgl. Tour 28.

↗ 11.000 m | ↘ 11.000 m | 294 km

60 Le Tour du Léman

14 Tage

In 14 Etappen zu Fuß rund um den Genfersee

»Junge Schweizer vom Léman-Ufer, wenn ihr auch nur ein bisschen die freie Natur liebt, und wenn ihr das heimatliche Land kennenlernen wollt, dann werdet ihr euch beeilen, in der günstigsten Jahreszeit die Tour um euren See zu machen; und ihr werdet sie zu Fuß machen, um ungezwungener das betrachten und bewundern zu können, was diese Spazierfahrt an Interessantem und Zauberhaftem bietet.« Philippe-Cyrice Bridel: Essai sur le Lac Léman, in: Conservateur Suisse, Tome V, 1813.

Ausgangs- und Endpunkt: Lausanne (447 m).
Distanz: 276 km (rund 20 km Tagesmittel).
Höhenunterschied: rund 11.000 m (780 m Tagesmittel).
Anforderungen: Für konditionsstarke, orientierungsfähige, trittsichere Quaibummler. Oder für erfahrene Bergwanderer, die auch gerne über Promenaden schlendern. Beide müssen asphaltierte Abschnitte in Kauf nehmen.
Beste Jahreszeit: Mai bis Oktober. Bis in den Juni noch mit Schnee in den Portes d'Oche (12. Etappe) rechnen.
Variante: Verlängerungen und Verkürzungen sind angegeben. Mit Bahn, Bus und Boot lässt sich noch mehr abkürzen. Wer Genf besuchen will (statt etwas langweilig über die Montagne de Sion zu marschieren), fährt von Collonges in die Rhonestadt. Anderntags mit Bussen nach Croix-de-Rozon, um durch die Grande Gorge in die 8. Etappe einzusteigen, oder gleich nach Bonne am Fuße der Voirons (9. Etappe).
Karten: 260 T St-Cergue, 261 Lausanne, 262 T Rochers de Naye, 270 T Genève, 271 Chablais; der Abschnitt Collonges – Grand Salève fehlt leider, ist aber auf der IGN-Karte 1:100.000, Blatt 45 Annecy – Lausanne zu sehen (wie die ganze Strecke auch). Die 1:25.000-Blätter empfehlen sich vor allem für Frankreich: Top 25 Crêt de la Neige, Bellegarde, Salève, Bonneville, Thonon-Évian und Morzine.
Tipp: Der GR Balcon du Léman heißt seit 2000 Tour du Léman. Aber in Publikationen, auf Wegweisern und Karten wird man noch lange den GR BL finden.

Der GR Balcon du Léman (BL) heißt Tour du Léman, rot-weiß ist geblieben.

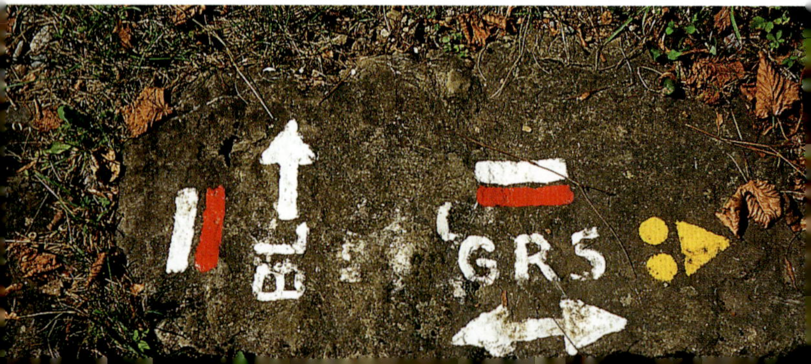

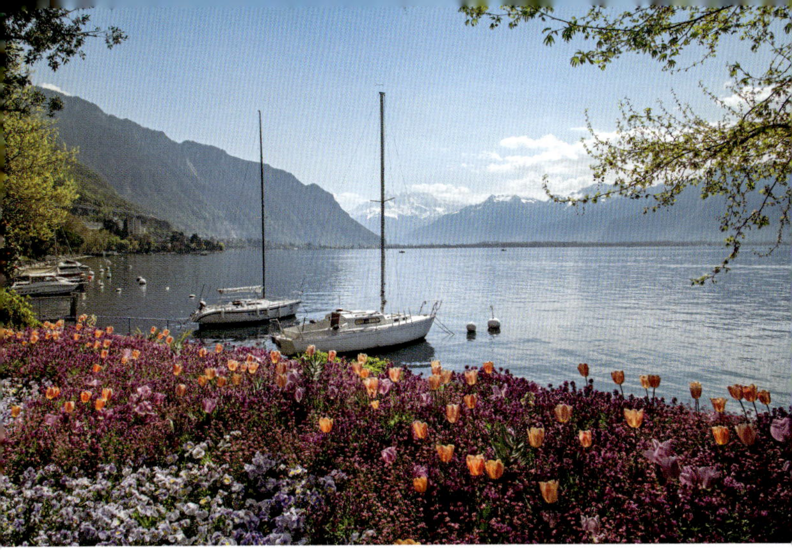

Blumig: die Seepromenade bei Montreux, darüber die weißen Spitzen der Dents du Midi.

1. Etappe: Lausanne – Aubonne

7 Std.; Aufstieg 340 m, Abstieg 220 m; 26 km.
Route: Tour 46, 47.
Variante: Etappe halbieren mit Übernachtung in Morges; vgl. Tour 46.
Unterkunft: Aubonne; vgl. Tour 47.

2. Etappe: Aubonne – St-Cergue

7.15 Std.; Aufstieg 980 m, Abstieg 420 m; 23 km.
Route: Tour 49 durch La Côte bis zur Wegkreuzung am südlichen Waldrand des Bois de Chènes westlich von Begnins. Auf dem Wanderweg über Grenolier hinauf nach St-Cergue.
Variante: Etappe halbieren mit Übernachtung in Begnins; vgl. Tour 49.
Unterkunft: St-Cergue; vgl. Tour 53.

3. Etappe: St-Cergue – Col de la Faucille

5.30 Std.; Aufstieg 900 m, Abstieg 630 m; 19 km.
Route: Tour 56, 3. Etappe.
Unterkunft: Refuge de la Loge; vgl. Tour 56.

4. Etappe: Col de la Faucille – Refuge du Gralet

7.30 Std.; Aufstieg 1160 m, Abstieg 1040 m; 24 km.
Route: Tour 56, 4. Etappe.
Unterkunft: Refuge du Gralet; vgl. Tour 56.

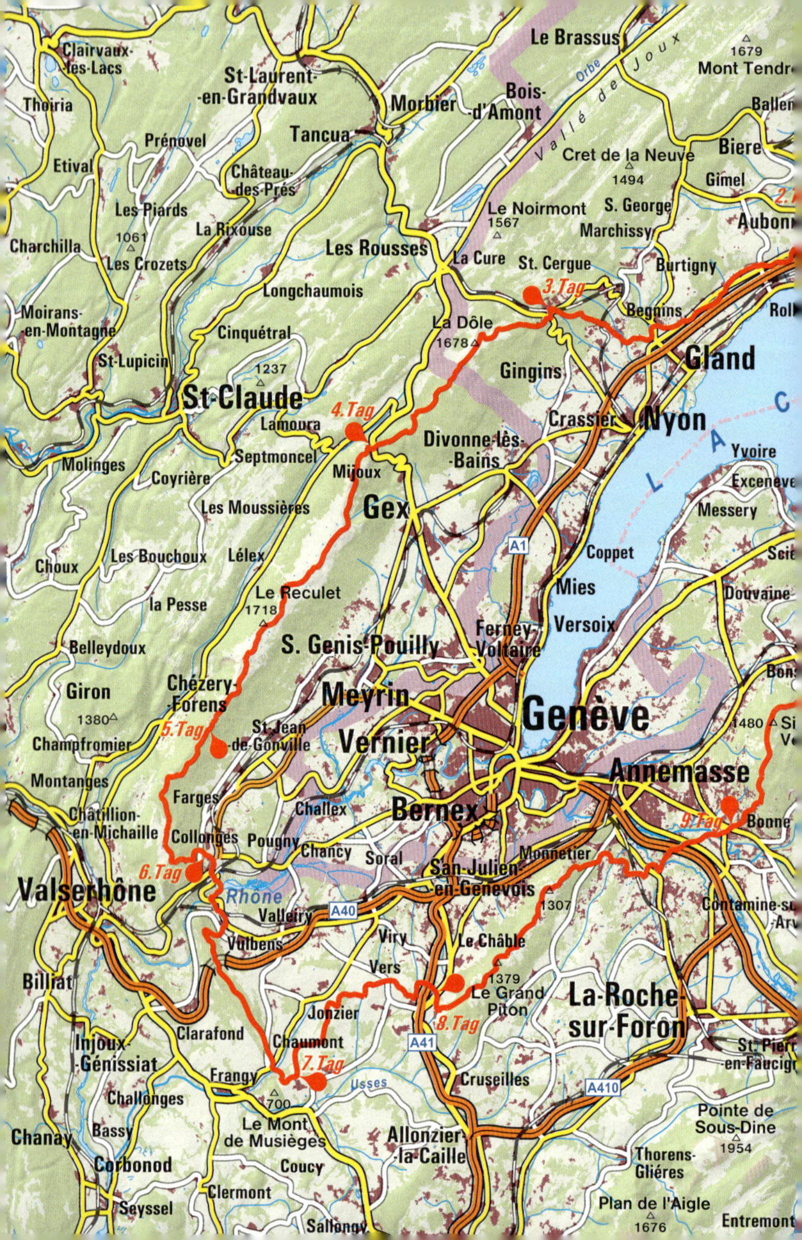

Clairvaux-les-Lacs
Thoiria
St-Laurent-en-Grandvaux
Morbier
Le Brassus
Bois-d'Amont
Orbe
Vallé de Joux
1679
Mont Tendre
Ballen
Tancua
Prénovel
Etival
Château-des-Prés
Cret de la Neuve
1494
Biere
Gimel
Les Piards
1061
Les Crozets
La Rixouse
Charchilla
Le Noirmont
1567
S. George
Marchissy
Aubonn
Les Rousses
La Cure
St. Cergue
Burtigny
3. Tag
Longchaumois
Begnins
Rol
Moirans-en-Montagne
La Dôle
1678
Cinquétral
Gingins
Gland
St-Lupicin
1237
St-Claude
4. Tag
Lamoura
Crassier
Nyon
Divonne-les-Bains
Yvoire
Molinges
Septmoncel
Mijoux
Coyrière
Excenev
Les Moussières
Gex
Messery
A1
Choux
Les Bouchoux
Lélex
Coppet
Mies
Le Reculet
1718
la Pesse
Douvaine
Versoix
Belleydoux
S. Genis-Pouilly
Ferney-Voltaire
Giron
Chézery-Forens
Meyrin
Genève
1380
5. Tag
St-Jean-de-Gonville
Vernier
1480
Champfromier
Annemasse
Montanges
Farges
Challex
Bernex
Châtillon-en-Michaille
Collonges
Pougny
9. Tag
Bonne
Chancy
Soral
Monnetier
Valserhône
6. Tag
San-Julien-en-Genevois
1307
Rhone
Contamine-sur-Arve
Vallery
A40
Vulbens
Viry
Le Châble
Billiat
Vers
1379
Le Grand Piton
La-Roche-sur-Foron
Jonzier
8. Tag
Clarafond
Injoux-Génissiat
Chaumont
A41
St. Pierre-en-Faucign
7. Tag
Frangy
Usses
Cruseilles
A410
Challonges
700
Pointe de Sous-Dine
Le Mont de Musièges
1954
Chanay
Bassy
Allonzier-la-Caille
Thorens-Glières
Corbonod
Coucy
Clermont
Plan de l'Aigle
Seyssel
1676
Sallenoy
Entremont

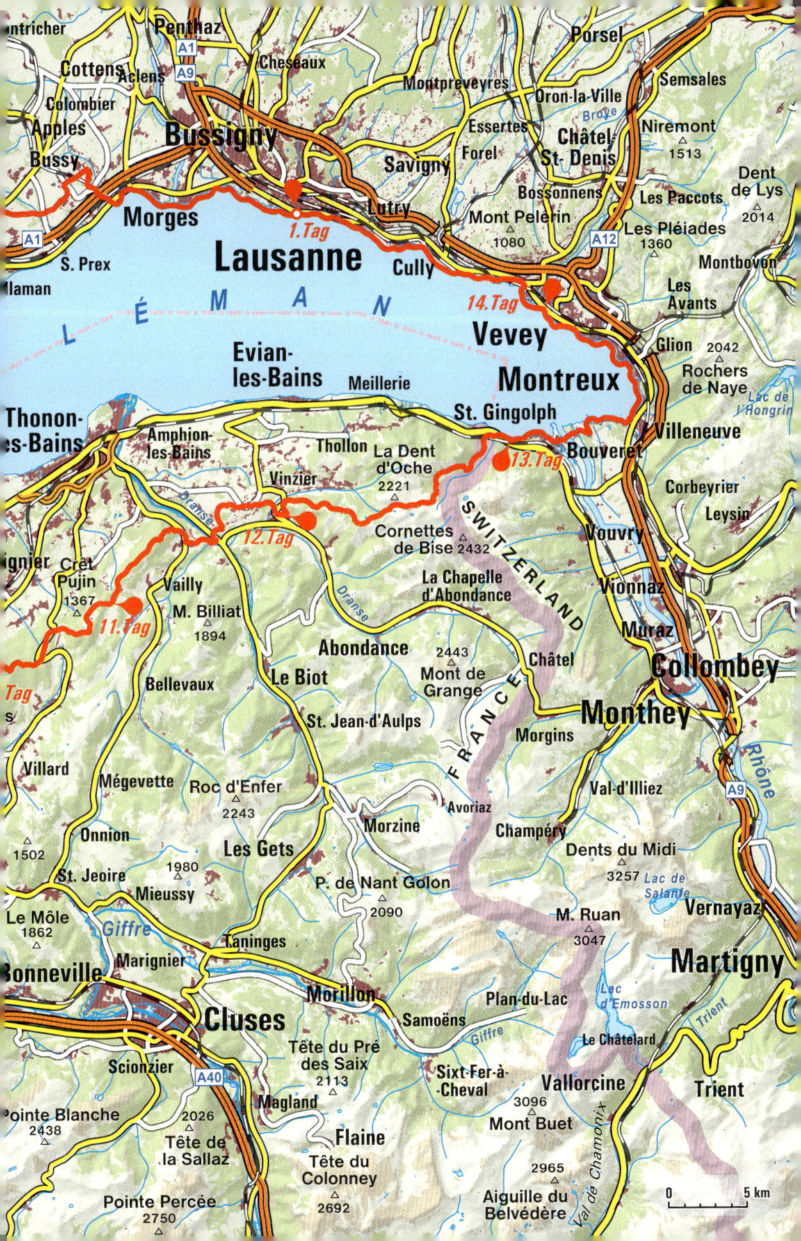

Penthaz
Porsel
Cottens
Aclens
Cheseaux
Semsales
Colombier
Montpreveyres
Oron-la-Ville
Broye
Apples
Essertes
Bussigny
Châtel-St-Denis
Niremont
1513
Bussy
Forel
Savigny
Dent de Lys
2014
Bossonnens
Les Paccots
Morges
Lutry
Mont Pèlerin
1080
Les Pléiades
1360
1.Tag
S. Prex
Lausanne
Cully
Montbovon
Les Avants
14.Tag
L É M A N
Vevey
Glion
2042
Rochers de Naye
Lac de l'Hongrin
Evian-les-Bains
Meillerie
Montreux
Thonon-les-Bains
Amphion-les-Bains
Thollon
St. Gingolph
La Dent d'Oche
2221
Villeneuve
Bouveret
13.Tag
Vinzier
Corbeyrier
Leysin
Dranse
12.Tag
Cornettes de Bise
2432
SWITZERLAND
Vouvry
Crêt Pujin
1367
Vailly
La Chapelle d'Abondance
Vionnaz
M. Billiat
1894
11.Tag
Muraz
Abondance
2443
Châtel
Collombey
Bellevaux
Le Biot
Mont de Grange
FRANCE
Monthey
St. Jean-d'Aulps
Morgins
Villard
Mégevette
Roc d'Enfer
2243
Val-d'Illiez
Rhône
Avoriaz
Onnion
Morzine
Champéry
1502
Les Gets
Dents du Midi
3257
St. Jeoire
1980
P. de Nant Golon
Lac de Salanfe
Mieussy
2090
Vernayaz
Le Môle
1862
Giffre
M. Ruan
3047
Taninges
Martigny
Bonneville
Marignier
Lac d'Emosson
Morillon
Plan-du-Lac
Cluses
Samoëns
Trient
Giffre
Le Châtelard
Tête du Pré des Saix
2113
Scionzier
Sixt-Fer-à-Cheval
Vallorcine
Trient
3096
Magland
Pointe Blanche
2438
2026
Mont Buet
Flaine
Tête de la Sallaz
Val de Chamonix
2965
Tête du Colonney
2692
Aiguille du Belvédère
Pointe Percée
2750
0
5 km

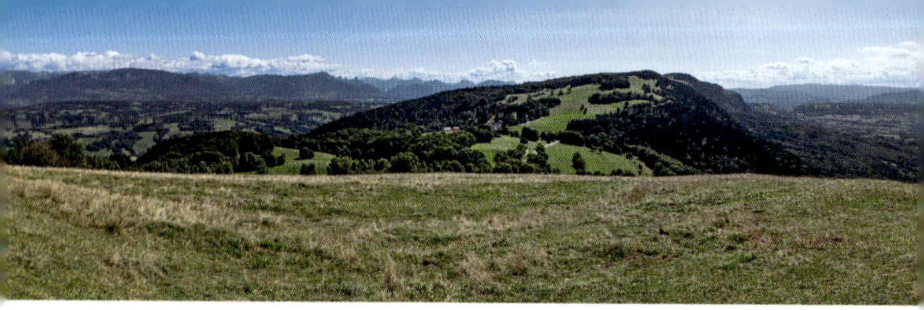

Mont Salève (8. Etappe).

5. Etappe: Refuge du Gralet – Collonges

5 Std.; Aufstieg 490 m, Abstieg 1420 m; 16 km.

Route: Tour 56, 5. Etappe bis zur Verzweigung bei Crêt Du Milieu und dann hinab nach Collonges.

Unterkunft: In Collonges: La Colonie (+33 4 5056 0976).

6. Etappe: Collonges – Chaumont

5.30 Std.; Aufstieg 800 m, Abstieg 700 m; 16 km.

Route: Immer über den GR Tour/Balcon du Léman. Von Collonges und zur Rhone (343 m). Nach der Straßenbrücke zweigt der Weg nach Chevrier ab. Hinauf zum Oratoire Sainte Victoire (947 m) und Kammwanderung über die ganze Montagne de Vuache (1101 m) nach Chaumont (600 m).

Unterkunft: Gîte d'étape in Chaumont, offen April–Okt., 12 Plätze, Schlafsack nötig, Kochgelegenheit (+33 6 7801 1958). Auberge du Pralet (+33 4 5032 2315).

7. Etappe: Chaumont – Col du Mont Sion

5.30 Std.; Aufstieg 710 m, Abstieg 510 m; 19 km.

Route: Immer über den GR Tour/Balcon du Léman; ungefähr 10 km gemeinsam mit dem Chemin de Saint-Jacques. Von Chaumont hinunter zu einem Fluss und über das Hochplateau der Montagne de Sion in leichtem Auf und Ab in den Col du Mont Sion.

Unterkunft: Hôtel The Originals Rey du Mont Sion (+33 4 50 44 13 29).

8. Etappe: Col du Mont Sion – Bonne-sur-Menoge

8.30 Std.; Aufstieg 940 m, Abstieg 1230 m; 28 km.

Route: Durch den Nordwestabhang des Mont Salève auf den Grand Piton und wie Tour 6 nach La Croisette. Tour 6 bis unterhalb des Restaurants de l'Observatoire, dann ostwärts auf Wanderweg mehrheitlich im Wald hinab. Auf dem GR Tour/Balcon du Léman um den Golf de Mornex herum und über Pont du Loup, Ésery und Marsinge zum Pont Neuf. Über die Arve, kurz Richtung Arthaz, dann rechts weg nach La Chapelle, der D 198 nach Loëx folgen und kurz entlang der La Menoge nach Bonne.

Unterkunft: Bonne; vgl. Tour 9.

9. Etappe: Bonne-sur-Menoge – Col de Saxel

6 Std.; Aufstieg 1100 m, Abstieg 700 m; 16 km.
Route: Vgl. Variante Tour 9.
Unterkunft: Col de Saxel; vgl. Tour 9.

10. Etappe: Col de Saxel – Col du Feu

6 Std.; Aufstieg 1020 m, Abstieg 840 m; 18 km.
Route: Vgl. Variante Tour 10.
Unterkunft: Col du Feu; vgl. Tour 10.

11. Etappe: Col du Feu – Chevenoz

5.30 Std.; Aufstieg 800, Abstieg 1100 m; 19 km.
Route: Vom Col du Feu über die Kapelle Notre-Dame d'Hermone auf den bewaldeten Grat des Mont d'Hermone (1413 m) und über Reyvroz hinab nach Bioge (535 m); nordwärts Wiederaufstieg über La Plantaz und Les Granges nach Les Clouz (898 m), über Théry und Mérou hinab zu einer Brücke (ca. 770 m) über die Ugine und nach Chevenoz (oder zur Gîte d'étape L'Autan).
Unterkunft: La Chouette Couette (+33 4 5072 3990 oder +33 6 2266 4317). Gîte d'étape L'Autan (+33 4 5072 2033).

12. Etappe: Chevenoz – Bouveret

9.15 Std.; Aufstieg 1480 m, Abstieg 1910 m; 26 km.
Route: Vom Dorfplatz in Chevenoz auf Sträßchen und Feldwegen hinauf nach Chez Pollien; im großen Gebäude befindet sich die Gîte d'étape L'Autan. Nordwärts durch Wald zur Vereinigung mit den GR 5 und Tour du Léman. Der Weg steigt auf der Nordseite eines Bergkammes über Sur les Trables und die Chesnay-Alpen auf eine Hügelkuppe mit Kreuz. Dann

Unvergesslich: Wandern in den Sonnenuntergang im Lavaux.

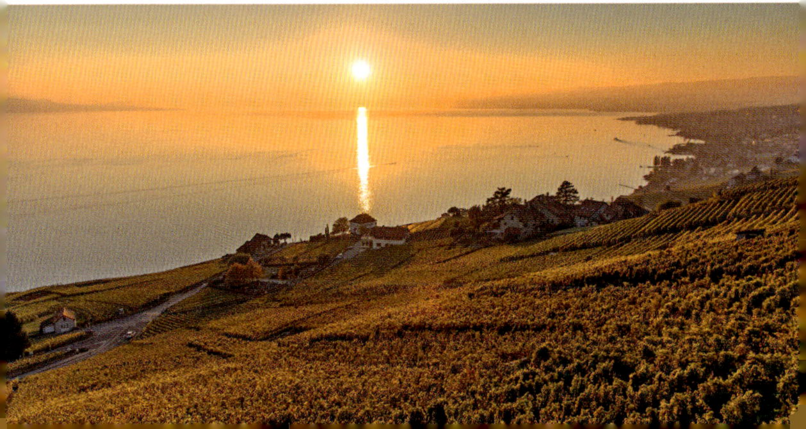

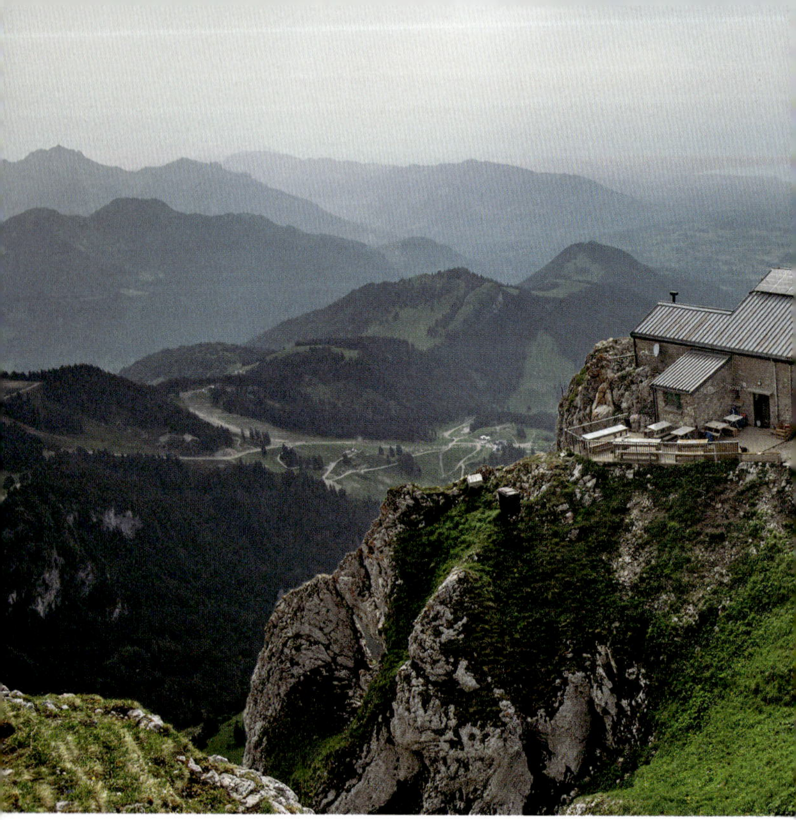

Refuge de la Dent d'Oche.

entsprechend Tour 18 über den Mont Baron und Tour 20 (in umgekehrter Folge) über Pointe de Pelluaz, zu den Lac de la Case, über die Portes d'Oche zum Col de Pavis, hinab nach La Planche (s. Tour 22) und weiter bis unterhalb Novel, dann über die Morge in die Schweiz und direkt nach Bouveret hinab.

Variante (empfehlenswert): Etappe auf zwei Tage aufteilen, wobei man vom Lac de la Case über die Chalets d'Oche zum Refuge de la Dent d'Oche aufsteigt und dort übernachtet (6 Std., 1700 m auf, 420 m ab). Anderntags noch auf die Dent d'Oche, zurück zum Refuge und entsprechend Tour 22 über Col de Rebollion und Col de Neuva nach La Planche und weiter nach Bouveret (5 Std., 200 m auf, 1910 m ab).

Unterkunft: Bouveret; vgl. Tour 28. Refuge de la Dent d'Oche; vgl. Tour 21.

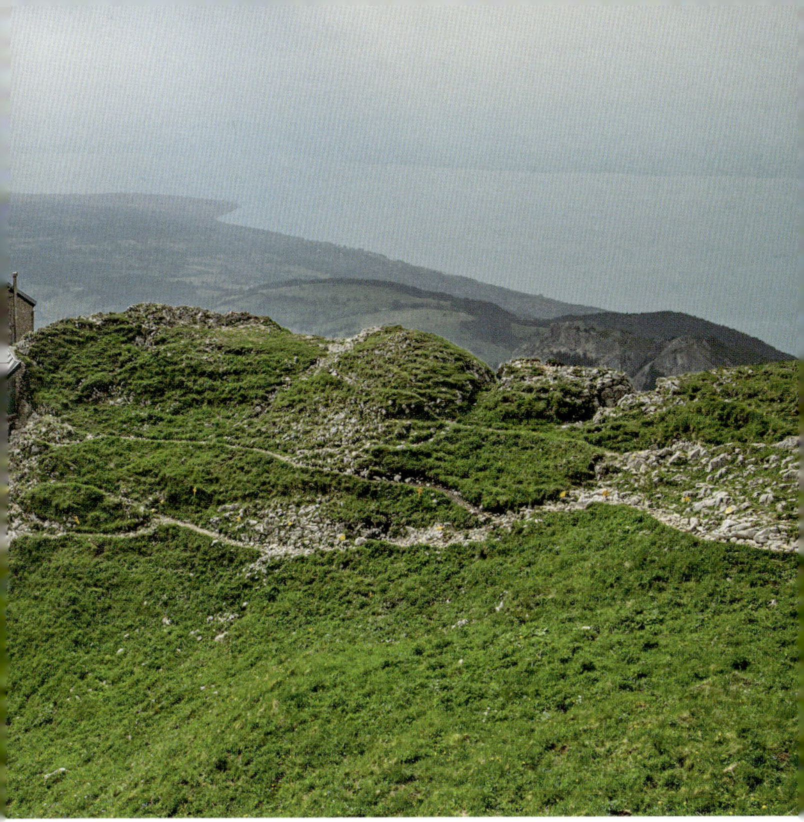

13. Etappe: Bouveret – Vevey

5.00 Std.; Auf- und Abstieg 0 m (auch nicht schlecht, mal eine solche Etappe mitten in den Bergen); 20 km.
Route: Touren 28 und 39.
Unterkunft: Vevey; vgl. Tour 39.

14. Etappe: Vevey – Lausanne

6.45 Std.; Auf- und Abstieg gut 500 m, 24 km.
Route: Tour 41 durchs Lavaux bis Lutry, Tour 42 bis Lausanne (jeweils in umgekehrter Richtung). Und dann von Ouchy auf den Crêt de Montriond (448 m) hinauf, um die Genfersee-Rundtour zu überblicken. Oder im Hôtel d'Angleterre sitzen bleiben und Jean-Jacques eine Ansichtskarte schreiben.

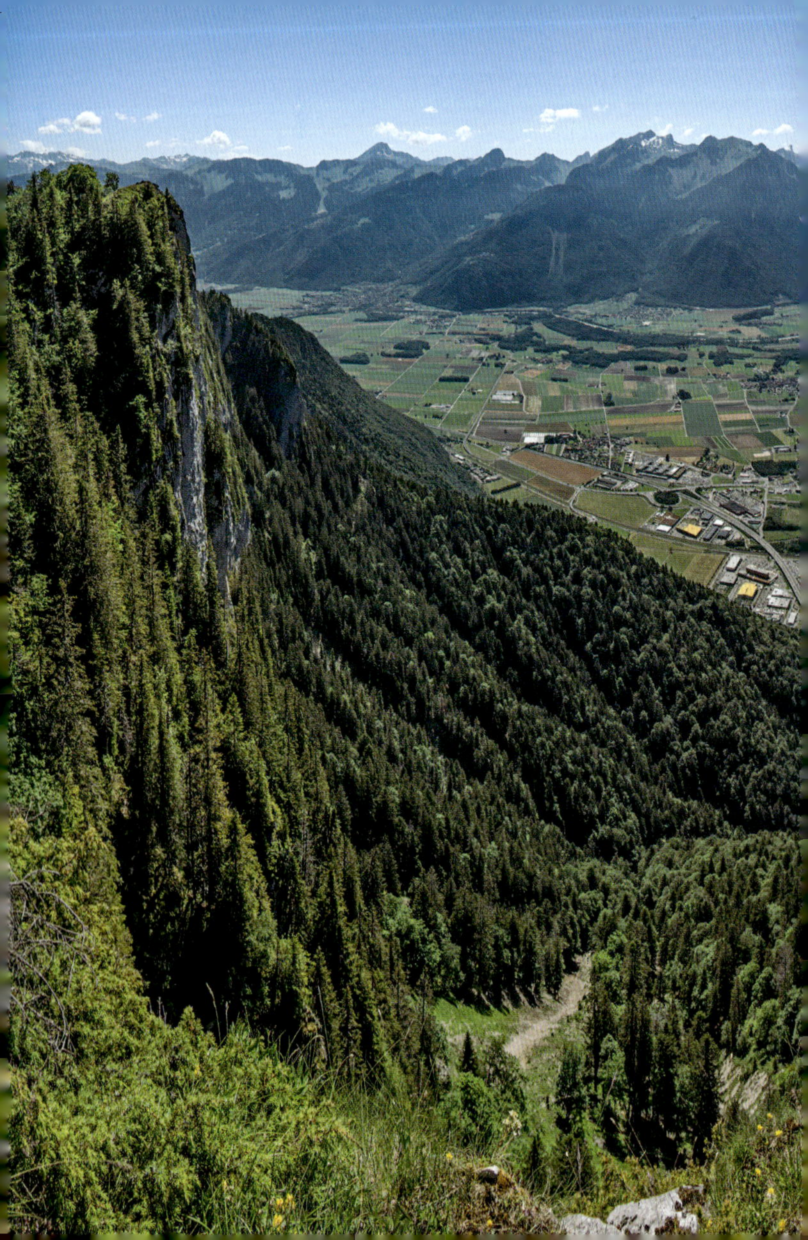

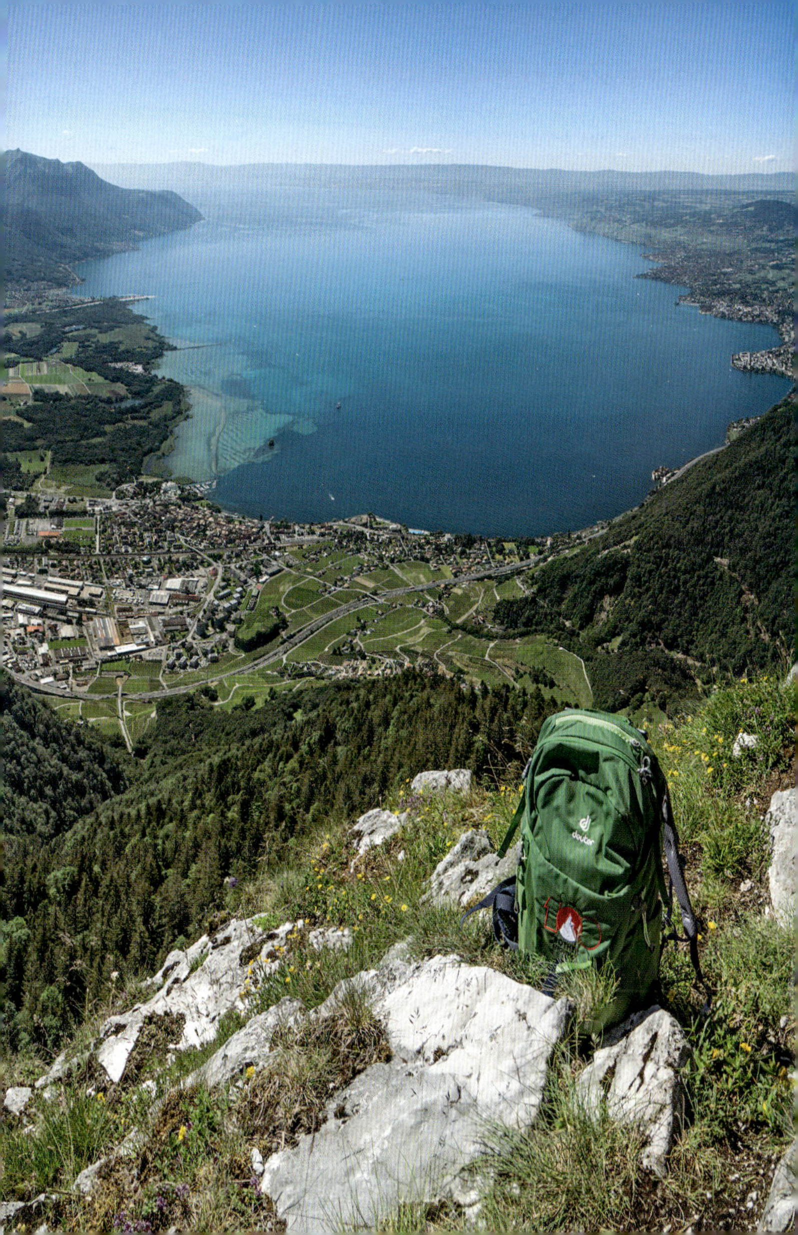
deuter

STICHWORTVERZEICHNIS

Umschlagbild: Schöne Aussichten auf dem Grammont (Tour 27).

Bild im Innentitel: Villenviertel Les Pierrettes bei Lausanne-Ouchy (Tour 46).
S. 2: Aufstieg zur Dent d'Oche (Tour 21).
S. 26/27: Nahe der Bergstation Rochers de Naye (Touren 32–34).
S. 90/91: Steinböcke grüßen auf dem Weg zum Château d'Oche (Tour 22).
S. 218/219: Blick vom Malatraix über den Genfer See (Tour 34).
Alle Fotos von Bernd Jung, ausgenommen die Fotos auf den Seiten 37, 45, 46, 54, 55, 67–69, 165, 171–173, 176, 210 (Daniel Anker), 206 (Gabriele Bonanno).

Kartografie:
63 Wanderkärtchen im Maßstab 1:25.000 / 1: 50.000 / 1: 75.000 / 1:100.000 / 1: 200.000
Geodaten © Open Street Map und Mitwirkende
Kartografisches Design: Freytag & Berndt, Prag, www.freytagberndt.cz
sowie 2 Übersichtskärtchen im Maßstab 1:550.000 und 1:1.100.000
© Freytag & Berndt, Wien

4., vollständig neu bearbeitete Auflage 2022

ISBN 978-3-7633-4591-5

FSC www.fsc.org MIX Papier aus verantwortungsvollen Quellen FSC® C021956

Wir freuen uns über jeden Korrekturhinweis zu diesem Wanderführer!
Bitte per E-Mail an: leserzuschrift@rother.de

ROTHER BERGVERLAG · Keltenring 17 · D-82041 Oberhaching
Tel. +49 89 608669-0 · www.rother.de